敏満寺遺跡
BINMANJI ISEKI ISHIBOTOKEDANI HAKAATO
石仏谷墓跡

多賀町教育委員会 編

SUNRISE

序

　多賀町は、「お多賀さん」で親しまれている多賀大社で知られ、彦根市の東となりにある町です。近年、平野部を中心にした開発に伴う埋蔵文化財発掘調査などで貴重な発見が相次ぎ、自然環境などの面と合わせて歴史に対して住民の方々の関心が高まってきました。

　このようななかで、敏満寺遺跡にたいして、地元の方々が保存会を結成し、遺跡の顕彰と保存活用に力を入れようと努力されるようになりました。本報告書はこの遺跡の中で「石仏谷」と呼ばれていた中世の墓地に関し、地元からの要望を受けて進められた調査の結果をまとめて報告するものです。

　敏満寺遺跡は、青龍山（標高333ｍ）をご神体山にして存在していたとされる寺院を中心にした遺跡です。現在の胡宮神社境内付近に主要伽藍があったとされ、名神高速道路多賀サービスエリア付近を中心に広がっていたとされています。青龍山から伸びる丘陵部の一体に広がっていた遺跡の主要部分はほとんど開発により消滅していると考えられています。しかし、昭和34年の南大門跡、昭和62年の敏満寺城跡の発掘調査地点は保存され、平成6年～12年の名神高速道路多賀サービスエリア内での発掘調査が実施され、遺跡の性格解明が進み、諸先生方のご教授により、日本でも有数の中世遺跡である可能性が指摘されるようになりました。

　重要遺跡の存在は、地域の歴史の再認識につながるばかりでなく、日本史上でも注目されるものと考え、町としてもその保存と活用に努め、地域住民の皆様とともに新たな地域資料の活用方法に一石を投じるべく事業に取り組む所存でおります。

　本報告書は、今日までの調査成果をまとめたもので、今後の歴史解明の一助になれば幸いと考えております。

　なお、平成17年度に「敏満寺石仏谷墓跡」が国の史跡に決まり、本報告書の出版をお引き受けいただいた、サンライズ出版の岩根順子社長はじめ皆さまに、感謝の意を表します。

多賀町教育委員会

例　言

1　本書は、滋賀県犬上郡多賀町大字敏満寺字青龍山に所在する敏満寺遺跡石仏谷墓跡の発掘調査報告書である。
2　発掘作業は平成16年3月21日～平成17年12月5日、整理等作業は平成16年3月22日～17年3月31日に実施し、平成17年3月に本書の作成をもってすべての作業を終了した。
3　調査は敏満寺遺跡石仏谷調査委員会（委員長　白石太一郎奈良大学教授・大阪府立近つ飛鳥博物館館長（所属・職名は平成17年2月当時）を組織して実施した。調査は多賀町教育委員会・多賀町立文化財センター文化財係長音田直記、同係主任主事本田洋が担当し、同志社大学助教授鋤柄俊夫氏ならびに(財)滋賀県文化財保護協会技術主任松澤　修氏（所属・職名は平成17年2月当時）に発掘・整理作業の一部を担当していただいた。
4　調査の実施に当っては土地所有者をはじめ地元区、敏満寺史跡文化保存会、滋賀県教育委員会ほか関係諸機関にご指導・ご協力を賜った。
5　本書の執筆は調査担当者、委員・協力者（第1章に記す）が担当し、各分担は目次に記している。
6　出土遺物の写真撮影は、寿福　滋氏（寿福写房）に委託した。
7　本書の編集は、音田、本田がおこなった。
8　本調査に関わる遺物、図面、写真等は、多賀町立文化財センターで保管している。

凡　例

1　本書で使用した北方位は国土座標第Ⅵ系の座標北を示し、座標系は世界測地系によるものである。
2　本書で使用した高さは、東京湾の平均海面を基準とした数値（T.P.）を表記している。
3　挿図の縮尺は不同であり、各図版スケールを明示している。ただし、遺構配置図は1/40、各遺構平面・断面図は1/20を基本とし、遺物実測図における土器は1/4を基本とするが、必要に応じて縮尺を変更している。

本文目次

序文
例言
凡例

調査報告編

第1章 経過
　第1節　調査の経過 ……………………………………………（本　田）……… 1
　第2節　発掘作業の経過 ………………………………………（音田・本田）……… 1
　第3節　整理等作業の経過 ……………………………………（本　田）……… 2

第2章 遺跡の位置と環境
　第1節　地理的環境 ……………………………………………（音　田）……… 6
　第2節　歴史的環境 ……………………………………………（音　田）……… 6

第3章 調査の方法と成果
　第1節　調査の方法 ……………………………………………（本　田）……… 9
　第2節　層序 ……………………………………………………（本　田）……… 9
　第3節　遺構 ……………………………………………………（松澤・音田）……… 11
　第4節　遺物 ……………………………………………………（松　澤）……… 47

第4章 現状測量と石塔・石仏の分布調査
　第1節　滋賀県の石仏・一石五輪塔 …………………………（本　田）……… 70
　第2節　石仏の分類 ……………………………………………（松　澤）……… 83
　第3節　石仏・石塔類の岩石鑑定 ……………………（小早川・西川・西堀・但馬）……… 99
　第4節　敏満寺地区石造物の現状について …………………（木戸・音田）……… 108
　第5章　まとめ …………………………………………………（松　澤）……… 112

研究編

第1部　敏満寺の歴史と遺存文化財
　1．古代・中世の敏満寺と石仏谷中世墓地 …………………（細　川）……… 117
　2．宗教都市としての敏満寺 …………………………………（千　田）……… 127
　3．胡宮神社文書に見る胡宮神社別当福寿院－その後の敏満寺－ …………（伊　東）……… 129
　4．敏満寺の彫刻 ………………………………………………（髙　梨）……… 147
　5．敏満寺の絵画・工芸品 ……………………………………（土　井）……… 169

第2部　敏満寺中世墓地の研究
　1．石仏谷中世墳墓の構造 ……………………………………（松　澤）……… 177
　2．敏満寺石仏谷墓地群の変遷とその意味 …………………（鋤　柄）……… 199
　3．中世墓地としての敏満寺石仏谷墓地 ……………………（白　石）……… 215

総括　敏満寺遺跡石仏谷中世墓の調査・保存・活用と課題 …………（大　沼）……… 219

挿図目次

図1	敏満寺遺跡石仏谷墓跡地形測量図	3,4
図2	調査地位置図および周辺遺跡分布図	7
図3	調査区位置図	10
図4	A区平面図	13,14
図5	A区土層断面図（1）	15
図6	A区土層断面図（2）	16
図7	B区平面図	18
図8	B区土層断面図・B区遺構平面図	19
図9	C区平面図・立面図	21
図10	D区平面図	22
図11	D区土層断面図・D区北西拡張部平面図	23
図12	D区蔵骨器No.1〜3平面図・断面図	24
図13	E区平面図	25
図14	E区土層断面図	26
図15	F区平面図	27
図16	F区蔵骨器No.3平面図・断面図・F区土層断面図	28
図17	F区蔵骨器No.1・2平面図	29
図18	G区表土除去後平面図	30
図19	G区遺構平面図	31
図20	G区土層断面図（1）	32
図21	G区土層断面図（2）	33
図22	1・3・4号墓平面図・断面図	34
図23	5・6・8号墓平面図・断面図	35
図24	9〜12号墓平面図・断面図	36
図25	13・14号墓平面図・断面図石仏1平面図・立面図	37
図26	SK1・P1平面図・断面図	38
図27	石仏2・3平面図・立面図	39
図28	区画・石列位置図	39
図29	H区平面図	43
図30	I−1区平面図	44
図31	J区平面図	45
図32	テラス12平面図	46
図33	日野町西明寺墳墓跡出土蔵骨器	54
図34	蒲生町宮井廃寺・日野町西明寺墳墓跡出土蔵骨器	55
図35	A区出土遺物実測図	57
図36	B区出土遺物実測図	58
図37	C区、D区、F区出土遺物実測図	59
図38	F区出土遺物実測図	60
図39	F区出土遺物実測図	61
図40	G区出土遺物実測図	62
図41	G区出土遺物実測図	63
図42	A区、H区、I区、J区、テラス12出土遺物実測図	64
図43	表採遺物実測図	65
図44	表採遺物実測図	66
図45	表採遺物実測図	67
図46	表採遺物実測図	68
図47	表採遺物実測図	69
図48	出土石仏	72
図49	一石五輪塔	75
図50	一石五輪塔の造立推移	75
図51	石仏の分類	85
図52	A区出土石仏実測図（1）	86
図53	A区出土石仏実測図（2）	87
図54	A区出土石仏実測図（3）	88
図55	A区出土石仏実測図（4）	89
図56	A区出土石仏実測図（5）	90
図57	A区出土石仏実測図（6）	91
図58	A区出土石仏実測図（7）	92
図59	G区出土石仏実測図（1）	93
図60	G区出土石仏実測図（2）	94
図61	G区出土石仏実測図（3）	95
図62	G区・F区出土石仏実測図	96
図63	A区出土五輪塔実測図	97
図64	A区・G区出土五輪塔実測図	98
図65	円れきの岩石種	99
図66	石造物の岩石種	101
図67	石仏谷周辺の地質	101
図68	石仏谷および調査した犬上川付近の図	103
図69	1m方形枠の犬上川のれき種	104
図70	30cm以上のれき種	105
図71	大字敏満寺小字図	108
図72	日野町大谷墳墓跡III区平面図・断面図	180
図73	日野町大谷墳墓跡III区蔵骨器出土位置図	181
図74	大谷墳墓跡II区積み石塚図、出土品実測図	183
図75	正楽寺墳墓跡	185
図76	正楽寺遺跡墳墓跡墓跡平面図・出土陶器実測図	186
図77	上田上牧遺跡位置図	188
図78	上田上牧遺跡遺構平面図	189
図79	上田上牧遺跡	190
図80	上田上牧遺跡	191
図81	霊山墳墓跡蔵骨器埋置図	193
図82	霊山墳墓跡出土蔵骨器	194
図83	霊山墳墓跡経塚平面図、出土経筒図	194
図84	高野山奥院蔵骨器埋置状況	197

写真目次

写真1	現地説明会風景	2
写真2	3・4号墓全景（西から）	34
写真3	5号墓全景（西から）	35
写真4	6号墓全景（西から）	35
写真5	9号墓全景（西から）	36
写真6	10・11号墓全景（西から）	36
写真7	12号墓全景（西から）	36
写真8	14号墓全景（南から）	37
写真9	犬上川河床	104
写真10	1mの方形の枠	104
写真11	枠の中のれきを取り出す	104
写真12	取り出した石灰岩れき	104
写真13	犬上川右岸	105
写真14	犬上川河床の八尾山火砕岩の円れき	105
写真15	ピンク長石を含む犬上花崗斑岩のれき	106
写真16	犬上花崗斑岩の円れき	106
写真17	萱原溶結凝灰岩の円れき	106
写真18	レンズ化した軽石を含む萱原溶結凝灰岩	106
写真19	ひん岩の円れき	107
写真20	風化したひん岩	107
写真21	霊山墳墓跡全景	195
写真22	霊山墳墓跡経塚内部経筒出土状況	195

表目次

表 1 一石五輪塔の型式分類 …………………… 74
表 2 遺跡から出土した石仏 …………………… 80
表 3 滋賀県の在銘一石五輪塔 ………………81,82
表 4 全調査岩石数 ……………………………… 99
表 5 石造物の岩石種 …………………………… 100
表 6 周辺の岩石の種類や特徴 ……………102,103
表 7 1m方形枠の犬上川のれき種 …………… 104
表 8 犬上川河床の30cm以上のれきの岩石種 … 105
表 9 字敏満寺小字別石造物数調査表 ………… 111

写真図版目次

図版 1   調査地風景
図版 2   調査地風景
図版 3   遺構全景
図版 4   出土遺物
図版 5   A区・B区出土遺物
図版 6   A区出土遺物
図版 7   B区・C区・D区出土遺物
図版 8   C区・D区・F区出土遺物
図版 9   D区・E区出土遺物
図版 10 F区出土遺物
図版 11 F区出土遺物
図版 12 F区出土遺物
図版 13 F区・G区出土遺物
図版 14 G区出土遺物
図版 15 G区出土遺物
図版 16 G区・H区出土遺物
図版 17 H区・I区出土遺物
図版 18 J区・テラス12出土遺物
図版 19 表採遺物
図版 20 表採遺物
図版 21 表採遺物
図版 22 石造物
図版 23 石造物
図版 24 調査前風景
図版 25 作業風景
図版 26 A区遺構
図版 27 A区遺構
図版 28 B区遺構
図版 29 C区遺構
図版 30 D区・E区遺構
図版 31 D区遺構
図版 32 F区遺構
図版 33 G区遺構
図版 34 G区遺構
図版 35 G区遺構
図版 36 G区遺構
図版 37 G区遺構
図版 38 H区遺構
図版 39 I区遺構
図版 40 J区・テラス12遺構

第1章 経 過

第1節 調査の経過

　平成7年9月に地元の敏満寺史跡文化保存会より青龍山中に石仏が多量に存在しており、これを整備したいという要望があり、多賀町教育委員会が回答を行うため平成8年3月から4月に現状を把握することを目的として調査を実施した。調査は石仏谷墓跡の現状平面図（1/50）作成（委託）と地表面に散乱する遺物の採取を行った。調査の結果、五輪塔や石仏等の石造物や散乱する骨片、良質の陶磁器片などから大規模な墓跡であることが推定された。調査のなかで盗掘坑や石造物の風化、雨水による地形の変化などが確認され、早急に保護対策を検討することが必要であると判明した。

　平成10～12年度には国庫・県費補助を得て、遺跡の保存を目的とした調査を実施した。調査の内容は、より詳細な現状を把握するための平面図（1/20）作成である。

　平成14・15年度には国庫・県費補助を得て、石仏谷墓跡の北側と西側に広がるひな壇状の平坦面を把握するため地形測量（1/250）を実施した（委託）。

　平成15年9月に敏満寺遺跡石仏谷調査委員会（5頁参照）を設置し、平成16年3月までに3回の委員会を開催した。

　平成16年3月21日～12月5日まで発掘作業を実施し、平成16年3月22日～平成17年3月31日まで整理等作業を実施した。

　発掘作業終了後、雨水の浸入を防ぐため土嚢袋で措置し、遺構の損傷を防ぐためシートで覆った。その他の脆弱な地形部分についても応急的な保護措置を行った。

第2節 発掘作業の経過

　発掘作業は多賀町教育委員会が主体となり、多賀町立文化財センター文化財係が担当した。調査区の設定、調査の方法、遺構の取り扱い等について調査委員会の意見を聴き、滋賀県や国の指導のもと調査を実施した。鋤柄氏、松澤氏の両委員には、現地で発掘作業を指導していただいた。

　作業経過は以下のとおりである。

A区　　平成16年6月19日より表土の除去・遺構検出に着手した。7月7日より平面図（1/20）、土層断面図（1/20）等の作成に着手した。8月7日に墓壙の検出に着手した。8月8日に1号墓出土遺物を取り上げた。8月15日に2号墓を検出し、平面図（1/10）を作成した。8月29日に1号墓の南側で階段を検出した。9月12日に遺構の記録を完了し、保護措置に着手した。

B区　　平成16年9月11日より表土の除去・遺構検出に着手した（松澤氏指導）。9月18日に蔵骨器No.1～4の取り上げに着手した。9月26日に遺構の記録を完了し、保護措置に着手した。

C区　　平成16年9月18日より表土の除去・遺構検出に着手した（松澤氏指導）。11月11日に蔵骨器No.1を取り上げた。11月24日に遺構の記録を完了し、保護措置に着手した。

D区　　平成16年10月23日より表土の除去・遺構検出に着手した（松澤氏指導）。11月6日より蔵骨器No.1～3の取り上げに着手した。11月24日に遺構の記録を完了し、保護措置に着手した。

E区　　平成16年11月3日より表土の除去・遺構検出に着手した（松澤氏指導）。11月13日に遺構検出を終了した。11月20日に遺構の記録を完了し、保護措置に着手した。

F区　　平成16年11月13日より表土の除去・遺構検出に着手した（松澤氏指導）。11月28日にNo.3蔵骨器を取り上げた。12月1日に遺構の記録を完了し、保護措置に着手した。

G区　　平成16年3月21日に鋤柄氏と同志社大学学生5名が1号墓の検出・実測に着手し、3月23日にNo.2蔵骨器の取り上げを完了した。4月5日に表土・堆積土の除去に着手した。8月12日にNo.1蔵骨器を取り上げた。8月19日にSK1を検出した。9月6日に調査区全体の写真撮影を実施した。11月12日に遺構の記録を完了し、保護措置に着手した。

H区　　6月14日に現況実測図（1/20）の作成をはじめ、6月18日に終了した。6月20日より表土の除去・遺構面の検出に着手した。はじめは十字形にトレンチを設けたが、遺構の把握が困難であったため、面調査に切り替えた。6月24日に遺構をほぼ検出し、6月29日までに平面図（1/20）、土層断面図（1/20）等を作成した。その後、保護措置をとり終了した。

I区　　6月20日より表土の除去・遺構検出に着手した。当初は2本のトレンチを設けて遺構の状況を確認する方法をとったが、遺構の把握が困難であったため、調査地点の南側で一部面調査を行った。6月25日に遺構検出を終了し、7月2日に平面図（1/20）、土層断面図（1/20）の作成を終了した。その後、保護措置をとり終了した。

J区　　5月26日より表土の除去・遺構検出に着手した。当初は4本のトレンチを設けて遺構の状況を確認しようとしたが、遺構の把握が困難であったため、面調査に切り替え、6月10日に遺構検出を終了した。6月17日に平面図（1/20）、土層断面図（1/20）の作成を終了した。

テラス12　　6月10日より表土の除去・遺構面の検出を実施した。当初は2本のトレンチを設けて遺構の　状況を確認しようとしたが、遺構の把握が困難であったため、面調査に切り替え、6月18日に遺構検出を終了した。7月1日に平面図（1/20）、土層断面図（1/20）の作成を終了した。

　9月23日には発掘調査の成果を周知するため現地説明会を開催した。

　12月5日にすべての調査区の保護措置を完了した。12月10日に器材の撤収を行った。

写真1　現地説明会風景

第3節　整理等作業の経過

　整理等作業は多賀町教育委員会が主体となり、多賀町立文化財センター文化財係が担当した。整理等作業のうち、土器のデータ入力作業は鋤柄氏の指導のもと担当者が行い、土器の実測は松澤氏に、石造物のデジタル化は鋤柄氏にお願いした。遺物の写真撮影は寿福滋氏に委託した。

　作業経過は以下のとおりである。

　平成16年3月22日に石仏谷墓跡の表採遺物のデータ入力作業に着手した。3月24日に出土遺物の洗浄に着手した。12月10日に出土遺物の洗浄を終了した。12月18日に注記・接合を終了した。12月19日に遺物の実測を終了した。12月19日に遺物の復元作業を終了した。1月20日に写真撮影を終了した。12月22日に土器のデータ入力を完了した。3月4日にトレース・版下作成を終了した。3月16日に文章作成・割付・編集を終了した。平成17年3月に本書の刊行をもって、敏満寺遺跡石仏谷墓跡発掘調査に係るすべての作業は終了した。

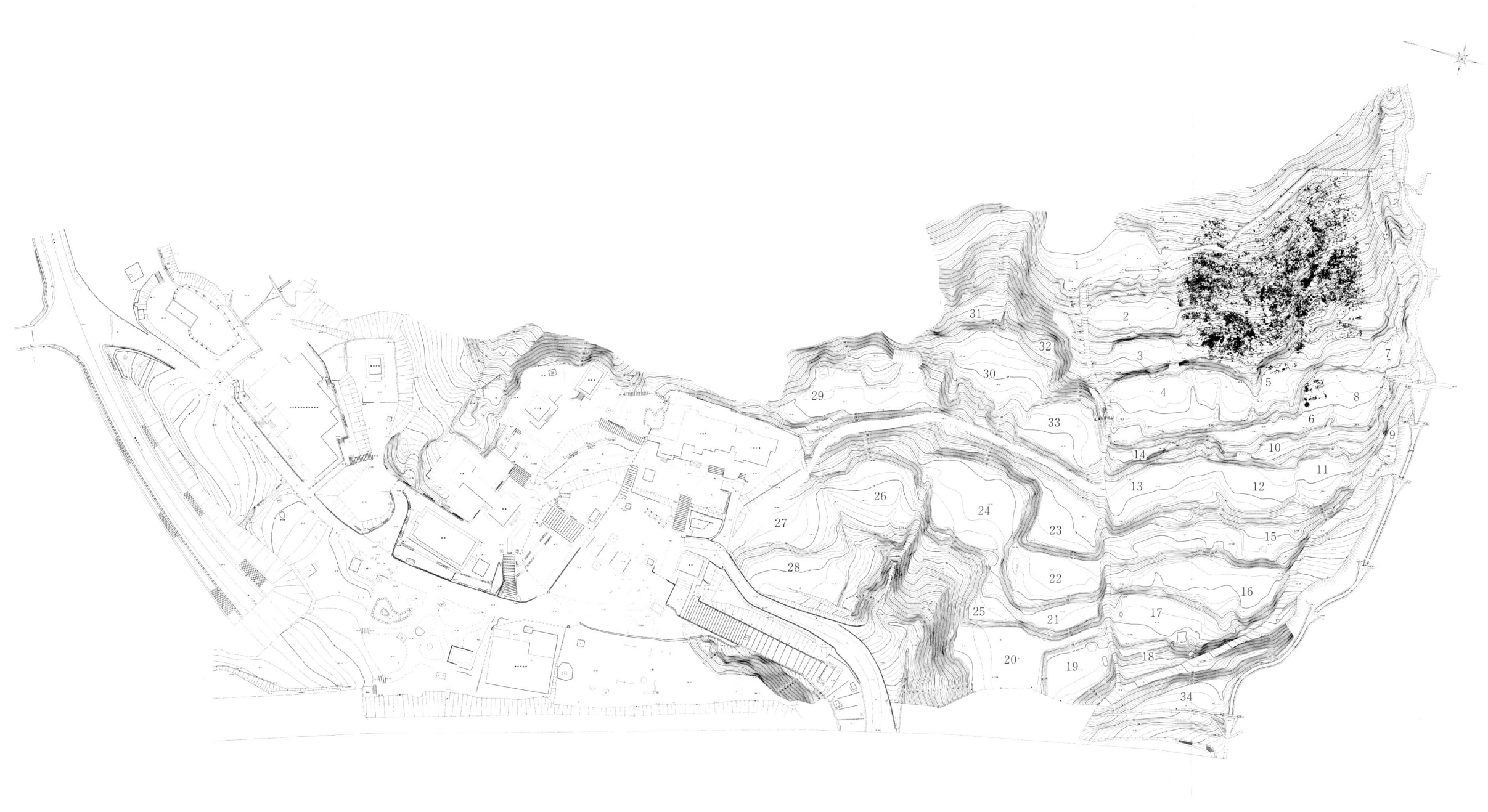

図1　敏満寺遺跡石仏谷墓跡地形測量図

委員名簿（敬称略，五十音順，◎委員長，○副委員長，所属・職名は平成17年2月当時のもの）

◎白　石　太一郎　　奈良大学教授・大阪府立近つ飛鳥博物館館長
○鋤　柄　俊　夫　　同志社大学助教授
　千　田　嘉　博　　国立歴史民俗博物館助教授
　細　川　涼　一　　京都橘女子大学教授　　　　　　　　（平成16年6月より）
　松　澤　　　修　　（財）滋賀県文化財保護協会技術主任　（平成16年6月より）
　村　木　二　郎　　国立歴史民俗博物館助手　　　　　　（平成16年6月より）

協力者名簿（敬称略，五十音順，所属・職名は平成17年2月当時のもの）

　伊　東　ひろ美　　滋賀県教育委員会美術工芸品調査員　　西　川　一　雄　　滋賀県立水口高等学校教諭
　小早川　　　隆　　滋賀県立大津高等学校校長　　　　　　西　堀　　　剛　　滋賀県立日野高等学校教頭
　髙　梨　純　次　　滋賀県立近代美術館学芸課長
　但　馬　達　雄　　滋賀県立玉川高等学校教諭
　土　井　通　弘　　滋賀県立琵琶湖文化館学芸係長

オブザーバー　滋賀県教育委員会事務局文化財保護課

事務局の体制

平成15年度	平成16年度
教育長　　　松宮　忠夫 教育次長　　西村　治一 多賀町立文化財センター 所　長　　　村瀬　進 係　長　　　音田　直記 主任主事　　本田　洋	教育長　　　松宮　忠夫 教育次長　　西村　治一 多賀町立文化財センター 所　長　　　田畑　彰 係　長　　　音田　直記 主任主事　　本田　洋

　現地調査および整理調査にあたっては委員・協力者および下記の方々のご指導・ご助言を賜った。記して感謝を申し上げたい。とくに鋤柄俊夫氏、松澤修氏の両委員には現地調査および整理調査において多大なご指導・ご協力を賜り、厚く御礼申し上げます。

　　秋田裕毅　伊藤正義　岡村道雄　桂田峰男　小島道裕　坂井秀弥　狭川真一　佐藤亜聖
　　高瀬要一　高橋順之　玉田芳英　坪井清足　中井　均　禰宜田佳男　橋本英将　藤沢典彦
　　松田常子　水野正好　宮崎幹也　行俊　勉　横井川博之　横田　明　吉岡康暢

（敬称略，五十音順）

　発掘作業および整理調査参加者は下記のとおりである。

　　泉あづさ、沖田陽一、河崎絵里香、佐敷美喜子、城かよ子、杉原美樹、高田慶子、野村州弘、羽渕久美子、藤本昌世、南和美、吉川いづみ（多賀町調査補助員）、木戸美知留（京都橘女子大学学生）、小林史朗、里見浩史、竹井良介、谷口浩史、中村尋、渡部和孝（同志社大学学生）、大町義一、奥居咲子、北坂喜久男、小鎗一枝、谷川健三、寺西貞子、寺西昌子、林勝一、深尾千代子、三谷貞子、山本きみ、山本清一、山本孟増、山本治彦、渡辺武子（多賀町シルバー人材センターより派遣）

第2章　遺跡の位置と環境

第1節　地理的環境

　敏満寺遺跡は、湖東平野北部にあたる彦根市の東に接する多賀町に所在する。多賀町は、甲良町と豊郷町の3町で犬上郡を構成している。

　町の東は、岐阜県上石津町、三重県藤原町の県境に接し、町の総面積は134.29㎡で、約8割が山間部を占める。山間部の大部分は近江盆地の東辺を限って南北に走る鈴鹿山脈にあたる。鈴鹿山脈の大部分は古生層の粘板岩、砂岩、石灰岩、チャートから構成されているが、南半分の稜線付近には中生代末の花崗岩地域がひろがり、中央部西縁付近には湖東流紋岩が分布している。全体として、西方に傾斜しながら隆起した地塁山地であるため東(三重県岐阜県側)へは急傾斜しているのに対し、西側の近江盆地へ向かっては少しずつ高度を下げている。多賀町はこの西側にあたり、湖東平野および湖東丘陵の一部が該当する。鈴鹿山脈の北から南へ霊仙山(1,084m)、御池岳(1,241m)、藤原岳(1,143m)、御在所岳(1,210m)などの山頂が連なり、特に、石灰岩が卓越する霊仙山、高室山(756m)、御池岳の山頂付近にはドリーネやカレンフェルドが発達する一方、山麓に河内の風穴、佐目の風穴など鍾乳洞がみられ、「近江カルスト」とよばれる特徴的な地形をみることができる。

　湖東平野は鈴鹿山脈から北西流して琵琶湖に注ぐ芹川、犬上川、宇曽川、愛知川、日野川等の諸河川によって琵琶湖の東岸に形成された沖積低地で、谷口からほぼ標高100m付近までは扇状地が発達し、湖岸には三角州が広がり、近江盆地最大の低地があり、多賀町の平野部はこのうちの芹川と犬上川の扇状地域部分が該当する。芹川は芹谷、犬上川は南谷と北谷の2つに別れ、大きくは、鈴鹿山脈と2つの河川で築かれた3つの谷および、河川により形成された扇状地で多賀町は構成されているといえる。

　東にある彦根市には、旧中山道、国道8号線、東海道本線、朝鮮人街道などの古代から現代までの主要幹線道があり、中山道高宮宿と芹川、犬上川流域の平野部を中心に重要な地域であったことがわかる。多賀町の平野部は高宮宿から岐阜県と三重県へ通じる重要なルートでもあり、現在の多賀大社付近がちょうど合流地点になる。平野部の遺跡は多賀大社を中心に芹川、犬上川の流域のほぼ全面に存在している。

　敏満寺遺跡は鈴鹿山脈からのびる丘陵上に存在する遺跡で多賀大社を含めた扇状地に存在する遺跡を一望する位置にある。現在は名神高速道路多賀サービスエリアとして、丘陵の主要部分のほとんどが占有されている。この丘陵と鈴鹿山脈の間にある青龍山(333m)は敏満寺の神体山とされて、今回の調査地の石仏谷は青龍山の西斜面にある。青龍山は湖東平野にある東島状山地とよばれる島状に散在する小山地のひとつで、多賀町、彦根市はその北端部にあたり、磯山(159.5m)、佐和山(232.5m)、彦根山(136m)が含まれ、湖東流紋岩や花崗岩で構成されている。これらの小山地は地学的にも注目される地形であるが、歴史的にも注目される位置関係にある。

第2節　歴史的環境

　敏満寺は、現存しない寺院であるが、字名として残っており、古代からの記録にも寺院の存在を容易に想定できる資料が残っている。敏満寺遺跡の範囲は丘陵地域と青龍山を含むところであるが、本来の寺院の性格から推測すると、隣接する水沼荘園推定地域を含む敏満寺西遺跡、大門池を含む犬上川左岸をよび多賀大社周辺を含む平野部におよぶ地域が対象となっていたと考えられる。現在までの敏満寺遺跡内での調査では、縄文時代中期後葉から中世までの遺構が検出されている。

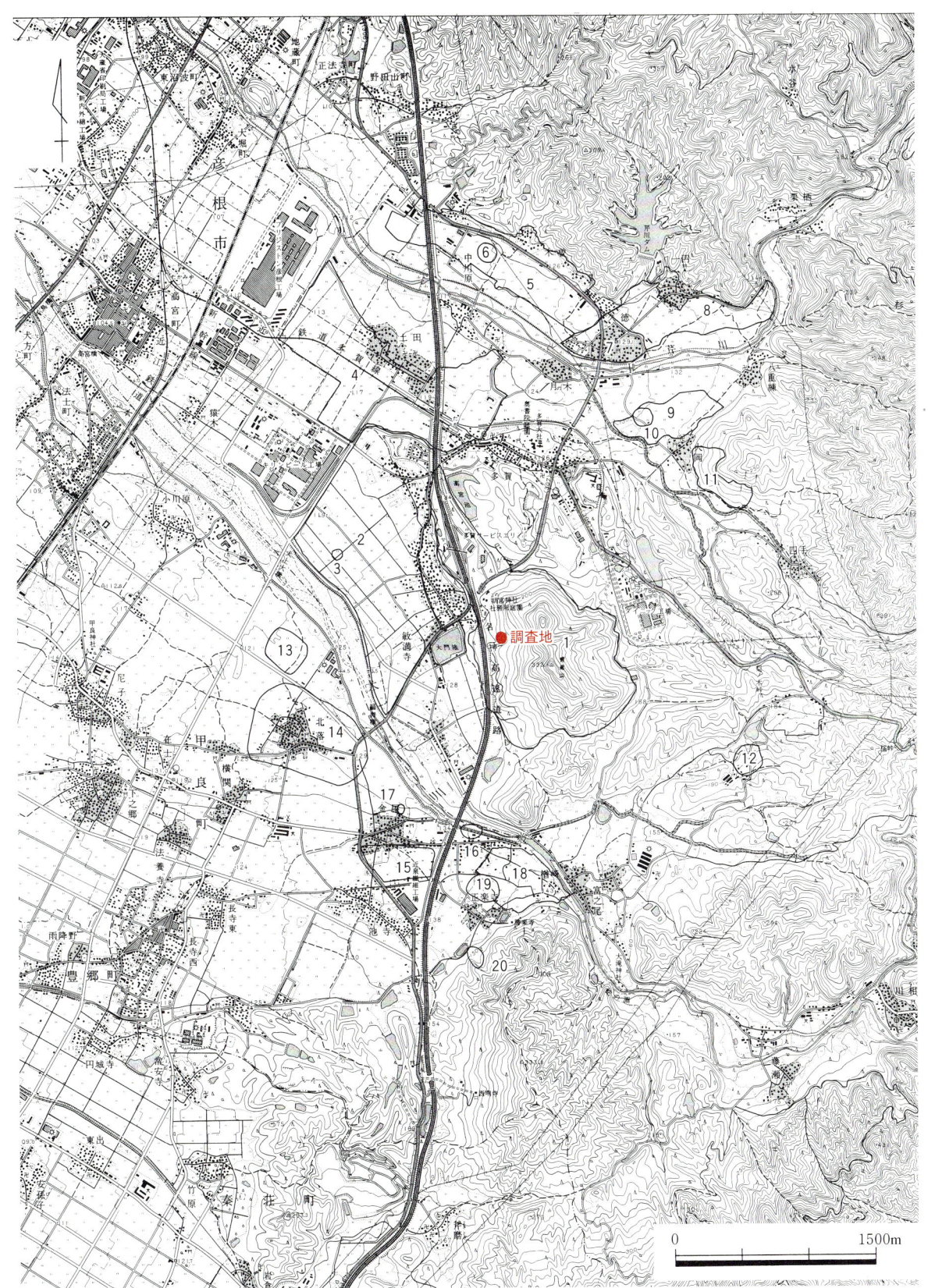

図2　調査地位置図および周辺遺跡分布図

1敏満寺遺跡　2敏満寺西遺跡　3大塚古墳　4土田古墳　5木曽遺跡　6木曽古墳　7久徳城遺跡　8久徳遺跡　9大岡遺跡　10石塚古墳群　11大岡古墳群　12梨ノ木西遺跡　13塚原古墳群　14北落古墳群　15金屋南古墳群　16金屋遺跡　17金屋古墳　18楢崎古墳群　19正楽寺古墳群　20正楽寺遺跡

周辺の遺跡で、旧石器時代の遺跡は発見されていないが、今後、発見される可能性はある。現在確認されている縄文時代の遺跡は、土田遺跡の晩期の墓跡、ほぼ同時期の遺構が大岡遺跡、久徳遺跡などで確認されている。平野部では墓跡が検出されており、敏満寺遺跡の丘陵部では中期の集落跡に関係する遺構を検出している。犬上川流域では、楢崎古墳群内や金屋遺跡でも縄文時代の痕跡を検出しており、扇状地上に広がる平野部にはこの時期に生活圏が確立していたことが明確になっている。

　弥生時代の遺跡は、大岡遺跡で前期の遺構を検出しているが、扇状地において遺構はほとんど確認されていない。縄文時代から弥生時代への移行期および後期までの遺跡がほとんど検出されておらず、土田遺跡の弥生時代後期から古墳時代前期の遺跡の存在との連続性は課題である。この時代の遺構も明確なものはほとんどない。平野部では、遺跡が重複し、河川の氾濫や耕地整理などにより削平されてしまった可能性が高い。

　古墳時代も後期になると芹川の扇状地には木曽遺跡や大岡遺跡、土田遺跡などで集落跡などが検出されるようになる。犬上川左岸の扇状地には後期古墳群が発達し、最上流域の楢崎古墳群から正楽寺古墳群、金屋古墳群、金屋南古墳群、北落古墳群、塚原古墳群と平野部一帯に広がっているのに対し、犬上川右岸では敏満寺大塚古墳1基以外は確認されていない。また、芹川流域では石塚古墳群、大岡古墳群、木曽遺跡で数基確認されているが分布状況や古墳の数、構造など明らかに貧弱で、この相違は注目される。

　奈良・平安時代においても大規模な集落は検出されていないが、平野部のほとんどで遺跡が存在していたことが推定される。犬上川左岸の甲良町域の遺跡ではかなり大規模な集落があり、この時代は、犬上川流域の中心はこのあたりにあったのかもしれない。

　中世になると、平野部のほとんどの遺跡で遺構を検出しており、芹川、犬上川流域でかなり大規模な生活経済圏が存在していたのではないかと推定される。その中心が敏満寺遺跡であったと考えられる。ただ、古代から中世にかけての敏満寺の実態が解明されていないこともあり、まだまだその性格は不明である。また、当地域では、多賀大社の役割は大変注目される。古代から近代にいたるまで敏満寺とどのような関係があったのかは今後の課題である。また、山間部の遺跡や集落との関係も当地域の歴史を認識するためにも重要な要素であり、考古学的な調査以外にも総合的歴史調査による解明が地域史を新しい方向へ導くことになると考える。

第3章　調査の方法と成果

第1節　調査の方法

1．既往の調査

　本書で報告する石仏谷墓跡は、今回が初めての確認調査であり、既往の調査はないが、当墓跡は敏満寺遺跡の中に位置しているので、敏満寺遺跡について若干触れたい。敏満寺遺跡の調査成果は、すでに刊行された報告書にまとめられているので、ここでは概略を記述するにとどめたい。

　敏満寺遺跡で初めて発掘調査が行われたのは、昭和34年（1959）に名神高速道路建設に伴い滋賀県教育委員会（以下「県教委」に省略）によって実施されたもので、この調査で仁王門跡に推定される礎石や一間四面方三間の堂跡が確認されている（県教委1961『滋賀県史跡調査報告』第12冊）。

　昭和61年（1986）には、県教委・(財)滋賀県文化財保護協会（以下「県協会」に省略）による多賀サービスエリア上り線施設等改良工事に伴う発掘調査で城郭的な遺構が発見され、寺院の軍事的側面を示すものとして注目を浴びた（県教委・県協会1988『敏満寺遺跡発掘調査報告書』）。ちなみに調査地は現在公園として保存されている。

　平成6～12年（1994～2000）には、県教委・県協会による多賀サービスエリア改良事業に伴う発掘調査で区画溝群、掘立柱建物、埋甕などが発見され、手工業施設が存在した可能性を浮かび上がらせた（県教委・県協会2004『敏満寺遺跡』）。このように寺院の側面が明らかになりつつあるが、寺院の中心遺構についてはほとんど明らかではない。

　今回の調査は、墓跡の史跡指定を目的にしており、現状で重要性が認められるものの内容が不明確であるため、遺跡の範囲と墓地の全体構造や個々の墓の構造、年代等を把握する必要があった。また、敏満寺との関係についても不明確であり、墓の被葬者について把握する必要がある。今回は、これらの課題を解明するために調査を実施した。

2．調査の方法

調査区の設定

　墓地内の調査区はA～G区の7カ所で、各調査区の位置は以下の理由により設定した。

　空間の変遷を把握するためA・B・D・F・G区の各所を設定した。また、現況の地表面の観察でいくつかの種類の墓形態に分類することができ、その構造を把握するためにA・C・E・G区を設定した。各調査区の範囲は、地形や単位等を考慮し設定した。

　墓地周辺に広がるひな壇状のテラスの調査はⅠ区・J区・テラス12の3カ所である。テラスは、以前に田を耕作していたという話や植林されていることから地形が改変されている可能性も考えられるため、その性格を把握することを目的に調査を実施した。各調査区の範囲は、幅1m程度のトレンチを一字あるいは十字に設定したが、実際に調査を行うと、表土を除去して遺構を観察するという制約から性格の把握は困難であり、部分的に表土除去範囲を広げて確認を行った。

　H区は地表面の観察で方形基壇状であることが認められ、何らかの施設があったと考えられるため、規模や構造を把握するために調査を行った。やはり当初は幅1m程度のトレンチを十字に設定して調査を実施したが、性格の把握は困難であり、調査範囲を広げて確認を行った。

発掘作業の方法

　発掘作業は、遺構保存のために掘削を最小限に留め、表土を除去した面で観察し、構造を把握する

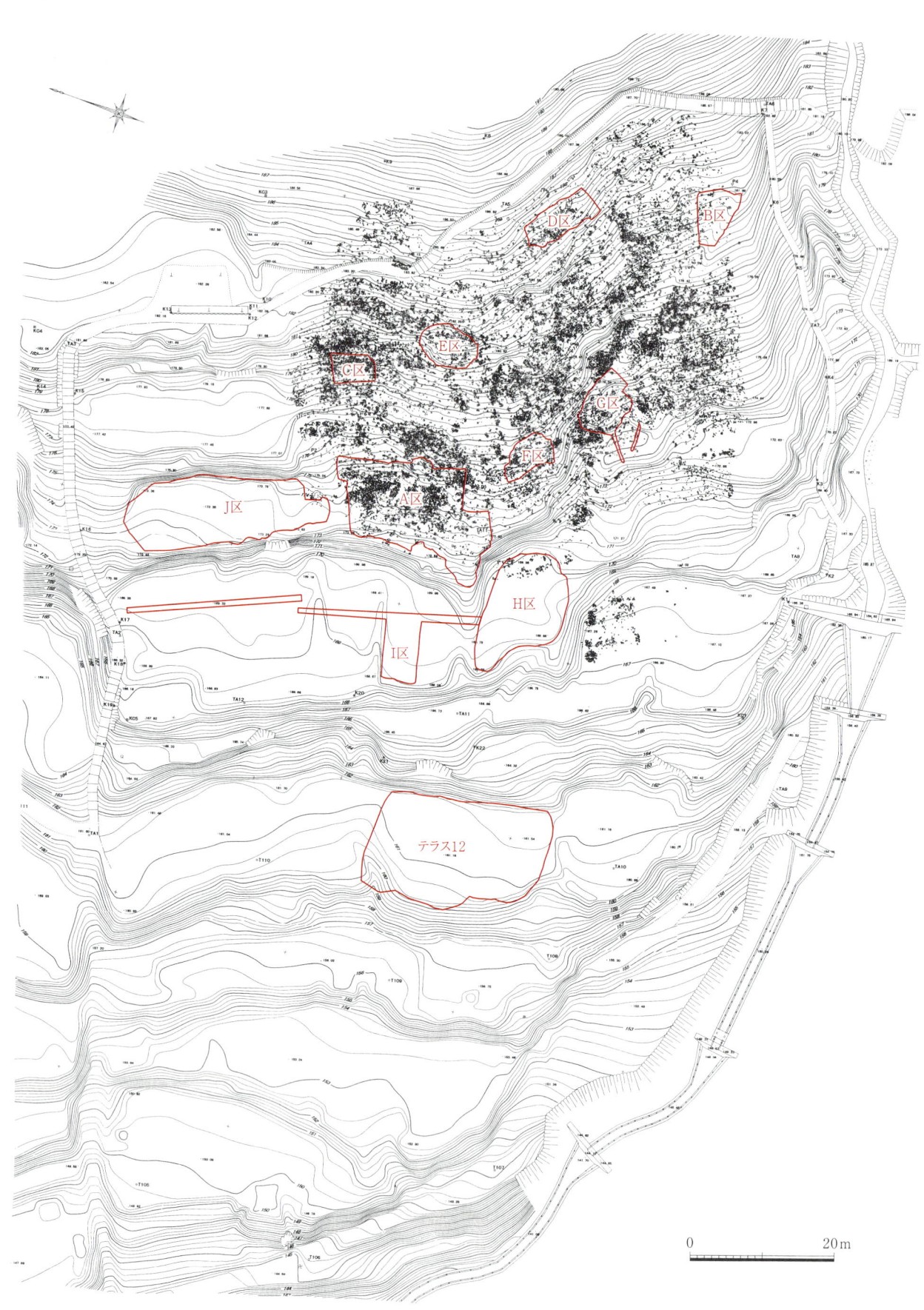

図3　調査区位置図

とにした。ただし、A区の1号墓については盛土と貼石状の小礫が地表面で認められるため、その構造や構築方法を把握するため2カ所のトレンチを設けて土層を観察した。G区については上層の遺構面を完掘した。これは表土を除去した段階で、1つのテラスにいくつかの種類の墓形態や長期間にわたる遺物、多数の埋葬施設が確認されたため、墓の変遷や遺跡全体の埋葬数を推定できる資料になると考えられたためである。この調査区では下層の遺構が確認されたが、上層が主要な部分は掘り下げを行わなかった。すべての調査区の土層観察用のベルトは今後検証できるよう保存している。

座標系に基づいた実測図を作成するため、調査区付近に基準点を設置した（委託）。A区については将来の活用に備えてデジタルデータ化、写真測量を実施した（委託）。遺構平面図は1/20で作成し、各遺構平面図は必要に応じて1/10で作成した。土層断面図は1/20で作成した。

検出された蔵骨器や土坑内に出土した人骨は保護のために取り上げた。表土中に含まれる石材は適宜図化し、自然石、石造物に関わらずすべて取り上げて保管している。

整理等作業の方法

表採及び発掘作業で出土した土器は洗浄・注記・接合後、種別・器種等・器形等を分類し、データ入力を行った。分類は鋤柄氏、松澤氏にお願いした。遺物については松澤氏が第3章第4節で述べられ、器種構成比・個数等については鋤柄氏が第2部.2の中で述べられる。

五輪塔・石仏等は、地表面で計測可能なものと出土して取り上げたものはすべて計測し、データ入力を行った。取り上げた石仏はすべて拓本を採り、断面図のみ実測した。五輪塔の一部は、鋤柄氏によってデジタル化された画像をトレースし、その他は実測を行った。土器の実測は松澤氏にお願いした。

取り上げた土坑内の埋土や人骨は、今回の報告では時間の都合上理化学的分析を委託できなかったが、将来的に分析できるよう保管している。また、取り上げた石材の鑑定は小早川隆氏にお願いし、詳しくは第4章3節で述べられる。

第2節　層　序

今回の調査は、G区を除く調査区で表土を除去して遺構を観察するに留めた。厚さ5～10cmの表土を除去する程度で遺構が検出され、検出された蔵骨器の多くは上部が欠損して表土表面にその破片が散乱し、下部のみが埋設された状態である。場所によっては地山が露出したり、あるいは表土を除去するだけで地山に達することから、遺跡内は全体的に表土が薄く堆積する程度で、斜面に形成された墓の覆土は風雨によって流されていると考えられる。一方、G区のようなテラスに形成された墓は、山側から多数の石造物や墓の覆土が流れ込み堆積しているため、比較的遺構の遺存状況が良好であると考えられる。

第3節　遺　構

1．A～G区の調査成果

調査では現在までに7地点についての発掘を行っている。それらについて記述してみよう（調査地点は図3参照）。それはA～G区で、その選定は石仏谷墓地跡の内容の概観が出来るように上下、左右の各地域から場所を選んで行っている。調査にあたっては調査前の現況図、同写真等の記録化を行い、更に、調査中に遺構解明のため除去した石類、土などはその石材の鑑定、あるいは、将来の復元に供せられるように保管している。

石仏谷墳墓地は青龍山の山腹、敏満寺故地の最南部に造られている。当地は南谷と呼ばれる地域で

敏満寺の古記に多くの堂院の名前が記されている。この南谷地区の南側は深い谷であり、それより南側には堂舎跡などは認められないことから、敏満寺はこの遺構群のある南谷が南限とみられる。この墳墓地は堂舎跡と見られる平坦面の上部・東側にあり、西側に平野部が広がる景観である。墳墓地の下段はその中央部に段差があり、その北側と南側のそれぞれに入り口とみられる道跡がある。この段差は墓域の上部で消滅し、同一の斜面となる。この段差を標識として北側を北部地区、南側を南部地区と呼称する。また、墓域の北側には堂舎跡とみられる平坦面があり、その平坦面との境には上部から点々と三カ所に巨石が据えられており、その堂舎側には墓地とみられる石組み遺構がみられないことから、この石は墓域を区切る結界石と考えられる。墓域の西限は下段の堂舎跡とみられる平坦面であり、東限・山側の境は後述するC区の標高の地域である。以下、調査を行った7地点についてその内容を記してみよう。

　A区：1号墓は北部地区の入り口部に造られている。長さ8メートル、幅2メートルの長方形で高さ20〜30センチメートルの台形の塚状に造られている。この塚は斜面を大きく東西5メートル、南北13メートルにわたって削平し平坦面をつくり、そこに黄褐色砂泥土を盛り上げて塚状としたものである。塚の一部を断ち割りして観察した結果、この基部・地山面は中央部が谷状の地形であったらしく南側と北側は岩盤が削平されているのに対し、中央部は岩盤上に堆積していたとみられる黄褐色砂泥土がみられ、それが削平されている。この塚状遺構の基部、外面には大形の川原石・自然石、あるいは、円形に加工した石を据えて区画としている。その区画内に黄褐色砂泥土を盛り上げ、外表面近くの黄褐色砂泥土に5センチメートルから10センチメートル大の石灰岩の川原石を混ぜ込んだ土を貼り付けて塚表面の景観・補強を行っている。この石は石灰岩のみを選択的に使用するもので、白く光る景観と石灰質による地盤の強化を目的としたものと考えられる。この長大な塚は途中で継ぎ足されたものではなく、その全体が一時期に形成されている。この塚の内部には構造物は存在していない。墓は台上の頂部に蔵骨器を掘り込んで埋める形でつくられており、それに付随する施設は造られていない。蔵骨器は頂部に直線的に埋置されていたとみられるが、一例を除いてその大半は抜き取られ、埋納坑とみられる穴が検出されている。その痕跡から当墳墓には七基の蔵骨器が埋置されていたとみられる。このうち塚の最北部の一基（No.1）が遺存しており、それは蔵骨器に瀬戸焼の四耳壺（図35.2）を使用し正位に埋納され、胴部以下は据えられた状態で遺存していたが、その上部・肩部から口縁部は破壊され若干の破片が胴部内に落下した状態で採集されている。またこの落下物のうちに瀬戸焼の山茶碗（図35.1）の破片が得られていることから、この蔵骨器の蓋として使用されたものとみられる。その他に塚上面には一列に小型の円坑が七例検出されている。その内部埋め土は黒褐色砂泥土で本遺構群内では相対的に新しいものでありその土坑の形状、位置とあわせて考えると蔵骨器の埋納孔で、盗掘や蔵骨器の転落などにより本体が失われたことによる土坑であるとみられる。この他、塚の北側の中央部に塚の基底部に接する形で石組みが認められ、その内部から火化骨や土師器皿などが出土している。その状態から火化骨埋納坑と考えられる。更に、塚の南東部に塚の外郭に沿う形で石組みがあり、その内部から潰れた状態で灰釉系の瓶子（図35.3）が出土した。周囲に火化骨が散乱していたことからその器は蔵骨器でこの石組みは本体とは別の墓跡とみられる。その他の施設としてこの塚状墓の前・南北の両裾部に円形の窪みが検出されている（P1・2）。その形状や位置からみて何らかの施設がそこに造られていたとみられ、それは例えば石造物を据えていたなどではないかと想定される。ただ、この塚状墓には基本的に石仏や一石彫成五輪塔は据えられていなかったとみられ、組み合わせの五輪塔などがその候補として挙げられる。上述したように蔵骨器の大半が失われているため、このA区1号墓の初源の時期は不明であるが、瀬戸の山茶碗からみて13世紀前半には存在していたとみられ、12世紀に遡る可能性が考えられる。

図4　A区平面図

図 5　A区土層断面図（1）

図6 A区土層断面図（2）

墓道。この塚状墓の前面は崖でその下部は堂舎跡である。その堂舎跡とその南部の方形堂舎の中間に、堂舎の平坦面を削平する際に削り残す形で道が造られており、その上部には段が造られており階段として造られたものと考えられる。この道は直線的に辿ると塚状墓の南部に至るが、その部分では、さらに、上部に登る道が形成されておりそこは階段状に段が付けられ、その塚側外側部には川原石の側石が設置されている。また、下段の堂舎跡からの道は途中で北側・塚状墓の前面方向に折れ緩い傾斜で塚状墓の前面を過ぎ、その北側で塚状墓の面に至るが、そこに外側を二石ほどの川原石を積み上げた長方形の土檀が造られている。位置や形状から墓域への入り口施設と考えられる。塚状墓の前面は幅１メートル程の平坦面があり、そこは２〜３センチの微小礫が踏み込まれており、やはり、ここも道と考えられる。その他塚状墓の北側の堂舎跡との間には巨石がある。その性格を考察するためその裾部を一部掘り下げて調査した結果、この巨石は本来そこに存在したものでなく人為的に設置されたものであり、その北側に堂舎跡が存在ことで、その据えられた位置などから墓と堂舎とを隔てる結界石と考えられた。この石と塚状墓の間は塚状墓やその北側の堂舎跡の造成に際して削り残され斜面となり、その上部の平坦面・堂舎跡に続いていることから、やはり、その堂舎に通じる道跡とみられる。

　塚状墓の前方は崖となっているが、そこには大型の岩石が一直線に塚状墓と平行になるように設置されており、その形状と併せて考えると墓域の石垣として造られたとみられる。この石垣は現在は一段が残るが、塚状墓の面から考えると二段程度積み上げられていたとみられる。調査でその一部を掘り下げて確認したところ塚状墓の盛り土と同じ土で同時期に造成されていることが判明した。その結果、これらの塚状墓、石垣、入り口施設、道跡などはその埋土や形状、位置などからみて計画的に同時期に造成されていると考えられる。

　２〜４号墓。塚状墓（１号墓）とは直接の関わりはないが上部の崖際には三カ所に墓跡が検出されている。それらは不整形に石組みを施したもので、その内部や周辺から蔵骨器とみられる陶器片が出土している。これらの墓跡については確認調査についてのみ行い、その表面に現れた陶器などについて採集を行っている。

　B区：B区は南部地区の最南部の上方に位置する。G区から延びる道跡の到達点で、その道跡が斜めに上がる形に造られていることによりB区の墓地の平面形は三角形を呈する。B区も他の墓地と同様、上部には黒褐色砂泥土が下部には黄褐色砂泥土が堆積しており、石造品や陶器片などがその内部から出土するが、例外はあるものの、石造品は主として上部の黒褐色砂泥土から、陶器片は主として下部の黄褐色砂泥土から出土するという傾向がみられた。当墓地は大略三つの部分から成っている。上部は斜面を削平して一段目の平坦面を造り、そこに微小な川原石を黄褐色砂泥土に混ぜたものを覆土し、一個の蔵骨器を埋納している。ただし、この蔵骨器は原位置にはなく、その下段の平坦面からバラバラに破砕され、その大部分が失われた状態で出土している。それは瀬戸焼の灰釉花瓶（図36.22）である。また、壁際には石仏が立て掛けられ奉斎されている。その下部には平坦面が造られる。この面には構造物は造られず、また、埋土もない。調査時にはそこに組み合わせの五輪塔、石仏、一石彫成五輪塔が存在しており、それらが置かれた空間かと考えられる。この平坦面の下部は斜面であり、その斜面一面に黄褐色砂泥土に微小な川原石を混じた埋土が10cmほどの厚さで敷設されそのほぼ中段に南北に平行するように蔵骨器が二個埋置されていた。そのうちの北側の蔵骨器は瀬戸焼の灰釉瓶子（図36.17）であり、出土時正位に据えられた状態で胴部の上部までが残存し、その上部・肩部以上が破砕され胴部内に落ち込んだ状態でその一部が失われて出土している。蔵骨器はその下部5cmほどが地山を掘り込み据えられていた。南側の蔵骨器は中国舶載の黒褐釉四耳壺（図36.23）で、出土時正位に据えられた状態で胴部中程以下が残存しており、胴部上半部以上

図7　B区平面図

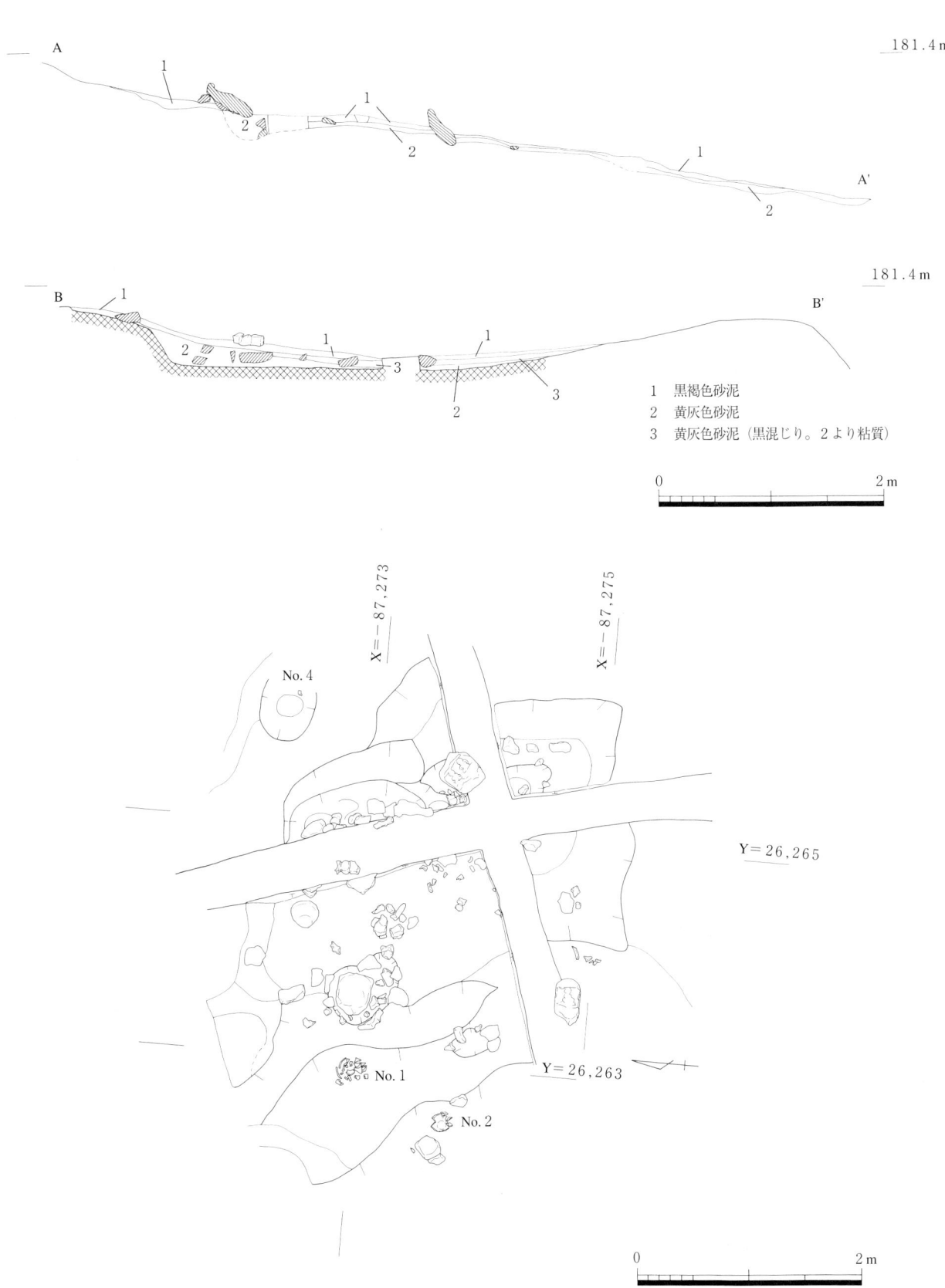

図8　B区土層断面図・B区遺構平面図

は破砕されその一部が内部に落ち込んだ状態で検出されている。蔵骨器はその下部3センチメートルほどが地山を掘り込んで据えられていた。こうした覆土や蔵骨器の状態から、B区は造成時には15センチメートル程の埋土で覆われていたとみられ蔵骨器はその口頸部が地表と接する深さで埋められていたと考えられる。このB区からはその他に瀬戸焼の灰釉壷などが出土している。蔵骨器の瀬戸焼の2例は15世紀後半のものであり、石仏を設置する点、遺物の年代、高い位置に立地する点などから相対的に新しい時期の墓跡と考えられる。

C区：C区はA区の上方・東側の第2の結界石の付近に立地する。その埋土は上部に黒褐色砂泥土が部分によって異なるが2～5cm程度、下部に黄褐色砂泥土が2cm程の厚さで堆積しており、それに上部から転落したとみられる川原石や山石、石造品などが混じていた。墓地は斜面を僅かに削平し平坦面をつくりその平坦面には本来川原石が敷かれていたとみられ、調査時にその一部が残存していた。そしてその前面の斜面には黄褐色砂泥土が約5cmほど敷設され墓域としている。その壁際に8体の石仏が並べられ、そのうちの6基は立った状態で、2基は倒れた状態で検出された。この石仏は壁際に一列に並べて設置されており、出土した石仏列に空隙があることから、そこにも同様の石仏が本来据えられていたとすれば、合計12基が奉斎されていたと推定できる。その前面の斜面の2カ所に蔵骨器を埋置していたと考えられる。その右・南側の蔵骨器は瀬戸焼の灰釉四耳壷（図37.26）で13世紀前半の製品である。正位で据えられた状態で出土したが、その上部肩部以上はその大半が破砕され失われ一部が胴部内に落ち込んだ状態で検出されている。蔵骨器はその下部5センチメートルほどが地山を掘り込んで据えられていた。また、左・北側の蔵骨器はすでに失われており、その埋納坑とみられる黒褐色砂泥が堆積した小円坑が検出されている。これらの状況からC区は壁際に12体の石仏を建てその前面は平坦に黄褐色砂泥土で粗い石敷きとしその前面の斜面部を黄褐色砂泥土を敷設し蔵骨器を埋置した墓地と考えられる。本区の各所からは15世紀後半の瀬戸焼の鉄釉口広有耳壷（図37.25）の破片が出土しており、石仏を奉斎する点から、やはり、相対的に新しい時期の墓跡とみられる。

D区：D区は南部地区、あるいは、当石仏谷墳墓群の最高所に立地する。当地は本来の斜面がかなり急峻で、その斜面を削平して平坦面を造り出しその前面・西側に割石や川原石により幅3メートル、長さ8メートル以上の長方形の区画を造り、黄褐色砂泥土でその内部を充填して墓域としている。その区画のうち前面は緩やかな斜面としている。この石の区画の南側列と斜面の削平部との間は溝状の窪みとなっており、施設は認められていない。この墓域中には不規則に二十五基の円形の小坑が検出された。その内の三基は蔵骨器の埋納坑であり、六基は火化骨が検出された埋納坑で、その他、一基には石仏が据えられた状態で検出されている。その他の例は出土物が認められていない。また、壁際には石仏や一石彫成五輪塔が3基検出されている。埋置状態で検出された蔵骨器は常滑焼の中型甕が二例と中国舶載の褐釉四耳壷で、三基ともに斜面部にかかる位置に埋められている。そのうち南側の褐釉四耳壷（図37.30）は出土時据えられた状態で、その上部が破砕されほとんどが失われ全体もバラバラに割れて出土している。その北側の二例の蔵骨器は常滑の中型甕（図37.27・28）で、共に出土時据えられた状態でその肩部以上が破砕、その殆どが失われた状態で検出されている。このうち、褐釉四耳壷の埋納坑は壷とほぼ同大で、常滑甕は若干余裕のある堀方である。この他D区からは瀬戸焼の水注、印花文瓶子、越前焼の壷、常滑焼の三筋壷など多彩な陶器が出土している。本墓地跡の上部には墓が造られていない点や、墓地跡内に多くの土坑がみられることから、その大半は当遺構のものと考えられる。また、一例の土坑内には石仏が立てられた状態で検出されており、そのような石仏・石造品の設置状況があることが確認された。このようにD区は多数の墓跡とみられる土坑が検出され、それが平坦部、斜面部を問わず不規則に配置されるという特徴をもつ墓域である。蔵骨器の生産年代は古いものが多いが、石仏、

図9　C区平面図・立面図

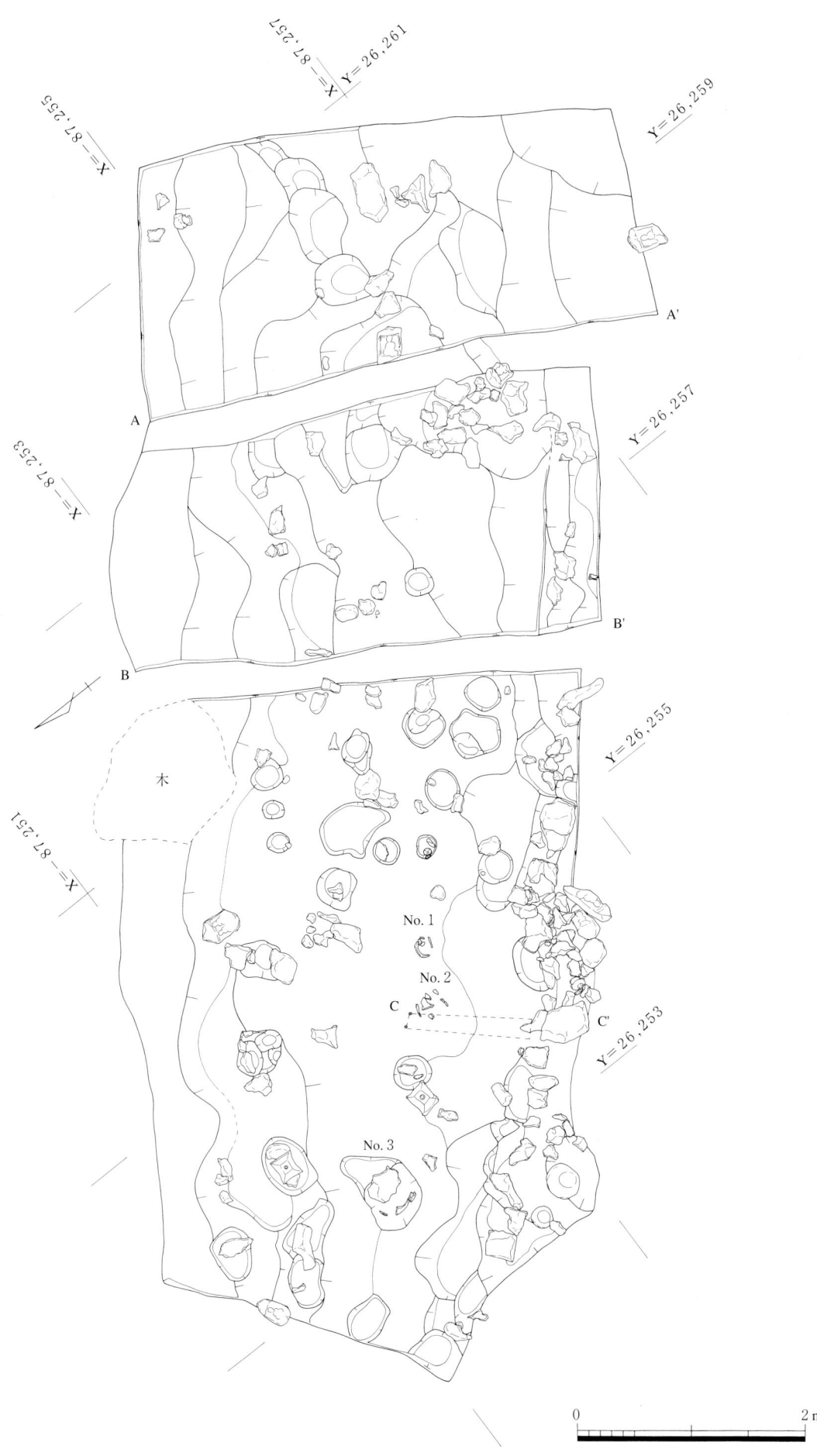

図10　D区平面図

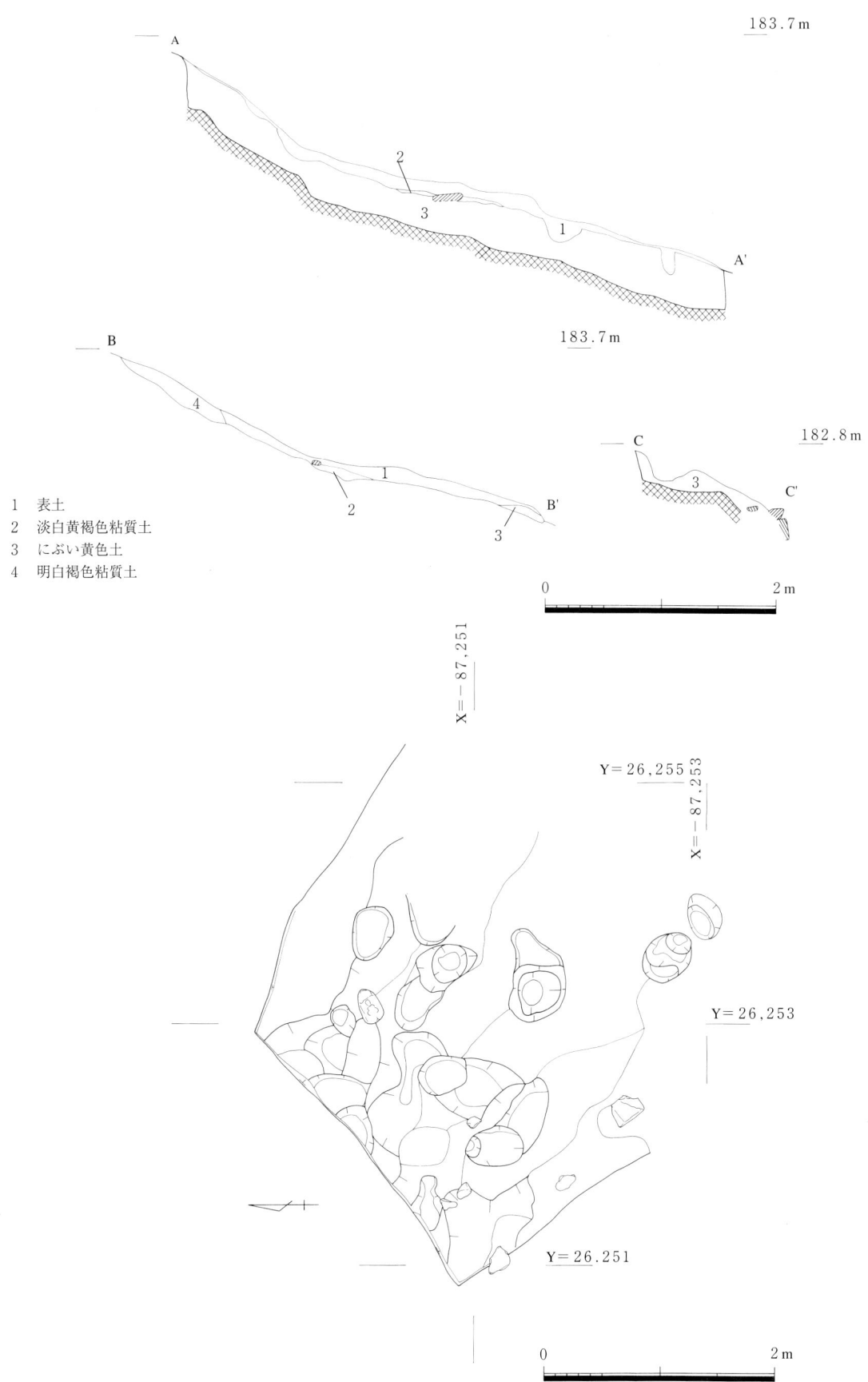

図11　D区土層断面図・D区北西拡張部平面図

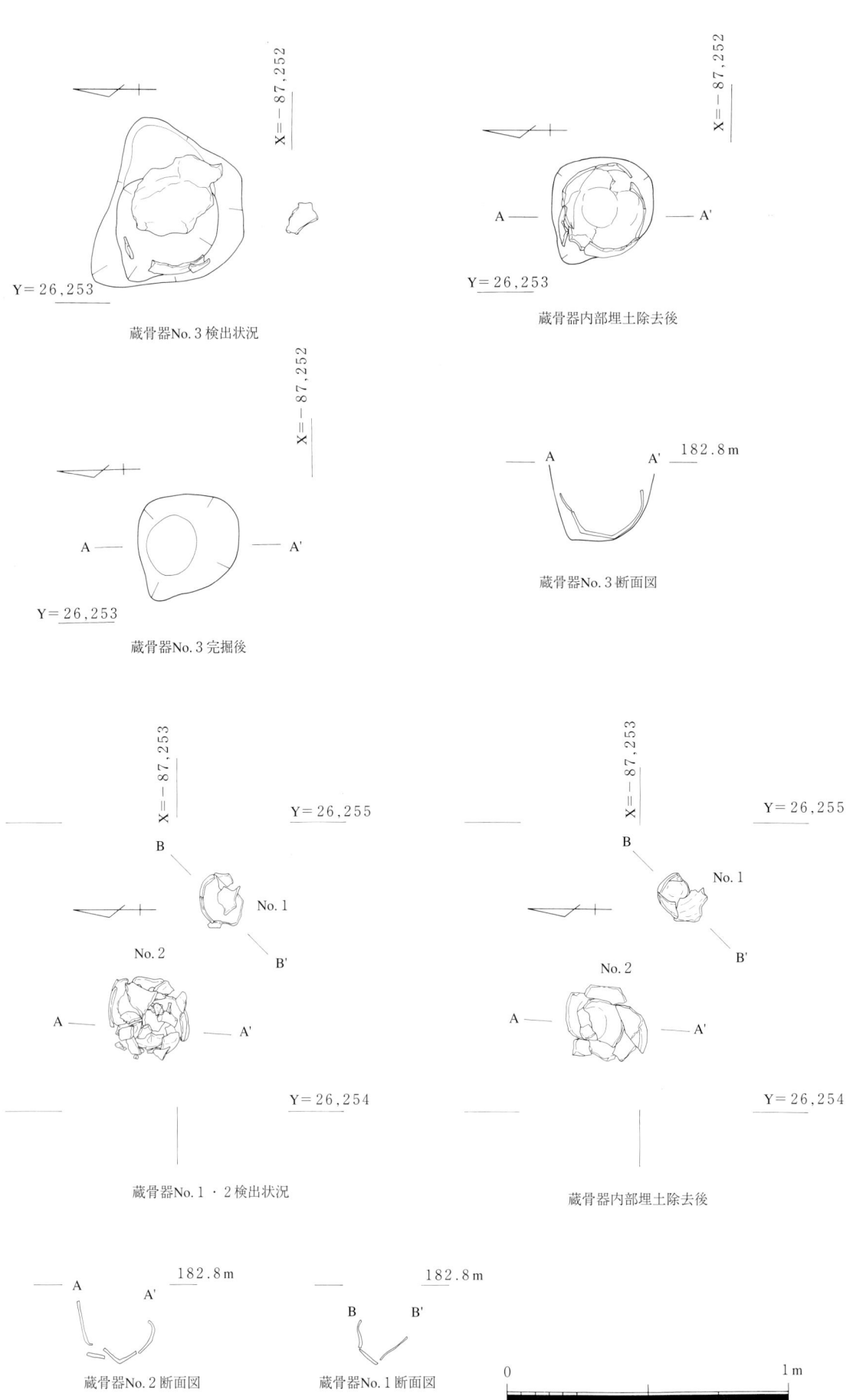

図12 D区蔵骨器No.1〜3平面図・断面図

図13　E区平面図

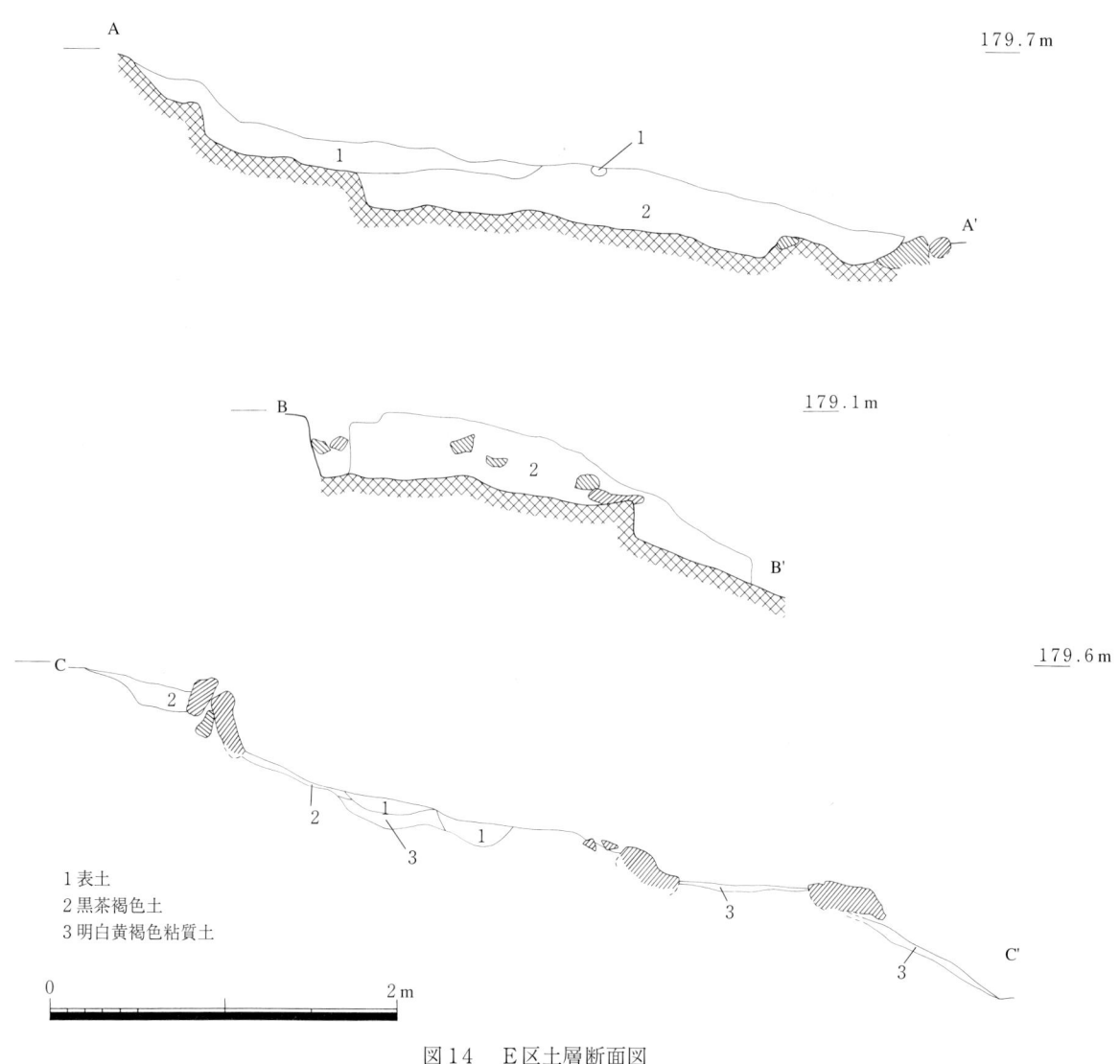

図14　E区土層断面図

一石彫成五輪塔を設置することや、より新しい時期の陶器片が出土すること、墓地群の最高所に立地することから新しい時期の墓跡とみられる。

E区：E区はC区の南やや上方、D区の北側やや下方の、当墳墓地の中央部の高所に立地し、遺跡の立地する山腹の鞍部に造られている。墓跡はその斜面を断ち切る形で平坦面を造り、そこに黄褐色砂泥土で円形の盛り土による低い塚状の墓を築いている。さらにその壁際は地山を掘り込んで溝状としている。この溝跡には石仏や一石彫成五輪塔や組み合わせ式の五輪塔などの石造品が多く出土している。そのうちの一部は当墳墓跡のものとみられる。この墓跡の前面・南側は5～10cmの川原石による葺き石状の斜面となっており、その葺き石部の北側・墓跡の中央部には大きな土坑がみられた。この墳墓跡からは墳頂部やその周辺も含めて埋置された状態の蔵骨器、あるいは、火化骨埋納坑は検出されておらず、墓跡は不明である。ただ、当墳墓群の他の墓域においては斜面部に墓が造られている例が多い事から、上述の斜面中央部の土坑は例えば蔵骨器の抜き取り穴でこの位置に墓が造られていたと考えられる。さらに、その上面は南側のような葺き石状となっていたと考えられる。また、壁際には石仏などの石造品が設置されていたとみられる。このE区からは常滑焼の三筋壺、甕、渥美焼の壺、瀬戸焼の壺、中国舶載の青白磁四耳壺などが出土しているが、いずれも小破片でこの墓跡のものであるか不明である。

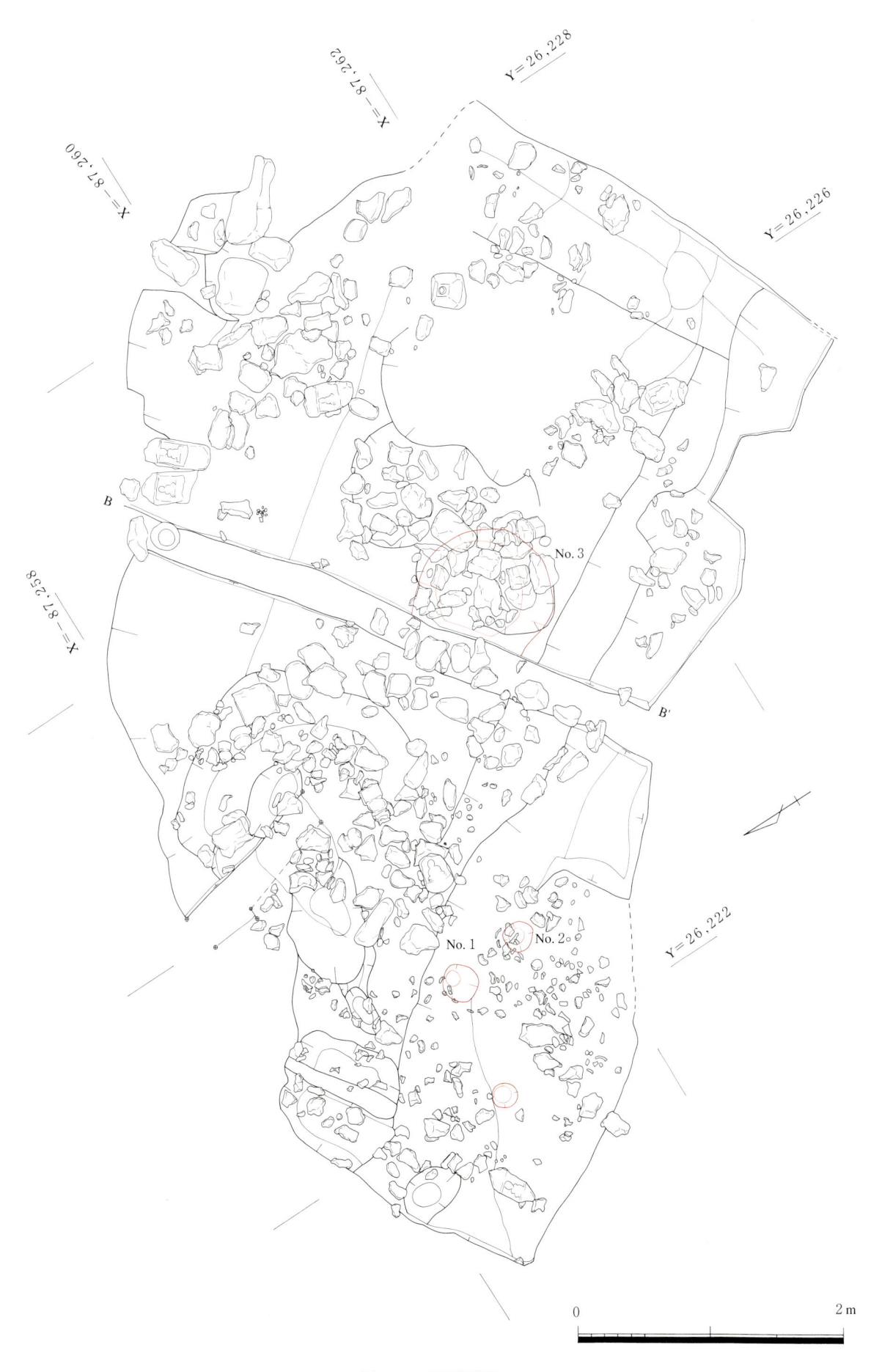

図15　F区平面図

蔵骨器内部埋土除去後

蔵骨器No.3検出状況

1 2.5Y6/6オリーブ褐色土（地山ブロック混入）
2 5Y4/1灰色土（火葬骨を多く含む）
3 5Y5/4オリーブ色土

蔵骨器No.3断面図

蔵骨器No.3完掘後

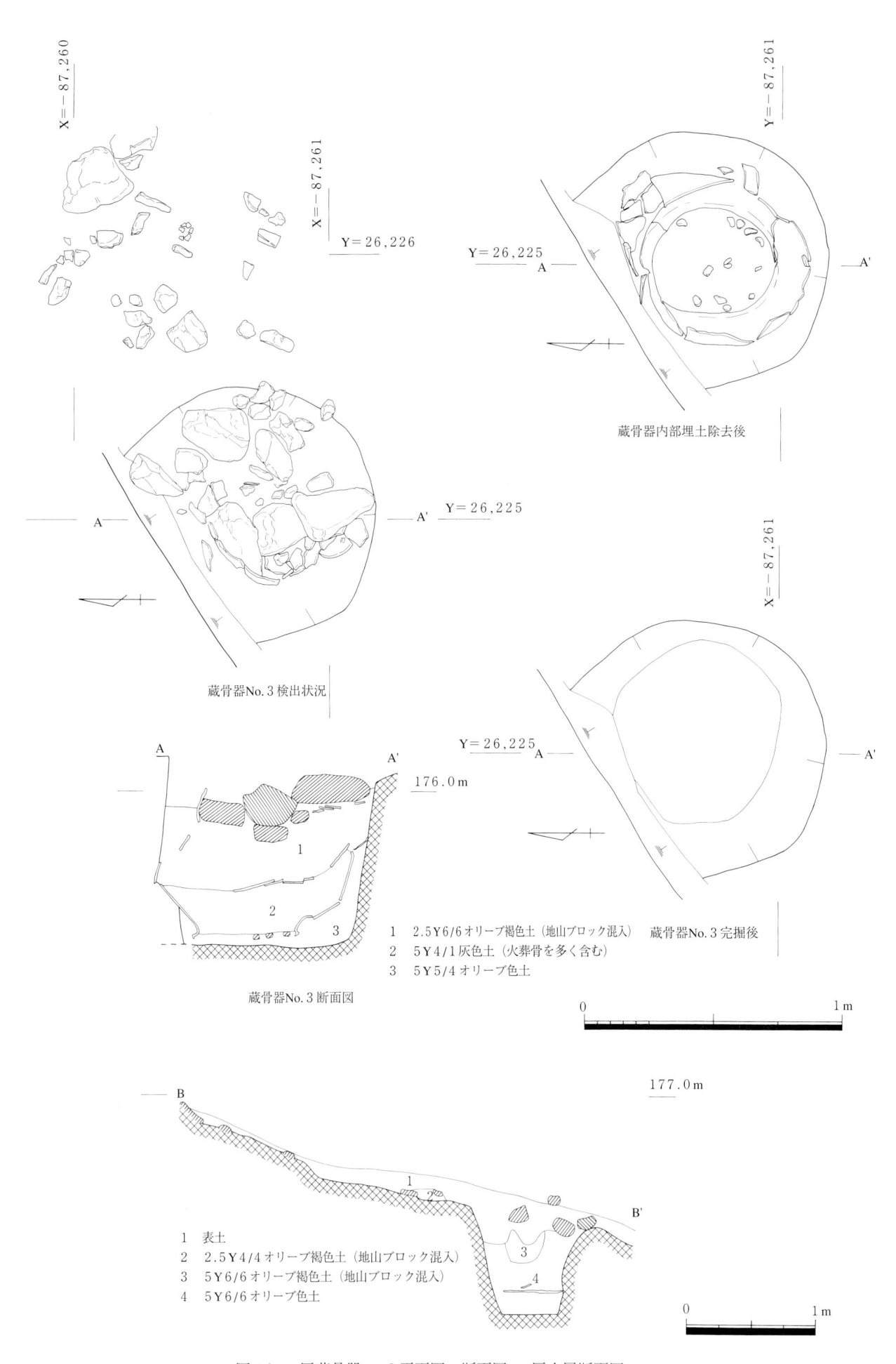

1 表土
2 2.5Y4/4オリーブ褐色土（地山ブロック混入）
3 5Y6/6オリーブ褐色土（地山ブロック混入）
4 5Y6/6オリーブ色土

図16　F区蔵骨器No.3平面図・断面図・F区土層断面図

F区：F区は石仏谷墳墓群の中央部、A区の南上方、G区の崖上に立地する。同地はやや緩い傾斜面で、そこを長さ5メートル、幅2メートルにわたって削平し平坦面を造りそこに黄褐色砂泥土を充填して墓域を形成している。この墓跡は大きく二つの部分に分けられる。中央から北側は5〜10センチの川原石を埋土中に混じて墓域を築き、その前面の斜面に二カ所、蔵骨器が埋置されている。蔵骨器はいずれも13世紀前葉のもので斜面に平行に、地軸に対して斜めに設置されている。その北側のNo.1蔵骨器は大振りの瀬戸の四耳壺（図38.35）で正位に据えられた状態で出土したが、その肩部以上は破砕しその一部の破片が胴部内に落ち込んだ状態で検出されている。また、南側のNo.2蔵骨器はやや小振りの瀬戸の四耳壺（図38.36）で正位で据えられた状態で検出され、その肩部以上は破砕しておりその一部は胴部内に落ち込んで出土している。この他に蔵骨器埋納坑とみられる円形の小土坑がその北側にみられた。一方、墓跡南側には常滑焼の大型甕（図39.50）を使用した埋骨施設が造られている。この埋骨施設は直径2メートル、深さ1.4メートルの円形の土坑を穿ち、その内部に底面中央部と胴部の下半部の一部を打ち欠いた大甕を倒立させ口縁内に玉石を敷いて設置し、その内部に灰を含む火化骨を納めたもので、その蔵骨器とは別の大甕片による蓋が置かれていた。この上部には大型の川原石、山石がぎっしりと載せられていた。これらの蔵骨器は設置状態で出土したがバラバラに破砕した状態であった。火化骨を含む灰層は大甕の口縁部玉石上から約15cmの厚さで認められ、この灰層の内部から淳化元寶（北宋、初鋳990年）が得られた。この銭貨は火熱を受けていないため、被葬者と同時に焼かれたが直接火を受けない状態であったとするほか、埋葬の際に納入されたか、あるいは、混入した可能性もある。この灰層の上部には黄褐色砂泥土が流入し、また、甕の上に置かれていた石が落ち込んだ状態で入り込んでいた。この埋納坑はほぼ垂直に穿たれており、大甕の最大径とほぼ同大の直径である。この蔵骨施設の前面は緩い斜面としており、微小な川原石が混ぜられた黄褐色砂泥土による埋土が敷設されていた。この墓跡の南側は後代の攪乱があり、当初の施設は失われていた。その他、墓域の北側には不整方形の火化骨埋納坑が造られている。F区からは上記の蔵骨器の他に瀬戸の四耳壺、水注、口広有耳壺、捏鉢、徳利型瓶子や、常滑三筋壺、鉢などが出土している。それらのうちの一個は北側の埋納坑に据えられていたと考えられるが、その他の陶器はその埋納坑が認められないことや当F区が墓地群の最下部に立地し、より上部の遺構からの流入が考えられることを併せるとその帰属は別の墓跡のものとされる。また、この墓跡に石造品は

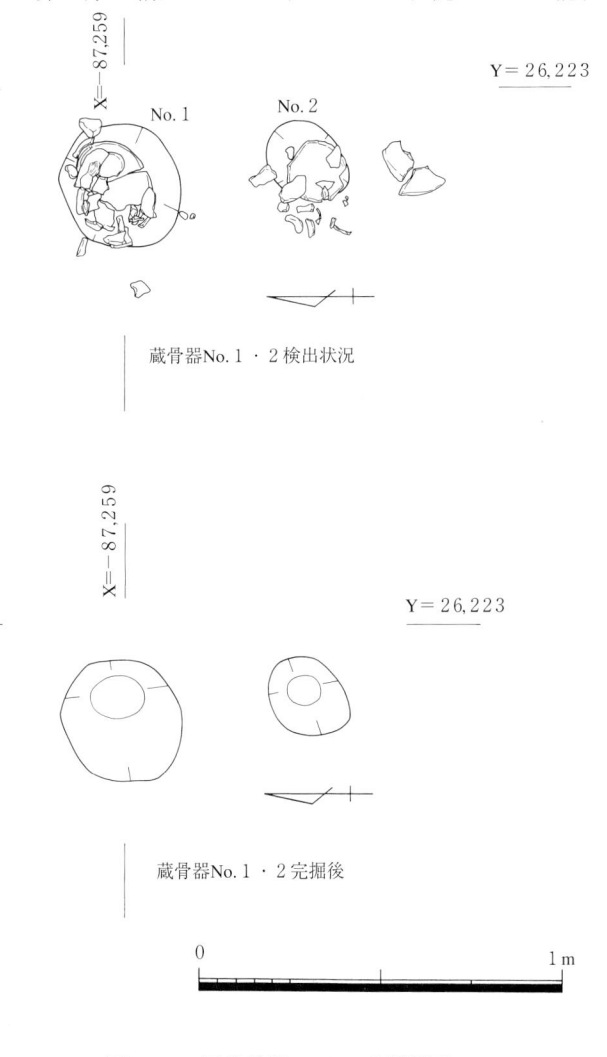

図17　F区蔵骨器No.1・2平面図

みられたものの何れも遺構から浮いた状態での出土で、基本的に石造品は敷設されていなかったものとみられる。こうした内容、立地から当墓地跡群の古い時期のものと考えられる。

　G区：G区は南部地区の最下部、墓地下段の方形堂舎跡から道を伝って上がった入り口部に造られている。その北側・中央部とは高い崖で隔てられている。墓跡は大きく3時期に分けられる。各期とも北側、東側の崖を削って平坦面を造ることにより形成している。この崖際には深い溝が掘られている。G区は調査時に極めて多量の石仏、宝篋印塔、五輪塔、一石彫成五輪塔、川原石などが堆積している状況であった。
　1期。1期の溝跡（溝1）は上部幅50cm、下部幅10cm、深さ30cmの規模でほぼ垂直に掘り込まれており、北側の崖際を直線的に削り西側の落ち込む部分から約4m東に延びて直角に南側に曲がる。この溝跡の北側部分にはやや丸みをおびる護岸状の石列（石列4）が設けられている。この石列はその形状から見て2期の墓跡の施設と見られる。墓跡（SK1）は土坑状で、削平された平坦面に幅0.7メートル、長さ1.1メートル、深さ0.3メートルの長方形のものが地山に穿たれている。この内部埋め土は黄褐色砂泥土でその底面はほぼ平らで壁は垂直である。内部施設は認められず、遺物は出土していない。その形状や位置などか

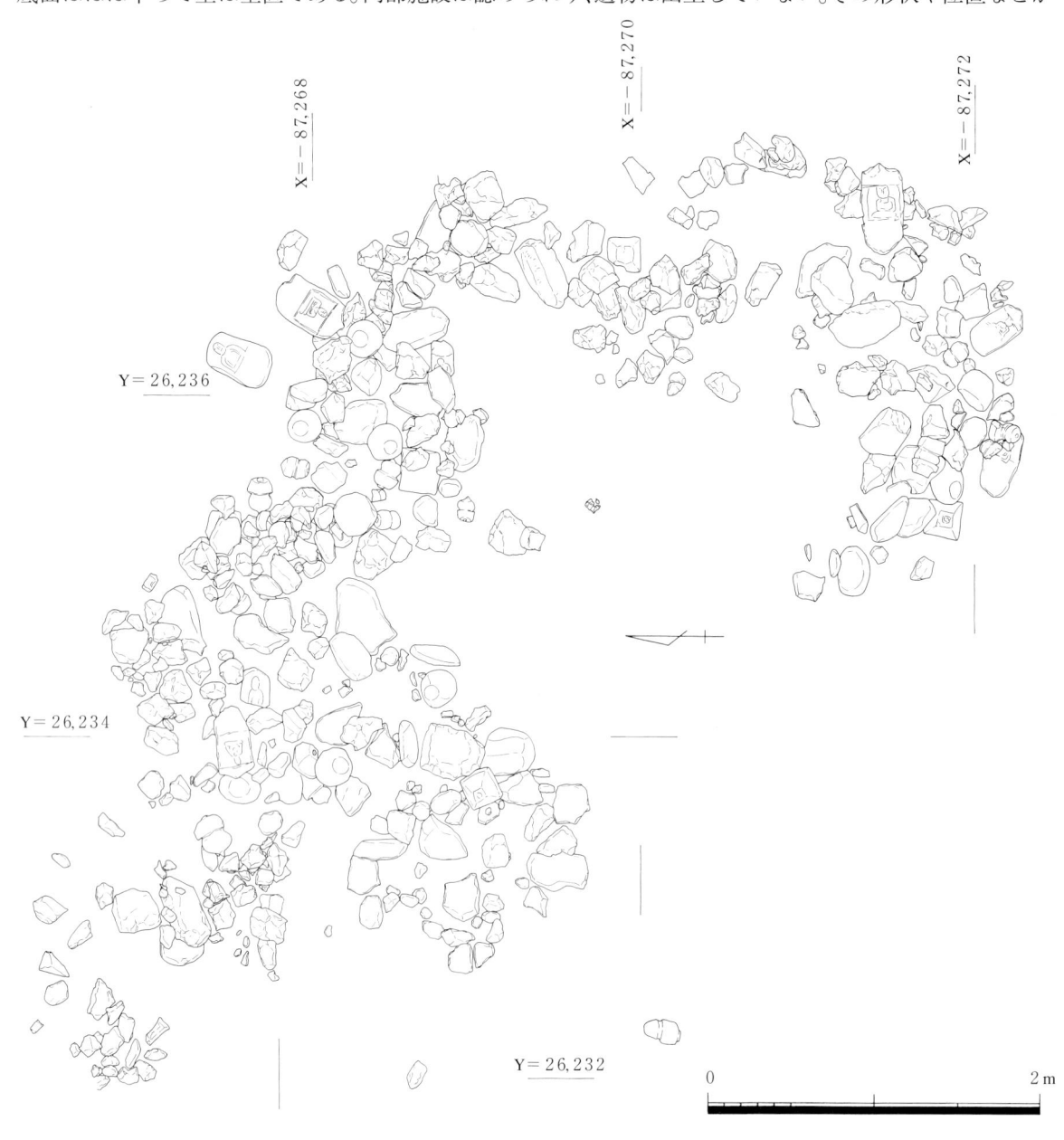

図18　G区表土除去後平面図

図19　G区遺構平面図

図20　G区土層断面図（1）

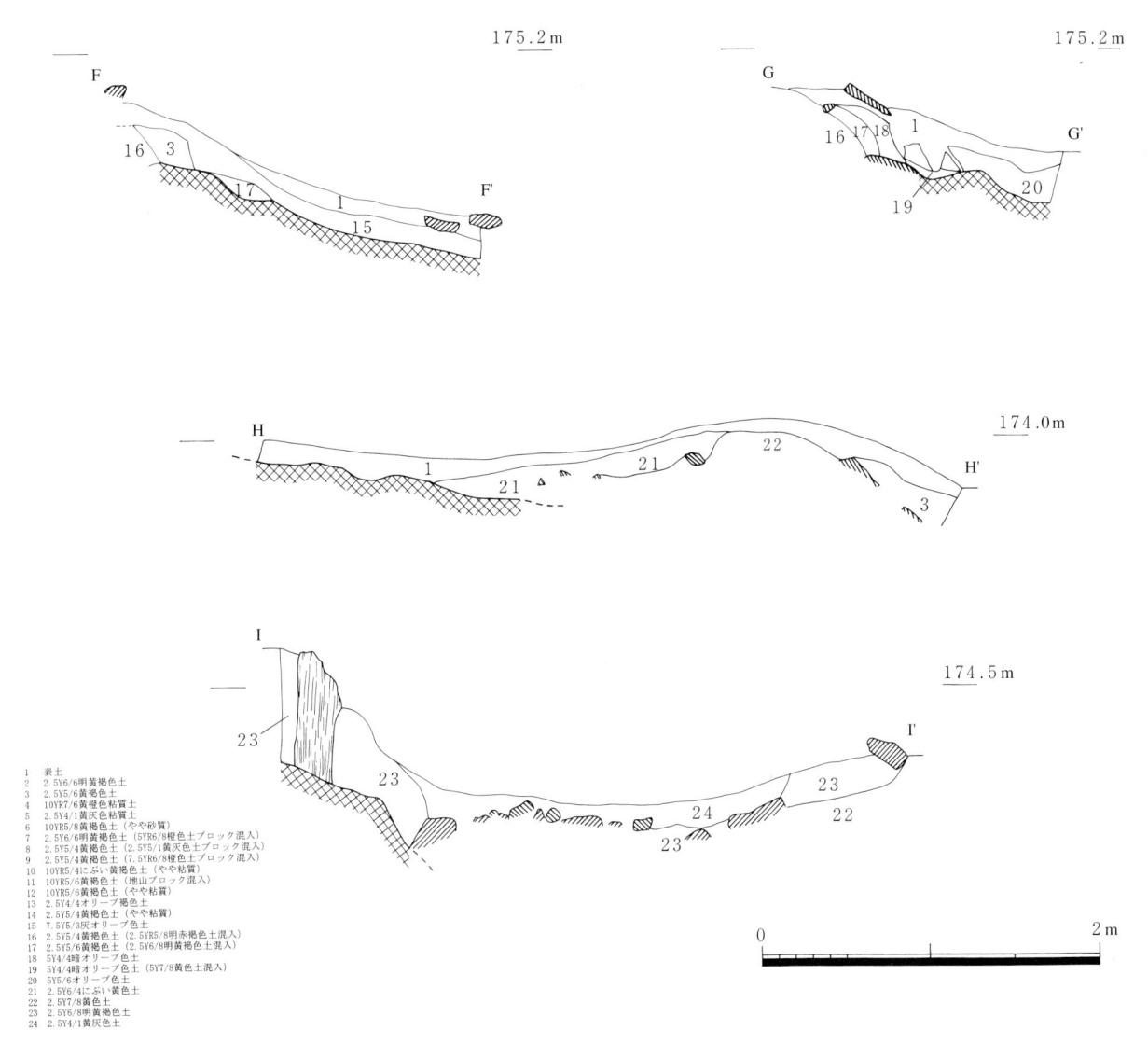

```
1  表土
2  2.5Y6/6明黄褐色土
3  2.5Y6/6黄褐色土
4  10YR7/8黄橙色粘質土
5  2.5Y4/1黄灰色粘質土
6  10YR6/8明黄褐色土（やや砂質）
7  2.5Y6/8明黄褐色土（5YR6/8橙色土ブロック混入）
8  2.5Y5/4黄褐色土（2.5Y5/1黄灰色土ブロック混入）
9  2.5Y5/4黄褐色土（7.5YR6/8橙色土ブロック混入）
10 10YR5/4にぶい黄褐色土（やや粘質）
11 10YR5/6黄褐色土（地山ブロック混入）
12 10YR5/6黄褐色土（やや粘質）
13 2.5Y4/4オリーブ褐色土
14 2.5Y5/4黄褐色土（やや粘質）
15 7.5Y5/3灰オリーブ色土
16 5Y5/6黄褐色土（2.5YR5/8明赤褐色土混入）
17 2.5Y5/6黄褐色土（2.5Y6/8明黄褐色土混入）
18 5Y4/4暗オリーブ色土
19 5Y4/4暗オリーブ色土（5Y7/8黄色土混入）
20 5Y5/6オリーブ色土
21 2.5Y6/4にぶい黄色土
22 2.5Y7/8黄色土
23 2.5Y6/8明黄褐色土
24 2.5Y4/1黄灰色土
```

図21　G区土層断面図（2）

ら土坑墓と考えられる。その東辺中央に接した形で径28センチメートル、深さ43センチメートルの穴（P1）があり、その形状や付近に同様の穴がないことなどから、この土坑墓の木製の墓標と考えられた。また、この土坑墓の南東部にはそれを切った形で14世紀後半の瀬戸焼の水注（図40.51）による蔵骨器が正位で埋置されていた。同器は注口部、口縁部を打ち欠いて使われておりその内部に少量の火化骨が納められていた。その隣接する北側には火化骨を埋納した小円坑（4号墓）が同様に土坑墓を切る形で設けられている。また、土坑墓の西側、墓域の先端部には常滑焼の中型甕（図40.52）による蔵骨器が正位で埋置されていた。蔵骨器はその肩部以上が破砕されておりその破片は胴部内に落ち込んで検出されている。この蔵骨器に関連すると見られる石仏がその東側・山側に二基設置された状態で検出されている。それは石仏の下部を埋め込んで建て前面に大きめの川原石を据えたものであり、その裏側・東側には石仏を囲むように円弧状に石列（石列2）が設置されている。また、蔵骨器の南側には火化骨を埋納した小円坑が造られている。

　2期。2期は1期の平坦面をさらに広げた形で、東側の斜面を削平し山側に溝（溝2）を設けその内部に平坦面を造り、そこに石組みによる方形の区画（区画1）による墓域を設けたものである。この新たに掘られた東側の溝は1期の溝との交点部は溝は穿たれず陸橋状となっている。この溝の内側にはやや大型の石による護岸状の列石（石列4）が設置され、更にその内側に円弧状に列石が設けられている。1期の溝の東半分に認められた護岸状の列石はこれらの列石と同様に造られている事からこの2期に伴う造作と考えられる。この墓域内には先の護岸状列石から間をおいて大型の石によりやや丸みを帯びた方形の区画（区

No.2

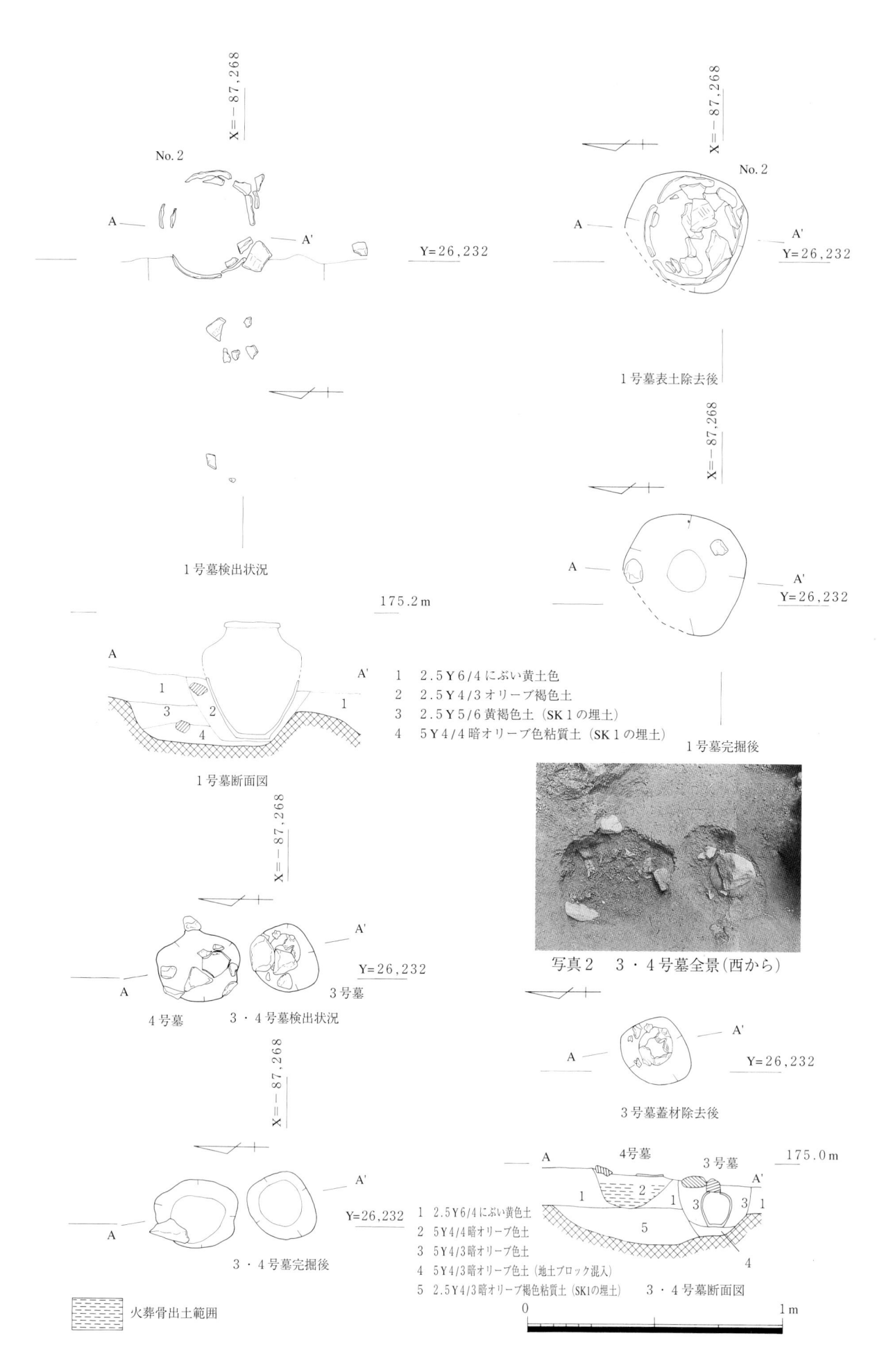

1号墓検出状況

175.2m

1　2.5Y6/4 にぶい黄土色
2　2.5Y4/3 オリーブ褐色土
3　2.5Y5/6 黄褐色土（SK1の埋土）
4　5Y4/4 暗オリーブ色粘質土（SK1の埋土）

1号墓断面図

No.2

1号墓表土除去後

1号墓完掘後

写真2　3・4号墓全景（西から）

4号墓　3号墓
3・4号墓検出状況

3号墓蓋材除去後

3・4号墓完掘後

1　2.5Y6/4 にぶい黄色土
2　5Y4/4 暗オリーブ色土
3　5Y4/3 暗オリーブ色土
4　5Y4/3 暗オリーブ色土（地土ブロック混入）
5　2.5Y4/3 暗オリーブ褐色粘質土（SK1の埋土）

4号墓　3号墓　175.0m

3・4号墓断面図

火葬骨出土範囲

0　　　　　　　1m

図22　1・3・4号墓平面図・断面図

5号墓検出状況

5号墓完掘後

1　2.5Y5/4 黄褐色土
2　2.5Y4/4 オリーブ褐色土

5号墓断面図

写真3　5号墓全景（西から）

6号墓平面図

1　2.5Y4/4 オリーブ褐色土

6号墓断面図

8号墓平面図

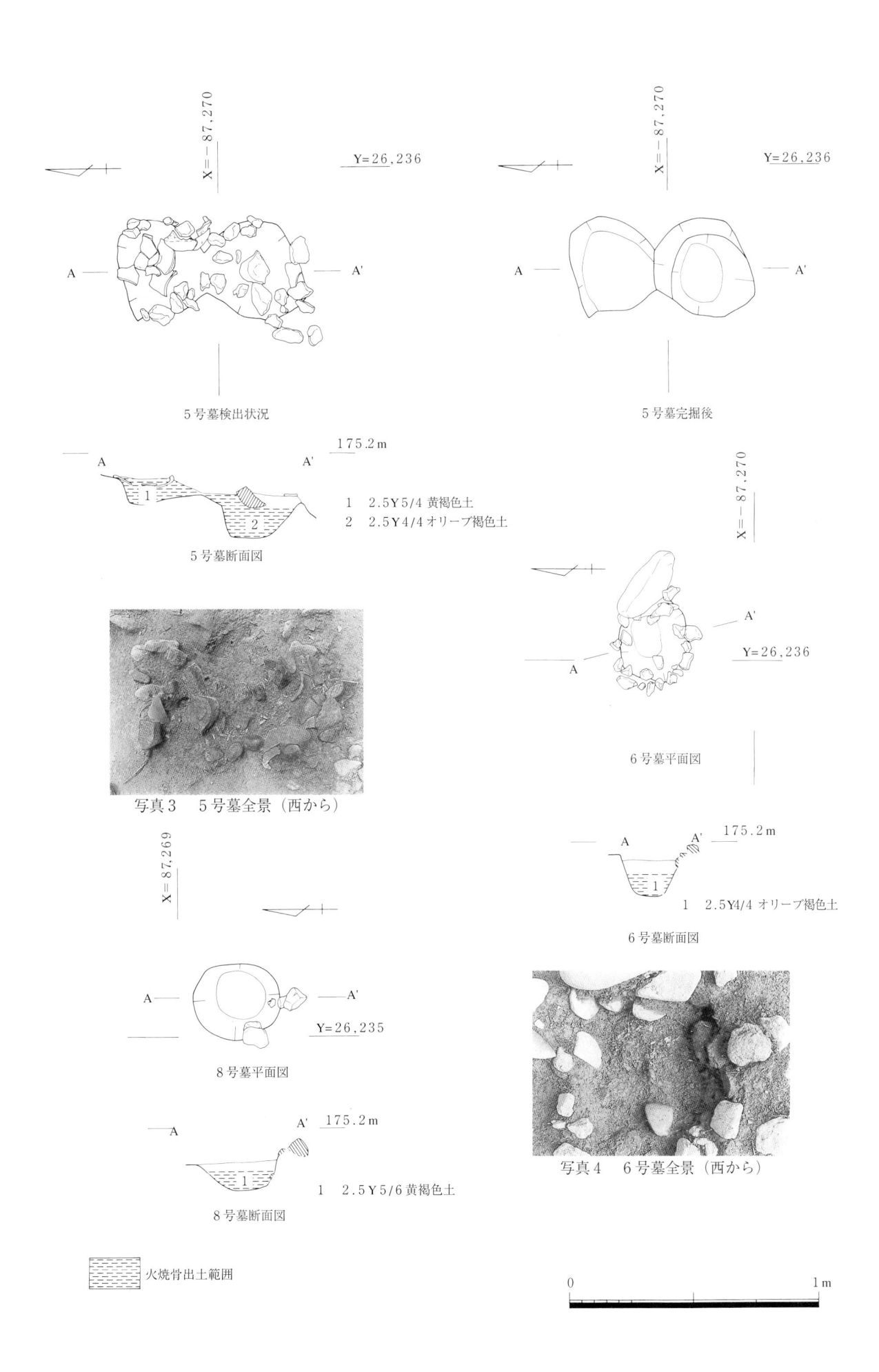

1　2.5Y5/6 黄褐色土

8号墓断面図

写真4　6号墓全景（西から）

火焼骨出土範囲

図23　5・6・8号墓平面図・断面図

9号墓検出状況　　　　　9号墓完掘後

1　2.5Y5/6 黄褐色粘質土
9号墓断面図

10号墓　11号墓
10・11号墓平面図

1　2.5Y4/3 オリーブ褐色土
2　2.5Y3/2 黒褐色土
10・11号墓断面図

12号墓平面図

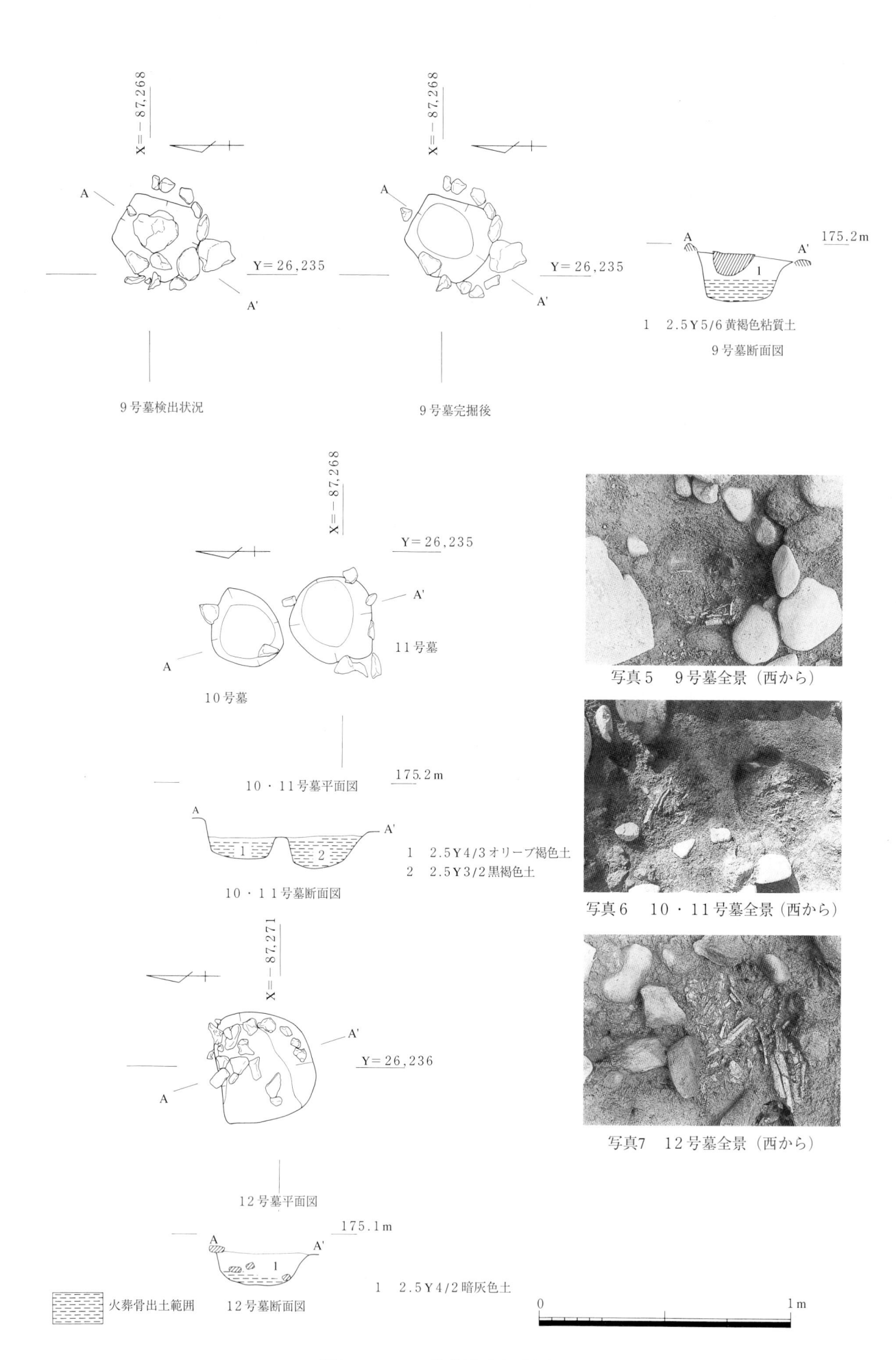

1　2.5Y4/2 暗灰色土
12号墓断面図

火葬骨出土範囲

写真5　9号墓全景（西から）

写真6　10・11号墓全景（西から）

写真7　12号墓全景（西から）

図24　9〜12号墓平面図・断面図

Y=26,234

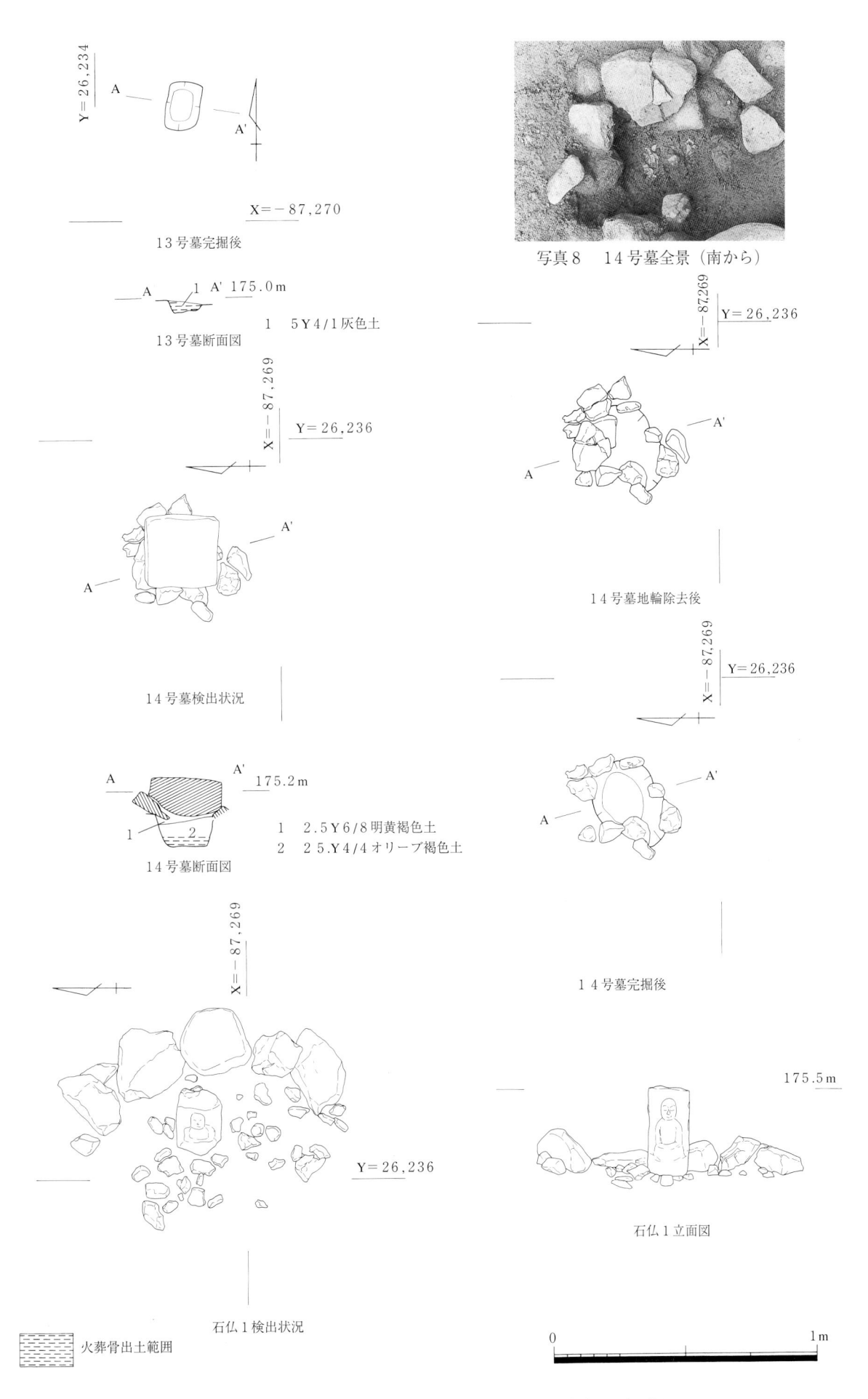

A ─── A'

X=-87,270

13号墓完掘後

A 1 A' 175.0m

1 5Y4/1灰色土

13号墓断面図

写真8　14号墓全景（南から）

X=-87,269 Y=26,236

A ─── A'

14号墓検出状況

A A' 175.2m

1 2.5Y6/8明黄褐色土
2 2 5.Y4/4オリーブ褐色土

14号墓断面図

X=-87,269 Y=26,236

A ─── A'

14号墓地輪除去後

X=-87,269 Y=26,236

A ─── A'

14号墓完掘後

X=-87,269

Y=26,236

石仏1検出状況

175.5m

石仏1立面図

火葬骨出土範囲

0　　　　　　　　　1m

図25　13・14号墓平面図・断面図　石仏1平面図・立面図

― 37 ―

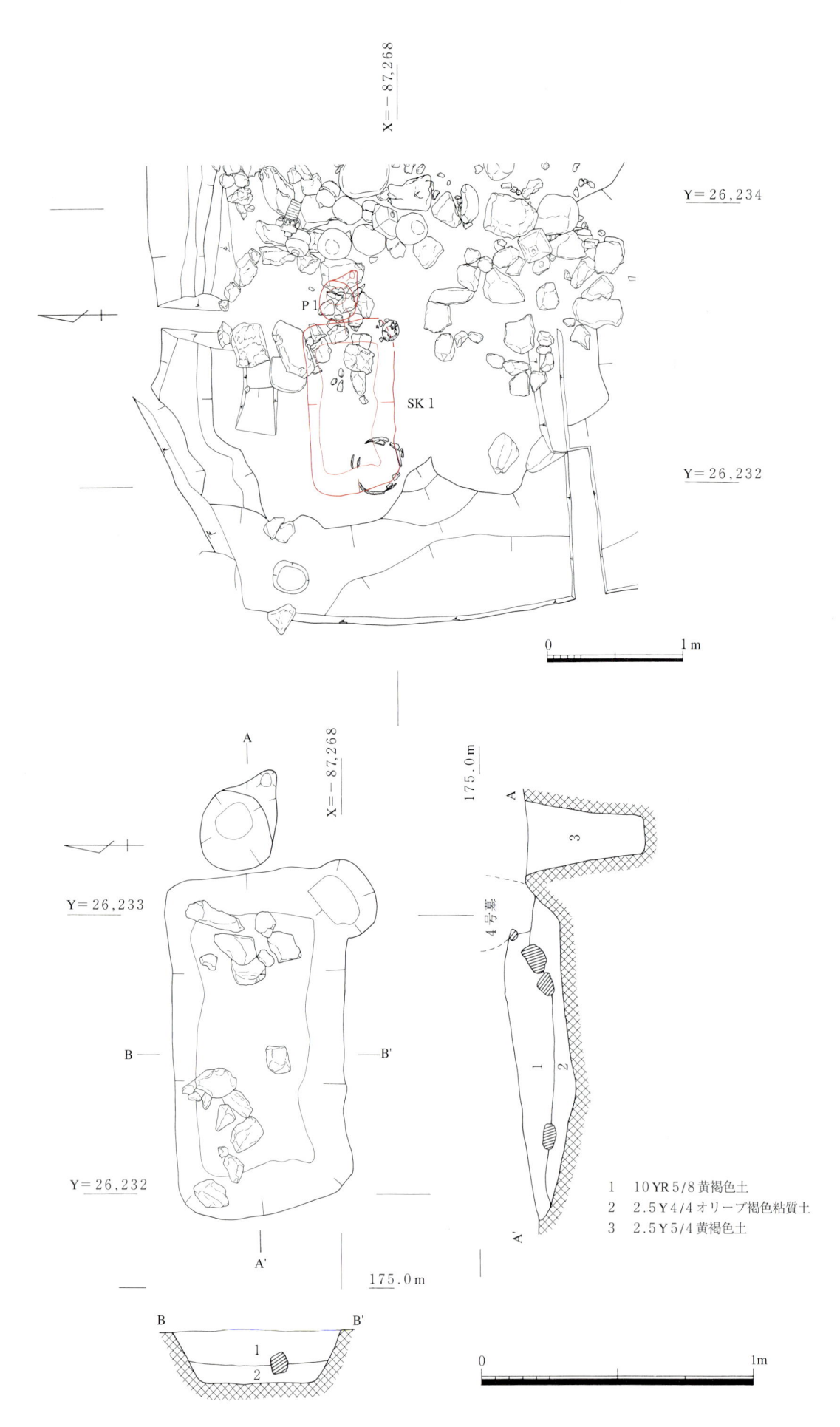

1　10YR5/8 黄褐色土
2　2.5Y4/4 オリーブ褐色粘質土
3　2.5Y5/4 黄褐色土

図26　SK1・P1平面図・断面図

- 38 -

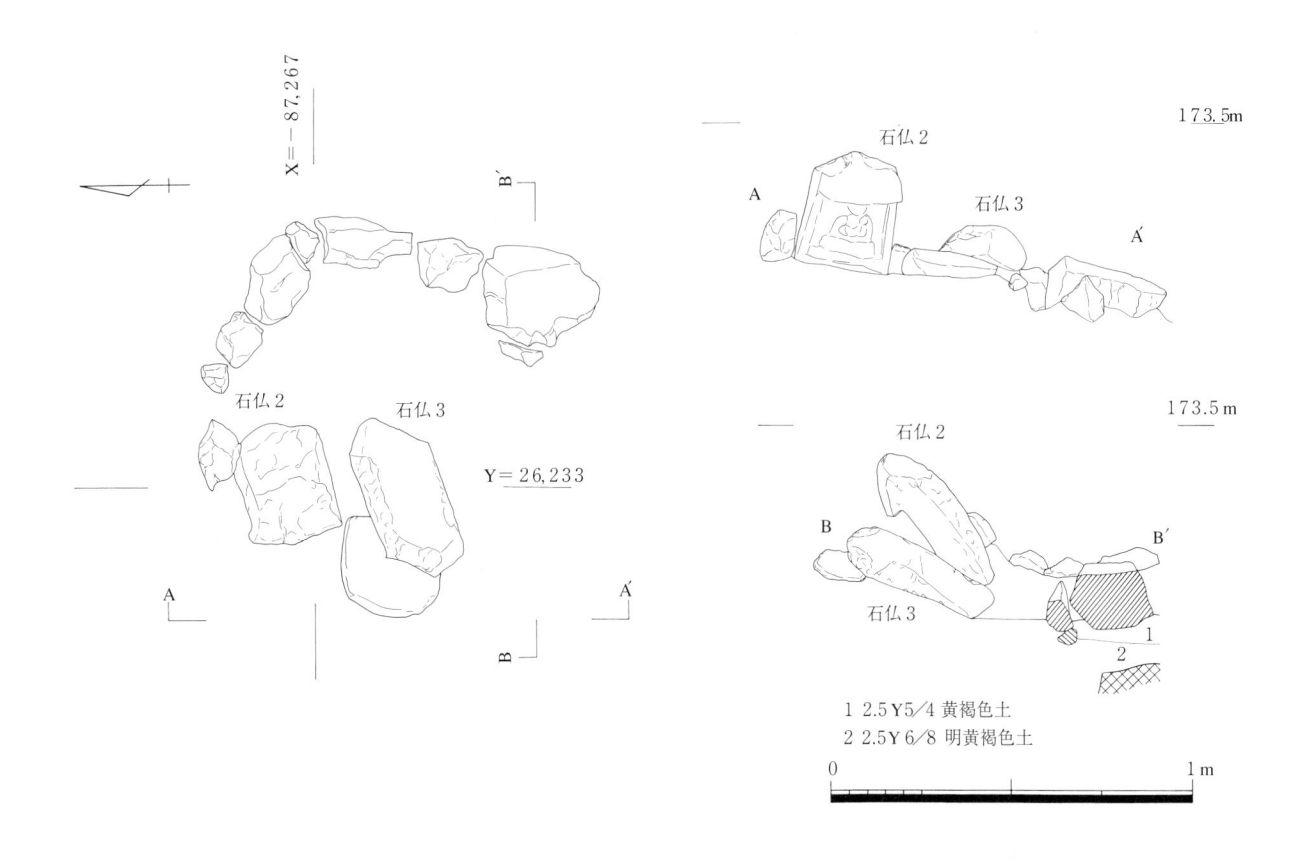

図27　石仏2・3平面図・立面図

画1）が造られている。その内部を黄褐色砂泥土で充填し表面には小型の川原石を混じている。また、東辺の中央部には列石を破る形で円弧状の石列（石列1）が造られその中心部には石柱状の石仏が設置されている。内部には円形の火化骨の埋納小坑が五カ所検出され、その他に常滑焼の不職壺（図41.53）と三筋壺（図41.66）の破片と火化骨がまとまって出土している箇所はあるが、蔵骨器による埋葬は認められない。その他、この墓内部には五輪塔の地輪が一基と一石彫成五輪塔が一基据えられた状態で検出された。

3期。3期は2期の南東部に連なる形で形成されているもので、基本的には石組みによる墓域が造られていたとみられるが、調査時には2期の東側の石列を1.1m延長しそこから東側に直角に曲がる石列（石列5）が造られている。この石列は2期の石組の南東部や2期の溝の護岸列石を破壊していることからより新しい時期の石組みと考えられる。その内部は2期と同様黄褐色砂泥土を充填させその表面に小型の川原石を敷設するものである。

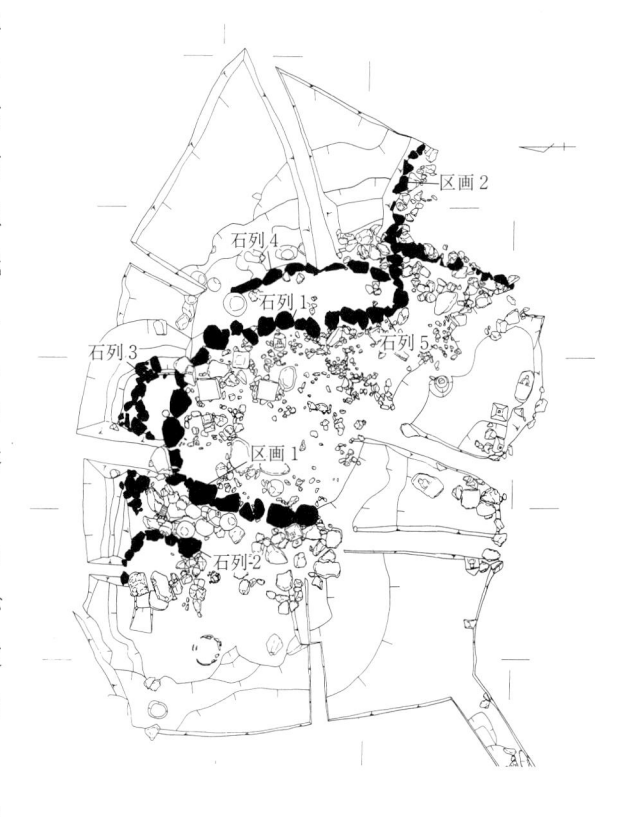

図28　区画・石列位置図

− 39 −

この墓跡に伴うとみられる火化骨埋納坑が2カ所検出されている。ただ、上記の如くこの3期の石列は2期のそれにつながる形であることから、2期の墓域を拡張した形にしている可能性が高い。それはこの新しい石列は2期の石列に続いており、より西側に延びない点や、内部に小型の川原石が敷設されるという特徴も一致することからも推定される。また、この3期の墓跡の南東部に割石によるメートル方形の区画（区画2）を造りその内部に黄褐色砂泥土で積み上げた基壇状の施設がある。その内部に施設が認められないことやその形状から、小堂宇が建てられていたとみられる。この基壇状の施設は上記の3期の石列上にこの土壇が築かれていることや、その溝跡を断ち切る形であることからより新しい時期の遺構と考えられる。

　この他、1期の墓域内にみられた2個の蔵骨器のうち東側の例（3号墓）は上述したように土坑墓の一部に重複、それを切る形で埋設されている。従って、土坑墓より新しい時期の遺構であると考えられる。ただ、2期の墓域からはずれている点や土坑墓に合わせて造られている点から土坑墓に近接した時期、1期の遺構であると考えられる。その隣、北側に造られている火化骨埋納坑（4号墓）はこの蔵骨器に伴うものとみられる。また、西側の蔵骨器（1号墓）は1期の区画上に石仏を設置し新しい区画を造っている点からより新しい時期の遺構と考えられる。この蔵骨器の南側に造られている火化骨埋納坑（2号墓）はこの蔵骨器に伴うものとみられる。この蔵骨器、石仏の墓跡の時期は石仏を円弧状の石列で囲む点が2期の石仏の例に類似しそれとの関連があるかともみられるが、その平行関係は不明である。

　以上の内容からこのG区の墓跡は平坦面に墓を築いているもので、本石仏谷墳墓群では異例の墓域と見られる。出土した土師器の形態から12世紀末がその初源かとみられる。このG区からは石鍋や図示した以外にも多くの陶器片の出土があり、宝筐印塔の相輪や多数の組み合わせ五輪塔、一石彫成五輪塔、石仏などが出土しているが、この崖際、最下段という立地による上段からの流入が考えられ、この墓跡本来の蔵骨器をそこから見分けることは出来ないが、検出されたものの他に蔵骨器埋納坑が認められないこと、副葬品としての陶器が無いことからそれらは流入品と考えられる。

　墓道など：先述したA区付近の墓道の他にG区にはその下段の方形堂舎跡から延びる道跡がある。それは方形堂舎跡付近では地山の削り残しによるものであり、その上部G区に至るまでは谷部を利用し、G区では盛り土により形成される。この道跡の谷部付近とG区への道跡の間には長方形の落ち込みがあり内部に石造品や川原石が流入している。また、G区の南西側、道跡との間にも長方形の落ち込みがあり内部に川原石や石造品が落ち込んでいた。これらはその形状などから池状の水溜遺構とみられる。この道跡はG区上方の小堂宇に続き、その堂宇を経て南東方向に斜めに登る形の盛り土によるものが造られている。先述した如くこの道跡はB区の南東部で消滅しているが、B区の上段の墓域の平坦面が幅広く、さらに、その北側には土壇状の遺構が認められ、この南部地区には土壇状の墓は造られないことから、それはG区の例と同様の小堂宇とみられる。これらのことから、道跡はB区の上部を北側に進みこの小堂宇に達していると考えられる。従って、これらの堂宇跡とみられる施設は南部地区の供養堂のような施設ではないかと推定される。こうした施設の他、南部地区のG区と同じ高さの南限の位置に面積の広い平坦面が造られている。そこには墓とみられる施設がみられないことから、何らかの堂舎が造られていたと考えられるが、これが墓地内の施設なのか、そこまでが南谷の堂舎の区域なのか判然とはしていないが、規模から見れば堂舎跡の可能性が強いと思われる。

　石仏谷墳墓群の特徴：以上の墓跡の内容を観察すると墓の形態に当石仏谷墳墓の特色がみてとれる。その墓の形態はほぼ3類型に分別できる。1型はA区の1号墓の形態で、塚状の墓を造りそこに蔵骨器を埋置する形。2型はG区にみられる平坦面に蔵骨器を埋置する形。3型はB、C、D、E、F区にみられる

墓域の前面の斜面部に蔵骨器を埋置する形。このうちの3型は斜面を削平し平坦面を造り壁際に石仏などの石造品を立て、平坦面には川原石を葺くなどとするものの特別な施設を設けずに広場状にし、その前面の斜面部に蔵骨器を埋置するもので、他に類例のない形式の墓である。蔵骨器は表面近くに埋め込まれており、その大半の例の口縁部から肩部が破砕した状態で検出されている。また、1型の塚状墓は当初から長大な墳丘を築く形で、その埋葬が一時的でない場合は特殊な造りの墓であると言い得よう。

年代について：墓跡出土の陶器は瀬戸焼、常滑焼、渥美焼、信楽焼、珠洲焼、越前焼、備前焼、東播系陶器、中国舶載陶磁器などがあり、また、肥前の石鍋がある。これのうちでは瀬戸焼、常滑焼がその殆どを占めている。その生産年代は13世紀前半から14世紀にかけてのものが多い。この時期の蔵骨器はB区を除く墓跡から出土している。その立地などの条件からみて明らかに新しい時期の墓跡にそれらの陶器が使われていることから、その生産年代をその墓跡の年代とすることは出来ない。当墓地群の墓跡の年代は立地などの諸条件を踏まえて考える必要があり、それらを合わせて考えるとやはりA区の一号墓、G区などの墓地群入り口部の墓跡が古く、斜面を上がってゆく形で墓地群が形成されていったと見ることが出来るであろう。当墓地群では上述したようにA区の塚状墓がその造成時に同時期に造られており、最も古いものとみられる。このA区一号墓の蔵骨器は13世紀前半の瀬戸焼四耳壺やその蓋と見られる13世紀前半の山茶碗や10世紀後半の灰釉壺の他、そのほとんどが失われているため、蔵骨器から年代を想定することは出来ず。本墳墓群の年代は判然とはしないが、12世紀の陶器として珠洲焼、青磁や白磁、あるいは土師器皿などがあることやNo.4の山茶碗がNo.1のそれより若干遡ることからより古い段階の蔵骨器があることも考えられることから、12世紀後半以降に造られたと推定出来る。A区1号墓の蔵骨器（No.1）はこのA区の墓全体が一時期に埋葬されたものでなければ本墓跡での新しい時期のものと考えることも出来る。また、この墳墓群の最も新しい時期の陶器は16世紀前半のものであり16世紀後半の例がなく16世紀後半には当墓地群は使われないことが判明する。それは敏満寺の滅亡の時期であり、寺と命運を共にした姿を現しているものと言い得、本墓地が敏満寺と深い関連があったことを示すものであろう。　　　　　　　　　　（松澤）

2．H〜J区・テラス12の調査成果

H区：H区は、石造物が集中する墓跡斜面の直下の一段低い平坦面に位置する。墓道と推定される入り口が隣に接し、墓地入り口の南にあたる。12m×12mの方形状を呈する平坦面のほぼ中央に8m×8mの方形基壇がある。斜面東側に3m×1.3mの楕円形状の落ち込みがあり、石仏や五輪塔と自然礫が大量に埋設されていた。水溜遺構と考えられる。

基壇は西辺と北辺で石を並べて据えた痕跡が確認されたが、南辺は崩壊している。東辺は石の並びが僅かに認められるものの肩は崩れている。基本的には地山を掘削して削りだしたようであるが、四辺は、石を組み土を盛り固めて方形状に成形して基壇をつくりあげている。基壇上には礎石は確認できなかったが、根石に使用されていたような痕跡の礫が散在する。柱の位置などを決めるようなものではなかった。建物の規模や構造などを推測する資料は西の下段平坦部より南西端にのびる道があり、南西端からさらに南を通り南東のG区へのびる盛り土の道を検出した。道の幅は80cm。墓の入り口南にあたるこの平坦面には、基壇を有する堂舎が存在していたと推定される。また、水溜遺構が隣接し、下の段から南をまわり、G区など南側墓地へつながる道が存在していたことがわかった。

基壇の表土中から16世紀の陶器片が出土しているが、堂舎に伴うものかどうかは不明。水溜から出土した金銅製錫丈頭は、鎌倉時代のものである。他に表採した陶器片があるが、遺構との関係は不明である。

I区：I区はH区から墓道をはさんだ北側になり、47m×18mの平坦面で南から10m×18m（I−1

区)、8m×18m（I-2区）、29m×18m（I-3区）の3つの区画に分けることができ、南から北へ低く、I-1区は標高169.6m、I-2区は標高169.4m、I-3区は標高169.2mとなる。各区画の間には東西方向の溝がある。調査は幅50cmのトレンチを南北方向に、ほぼ中央付近に設け表土を除去し観察した。ほとんどすべてに、遺構を確認したが性格は不明である。I-1区は地表面に陶器片が多く出土しており、炭化物や骨片、焼土などもあり、遺構の状況を把握できるとし、北側半分の表土を除去し面で確認した。しかし、明確な遺構は確認できなかった。石仏や五輪塔を含む土坑や円形の石組みなども数箇所に検出したが規則性は認められない。礫が散在しているが、ほとんどが地山の湖東流紋岩片である。全体的に削平をうけていると考える。また、東側の斜面が全体的に垂直になっていて崩落している部分があり、上方のA地区からも流れ落ちている自然石や遺物等がある。

　出土した遺物は、16世紀の陶器片がほとんどで、表土に混在している量は多いが、検出面からはほとんど出土していない。東側の斜面部には上方から流れて落ちたと推測される礫や石仏五輪塔が混在する。

　J区：J区は、A区の北に存在する結界石の北側の平坦面で、標高174.8m、8m×6mの平坦面（J-1区）とその北に一段低い標高173.5m、9m×22mの長方形の平坦面（J-2区）にあたる。

　調査はJ-1・2地区のほぼ中央に幅50cmのトレンチを南北方向に、J-1・2区の中央に東西方向のトレンチを設定した。ここでも表土下の状況を把握することを目的にしたため、表土のみの除去を行った。表土は5～8cm程度で、ほぼ全面で遺構を検出した。

　J-1区はA区北側の結界石に隣接する平坦面で、当初、トレンチで表土下の状況を観察したが、明確な遺構を確認できなかったので、セクションを残し、全面の表土を除去した。小規模な建物があったと考えられ、自然礫が部分的に固まっている。ピットは検出されておらず、礎石建物である可能性が高い。全面に削平を受けている。西側に直径90cmの円形状の土坑を検出する。土坑には炭化物が多量に含まれている。完掘していないため性格等については不明である。出土遺物はほとんどなく、わずかに陶器の細片が出土する。

　J-2区はJ-1区より一段下がる。調査区の中央より北側で、雨落溝を伴う建物跡を検出した。想定される建物の規模は10m×7m程度であるが、北側は検出できず、西側は削平されていて明確でないため、正確な規模は不明である。雨落溝は西側の側溝で幅80cm、長さ7.7mで北側は途中までしか検出できておらず、南側の端は削平のため消滅している。また、柱穴や礎石などは検出できなかったが、礫が多量に検出され、加工されたものもあるため、建物に関係するものと考えられる。根石や礎石による建物ではないかと考える。建物は、平坦面の方形の地形とは異なる方位で、ほぼ磁北にあった方位である。やはり、出土遺物は少ないが瀬戸、常滑の陶器片が表土中および検出面より出土している。

　テラス12：テラス状に削平された平坦面を、石仏谷墓跡周辺で確認したところ34箇所確認することができた。この数は、胡宮神社文書の敏満寺寺域を記した南谷の宿坊の数とほぼ合致することは注目される。石仏谷の周辺の平坦面では水田や植林をしていたという字のいい伝えがあり、平坦面が遺構であることを確認する目的で、石仏谷墓跡の西斜面下にあたるテラス12の調査を実施した。標高は161.5m。南から北へ僅かであるが下がる。

　調査は、平坦面に幅50cmのトレンチを設定し表土（厚さ5～8cm）を除去した。淡黄茶褐色粘土を厚さ10cm掘り下げると暗茶褐色粘質土の遺構検出面にいたる。当初、幅50cmのトレンチを十字形に設定した。ほぼ全面に遺構があることが判明したが、面的な広がりを把握するため、対象面積の約半分において遺構面の検出をする。調査区の北西部隅で焼土と炭化物を検出しており、これは建物の存在を推定することができ、壁面が焼失した痕跡の一部と考えられる。

（音田）

図29　H区平面図

図30　Ⅰ-1区平面図

図31 J区平面図

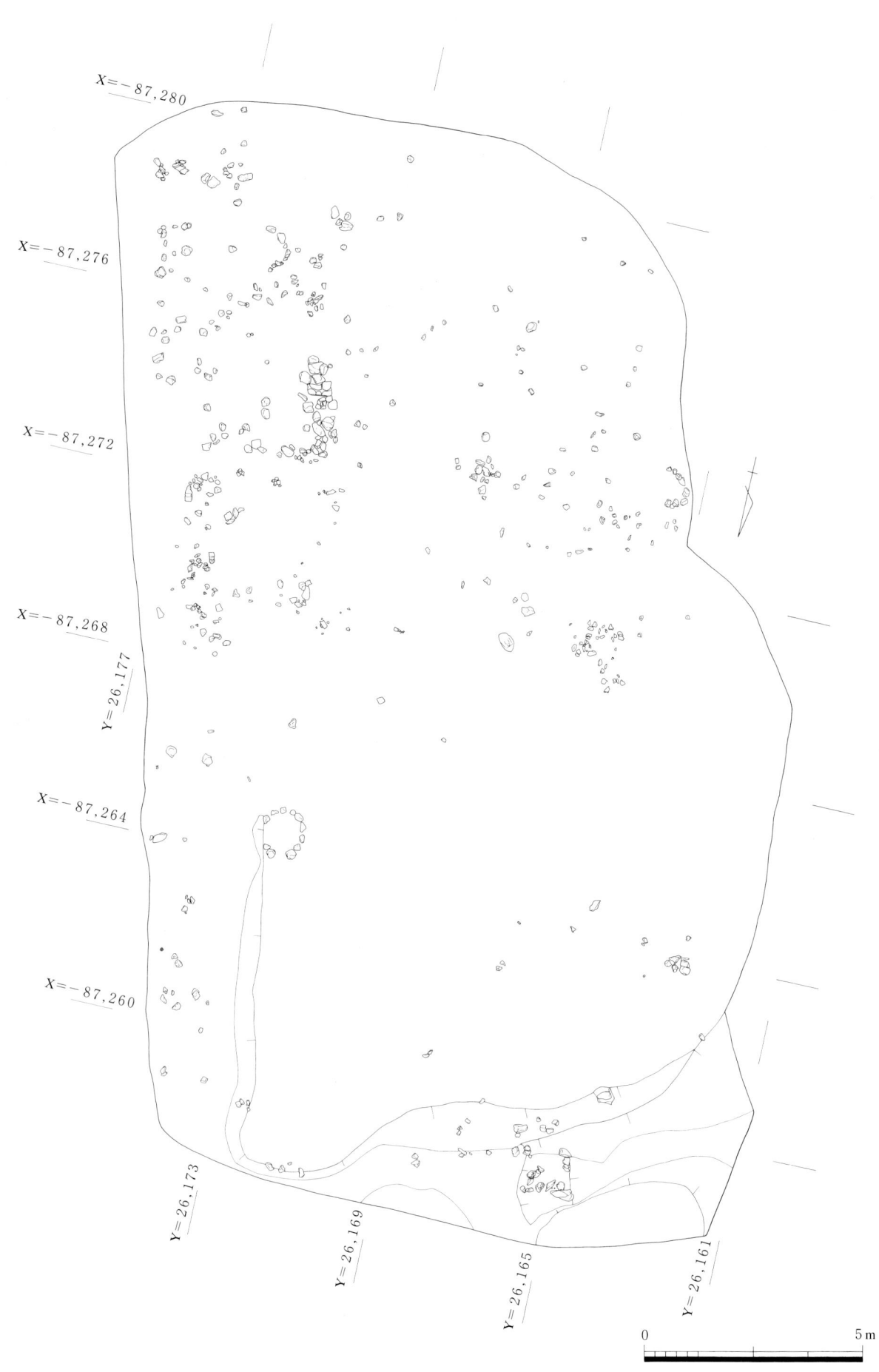

図32 テラス12平面図

第3節　遺　物

A区出土

　1号墓。A区1号墓は塚状の長大な墳墓跡でその墳頂（No.1蔵骨器）と東南隅部の別区画から蔵骨器（No.12蔵骨器）が出土している。その他、多くの陶磁器片が出土しているが当墓地跡が斜面の最下部にあるため上部からの転落品があるとみられ、1号墓に埋葬された陶磁器を判別することは困難であり、それらについては参考例として挙げておく。

1：山茶碗。無高台で底部は平坦につくり、そこから直線的に開き、口縁部はその上端を内側にナデて断面を三角形につくる。全体は横ナデ調整で整形する。底部は糸切りによる切り離しでその痕跡が残る。その出土状態からNo.1蔵骨器の蓋として使われたものと考えられる。

2：No.1蔵骨器。瀬戸灰釉四耳壺。倒卵形につくる。高台は低く踏ん張る形。胴部は内湾して立ち上がり肩部との境に稜をつくる。肩部は扁平で平らに窄まる。頸部は長く、外反して立ち上がり口縁部は外方に折り曲げ玉縁状につくる。肩部と胴部の境に四つの稜をもつ横方向の耳を四方につける。全体は横ナデ調整で整形し、更に胴部下半はヘラによる横方向のナデて整形する。全体に薄い灰釉をハケで施釉する。出土時、胴部上半が目視出来る状態で、肩部以上は破壊し胴部以下が据え付け時のまま遺存しており、肩部以上の若干の破片が胴部内に落ち込んで出土している。内部に骨はみられなかった。また、本器の内部には1の山茶碗が入っていた。

3：No.12蔵骨器。瓷器系瓶子。倒卵形で高台をつける。高台は低く、外方に踏ん張る形。胴部は内湾して開き肩部とは丸くつながる。肩部は内湾して窄まる。頸部は直立する。口縁部は欠失しており、あるいは、故意に欠いている可能性がある。全体は横ナデ調整で整形し、更に、胴部下半から肩部の中程までヘラで横方向にナデて整形する。本器はバラバラに破砕された状態で出土し、その付近には火化骨が散乱していた。本器は1号墓の東南隅部に重なるように造られた石組み墓の内部からの出土品である。

　4、5はA区4号墓からの出土品である。本墓地は1号墓の上辺の崖際に営まれその立地によるものかかなり崩れた状態で検出されているが、そこに貼り付いた形で出土していることからこの墓地に付属する蔵骨器と推定されるものである。

4：山茶碗。口縁部をつまみあげる形につくる。横ナデ調整で整形する。

5：瀬戸灰釉四耳壺。口頸部を欠く。大型の四耳壺で、倒卵形を呈する。高台は低く踏ん張る形。胴部は僅かに内湾して立ち上がり肩部とは丸くつながる。肩部は、所謂、怒り肩につくる。肩部と胴部との境付近に横方向の耳をつける。全体は横ナデ調整で整形し、更に胴部はヘラで横方向にナデて整形する。

6：1号墓埋土内。常滑甕。底部で全体は横ナデ調整で整形し、更に、外面はヘラで縦方向にナデアゲ、内面はハケによる横方向のナデて整形する。

7、8：瀬戸山茶碗。

9：瀬戸灰釉四耳壺。

10：瀬戸灰釉瓶子。

11：瀬戸鉄釉瓶子。底部付近に剣菱文を陰刻する。

12：常滑甕。口縁部は幅の狭い縁帯につくり、頸部と離れる。

13：常滑甕。

14：常滑甕。

15：常滑壺。

16：青磁四耳壺。細長い形態。胴部は内湾して立ち上がり肩部との境に稜をつくる。肩部は狭く、そこに横方向の耳をつける。全体は横ナデ調整で整形し、さらに底部から肩部にかけて、ヘラで横方向のナデて整形する。全体に釉を施す。

72：常滑甕：

B区出土

　B区墓は比較的高所に造られており出土品は少ないが、なお上部に墓跡が存在することや、蔵骨器埋納坑が三基でありそれぞれに蔵骨器が特定されることから、それ以外は他所からの混入品とみられる。

17：No.1蔵骨器。B区の斜面部には二カ所に蔵骨器が据えられた状態で検出されている。本器はそのうちの北側から出土したものである。出土時肩部以上は胴部内に落ち込んだ状況でその一部は欠落していた。
　瀬戸灰釉瓶子。高い高台をつけ、外見はしぼり腰につくる。高台は接地面で外方にひきだす。胴部は僅かに内湾して開き、肩部との境に稜をつくる。肩部は扁平で、口頸部僅かに内傾して立ち上がり、口縁部は外側に折り曲げ玉縁状につくる。肩部に二条単位の沈線を三カ所に施す。全体は横ナデ調整で整形する。外面に釉を施す。器の底部に穿孔を外方から行っている。

18：瀬戸灰釉壺。

19：瀬戸鉄釉四耳壺。底部糸切り。

20：瀬戸灰釉徳利型開口瓶（？）。肩部にヘラによる陰刻文が施されている。

21：瀬戸灰釉薬卸目皿。

22：No.4蔵骨器。B区上部の墓坑からその一部が出土し、大部分はその下方の平坦部から破砕し、多くの部分が欠失した状態で出土している。
　瀬戸灰釉花瓶（Ⅱ型）。低く外方に踏ん張る形で、外周で接地する高台がつく。胴部は内湾して立ち上がり、肩部は胴部からそのまま窄まる。頸部は長く直立し、口縁部は外方に開く形で折り曲げ、端部は狭い縁帯状につくる。頸部、肩部、胴部にそれぞれ三条単位の沈線をつける。全体は横ナデ調整で整形している。底部内面を除く外面に灰釉を施す。

23：No.2蔵骨器。B区斜面部の南側から出土。出土時据えられた状態で、肩部以上のほとんどが失われた状態であり、肩部以上の小片が周囲から出土している。
　中国鉄釉四耳壺。縦長の算盤玉型を呈する。胴部は僅かに内湾して開き、肩部との境に稜をつくる。肩部は内湾して窄まり、その途中に浅い段をつくる。全体は横ナデ調整で整形し、更に、底部から胴部中程にかけてヘラによる横方向のケズリを施す。また、肩部の段から上は平滑なナデで整形する。全体に鉄釉を施す。

24：瀬戸灰釉瓶子。

C区出土

25：瀬戸鉄釉四耳壺。底部糸切り。

26：No.1蔵骨器。C区斜面部の南側から出土。出土時据えられた状態で、その肩部以上が欠落失していた。瀬戸灰釉四耳壺。縦長の器形。高台は外側に踏ん張る形。胴部は内湾して立ち上がる。肩部とは丸くつながる。肩部との境に三条単位の沈線を施す。全体は横ナデ調整で整形し、更に、胴部下半をヘラによる横方向のナデで整形する。外面に灰釉を施している。

D区出土

27：No.2蔵骨器。D区北半の斜面部から出土。出土時その下半部が据えられた状態で、その上半部がバラバラに破砕されその大半が失われて出土している。

常滑中型甕。所謂、不識型につくる。その最大径が器の中央部にある。胴部は内湾して開き、肩部との境に稜をつくる。肩部は広く、僅かに外反し頸部に至る。頸部は短く立ち上がり、口縁部は短い縁帯につくる。全体は横ナデ調整で整形し、更に、胴部から肩部にかけてヘラ、またはハケにより縦方向のナデツケで調整する。

28：No.3蔵骨器。D区北半のNo.2蔵骨器の北側斜面部から出土。出土時据えられた状態でその上半部は大半が失われていた。

常滑中型甕。胴部は球形に近くつくる。頸部は直立し、口縁部は外方に引き出し、端部は狭い縁帯につくる。全体は横ナデ調整で整形し、胴部上半から肩部にかけては更に、ヘラにより斜め、もしくは横方向のナデで整形する。

29：越前壺。

30：No.1蔵骨器。D区北半のNo.2蔵骨器の南側斜面部から出土。出土時据えられた状態で破砕し、その上半部は大半が失われていた。

中国褐釉四耳壺。全体は縦長の算盤玉型を呈する。胴部は僅かに内湾して立ち上がり、肩部とは丸くつながる。肩部は僅かに内湾して窄まる。頸部との境に低い段を設ける。全体は横ナデ調整で整形し、更に、底部から肩部にかけてヘラにより横方向のケズリを施す。外底を除いて鉄釉を施す。発色が不良である。

31：瀬戸灰釉水注。把手部分は失われている。

32：常滑壺。

F区出土

33：瀬戸鉄釉口広有耳壺。胴部は内湾して立ち上がり、肩部とは丸くつながる。肩部は狭く立ち上がり、頸部は直立し、口縁部は玉縁状につくる。肩部に大きめの横方向の耳をつける。そのうちの一個は焼成時に欠けている。底部は糸切りで切り離し、全体は横ナデ調整で整形する。外底を除く外面から口縁部の内面にかけて、黒褐色の鉄釉を施す。使用痕がみられない。

34：常滑三筋壺。

35：No.1蔵骨器。瀬戸灰釉四耳壺。F区北半部の斜面部で出土。出土時据えられた状態で、肩部以上は破砕し胴部内に落ち込んで一部は失われていた。

高台はやや高く外側に踏ん張る形、胴部は内湾して開き、肩部との境に稜をつくる。肩部は扁平で、頸部は外傾する。口縁部は外方に折り曲げ玉縁状につくる。肩部に横方向の耳をつける。全体は横ナデ調整で整形し底部から肩部にかけてヘラで横方向にナデて整形する。外面の底部付近を除く部分に灰釉を施す。

36：No.2蔵骨器。瀬戸灰釉四耳壺。F区北半のNo.1蔵骨器の南側の斜面部で出土。据えられた状態で出土したが、その肩部以上の大半と口縁部は失われていた。

低く外方に踏ん張る形の高台をつける。胴部は倒卵形で内湾して立ち上がる。肩部は扁平で頸部に至る。肩部に横方向の耳をつける。全体は横ナデ調整で整形し、更に、底部から肩部にかけてヘラで横方向にナデて整形する。底部を除く外面に灰釉を施す。

37：瀬戸灰釉四耳壺。細身の縦長につくる。低く外方に踏ん張る形の高台をつける。胴部は僅かに内湾して立ち上がる。肩部とは丸くつながる。肩部は狭く頸部につながる。口頸部は太く、外反して立ち上がる。口縁部は外側に折り曲げ玉縁状につくる。肩部に鎬をもつ横方向の耳をつける。全体は横ナデ調整で整形し、更に、胴部をヘラによる横方向のナデで整形する。手部を除く外面に灰釉を施す。

38：瀬戸灰釉水注。口縁部、注ぎ口部、把手部を欠く。胴部は内湾して立ち上がる。肩部とは丸くつながる。肩部は丸くつくる。肩部と胴部に三条単位の沈線を施す。全体は横ナデ調整で整形し、更に、胴部下

部下半をヘラで横方向にナデて整形する。外面全体に灰釉を施す。

39～41：瀬戸灰釉四耳壺。

42：瀬戸鉄釉口広有耳壺。

43：瀬戸灰釉徳利型開口瓶。胴部に沈線とヘラによる草文を陰刻する。

44：常滑小型鉢。鉄鉢型で、口縁部は外方に折り曲げたかたち。全体は横ナデ調整で整形する。

45：常滑三筋壺。肩部は内湾して窄まり頸部にいたる。頸部は直立し口縁部は外側に折り曲げその端部をナデて平縁にする。肩部に沈線を設ける。

46：常滑壺。底径は狭く、胴部は内湾して開いて立ち上がり、肩部とは丸くつながる。肩部は内湾して窄まる。頸部は外傾し口縁部は外側につまみ出した形。肩部に一条の沈線を施す。全体は横ナデ調整で整形し、更に、底部周縁をヘラにより横方向にナデて整形する。胴部の下半にヘラによる記号状の陰刻がみられる。

47～49：瀬戸平鉢。47は口縁部を内側に丸めた形につくる。49は低く外方に踏ん張る形の高台をつける。体部は僅かに内湾して開き、口縁部は外方に引き出す形。全体は横ナデ調整で整形し、更に、底部周縁をヘラで横方向に削って整形する。

50：No.3蔵骨器。常滑大甕。F区南半部の土坑内出土。土坑内で倒立した状態でその底部と胴部下半の五分の一を欠いてバラバラに割れて出土している。

　胴部は内湾して開いて立ち上がり、肩部との境に稜をつくる。肩部は内湾して窄まり、頸部は外反して立ち上がり、口縁部は頸部から引き出した形で狭い縁帯につくる。全体は横ナデ調整で整形し、更に、胴部から肩部にかけてヘラやハケにより斜め方向、縦方向のナデツケやナデで整形する。内面は口頸部に浅く指頭圧痕がのこり、肩部ははユビオサエで成形し、胴部は大きめのヘラによる横方向のナデで整形している。また、外面には19×4単位の長方形の押印が肩部に一列、胴部に四列施している。須恵質に焼成されている。本器の底部はその外周を残して円形に打ち欠かれ、また胴下部についてもその五分の一を打ち欠いている。これは本器を倒立させ、据えて使用する、火化骨をそこから入れることを前提として行われたものと考えられる。なお本器と共に常滑の大甕の底部から胴部下半、4分の1ほどの破片が出土している。その状況からこの破片は蔵骨器の開口部を覆う蓋として使われたものと考えられる。

G区出土

51：No.1蔵骨器。瀬戸灰釉水注。土坑墓の東南隅部を切った形で、据えられた状態で出土している。口縁部、注ぎ口、把手が欠失しているが、そのうち、注ぎ口と把手は打ち欠いて、口縁部は埋納時には備わっていた可能性がある。胴部は内湾して立ち上がり、肩部とは丸くつながる。肩部は内湾して丸く頸部につながる。頸部は細く直立する。肩部から口頸部にかけて幅の広い把手を取り付けている。肩部に二条単位の沈線を施している。全体は横ナデ調整で整形し、更に、底部周辺をヘラで横方向にナデて整形している。また、内面の胴部上半をヘラでナデツケて整形している。外面の底部を除く全体に灰釉を施している。

52：No.2蔵骨器。常滑中型壺。土坑墓の西側で据えられた状態で出土。その肩部以上は胴部内に落ち込んで得られている。

　胴部は内湾して立ち上がり、肩部の境に稜をつくる。肩部は怒り肩で頸部につながる。頸部は直立し、口縁部は外方に折り曲げ玉縁状につくる。肩部に一条の沈線を設け、その上部に押印を六カ所施している。全体は横ナデ調整で整形し、更に、胴部から肩部にかけてヘラおよびハケによる斜め方向、縦方向のナデツケやナデで整形している。内面の胴部にもヘラによる縦方向のナデツケが施されている。

53：常滑不識壺。全体は算盤玉型を呈する。頸部は短く、口縁部は頸部につく形の縁帯につくる。全体は

横ナデ調整で整形し、更に、底部から胴部、肩部をハケで縦方向にナデツケて整形すし、また胴部と肩部の境付近をヘラで横方向にナデて整形する。肩部には押印が施される。この押印はハケ調整の前に押されている。

54：常滑中型甕。

55：東播系鉢。

56、57：瀬戸平鉢。

58：常滑平鉢。

59：石鍋。外面の体部には細かいミガキ状の調整痕があり、内面には引っ掻き状の調整痕がみられる。口縁部付近には小円孔がつけられている。内面に煤が付着している。

60：須恵器はそう。球形の底部で胴部の中程に沈線をつけ、その上部には櫛状工具の押しつけによる文様が施される。底部付近はヘラによる面取り様の整形痕がおこる。

61～65：土師器小皿。61は底径が大きく、口縁部は若干内側に引き込む形。62～65は底径を狭く口縁部は外方に引き出す形につくり、外面のユビオサエ痕が明瞭にのこる。

66～68、70：常滑三筋壺。

69、71：瀬戸灰釉瓶子。69は二重口縁につくる。71はしぼり腰の瓶子で、肩部ならびに、それと胴部の境付近に七条単位の沈線を設け、灰釉を施す。

H区出土

73：金銅製錫杖頭。H区の堂舎裏手の水溜状遺構出土。鋳銅製品。円環の上部に崩れた形態の宝塔を、その内部に三叉戟状の文様を鋳出した形。主環に左右二個ずつの環が配されている。基部は袋状としている。僅かに金箔が残る。これと類似する錫杖頭が百済寺で出土している。(愛東町教育委員会『百済寺遺跡分布調査報告書Ⅱ』2003年)

74：常滑壺。

I区出土

75：青磁碗。

76：瀬戸灰釉平鉢。

J区出土

77：瀬戸天目茶碗。

78：瀬戸灰釉四耳壺。

テラス12出土

79：信楽擂鉢。体部は内湾気味に開いて立ち上がり、口縁部はそのまま尖らせて収める。全体は横ナデ調整で整形する。三本単位の擂り目を施す。焼成が不良である。

表採

80：瀬戸山茶碗。

81：瀬戸鉄釉広口壺蓋。なだらかな円弧の器で、口縁部は丸く収める。その外面にヘラによる文様を陰刻し、外面に黒褐色の鉄釉を施している。全体は横ナデ調整で整形する。

　　82、83、88、95～101、103、104、107～109　瀬戸灰釉四耳壺。口頸部は外反気味に立ち上がり、口縁部は玉縁状につくる。肩部は扁平につくるもの（97、98）と丸みを帯びる物（88、99、100、101）とがある。

84：瀬戸灰釉瓶子。肩部に菊花文を印刻する。

85：猿投瓶子。肩部にヘラによる花文を陰刻する。

86：瀬戸壷。

87：猿投瓶子。花文を陰刻する。

89：瀬戸灰釉瓶子。胴部に梅鉢文を印刻する。

90：瓷器系瓶子。低い高台をつける。

91：瀬戸鉄釉口広有耳壷。底部を除く外面に鉄釉を施す。

92：瀬戸灰釉平碗。

93：瀬戸灰釉卸目皿。

94：瀬戸灰釉折縁深皿。

102：常滑三筋壷。

106：瀬戸灰釉瓶子。

110：瀬戸灰釉四耳壷。低くほぼ直立する高台をつける。胴部は倒卵形で肩部は狭く扁平で、頸部は頸部は肩部から「く」の字型に外傾する。肩部に横方向の耳をつける。全体は横ナデ調整で整形し、更に、胴部をヘラで横方向にナデて整形する。内面の胴部をヘラで縦方向にナデツケて整形している。底部を除く外面に灰釉を施し、肩部の耳の付近に三角形で糸杉様の印刻を施す。

111、112：瀬戸鉄釉口広有耳壷。体部は球形に近く、口縁部は直立し、口縁端部は玉縁状につくる。肩部に横方向の耳をつける。底部は糸切りによる切り離しで、全体は横ナデ調整で整形する。ロクロ目がはっきりのこる。底部を除く外面から口頸部内面にかけて黒褐色の鉄釉を施す。

113：瀬戸鉄釉土瓶型水注。体部は球形につくる。肩部に注ぎ口をつけその上部の二方に横方向の耳をつける。底部は糸切りで切り離し、全体は横ナデ調整で整形する。底部を除く外面に黒褐色の釉を施す。

114：瀬戸灰釉広口壷。高台をつける。胴部は内湾して開いて立ち上がり、肩部とは丸くつながる。肩部から胴部にかけて三カ所に沈線を施す。全体は横ナデ調整で整形する。内外共にロクロ目がはっきり残る。外面に灰釉を施す。

115：瀬戸灰釉壷。

116：瀬戸灰釉四耳壷。

117：瀬戸灰釉瓶子。

118：瀬戸灰釉壷。

119：瀬戸灰釉広口壷。高台が欠損しているが、その状態で使用している。

120～123：常滑不識壷。123の肩部に花様の印刻がある。124、127、128、133～135、138：常滑三筋壷。

126、129～132、136：常滑甕。

125、137：常滑壷。

139、常滑平鉢。内面をハケで整形している。

140：常滑壷。

141～146、150、155：常滑甕。

151：信楽壷。

152、153：常滑壷。

154：常滑壷

156：珠洲四耳壷。胴部はほぼ直線的に開いて立ち上がり、肩部とは丸くつながる。肩部は僅かに内湾して頸部にいたる。肩部に横方向の耳をつける。更に、肩部と胴部の境に櫛状工具により円弧文を施している。器肉は厚く、全体は横ナデ調整で整形する。

157：信楽壺。口縁部は頸部と一体化している。口縁部の内面下部に凹線を施す。

158：信楽捏鉢。体部は内湾して開き、口縁部は外側に引き出して尖らせて収める。擂り目をつけない。

159：信楽壺。胴部は内湾して立ち上がり肩部とは丸くつながる。肩部は内湾して窄まり頸部にいたる。頸部は直立し口縁部は頸部から若干離れた幅の広い縁帯につくる。全体は横ナデ調整で整形する。G区で表採。

160：土師器小皿。底径が狭く、口縁部を強く引き出した形。

161、162：越前壺。

163：青磁碗。ヒビ入り。

164：青磁碗。外底部はヘラ削り調整。内底に菊花様の影青が施される。

165：青白磁四耳壺。

166：信楽壺。胴部は内湾して立ち上がり肩部は丸くつながる。肩部は内湾して頸部にいたる。頸部は中程まで直立しそこから外傾し、口縁部にいたる。口縁部は頸部から若干離れた縁帯につくる。全体は横ナデ調整で整形する。

167：中世須恵器。

168：備前壺。

169：中世須恵器甕。頸部から口縁部にかけて格子状の叩きで整形している。焼成不良で瓦質である。十瓶山タイプの甕であるが、その製品ではない。

　本墳墓群での調査、あるいは、踏査で出土した蔵骨器・副葬品は図化した以外に数多くある。その総数は判然としていない。また、その産地の同定の出来ない器も多く存在する。また、墳墓の全てを調査されておらず、墳墓の内部での使われ方についても正鵠を欠く。従って、本遺跡での蔵骨器についての記述はその概略を行うことになる憾みはある。ただ、その内容の一端を伝えていると思われる事から若干の内容について述べてみることにする。

　本墳墓群の調査で蔵骨器として出土、把握された陶器はA区1号墓の瀬戸灰釉薬四耳壺、同山茶碗、同12号墓瀬戸灰釉瓶子、A区4号墓灰釉四耳壺と山茶碗、B区1号墓瀬戸灰釉花瓶、同2号墓中国舶載鉄釉四耳壺、同3号墓瀬戸灰釉瓶子、C区1号墓瀬戸灰釉四耳壺、D区1号墓中国舶載褐釉四耳壺、同2号墓常滑中型甕、同3号墓常滑中型甕、F区1号墓瀬戸灰釉四耳壺、同2号墓瀬戸灰釉四耳壺、同3号墓常滑大型甕がある。これらをみるとその大半は瀬戸の製品であり他には常滑の中型甕があり、また中国製品が認められる。この資料に各区から調査や表採で得られた資料を加えると、瀬戸、常滑の製品が圧倒的にあり、その他に渥美、珠洲、信楽、越前、備前、東播系須恵器、青磁、白磁などの製品が少量使われるという形で、現在のところ丹波の製品がみられない。また、その生産年代は13世紀の製品、その前半期のものが多くみられ、14世紀から15世紀前半の製品が少なく、15世紀後半の例が増え16世紀の製品が少ないという内容である。この時期による製品の偏りはみられず、瀬戸、常滑が多く使われている。

　現在までに県内で調査されている墓跡で蔵骨器を使うものは少なく、その例を挙げると伊吹町弥高寺墳墓跡では越前と常滑とが使われ、甲良町正楽寺墳墓跡では瀬戸、愛東町百済寺墳墓跡では瀬戸と常滑、白磁。日野町大谷墳墓跡では各地の製品。同西明寺墳墓跡では常滑が大半で渥美が少量、蒲生町宮井廃寺墓跡は越前(図34)、大津市比叡山霊山墳墓跡では信楽が大半で瀬戸、滑、青磁が、新旭町阿弥陀寺墳墓跡では常滑、信楽、白磁がある。このようにみると、石仏谷中世墳墓跡で瀬戸、常滑の製品を蔵骨器に多く使うことが指摘できるものの、それは近江において決して特異なものでなく、中世墓地における通有の形態であると言い得る。個別の形態でいえば、常滑の三筋壺が少なく瀬戸四耳壺の13世紀前半の出土が目

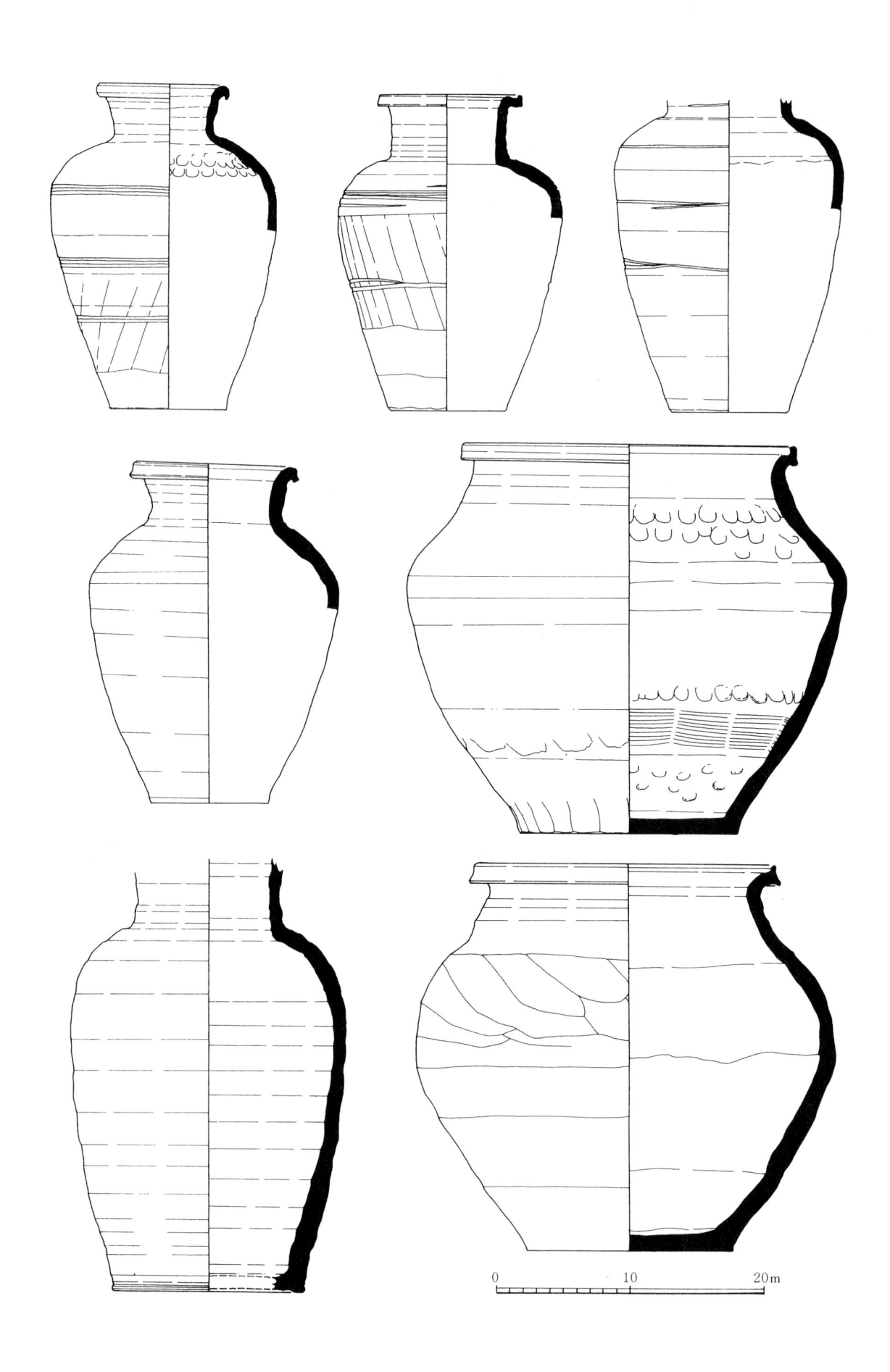

図33　日野町西明寺墳墓跡出土蔵骨器

蒲生町宮井廃寺出土

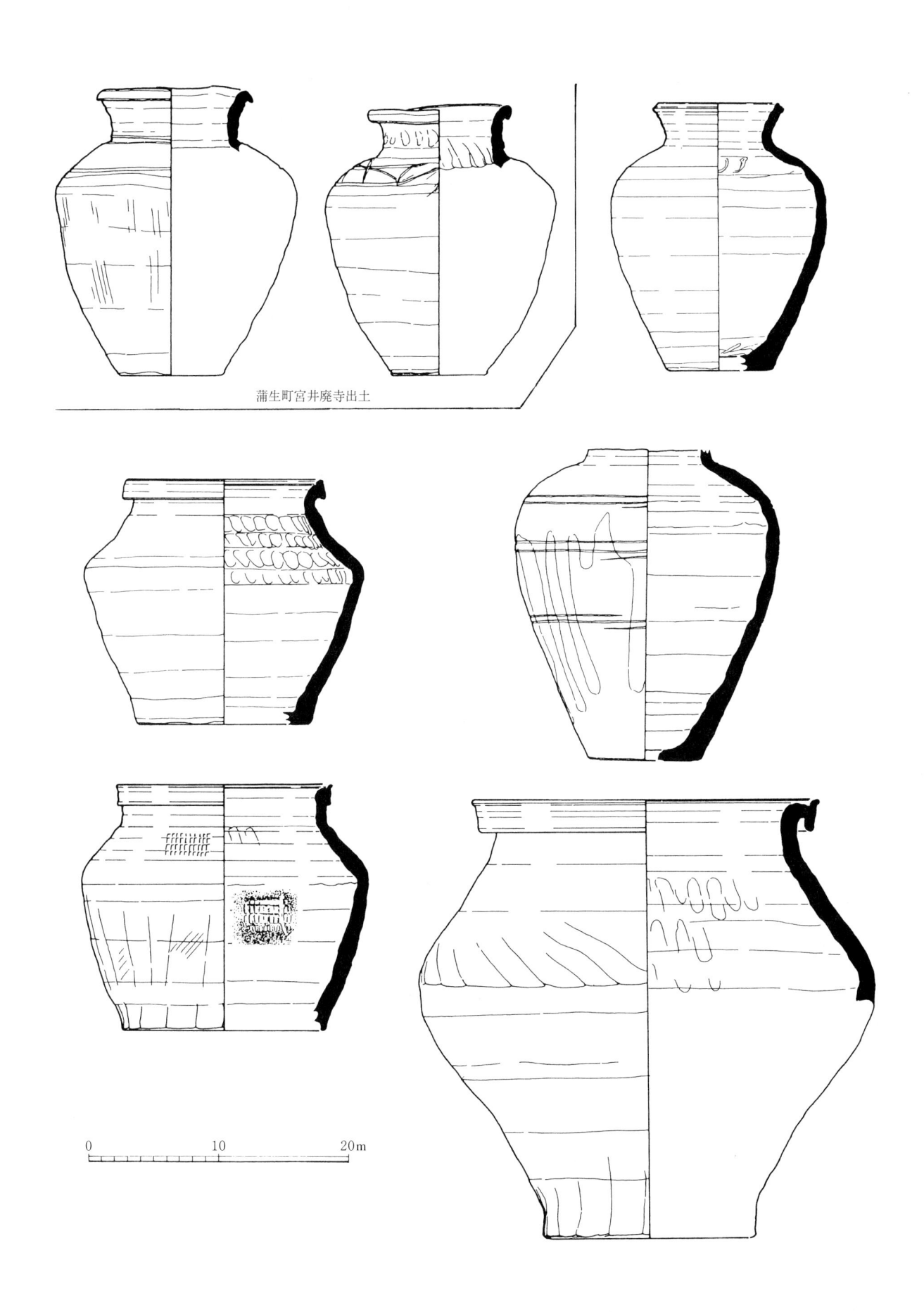

図34 蒲生町宮井廃寺・日野町西明寺墳墓跡出土蔵骨器

立っている。瀬戸の製品では15世紀後半の口広有耳壺が多く見られることと、蔵骨器に使われるのが希な花瓶Ⅱ型（22）があることも特徴的である。B区の上げ底の瓶子（17）は三重県安田中世墳墓跡で出土している（青山町教育委員会『安田中世墓発掘調査報告』1988年）。また極めて珍しい蔵骨器として珠洲の四耳壺（No.156）が挙げられる。本器はG区で表採されたもので、その使用された墓跡は不明である。吉岡編年（吉岡康暢『中世須恵器の研究』吉川弘文館1986年）の壺R種AⅠ・Ⅱ類12世紀末の四耳壺にあたり、これまでのところ近江では出土例のないものであり注目される。近江においては、そもそも、珠洲の陶器の出土例は少なく、これまでに新旭町の大宝寺遺跡で壺R種B・C類の出土が知られているに過ぎないのである。このような、近江における特殊な蔵骨器が使われていることは、少量ながら越前が使われていることと合わせて日本海側地域との接点がこの敏満寺にあることが窺える資料であろう。

　墳墓跡下段のH〜J区では信楽の擂鉢や常滑の壺・甕類のほか碗類や瓦質や土師質の火舎類が出土し、そこで生活が送られていたことを偲ばせる内容で、墓跡の器と異なる様相を呈する。これらの下段の堂舎跡の出土品は16世紀中葉から後半にかけてのものであり、その堂院跡の一部に焼けた壁土や焼土が存在したことと併せて、その後半の時期に当地が焼けて廃絶したことを表していると考えられる。

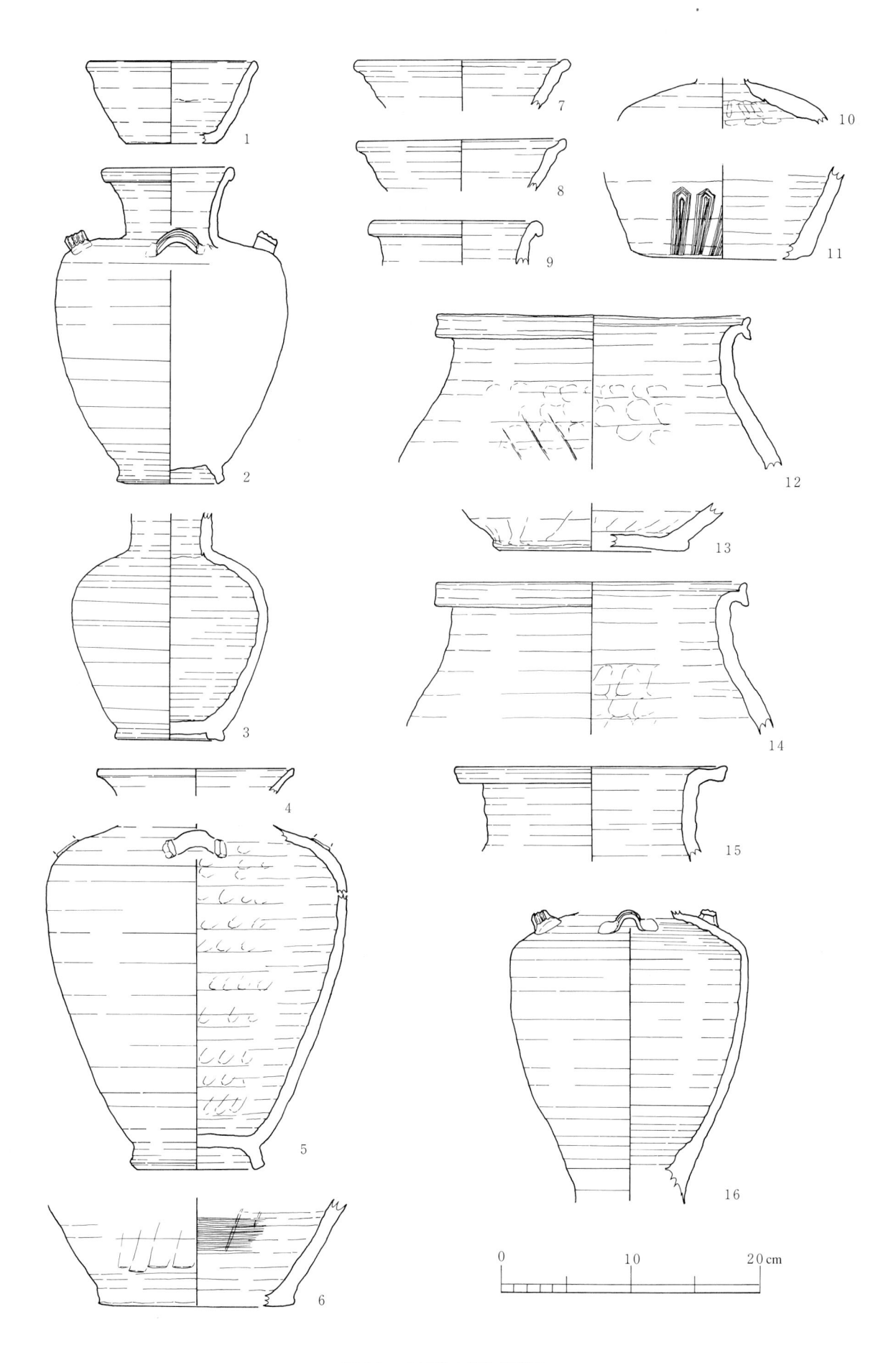

図35　A区出土遺物実測図

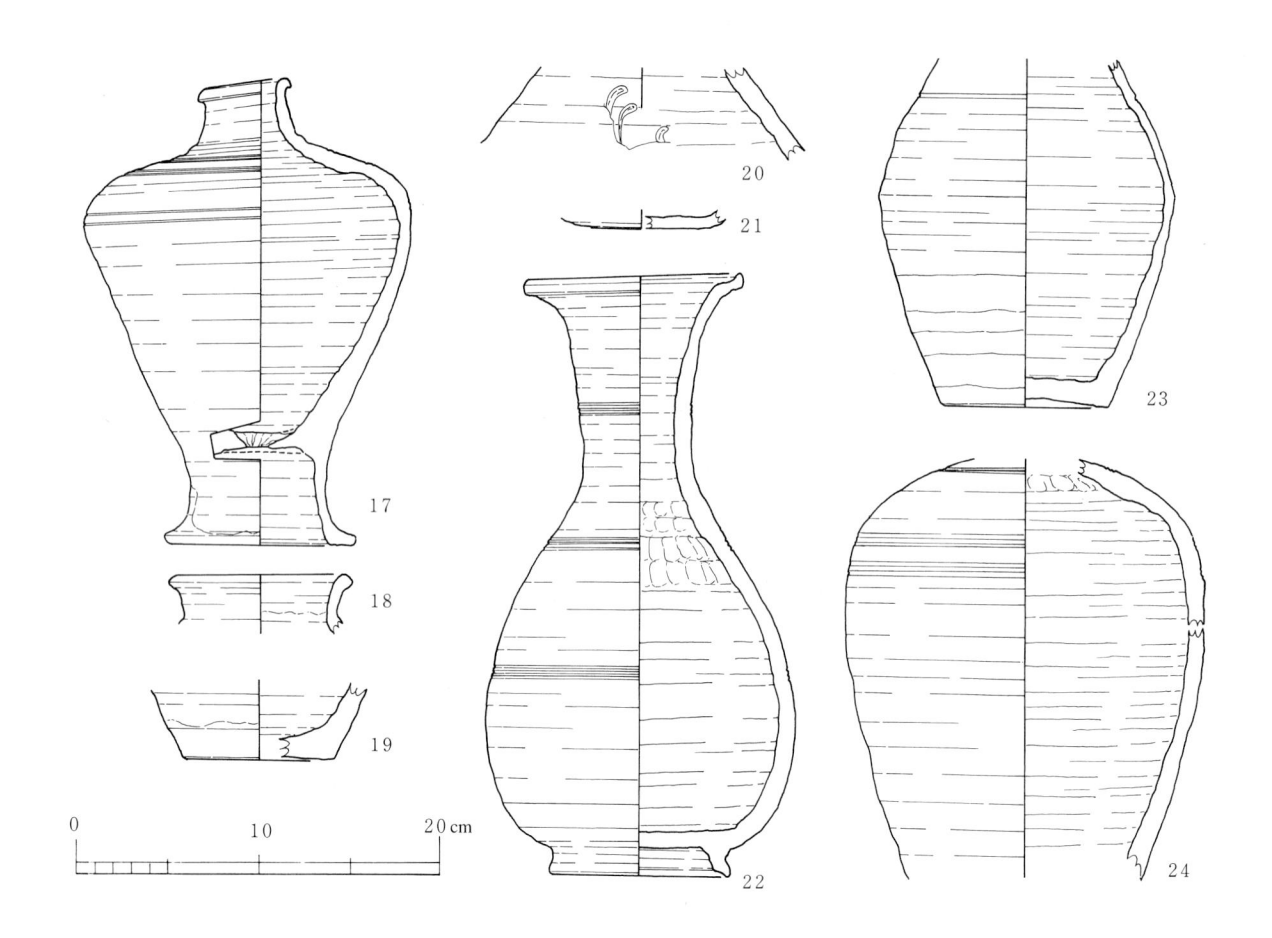

図36　B区出土遺物実測図

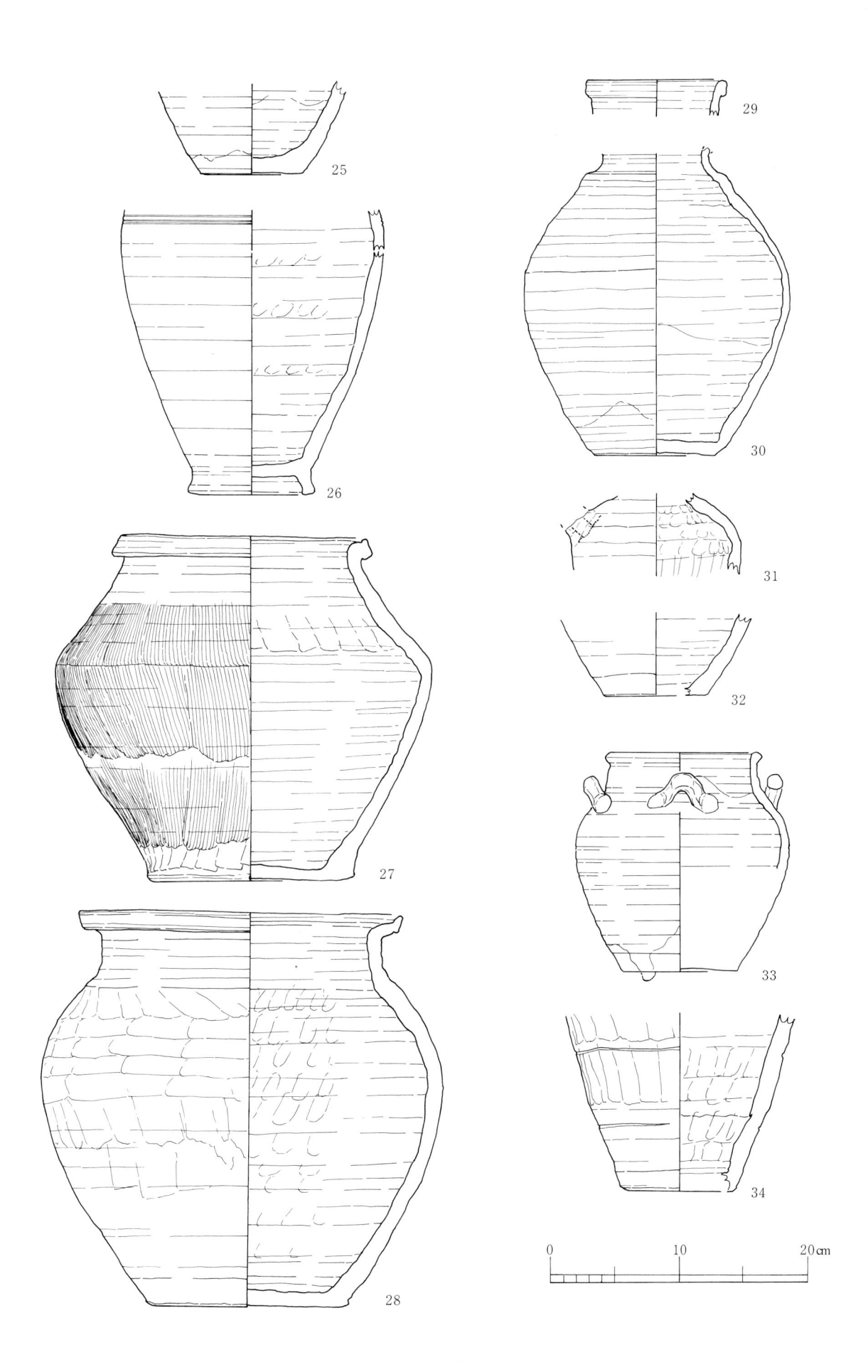

図37 C区、D区、F区出土遺物実測図

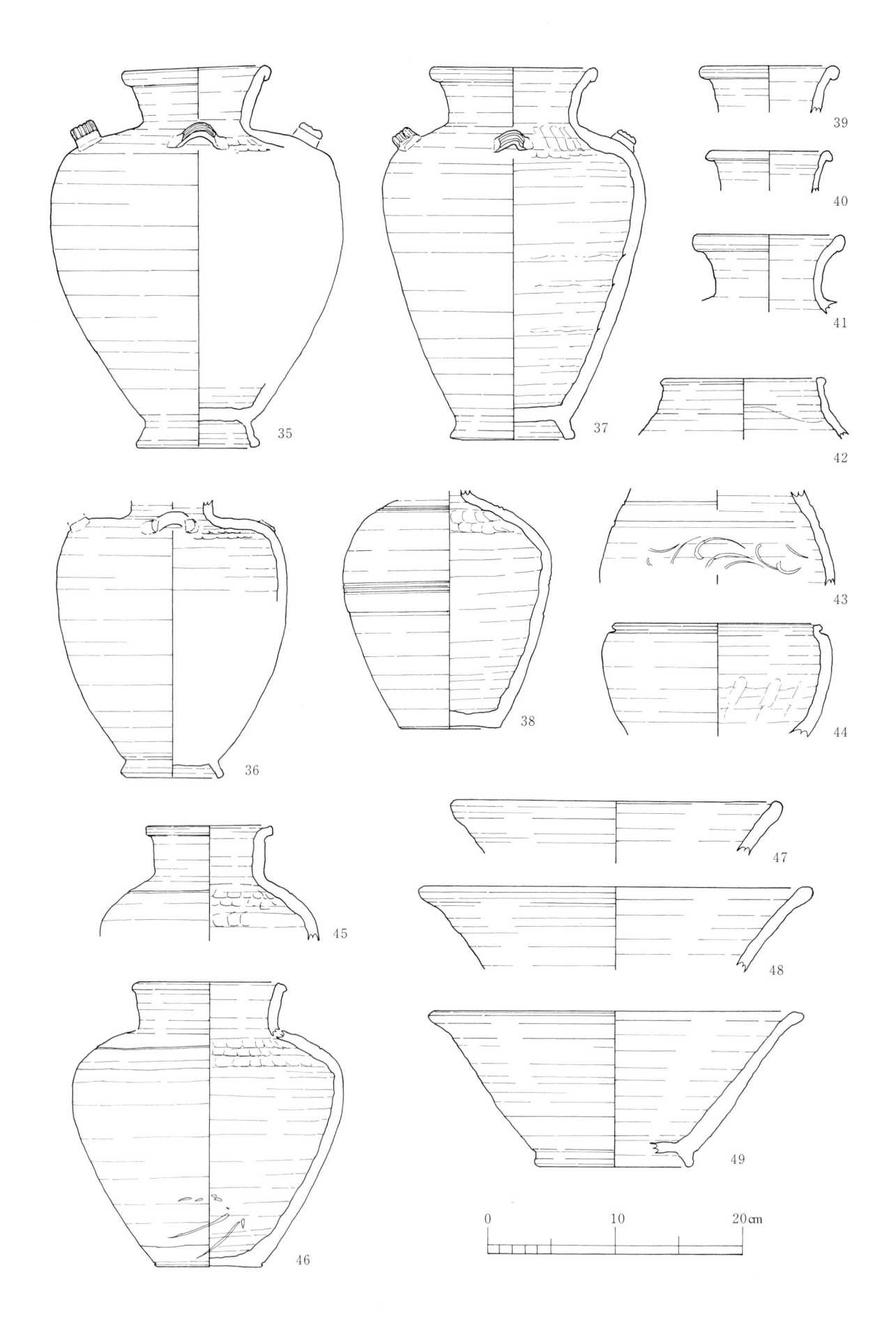

図38　F区出土遺物実測図

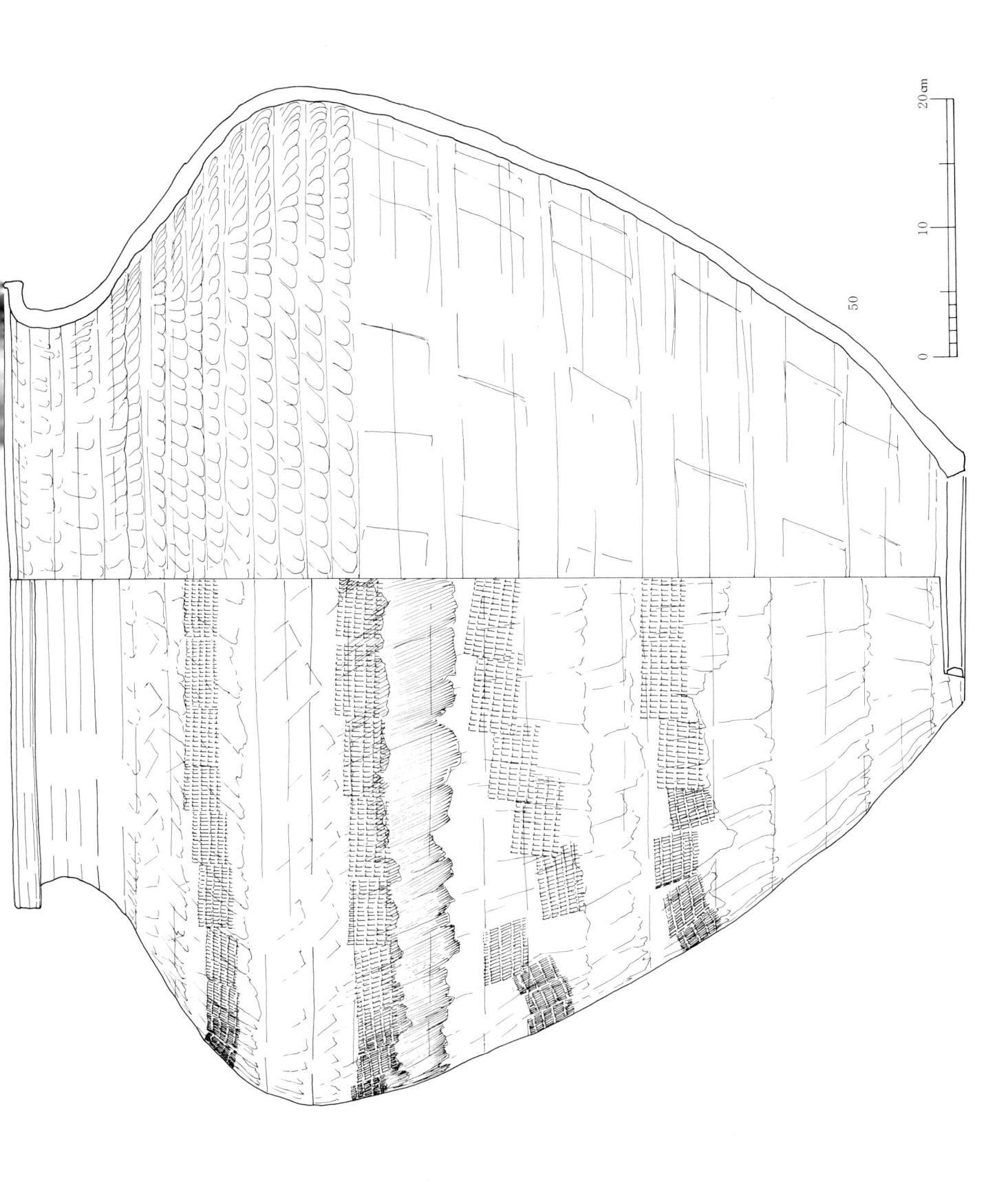

図39　F区出土遺物実測図

図40　G区出土遺物実測図

―62―

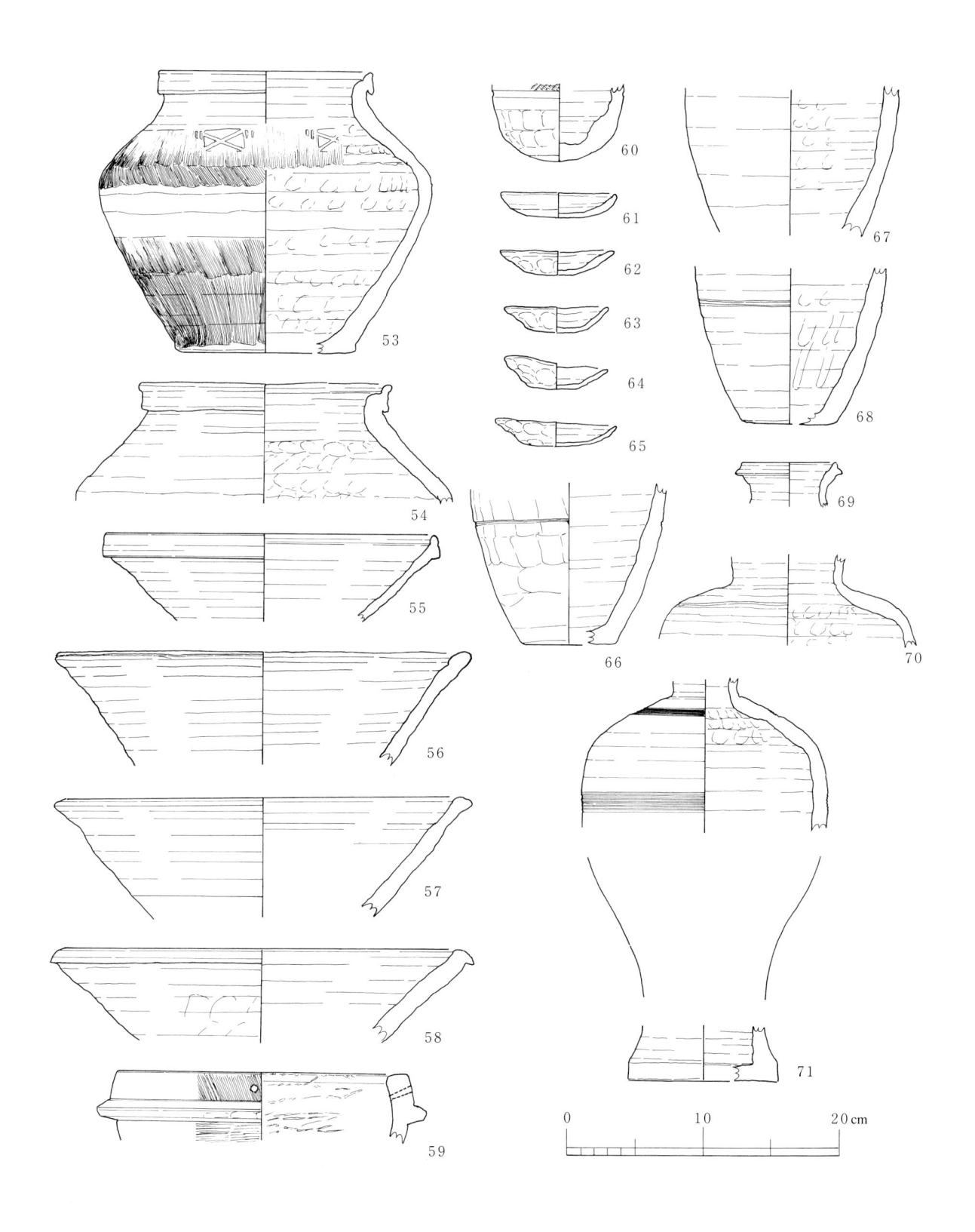

図41　G区出土遺物実測図

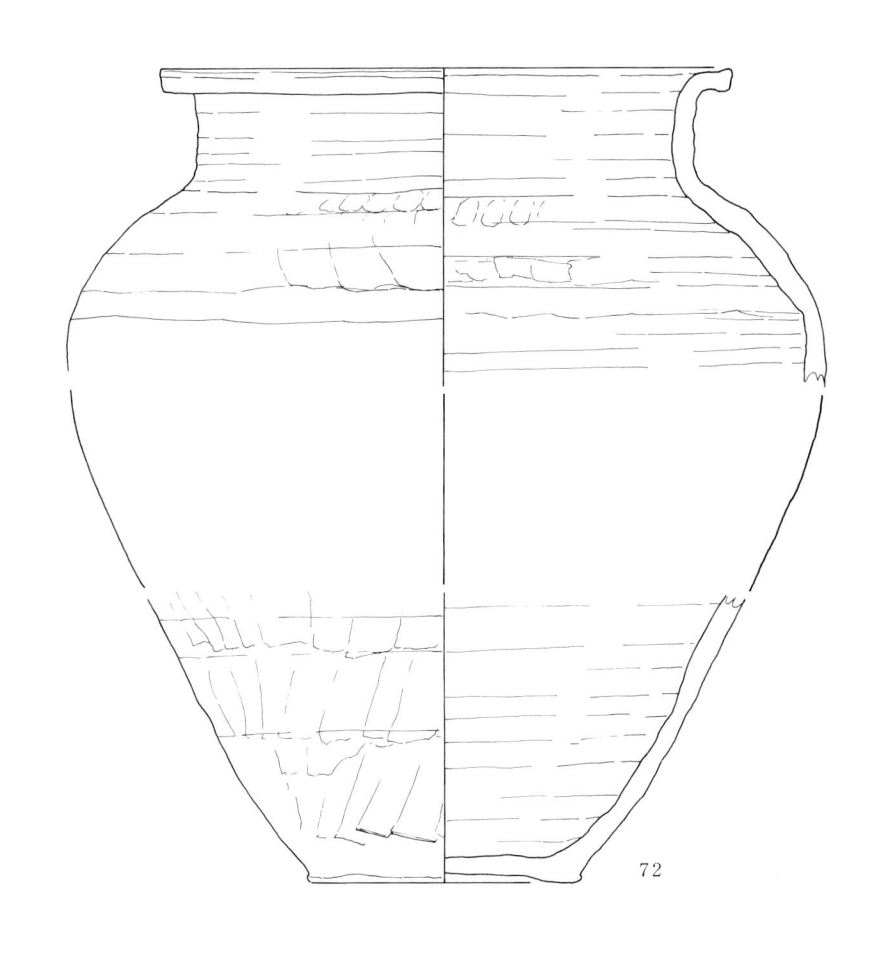

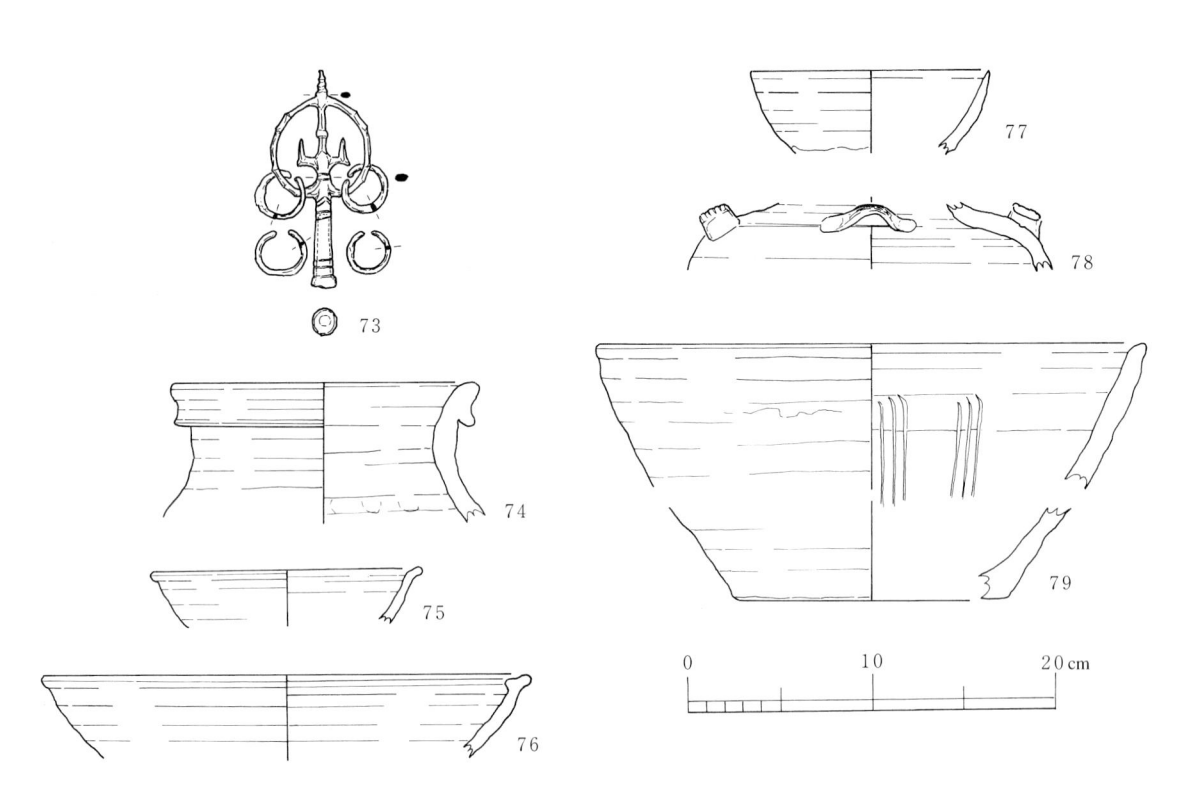

図42　A区、H区、I区、J区、テラス12出土遺物実測図

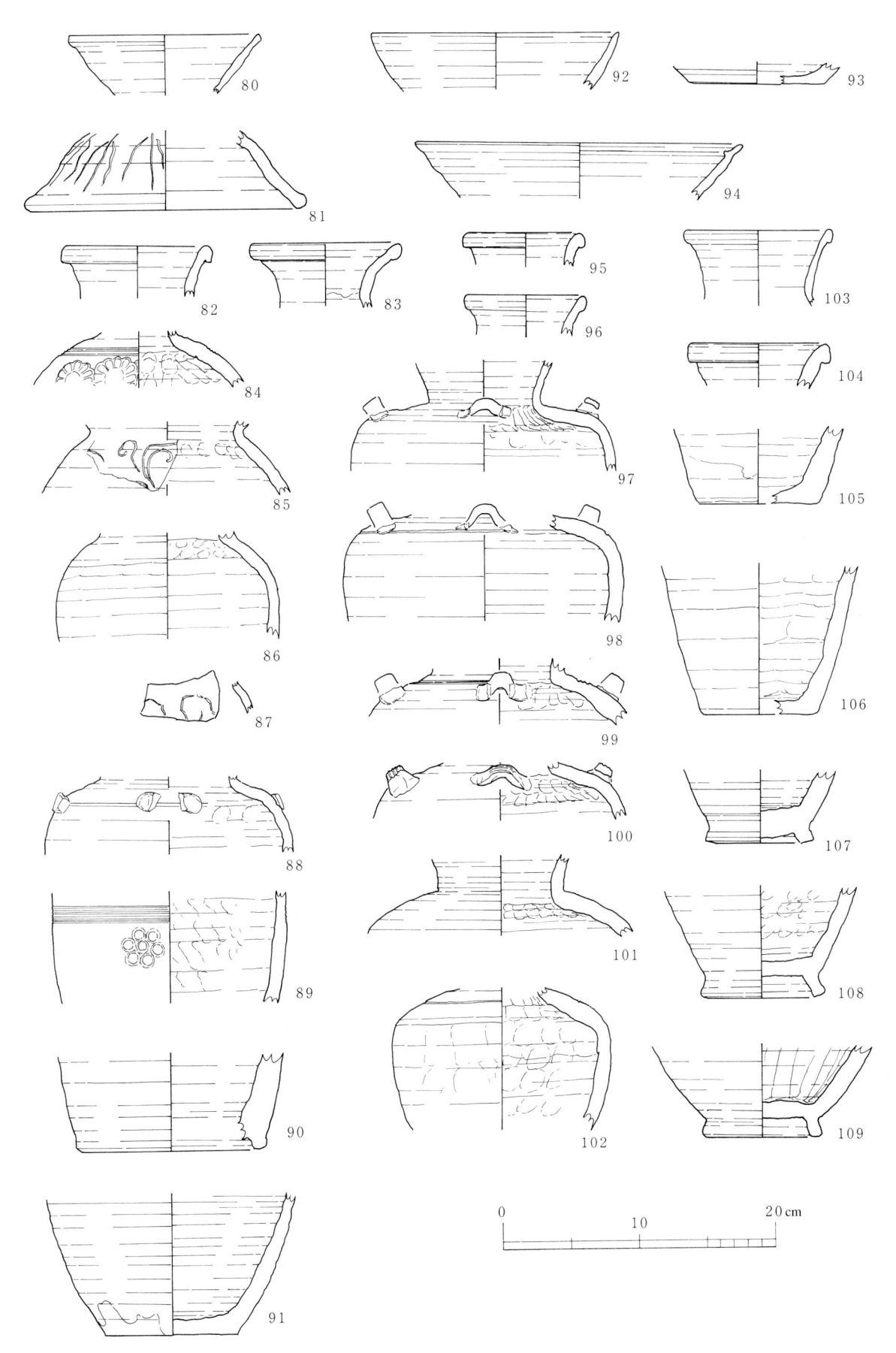

図43　表採遺物実測図

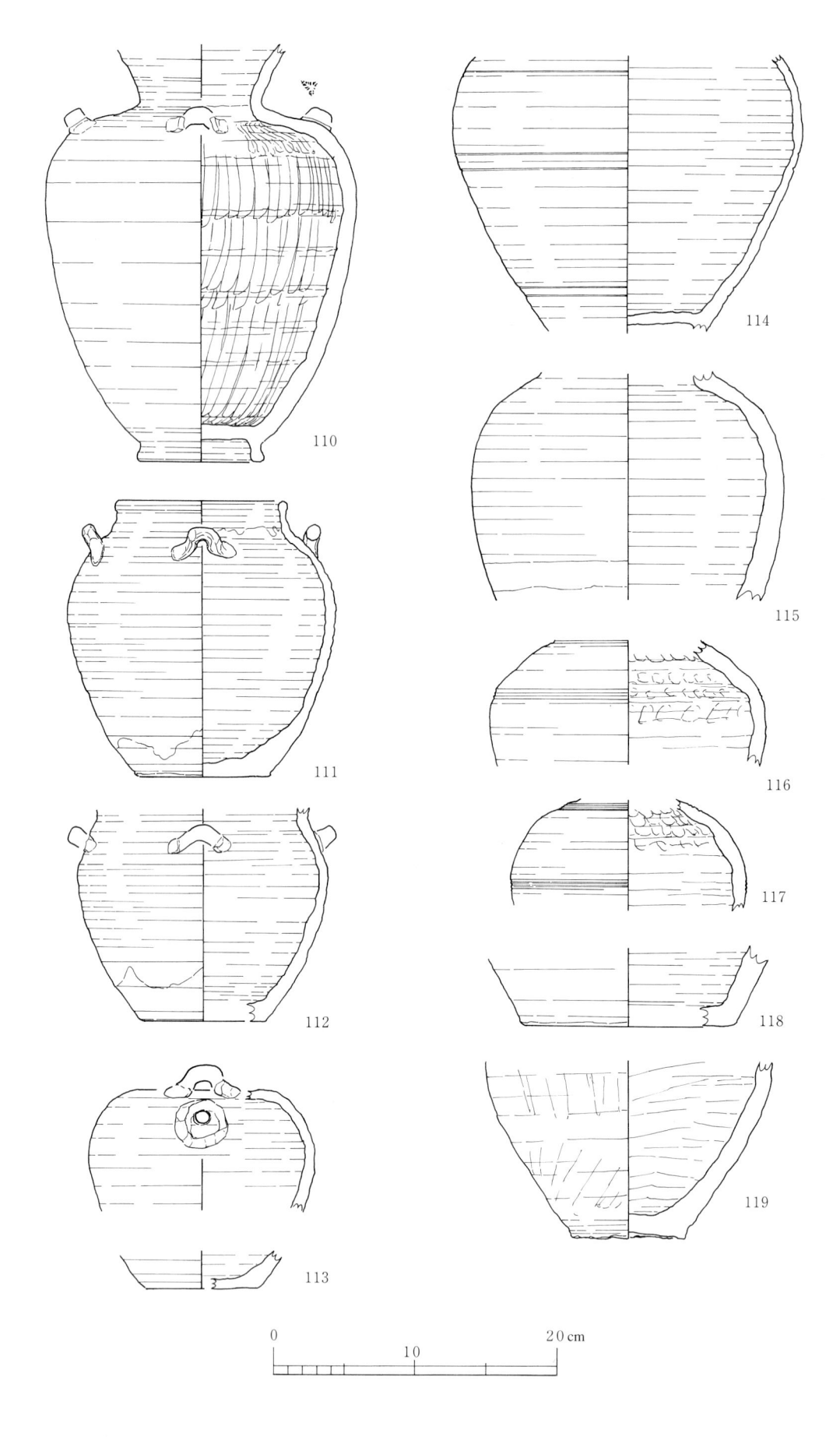

図44 表採遺物実測図

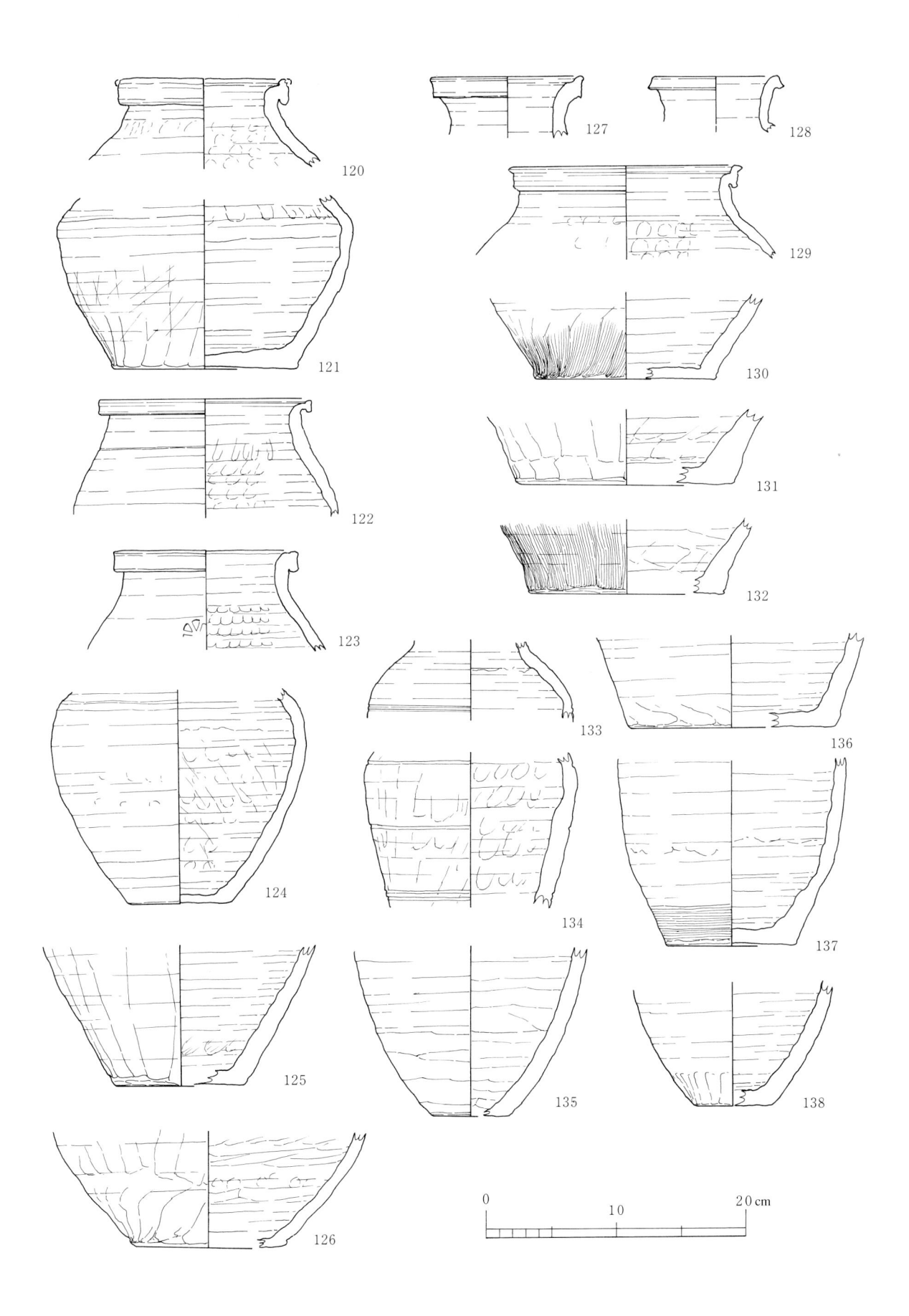

図45　表採遺物実測図

- 67 -

図46　表採遺物実測図

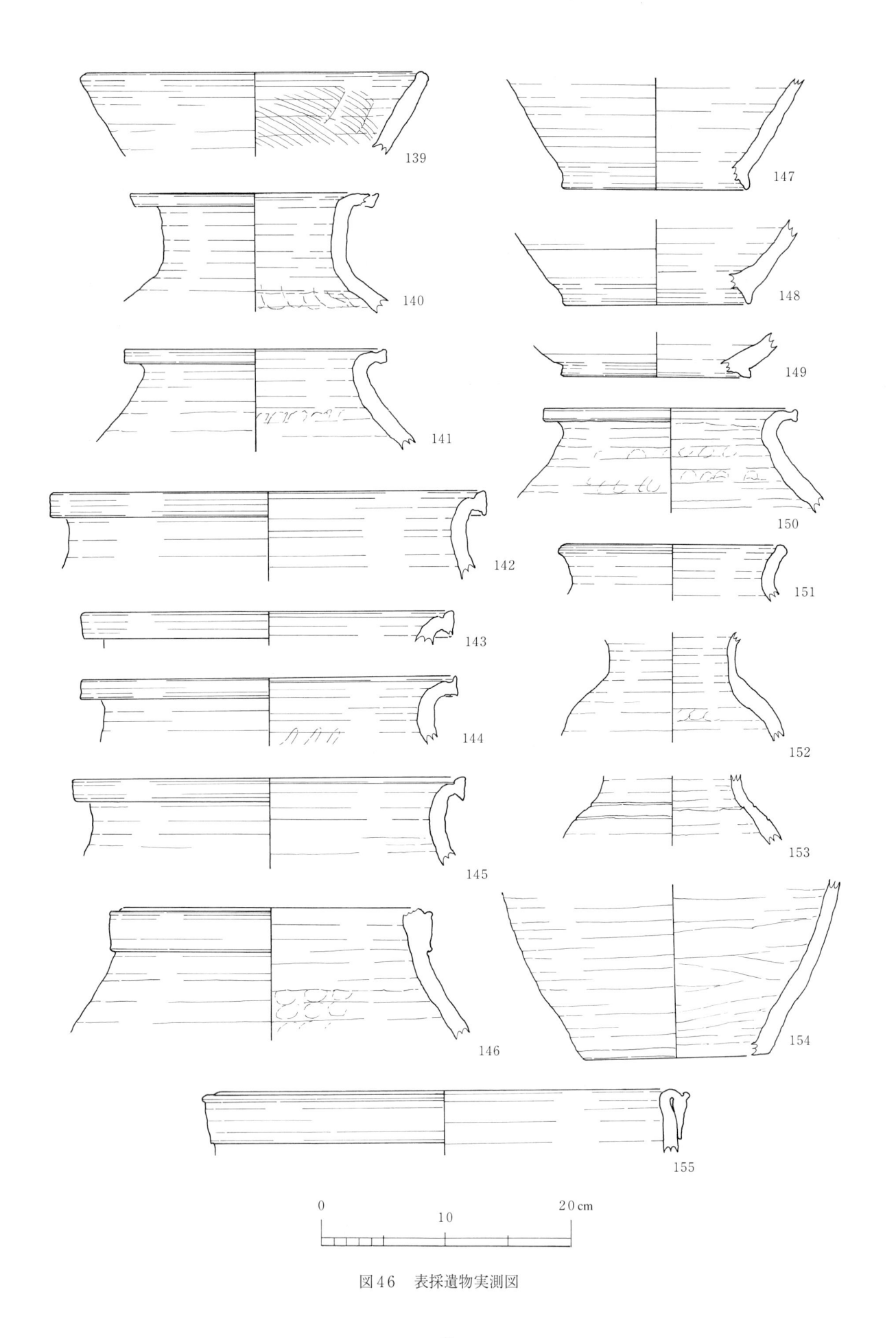

-68-

図47 表採遺物実測図

- 69 -

第4章　現状測量と石塔・石仏の分布調査

第1節　滋賀県の石仏・一石五輪塔

I．はじめに

　本書で報告する敏満寺遺跡石仏谷墓跡は、県下でも有数の石造物が残されている廃絶墓地であり、石造物研究の進展に大きな役割を果たすものと期待されている。しかし、多くの石造物を地表面で観察することができるが、銘が刻まれているものはほとんどなく、部分的な発掘調査では石仏の造立目的や設置時期などについて不明確な点が多い。

　そこで、県内の遺跡から出土した石仏と銘の刻まれた一石五輪塔を集成し、その諸相についてまとめて比較検討の資料としたい。なお当遺跡からは宝篋印塔や組合せ式の五輪塔も出土しているが、今回はそこまで手が及ばず、不十分なものであることをあらかじめお断りしたい。

II．石仏

（1）研究の現状

　本節で述べる石仏[1]は無銘で簡略化が著しく、石造美術的研究の対象としてほとんど取り組まれなかった。1970年代以降、低丘陵や高山の尾根に位置する中世墓の発掘調査が実施されているが、蔵骨器に比べて石造物の扱いは決して高いものではなく、実測図が掲載されていないものも多い。それは石仏の持つ性格から、調査後は持ち帰らずに現地で供養するといったことも原因の一つであろう。このようなことから、考古学的手法による編年作業等の研究は進まなかった。

　1980年代後半以降から研究事例が増え、兼康保明氏は妙楽寺遺跡出土の石仏が原石肌を残していることに着目し、河原石加工による石仏の製作工程を明らかにした[2]。また、同氏は三茎蓮文[3]を刻んだ石仏に着目し、三茎蓮文の編年を用いて石仏の編年を示した[4]。1995年には正楽寺遺跡の発掘調査で墓地における石仏の様相を示す発見があり、上垣幸徳氏による考古学的実測図に基づく形式学的変遷の検討[5]や転用された石仏から製作年代の下限の検討[6]が行われている。

（2）遺跡から出土した石仏の事例

　石仏を集成するにあたって、石仏が出土する遺構等の性格について下記のように分類した。銘のない石仏の製作年代を推定するにはaからの出土が最も重要であるが、その他についても転用あるいは埋没時期が明らかであれば製作年代の下限を推定できる資料となりうる。以下、県内の事例について分類別に記述する。

　a 墓跡
　b 石垣、井戸、その他石組施設に転用されたもの
　c その他遺構の埋土中
　d 包含層

a 墓跡から出土した石仏

　正楽寺遺跡[7]は、山裾部の斜面をひな壇状に造成したテラス上に造られた墓地で、石組で区画された墓が検出されている。埋葬施設は納骨孔[8]が多く、蔵骨器の出土数は少ない。遺跡の石仏は下部に埋葬施設がほとんど確認されていないことから、墓標としては五輪塔が使用され、石仏は追善供養の意味合いが強いと想定されている。造墓時期は15～16世紀に想定されている。

霊山遺跡[9]は、比叡山山中に造られた墓地で、蔵骨器に火葬骨を納める墓が24基検出されている。石造物（石仏、五輪塔、一石五輪塔）が多数出土しているが、埋葬施設との関係は明確ではない。墓地は元亀2年(1571)の織田信長による焼討ちにより廃絶したと考えられている。造墓時期は14～16世紀にわたるものと想定されている。

上田上牧遺跡[10]は、平野部に造られた墓地で、13世紀・15～16世紀の土葬墓と13世紀代の火葬墓、14～15世紀の火葬場、15世紀半ばから後半頃の火葬墓、18世紀後半頃の火葬墓群が検出されている。火葬の埋葬方法は納骨孔、蔵骨器、火葬壙[11]があり、区画、石造墓標など上部施設を伴うものはほとんど見られない。

SK09は東西1.95m、南北4m以上、深さ70cmの方形の土坑で、底部から正面を下にして五輪塔板碑が出土している。他に土師器皿と信楽焼こね鉢が出土している。

大谷古墓[12]は、丘陵の谷間に造られた墓地で、区画、敷石、石積み、石造墓標など多量の石材を使用した上部施設を持つ。埋葬施設は、納骨孔、納骨石室、蔵骨器、火葬壙があり、蔵骨器の多くは上部か脇に五輪塔を据えている。造墓時期は12世紀中葉から15世紀にわたるものと考えられている。

石仏を据えた石組みが1基検出されており、対面に蔵骨器が、下層に火葬壙が3基検出されている。

紅染寺遺跡[13]は、小高い丘陵地の南側斜面に造られた墓地で、土葬墓が11基検出されている。土壙の埋土から石仏、五輪塔、鉄釘が出土している。造墓時期は明確ではない。

土壙3は南北132cm、東西91cm、深さ25cmの長方形の土壙で、北辺中央部において正面を西側に向いた石仏が出土している。他に鉄釘の細片1点が出土している。

杉谷遺跡[14]は、小丘陵の尾根上に造られた墓地で、形態の様々な土壙が55基検出されている。土壙の埋土から石仏、五輪塔、鉄釘、土師器皿、銅銭が出土している。上部施設は検出されていない。造墓時期は江戸中期以降と考えられている。

下開田遺跡[15]は、扇状地の平坦微高地に造られた墓地で、直径1m、30cm前後の円形の土壙4基が検出されている。付近の地表面に石仏、五輪塔が集められており、墓に関連するものと考えられる。造墓時期は明確ではない。

弥高寺跡[16]は、伊吹山から張り出す尾根の中腹に造られた山岳寺院跡で、兵火により幾度か焼失し、天正8年（1580）に山の西麓に移ったと記されている。その本坊跡の背面には石造物群が存在する。

発掘調査によって蔵骨器、石造物が出土している。石仏、五輪塔が山裾部に一列に並んだ状態で検出されているが、石造物に伴う埋葬施設は検出されていない。

b 石組施設に転用された石仏

安土城跡[17]は織田信長が築いた城跡として周知の遺跡であるが、大手道の側溝や石垣に転用された石仏や一石五輪塔が出土している。安土城の築城が開始されたのが天正4年（1576）で、これらの石造物は1570年代後半以前には存在していたであろう。

新庄城遺跡[18]は、清水山城の出城として平野部に築かれた城郭跡で、1500年前後に築かれたと考えられている。天正6年（1578）に廃城している。集石遺構から石仏が出土している。

吉武城遺跡[19]は、平野部に築かれた城郭跡で、出土遺物から16世紀前半から17世紀初頭に機能したと考えられている。溝（SD8）の護岸の石列に石仏1体が転用されている。石仏は上部が欠損しており、欠損部まで火を受けた状態で出土している。

妙楽寺遺跡[20]は、琵琶湖にほど近い独立丘陵の裾部を流れる川沿いに形成された集落跡で、集落の間を流れる溝（SD3）に付設された洗場（SX-2）の石組に3体の石仏が転用されている。石組み施設

− 71 −

1・2 正楽寺遺跡（文献1）　3 上田上牧遺跡（文献3）　4・5 安土城跡（文献13）
6 新庄城遺跡（文献15）　7～9 妙楽寺遺跡（文献17）　10～12 妙楽寺遺跡（文献18）

図48　出土石仏

は15世紀末〜16世紀後半頃に整備されたと考えられている。

伊庭御殿遺跡(21)は、小堀遠州作といわれる徳川将軍上洛のための宿泊所跡で、寛永11年(1634)に建設されたと考えられている。石列に1体の石仏の上半部破片が転用されている。

c その他遺構の埋土中

妙楽寺遺跡(22)では、溝（SD455・SD469）からの石仏が出土している。集落が廃絶する16世紀末〜14世紀初頭以降に埋没したと考えられる。

吉武城遺跡(23)では、検出された溝（SD14）からも石造物が出土している。石造物は前述の石仏と同様に火を受けた状態で出土しており、廃城期に埋没したものと考えられる。

d 包含層

妙楽寺遺跡(24)では、包含層から石仏が出土している。集落が廃絶する16世紀末〜17世紀初頭以降に埋没したと考えられる。

(3) 石仏の諸相

1. 形態等の特徴と年代観

石仏の形態等について若干まとめてみたい。石仏に刻まれた尊像は地上でみることのできる石仏も含めて阿弥陀如来坐像か五輪塔が主流である。石仏谷墓跡についても1体の立像（地蔵菩薩か）が知られるのみである。表2のように形態や表現だけでもいくつかのタイプに分類でき、さらに細分できると思われる。石材の種類や加工方法なども注意が必要である。

遺跡から出土した主な石仏（図48）を見てみると、1・2は正楽寺遺跡からの出土で、1は頂部が平坦になっている。他の遺跡からの出土例はないが、地上でみることのできる石仏のなかに時々見られることがあり、中央に突起を持つものもある。当初は笠が載せられていたと見られる。2は衣の襞が丁寧に表現され古相を呈している。4・5は安土城跡からの出土で、他に4体の石仏が転用されているが、いずれも形態的に類似しておりほぼ同時期に製作されたものと見られる。尊像の肩幅と脚部の幅がほとんど変わらず、額部の突出と尊像の高さが変わらないなど簡略化が著しい。6は新庄城遺跡からの出土で、尊像の脚部が枠外に線刻されている。石仏のなかには尊像の脚部を完全に省略するものが見られるが、その過程に位置するものであろうか。7〜12は妙楽寺遺跡からの出土で、10・11は卵形の石材に阿弥陀如来の上半身を彫る簡素なものである。尊像以外はほとんど加工を加えていない。

出土例からは製作年代を明確に想定できるものはなく、現状では存在した時期の下限を想定するほかない。上垣氏が述べるとおり(25)16世紀後葉までには像容の退化が著しい石仏が存在していたと言えよう。16世紀代を中心とする従来の年代観に相違するものではないと思われる。

2. 造立の目的

紅染寺遺跡、杉谷遺跡などの例は、墓標として設置された可能性を想定させるものである。共通するのは石組区画、敷石などの明確な上部施設を持たず、石造物や副葬品がほとんど出土しない簡素な墓地であることで、埋葬方法は土葬墓が主体であるが、地域によっては火葬墓が主体の場合もある。これらは中世末から近世に出現する農村の共同墓地でのあり方を示すものと考えられる。

一方、正楽寺遺跡の例は、追善供養などの墓標以外の機能を想定させるものである。石仏谷墓跡の場合、墓の割合に対して石仏数が圧倒的に多いということからこれに近いあり方であったかもしれない。

Ⅲ. 一石五輪塔

(1) 研究の現状

近江における一石五輪塔の研究は、在銘資料が存在するため石仏に比べて比較的早くから石造美術的研究が進められた。田岡後逸氏は砂岩製一石五輪塔の石材と分布する宗派に着目し、伝播の経路と広がりを明らかにした。つまり、砂岩製一石五輪塔の分布する寺院の大多数が天台真盛宗に属していることから、本寺である西教寺が和泉砂岩の産出地で成形された一石五輪塔を受容し、琵琶湖沿岸地域に分布する末寺へも船便で運ばれて広まり、さらに他宗にも広がったというものである[26]。しかし、砂岩製の一石五輪塔は全体のごく一部にしか過ぎなく、大多数は花崗岩等の他の石材で造られた無銘の一石五輪塔であり、両者を比較検討する必要があることなど課題が残されている。

　2000年に発掘調査が実施された杉本坊墓地では墓石の調査を行なわれ、近世における一寺院の墓石の変遷が示されている[27]。

（2）一石五輪塔の諸相

1．形態等の特徴

　従来、一石彫成の五輪塔はすべて一石五輪塔と称され、一石五輪塔を組合せ式五輪塔の小型化した流れであるといった見方が強かった[28]。しかし、木下浩良氏は高野山において初期の一石五輪塔が埋込式で細長であることから、これらの一石五輪塔は一石彫成の五輪塔と系譜の異なるものとして区別すべきであると述べられている[29]。

　一石五輪塔の型式分類は『高野山奥之院の地寶』のなかで、地輪の構造から埋込型式と安置型式に分類されている[30]。田岡氏は一石五輪塔を本格式・細長式・埋込式・反花式基壇付の4型式に分類されている[31]。田岡氏の設定した本格式と細長式は地輪の形態から分類したもの、埋込式と反花式基壇付は地輪の構造から分類したものであり、分類基準が異なるものを1つの型式分類上に載せているため分類に混乱が生じる。木下氏は埋込式・安置式・枘式・反花式の4型式に分類されている[32]。

　上記の型式分類をふまえて県内の様相から表1のように分類した。敏満寺遺跡石仏谷墓跡では27％がⅠ類であるが、これは後述するように河原石から加工されているために高さが制約され、必然的に縦に圧縮された形を呈するようになったと思われる。また、全体的につくりが丁寧なものは、底もきれいに加工している（b類）。d類が県内で1基確認されているが、Ⅰ類に該当する。移入されたと考えられている砂岩製一石五輪塔のほとんどがⅡa類で、1～2cm程度浅く埋め込むものである。c類は県内では認められないが、田岡氏が指摘しているように、守山市小浜町称名寺に砂岩製の反花付基壇がいくつか認められ、基壇上に一石五輪塔が据えられていたことが推測される[33]。

　図化した主な一石五輪塔（図49）を見てみると、1は在地の石材によるⅠ類の一石五輪塔で、小形化し

表1　一石五輪塔の型式分類

大分類	
Ⅰ	地輪の高さに対する幅の比率が1.0よりも大きいもの（本格式【田岡1980】、一石彫成五輪塔【木下2004】に同じ）
Ⅱ	地輪の高さに対する幅の比率が1.0よりも小さいもの（細長式【田岡1980】、一石五輪塔【木下2004】に同じ）

小分類	
a	地輪の下部を荒叩きあるいは尖頭式とし、埋め込むもの（埋込式【田岡1980】・【木下2004】に同じ）
b	地輪の下部を丁寧に加工して地上に立てるもの（安置式【木2004】に同じ）
c	地輪の下部を丁寧に加工し、反花座上に立てるもの（反花式【木下2004】に同じ）
d	地輪の下部に枘を造り、台座の枘穴と組み合わせて立てるもの（枘式【木下2004】に同じ）

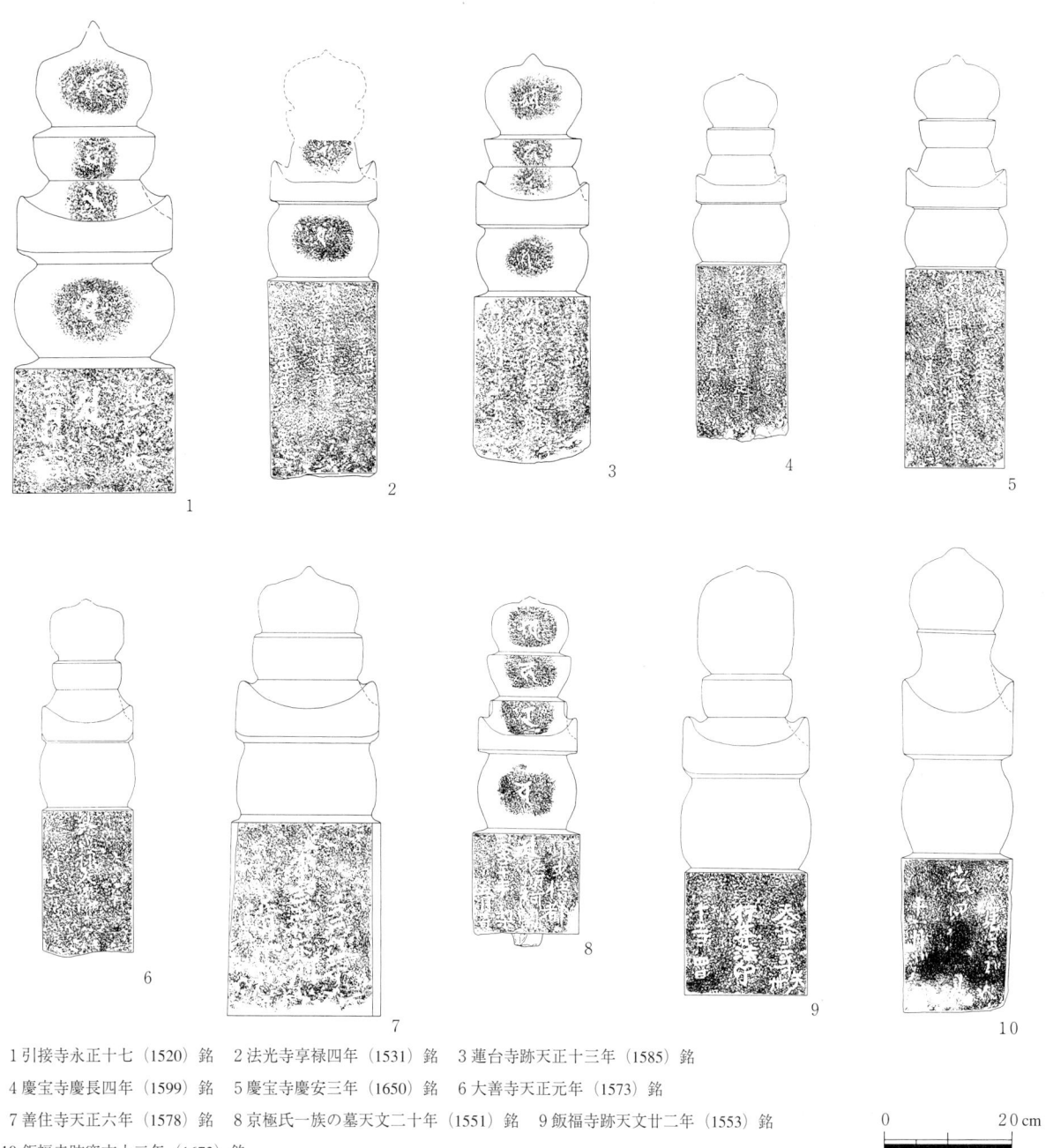

1 引接寺永正十七 (1520) 銘　2 法光寺享禄四年 (1531) 銘　3 蓮台寺跡天正十三年 (1585) 銘
4 慶宝寺慶長四年 (1599) 銘　5 慶宝寺慶安三年 (1650) 銘　6 大善寺天正元年 (1573) 銘
7 善住寺天正六年 (1578) 銘　8 京極氏一族の墓天文二十年 (1551) 銘　9 飯福寺跡天文廿二年 (1553) 銘
10 飯福寺跡寛文十二年 (1672) 銘

図49　一石五輪塔

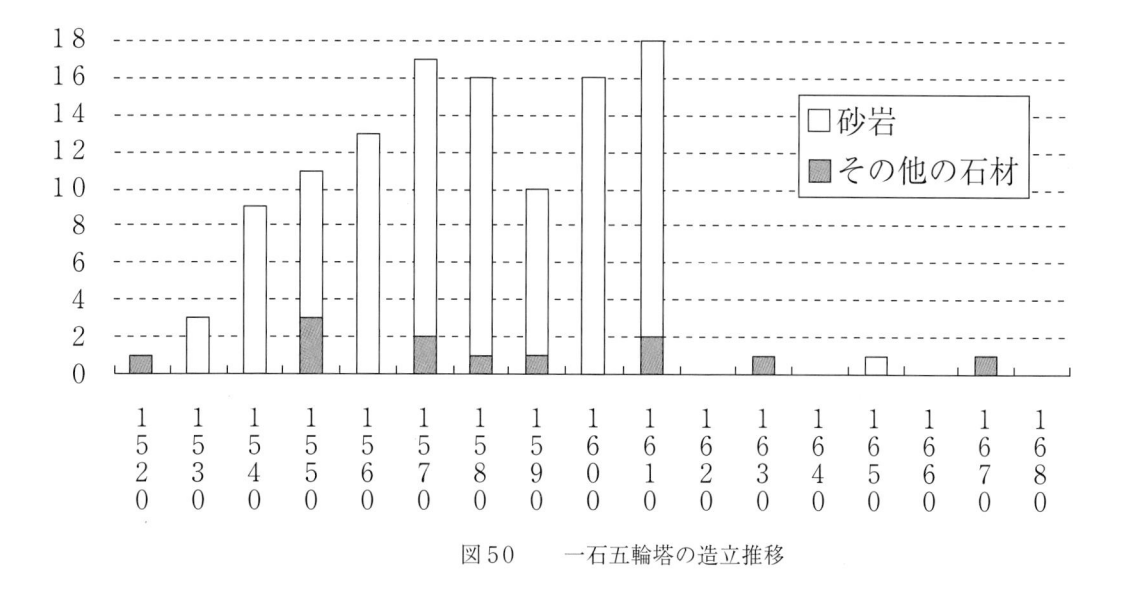

図50　一石五輪塔の造立推移

た五輪塔をそのままの形態を維持しながら一石彫成した様相を呈している。地輪の底は比較的丁寧に加工するｂ類となっている。２～５は砂岩製の一石五輪塔である。地輪の高さの比率が高く、地輪の底をやや荒く加工し、基部をわずかに埋めて立てるものである。２は在銘最古であるが、空風輪が欠けており全容は不明。６は風化が著しく、形態や石材が判然としない。７は花崗岩製で、空輪から水輪までが圧縮された様相を呈する。８は地輪の底部中央に長さ２．５ｃｍ、径４．８ｃｍの柄を持つ。これに伴う台座は付近には見られなかった。風輪の高さの比率が他のものに比べて高い。９は空輪の高さの比率がかなり高く、湖北地域にはこのような形態のものが多い。１０は風輪と火輪の境が明らかではない。３～５・７・９は正面幅に対して奥行きが若干薄く、板状を呈するようにも見える。それ以外はほぼ均等である。以上のように地域によって形態に相違が見られることがうかがえる。

２．石材について

使用された石材は石仏と共通するものもあり、そうでないものもあり、地域によって様相が異なる。湖東地域では移入された砂岩製のものを除けば、石仏と同様に湖東流紋岩類や花崗岩など付近で産出される石材を使用しているなど共通している。逆に、湖北南部地域ではひん岩製の一石五輪塔が多いが、石仏は花崗岩製の方が多く見られ、石材が使い分けられていた可能性がある。

湖東北部地域の一石五輪塔は、石仏同様に湖東流紋岩類製の五輪塔が多数を占める。それらはやはり石仏同様に部分的に原石肌を残すものであり、河原石を加工してつくられていることがわかる。敏満寺遺跡石仏谷墓跡所在の一石五輪塔にも多く認められる。

今回は石材について詳細に検討できなかったが、周辺地域との比較検討も必要である。特に、田岡香逸氏が砂岩製の一石五輪塔を和泉砂岩の産出地で成形されたものと推測されているが、当該地域周辺のものと形態的な要素も含めて検討する必要がある。

３．造立の推移

県内の在銘一石五輪塔の造立推移を表したのが図５０である。ただし、銘の刻まれたものの多くが湖南地方を中心に分布する砂岩製であり、県内全体の傾向を示すものではない。また、１６２０年代以降激減しているように見えるが、実際には継続して造立されていたと考えられる[34]。県内最古の一石五輪塔は永正１７年（１５２０）で、本格式の一石五輪塔である。Ⅱ類の砂岩製一石五輪塔は享禄４年（１５３１）銘が最も古く、１５７０年代まで増加し、その後やや減少するものの１６１０年代にピークを迎え、以後減少していく。慶安３年（１６５０）銘が最も新しい。花崗岩製などの砂岩製以外の一石五輪塔は、長期間に渡って偏りなく造立されているように見えるが、在銘の資料数が少ないこともあり、地域によって数量や造立の推移が異なる可能性も考えられる。

４．造立の目的

一石五輪塔の造立目的について銘文から探ってみたい。地輪に刻まれた銘文の形式は基本的に３行で、正面から見て右から年号、法名（戒名）など、月日の順に刻んでいる。内容について見てみると、「禅定門（禅門）」「禅定尼（禅尼）」「大姉」など法名（戒名）に関連するものが約７０％、「首座」「阿闍梨」「法師」など僧侶に関係するものが約１６％である。これらは墓碑的な性格が強いと思われる。一方、法名（戒名）の前に「為」がつくものが１基認められ、なかには追善供養のために造立されたものもあったと推測される。また、近江八幡市真光寺天正二年（１５７４）銘塔には、地輪の正面に男女の法名（戒名）が刻まれ、背面に俗名が刻まれているが、これは造立者であろうか。「逆修」と刻まれたものは２基認められ、逆修供養のために造立されているものもある。このように、一石五輪塔は墓碑として、あるいは供養のために造立されたと考えられる。

Ⅳ．おわりに

　これまで県内の遺跡から出土した石仏と在銘の一石五輪塔を集成し、概観してみた。発掘調査で出土した石仏は事例が少なく、分類・編年を行うことは困難であり、地上に見られる石仏の調査と併せて多方面からの検討が必要である。一石五輪塔については、いくつかの地域性を見ることができたが、資料の集成が不十分であり多くの検討課題が見えてきた。さらに詳細に検討できるよう資料の集成に取り組んでいきたい。

　最後に、現地調査にあたりご協力いただきました所有者ならびに関係者の方々に心よりお礼申し上げます。

※本節では調査時（平成16年9月当時）の市町名を使用している。
※※図48中で使用した図は、註に記した文献に拠る。ただし、7～9は報告書に未掲載のため、著者がとった実測図・拓本を使用した。掲載にあたって滋賀県埋蔵文化財センター所長の許可を得た。資料実見の際には内田保之氏（(財)滋賀県文化財保護協会）のお手を煩わせた。
※※※図49中で使用した図は、すべて著者が実測・拓本したものである。欠損部は復元して製図した。

註

（1）本節では板状の石材を加工して屋根を作り出し、その下に尊像を陽刻するもの、あるいは屋根を設けず尊像のみを陽刻するものを対象とした。五輪塔を刻むものも便宜上一括して呼称した。
（2）参考・引用文献25
（3）石塔類の基礎などに刻まれた蓮華文の一種。川勝政太郎氏は石塔類の基礎などに刻まれた蓮華文や孔雀文を近江式装飾文と名付けた。参考・引用文献29
（4）参考・引用文献26
（5）参考・引用文献27
（6）参考・引用文献28
（7）参考・引用文献1
（8）別の場所で火葬をおこない、拾骨した火葬骨を土坑内に直接あるいは有機物の容器に納めて埋葬したもの。
（9）参考・引用文献2
（10）参考・引用文献3・4・5
（11）土坑を掘って火葬をおこない、そのまま墓とするもの。
（12）参考・引用文献6
（13）参考・引用文献7
（14）参考・引用文献8
（15）参考・引用文献9
（16）参考・引用文献10
（17）参考・引用文献13・14
（18）参考・引用文献15
（19）参考・引用文献16
（20）参考・引用文献17・18
（22）参考・引用文献18
（23）前掲註19文献
（24）前掲註22文献

(25) 前掲註6文献

(26) 参考・引用文献37

(27) 参考・引用文献52

(28) 参考・引用文献35

(29) 参考・引用文献53

(30) 参考・引用文献50

(31) 参考・引用文献46

(32) 前掲註29文献

(33) 参考・引用文献41。大津市西教寺墓地でも複数存在する。

(34) 詳細な調査は行なっていないが、山東町光明院や木之本町飯福地跡などで江戸時代の一石五輪塔をいくつか目にした。

参考・引用文献

1. 『正楽寺遺跡』「正楽寺谷荒廃砂防工事事業に伴う発掘調査報告書」1997 滋賀県教育委員会・(財)滋賀県文化財保護協会

2. 『霊山遺跡発掘調査概要』1978 滋賀県教育委員会・(財)滋賀県文化財保護協会

3. 『上田上牧遺跡Ⅰ』「ほ場整備関係遺跡発掘調査報告書ⅩⅩⅤ−1」1998 滋賀県教育委員会・(財)滋賀県文化財保護協会

4. 『上田上牧遺跡Ⅱ』「ほ場整備関係遺跡発掘調査報告書ⅩⅩⅤ−4」1998 滋賀県教育委員会・(財)滋賀県文化財保護協会

5. 『上田上牧遺跡Ⅲ』「ほ場整備関係遺跡発掘調査報告書27−7」2000 滋賀県教育委員会・(財)滋賀県文化財保護協会

6. 松澤 修「滋賀県・大谷中世墳墓群」『歴史手帖』14巻11号 1986

7. 『埋蔵文化財発掘調査集報Ⅱ』「大津市埋蔵文化財調査報告書(18)」1991 大津市教育委員会

8. 『埋蔵文化財包蔵地発掘調査報告書』「大津市文化財調査報告書(11)」1980 大津市教育委員会

9. 『マキノ町下開田遺跡発掘調査報告書』1985 滋賀県教育委員会・(財)滋賀県文化財保護協会

10. 『弥高寺跡調査概報』「伊吹町文化財調査報告書1」1986 伊吹町教育委員会

11. 『伊吹町内遺跡発掘調査Ⅱ』「伊吹町文化財調査報告書第8集」1994 伊吹町教育委員会

12. 『蓮台遺跡発掘調査報告書』1987 滋賀県教育委員会・(財)滋賀県文化財保護協会

13. 『特別史跡安土城跡発掘調査報告2』1992 滋賀県教育委員会

14. 『特別史跡安土城跡環境整備事業概要報告書Ⅴ』1998 滋賀県教育委員会

15. 『新庄城遺跡』「一般国道161号(高島バイパス)建設に伴う新旭町内遺跡発掘調査報告書Ⅱ」1991 滋賀県教育委員会・(財)滋賀県文化財保護協会

16. 『針江川北(Ⅱ)遺跡・吉武城遺跡』「一般国道161号(高島バイパス)建設に伴う新旭町内遺跡発掘調査報告書Ⅴ」1993 滋賀県教育委員会・(財)滋賀県文化財保護協会

17. 『妙楽寺遺跡Ⅱ』1985 滋賀県教育委員会・(財)滋賀県文化財保護協会

18. 『妙楽寺遺跡Ⅲ』1989 滋賀県教育委員会・(財)滋賀県文化財保護協会

19. 『中沢遺跡,信願寺遺跡,善教寺遺跡,伊庭御殿遺跡』「能登川町埋蔵文化財調査報告書第7集」1987 能登川町教育委員会

20. 『欲賀地区ほ場整備関連遺跡発掘調査報告書』2001 守山市教育委員会

21．『大溝城Ⅰ』「高島町文化財資料集4」 1984　高島町教育委員会

22．『ほ場整備関係遺跡発掘調査報告書ⅩⅠ－2』1984　滋賀県教育委員会・(財)滋賀県文化財保護協会

23．『石馬寺遺跡』 1999　滋賀県教育委員会・(財)滋賀県文化財保護協会

24．『ほ場整備関係発掘調査報告書ⅩⅥ－1』 1989　滋賀県教育委員会・(財)滋賀県文化財保護協会

25．兼康保明「彦根市妙楽寺遺跡出土の湖東流紋岩製小形板碑と製作工程」『滋賀文化財だより』No.121　1987　(財)滋賀県文化財保護協会

26．兼康保明「近江式装飾文よりみた小形板碑の年代」『紀要』第11号1998(財)滋賀県文化財保護協会

27．上垣幸徳「正楽寺遺跡の石製板碑型墓標の分類と変遷」『海が好きだ－藤城泰氏追悼文集－』 1999藤城康氏追悼文集刊行会

28．上垣幸徳「近江「阿弥陀仏」考」『続文化財学論集』 2003　文化財学論集刊行会

29．川勝政太郎「石塔類に於ける蓮華及び孔雀文様」『日本石材工芸史』 1957

30．景山春樹・宇野健一・稲田和彦「近江の金石文（1）」『考古学雑誌』第57巻第1号1971

31．景山春樹・宇野健一・稲田和彦「近江の金石文（2）」『考古学雑誌』第57巻第2号1971

32．景山春樹・宇野健一・稲田和彦「近江の金石文（3）」『考古学雑誌』第57巻第3号1972

33．景山春樹・宇野健一・稲田和彦「近江の金石文（6）」『考古学雑誌』第58巻第2号1972

34．景山春樹・宇野健一・稲田和彦「近江の金石文（7）」『考古学雑誌』第58巻第3号1972

35．田岡香逸『石造美術概説』 1968　綜芸舎

36．田岡香逸『近江の石造美術（1）』 1968

37．田岡香逸『近江の石造美術（2）』 1968

38．田岡香逸『近江の石造美術（6）』 1968

39．田岡香逸「近江能登川町の石造美術（2）」『民俗文化』第56号1968

40．田岡香逸「続聖衆来迎寺の石造美術」『民俗文化』第76号1970

41．田岡香逸「野洲川改修地区調査資料石造美術（1）」『民俗文化』第79号1970

42．田岡香逸「近江伊香郡の石造美術」『民俗文化』第104号1972

43．田岡香逸「旧野洲郡の石造美術（前）」『民俗文化』第119号1973

44．田岡香逸「大津市北部の石造美術」『民俗文化』第124号1974

45．田岡香逸「近江栗東郡の石造美術」『民俗文化』第137号1975

46．田岡香逸「近江甲賀町の石造美術（後）」『民俗文化』第201号1980

47．『湖北地方の石造美術－石塔写真集－』 1990　(財)滋賀県立長浜芸術会館

48．『滋賀県石造建造物調査報告書』 1993　滋賀県教育委員会

49．『五個荘町史』第四巻1993　五個荘町

50．『高野山奥之院の地寶』 1975　和歌山県教育委員会・高野山文化財保存会

51．『栗東町埋蔵文化財発掘調査　1996年度年報』 1997　栗東町教育委員会・(財)栗東町文化体育振興事業団

52．『上平寺跡遺跡群　駒繋跡・杉谷坊墓地発掘調査報告書』「伊吹町文化財調査報告書第16集」2002伊吹町教育委員会

53．木下浩良「高野山における一石五輪塔の展開」『高野山中世石造物の実体を探る』石造物研究会第5回研究会資料2004

54．『岩波　仏教辞典』 1989　岩波書店

表2 遺跡から出土した石仏

遺跡名	所在地	図48中番号	遺物番号	形態の特徴			刻像の特徴				高さ(cm)	幅(cm)	厚さ(cm)	出土地点	備考	時期	文献
				顕部の突出	頂部の形態	枠	像形	像数	台座	周像の胸部							
正楽寺遺跡	甲良町正楽寺	1	I1	有	平坦	有	阿弥陀	1	有	有	35.5	21	14.7	包含層	中世墓群	不明	1
			I2	有	三角形	無	阿弥陀	1	有	有	49.5	20.5	11.25				
			I3	有	半円形	無	阿弥陀	1	無	有	35.5	18.5	10.5	堆積土中			
			I4	無	半円形	無	阿弥陀	1	無	無	45.5	28	13.6				
			I5	有	三角形	無	阿弥陀	1	有	有	40.5	21.6	14				
			I6	有	三角形	無	阿弥陀	1	無	有	35	20	21.2				
			I7	有	三角形	無	阿弥陀	1	無	有	43	22	14	テラス斜面			
			I8	有	三角形	無	阿弥陀	1	有	不明	18.7	19.5	7.7				
			I9	有	三角形	無	阿弥陀	1	無	有	45	21.5	13	区画墓1			
			I10	無	半円形	無	阿弥陀	1	無	無	48	22.5	12				
			I11	無	半円形	無	阿弥陀	1	無	無	61.9	30	13.8				
			I12	有	半円形	無	阿弥陀	1	無	無	51	26	12.5				
			I13	有	三角形	無	阿弥陀	1	無	有	39.5	20.5	11.5				
			I14	有	三角形	無	阿弥陀	1	無	有	39.5	19.5	10.7				
			I15	有	三角形	有	阿弥陀	1	有	有	53	25	13				
			I16	有	三角形	無	阿弥陀	1	無	有	40.5	21	12				
			I17	無	半円形	無	阿弥陀	1	無	有	46.5	25.8	9.5				
			I18	有	三角形	無	阿弥陀	2	無	無	36.5	27.5	12				
			I19	有	三角形	有	五輪塔	1	無	−	60	27.5	17.6				
			I20	有	三角形	有	五輪塔	1	無	−	40.5	21.5	11				
			I21	無	半円形	無	阿弥陀	1	無	有	36	26	11.5				
			I22	無	半円形	無	阿弥陀	1	無	有	43	30.5	10.2				
			I23	無	半円形	無	阿弥陀	1	無	有	42	25	12				
		2	I24	無	半円形	無	阿弥陀	1	無	無	35	23	11.6				
			I25	有	三角形	無	阿弥陀	1	有	有	59	30	14				
			I26	有	三角形	無	阿弥陀	1	有	有	54	28	16.5				
			I27	無	半円形	無	阿弥陀	1	無	無	48.5	25.5	13	区画墓9			
			I28	有	半円形	無	阿弥陀	1	無	有	45.5	27	14.5				
			I29	有	三角形	無	阿弥陀	1	有	有	56.5	25.5	15.5				
			I30	有	三角形	無	阿弥陀	1	無	無	47.5	27	11	区画墓10			
			I31	無	半円形	無	阿弥陀	1	無	無	46	24.5	12				
			I32	有	半円形	無	阿弥陀	1	有	有	44.5	22	11.5	区画墓9後方			
			I33	有	半円形	無	阿弥陀	1	無	有	40.5	23.5	11.5				
			I34	有	半円形	無	阿弥陀	1	無	有	54.5	30.5	11.5				
霊山遺跡	大津市版本本町比叡山横川			不明	不明	不明	不明	不明	不明	不明	不明	不明	不明	土坑他	中世墓群	16世紀後半以前	2
上田上牧遺跡	大津市上田上牧町		82	有	三角形	無	五輪塔	1	無	−	53	20	20	SK09	墓標?・被熱	16c	3
大谷古墓	日野町大谷			不明	不明	不明	不明	1	不明	不明	不明	不明	不明		中世墓群	不明	6
紅染寺遺跡	大津市坂本			有	三角形	無	阿弥陀	1	無	有	不明	不明	不明	SK3	中近世墓群、墓標?	不明	7
杉谷遺跡	大津市仰木町			不明	不明	不明	阿弥陀	1	不明	不明	不明	不明	不明	SK12・36・43・44	近世墓群、墓標?	江戸中期以降	8
下開田遺跡	マキノ町下開田		1	有	半円形	無	阿弥陀	1	無	有	43	25.5	14.5	A地区	墓標?	不明	9
			2	有	半円形	無	阿弥陀	1	無	有	44	26	12				
			3	無	半円形	無	阿弥陀	1	無	有	44	25.5	12.5				
			4	有	半円形	無	阿弥陀	1	無	不明	48	24.5	12				
			5	有	半円形	無	阿弥陀	1	無	−	47以上	27.5	12				
			6	有	半円形	無	五輪塔	1	無	−	40	28	14				
			7	無	半円形	無	阿弥陀	1	無	無	35	22	11				
弥高寺跡	伊吹町弥高			無	不明	不明	阿弥陀	不明	不明	不明	不明	不明	不明		中世墓群	1580年以前	10
長尾寺跡	伊吹町大久保			無	半円形	無	不明	1	無	有	40.5	21.5	13.5	攪乱土中	中世墓群		11
蓮台遺跡	日野町西明寺		1	無	半円形	無	阿弥陀	1	有(蓮華)	無	47	不明	18	表土中	中世墓群	不明	12
			2	有	台形	無	阿弥陀	1	有(蓮華)	無	48	不明	16				
			3	無	方形	無	阿弥陀	1	無	有	36	不明	14				
			4	有	半円形	無	阿弥陀	1	無	有	40	不明	10				
			5	無	三角形	無	阿弥陀	1	有?	不明	30	不明	7				
安土城跡	安土町下豊浦		210				五輪塔	1	不明	不明				大手道B区	石垣・側溝に転用	1576年頃以前	13
		4	211	有	三角形	無	阿弥陀	1	無	有	46	26	13				
		5	212	有	三角形	無	阿弥陀	2	有	有	43	30	13				
			213	有	三角形	無	阿弥陀	2	無	−	66	38	20				
			88	有	三角形	無	五輪塔	1	無	無	42.6	25.6	14	石垣79−石列9間	石垣に転用		14
			89	有	三角形	無	阿弥陀	1	無	無	45	23.2	14.8				
新庄城跡	新旭町新庄	6	129	有	三角形	無	阿弥陀	1	無	有(蓮華)	52	27	14.3	集石遺構	転用?	1578年以前	15
吉武城遺跡	新旭町旭		1236	有	台形	無	阿弥陀	2	無	−	46	28.4	9.4	SD8	護岸の石列に転用	17c初頭以前	16
			1238	不明	不明	無	五輪塔	1	無	−	28以上	22.8	10.8	SD14	埋土中	17c初頭以前	
妙楽寺遺跡	彦根市日夏町	7		有	三角形	無	阿弥陀	1	有	有	38.6	23	10.4	SX2	洗場の石組に転用	15c末〜16c後半以前	17
		8		有	三角形	無	阿弥陀	1	無	有	39.8	20	11				
		9		有	半円形	無	阿弥陀	1	無	有	38.6	19	10.6				
		12	B504	有	三角形	無	阿弥陀	1	有	有	44	24	13.5	SD455	埋土中	16c末〜17c初頭以前	18
		11	B512	有	半円形	無	阿弥陀	1	無	無	42.4	19	11.5	SD469			
		10	B513	無	半円形	無	阿弥陀	1	無	有	40	18	11.2				
			B514	有	三角形	無	阿弥陀	1	有	有	41.8	21.8	8.8				
			B536	有	三角形	無	阿弥陀	1	不明	不明	21以上	19以上	12以上	包含層			
			B537	有	三角形	無	阿弥陀	1	無	有	38.4	18.4	10				
			B538	無	半円形	無	阿弥陀	1	無	有	37	21.6	12.8				
伊庭御殿遺跡	能登川町能登川			有	不明	無	阿弥陀	1	無	無	不明	不明	不明	石列	石列に転用	1634年以前	19
欲賀遺跡	守山市欲賀町		516	無	半円形	無	阿弥陀	1	無	有?	38.4	27.6	11.6	SK29	中世墓群	16c以降	20
			553	有	三角形	無	阿弥陀	1	無	不明	23以上	23以上	12以上	SE9	石組井戸に転用	不明	
			554	無	半円形	無	阿弥陀	1	無	無	41.2	28.2	12.8				
大溝城	高島町勝野			有	平坦	無	阿弥陀	1	無	無	不明	不明	不明	集石遺構	転用?	不明	21
				有	三角形	無	阿弥陀	2	無	有	不明	不明	不明				
毛入堂遺跡	秦荘町蚊野			無	半円形	無	阿弥陀	1	無	有	51.1	27.3	12.8	包含層		不明	22
石馬寺遺跡	五個荘町石馬寺		29	有	方形	無	阿弥陀	1	無	無	36	不明	13.5	包含層		不明	23
寺田遺跡	長浜市寺田町		15	無	半円形	無	阿弥陀	1	無	無	38	22	10	表土中		不明	24

− 80 −

表3　滋賀県の在銘一石五輪塔

番号	図49中番号	所有者	所在地	年代	銘文	石材	文献
1	1	引接寺	愛東町百済寺乙	永正17(1520)	(梵字)永正十七/□(三か)月□/(廿か)□日	花崗斑岩	
2	2	法光寺	大津市苗鹿町	享禄4(1531)	(梵字)　享禄四年/□祐禅定門/六月四日	砂岩	30・44
3		無量寿寺院	草津市青地町	天文2(1533)	(梵字)　天文二年/宗□(真か)上人/十二月□□(廿日か)	砂岩	33
4		聖衆来迎寺	大津市下阪本町比叡辻	天文8(1539)	(梵字)　天文八年/真玄上人/八月十五日	砂岩	31
5		称名寺	守山市小浜町	天文10(1541)	(梵字)　天文十年/玉川永秀大姉/二月十五日	砂岩	34・41
6		称名寺	守山市小浜町	天文10(1541)	(梵字)　天文十年/真□禅定尼/七月十八日	砂岩	34・41
7		宗源寺	草津市志那町	天文14(1546)	(梵字)　天文十四年/道久禅門/五月十四日	砂岩	33
8		浄国寺	大津市真野町	天文15(1546)	(梵字)　天文十五年/妙江禅尼/四月十九日	砂岩	44
9		少林寺	守山市矢島町	天文15(1546)	(梵字)　天文十五年/紹宗禅定門/十一月廿五日	砂岩	34
10		称名寺	守山市小浜町	天文17(1548)	(梵字)　天文十七年/盛玉禅定尼/七月十一日	砂岩	34・41
11		称名寺	守山市小浜町	天文17(1548)	(梵字)　天文十七年/妙盛禅定尼/七月十五日	砂岩	34・41
12		浄勝寺	草津市志那町	天文17(1548)	(梵字)　天文十七年/妙西禅尼/二月十二日	砂岩	33
13		吉田観音堂	草津市志那町	天文18(1549)	(梵字)　天文十八年/妙祐禅尼/十月十日	砂岩	33
14		仏眼寺	栗東町綣町	天文19(1550)	(梵字)　天文十九年/見照首座/六月廿四日	砂岩	45
15	8	京極氏一族の墓	伊吹町上平寺	天文20(1551)	(梵字)　□□僧都/祐源阿闍梨/天文二十年/五月十日	ひん岩	
16		称名寺	守山市小浜町	天文20(1551)	(梵字)　天文廿年/宗□□禅門/十月十九日	砂岩	34・41
17		少林寺	守山市矢島町	天文22(1553)	(梵字)　天文廿二年/妙祐大姉/四月十一日	砂岩	34
18	9	飯福寺跡	木之本町古橋	天文22(1553)	(梵字)　天文廿二年癸□/行□法印/十二月四日		
19		称名寺	守山市小浜町	天文22(1553)	(梵字)　天文廿二年/妙□禅定尼/十二月四日	砂岩	34・41
20		称名寺	守山市小浜町	天文23(1554)	(梵字)　天文廿三年/金翁□□禅定門/六月十三日	砂岩	34・41
21		仏性寺	中主町乙窪	弘治2(1556)	(梵字)　弘治二年/久翁□宗禅定門/三月二日	砂岩	43
22		玄案寺	大津市逢坂1丁目	永禄1(1558)	永禄元年/□　　/四月□	砂岩	32
23		躰光寺	能登川町種	永禄2(1559)	永禄二年/妙春禅尼/四月廿三□(日か)	花崗岩	39
24		称名寺	守山市小浜町	永禄2(1559)	(梵字)　永禄二年/妙秀大姉/七月廿八日	砂岩	34・41
25		称名寺	守山市小浜町	永禄3(1560)	(梵字)　逆修　永禄三年/慶秀大姉/十一月一日	砂岩	34・41
26		西隆寺	守山市岡町	永禄4(1561)	(梵字)　永禄四年/妙香禅定尼/四月廿日	砂岩	34
27		称名寺	守山市小浜町	永禄4(1561)	(梵字)　永禄四年/徳岸禅定尼/五月十六日	砂岩	34・41
28		少林寺	守山市矢島町	永禄6(1563)	(梵字)　永禄六年/□　　/正月六日	砂岩	34
29		少林寺	守山市矢島町	永禄6(1563)	(梵字)　永禄六年/善正禅定門/四月十一日	砂岩	34
30		西隆寺	守山市岡町	永禄6(1563)	(梵字)　永禄六年/宗見禅定門/七月十九日	砂岩	34
31		吉田観音堂	草津市志那町	永禄7(1564)	(梵字)　永禄七年/宗□(秀か)法印/正月三日	砂岩	33
32		聖衆来迎寺	大津市下阪本町比叡辻	永禄7(1564)	(梵字)　永禄七年/真弘上人/八月十五日	砂岩	31
33		西隆寺	守山市岡町	永禄8(1565)	(梵字)　永禄八年/妙音童子/七月十一日	砂岩	34
34		法光寺	大津市苗鹿町	永禄9(1566)	(梵字)　永禄九年/盛安禅定門/十月四日	砂岩	30
35		西隆寺	守山市岡町	永禄10(1567)	(梵字)　永禄十年/覚春禅定尼/十一月廿九日	砂岩	34
36		称名寺	守山市小浜町	永禄11(1568)	(梵字)　永禄十一年/善照禅尼/九月廿日	砂岩	34・41
37		西隆寺	守山市岡町	永禄12(1569)	(梵字)　永禄十二年/妙念大姉/七月六日	砂岩	34
38		吉田観音堂	草津市志那町	元亀1(1570)	(梵字)　元亀元年/妙音禅尼/十月廿一日	砂岩	33
39		少林寺	守山市矢島町	元亀2(1571)	(梵字)　元亀二年/□□大姉/七月十日	砂岩	34
40		少林寺	守山市矢島町	元亀3(1572)	(梵字)　元亀三年/宗寿禅定尼/四月十四日	砂岩	34
41		極楽寺	草津市志那中町	元亀3(1572)	(梵字)　元亀三年/禅一禅門/十二月□日	砂岩	33
42	6	大善寺	新旭町新庄	天正1(1573)	(梵字)　天正元年/盛林大法師/十月廿二日	砂岩?	37
43		西隆寺	守山市岡町	天正2(1574)	(梵字)　天正二年甲戌/妙宝比丘尼/正月十四日	砂岩	34
44		東光寺	守山市幸津川町	天正2(1574)	(梵字)　天正二年/叡源禅定門/七月三日	砂岩	34
45		真光寺	近江八幡市馬渕町	天正2(1574)	(梵字)〔地輪正面〕盆月宗法信士/秋月妙法信女〔地輪背面〕蒲生/馬之助〔地輪左面〕天正二年/七月十四日	砂岩	48
46		吉田観音堂	草津市志那町	天正3(1575)	(梵字)　天正三年/□□□□(□音禅定門か)/一月九日	砂岩	33
47		大吉寺	浅井町野瀬	天正3(1575)	(梵字)　慶円阿闍梨/天正三七月十二日	花崗岩	36
48		西教寺	大津市坂本町	天正4(1576)	天正四年/福月真□(祐か)	砂岩	31
49		西念寺	大津市別保1丁目	天正5(1577)	天正五年/月宗清居士/二月二日	砂岩	32
50			中主町乙窪	天正5(1577)	天正五年/□翁盛忠禅定門/七月十一日	砂岩	43
51		西念寺	大津市別保1丁目	天正5(1577)	天正五年/□□□□禅定尼/□月□□(日か)	砂岩	32
52	7	善住寺	五個荘町小幡	天正6(1578)	(梵字)　天正六年/□□禅定門/七月廿八日	花崗岩	49
53		称名寺	守山市小浜町	天正7(1579)	(梵字)　天正七年/道覚禅門/九月廿三日	砂岩	34・41
54		少林寺	守山市矢島町	天正7(1579)	(梵字)　天正七年/紹亀童女/九月廿七日	砂岩	34
55		浄勝寺引接寺	草津市志那町	天正8(1580)	(梵字)　天正八年/妙西禅尼/正月一日	砂岩	33
56			中主町乙窪	天正8(1580)	(梵字)　天正八年/智音童子/壬三月七日	砂岩	43
57		少林寺	守山市矢島町	天正9(1581)	(梵字)　天正九年/□　　/正月九日	砂岩	34
58		西念寺	大津市別保1丁目	天正9(1581)	梵字(ア)　天正九年/満室□□信女/一月十四日	砂岩	32

番号	図49中番号	所有者	所在地	年代	銘文	石材	文献
59		極楽寺	草津市志那中町	天正9（1581）	(梵字)天正九年/天迎□(浄か)公記□(宝か)禅□(師)/二月廿九日	砂岩	33
60		少林寺	守山市矢島町	天正9（1581）	(梵字) 天正九己/宝林慈珎大姉/六月廿九日	砂岩	34
61		西隆寺	守山市岡町	天正10（1582）	(梵字) 天正十年/□□禅定門/十二月廿九日	砂岩	34
62		西勝寺	大津市真野谷口町	天正11（1583）	天正十一年/法界□□□/二月十五日	砂岩	30
63		西念寺	大津市別保1丁目	天正11（1583）	天正十一年/□□□□/二月十五日	砂岩	32
64		少林寺	守山市矢島町	天正11（1583）	(梵字) 天正十一癸未/涼岳宗□/三月廿一日	砂岩	34
65		西円寺	近江町西円寺	天正12（1584）	梵字（ア）天正十二年/賢西禅定門/三月十四日		47
66	3	蓮台寺跡	栗東町下鈎町	天正13（1585）	(梵字)天正十三年/眞存禅定門/三□(月か)廿日	砂岩	51
67		浄国寺	大津市真野町	天正14（1586）	(梵字)天正十四年/浄智禅定門/六月十四日	砂岩	44
68		西隆寺	守山市岡町	天正15（1587）	(梵字) 天正十五丁亥年/為真宗禅定門/九月三日	砂岩	34
69		福寿院	守山市古高町	天正16（1588）	(梵字) 天正十六年/宗賢童子/九月廿一日	砂岩	34
70		浄勝寺	草津市志那町	天正17（1589）	(梵字) 天正十七年/浄永禅定門/九月廿九日	砂岩	33
71		少林寺	守山市矢島町	天正19（1591）	(梵字) 天正十九卯/雲岳秀公禅師/十二月廿五日	砂岩	34
72		少林寺	守山市矢島町	文禄2（1593）	(梵字) 文禄二巳/大智宗悪禅定門/正月廿八日	砂岩	34
73		東光寺	守山市幸津川町	文禄2（1593）	(梵字) 文禄二年/妙春禅定尼/四月廿八日	砂岩	34
74		少林寺	守山市矢島町	文禄3（1594）	(梵字) 文禄三年/□　　/正月十三日	砂岩	34
75		聖衆来迎寺	大津市下阪本町比叡辻	文禄4（1595）	(梵字) 道□宗秀禅定門/卍/文禄四年 乙未十二月十一日	石灰岩	31・40
76		少林寺	守山市矢島町	慶長1（1596）	(梵字) 慶長元年/宗秀禅定門/十二月十一日	砂岩	34
77		西隆寺	守山市岡町	慶長3（1598）	(梵字) 慶長三年/真春□□□(禅定尼か)/十二月九日	砂岩	34
78		法光寺	大津市苗鹿町	慶長4（1599）	(梵字) 慶長四年/慶蓮大徳/五月八日	砂岩	30
79		仏眼寺	栗東市綣町	慶長4（1599）	(梵字) 慶長四年/妙清大姉/六月廿四日	砂岩	45
80	4	慶宝寺	朽木村市場	慶長4（1599）	(梵字) 慶長四年/山宝宗薫禅定門/十一月一日	砂岩	
81		少林寺	守山市矢島町	慶長5（1600）	(梵字) 慶長五子年/宗□主禅師/二月十九日	砂岩	34
82		本長寺	大津市札の辻町	慶長5（1600）	経 慶長五庚子□(年か)/□乗□霊尼/九月十三日	砂岩	32
83		福寿院	守山市古高町	慶長6（1601）	(梵字) 慶長六年/春世禅定門/正月廿日	砂岩	34
84		少林寺	守山市矢島町	慶長7（1602）	(梵字) 慶長七寅/宗久童子/四月十日	砂岩	34
85		浄土寺	守山市本町	慶長8（1603）	慶長八年/妙□禅定尼/七月十一日	砂岩	34
86		仏眼寺	栗東市綣町	慶長8（1603）	(梵字) 慶長八年/道賀禅定門/十一月十二日	砂岩	45
87		最明寺	守山市勝部町	慶長9（1604）	(梵字) 慶長九年/但阿弥陀仏/三月六日	砂岩	34
88		仏眼寺	栗東市綣町	慶長9（1604）	(梵字) 慶長九年/妙清禅定尼/五月十六日	砂岩	45
89		浄勝寺	草津市志那町	慶長9（1604）	(梵字) 慶長九年/妙法禅尼/八月十九日	砂岩	33
90		深光寺	大津市千野町	慶長10（1605）	(梵字) 慶長十年/妙法禅定尼/十二月廿六日	砂岩	30
91		西方寺	大津市田上里町	慶長11（1608）	(梵字) 慶長十一年/□□久信□/七月廿七□(日か)	砂岩	32
92		少林寺	守山市矢島町	慶長12（1607）	(梵字) 慶長十二丁未/□紹□禅定門/六月□日	砂岩	34
93		本長寺	大津市札の辻町	慶長13（1608）	経 慶長十三年/□宗因□/二月日	砂岩	32
94		吉田観音堂	草津市志那町	慶長13（1608）	(梵字) 慶長十三年/□(道か)音禅□(門か)/四月廿一日	砂岩	33
95		仏眼寺	栗東市綣町	慶長13（1608）	(梵字) 慶長十三年/花月妙慶大姉/八月六日	砂岩	45
96		少林寺	守山市矢島町	慶長14（1609）	(梵字) 慶長十四己酉年/仙翁宗竺庵主/十月三日	砂岩	34
97		飯福寺跡	木之本町古橋	慶長15（1610）	梵字（ア） 雅□大僧都/□法印/慶長十五 三月廿一日		47
98		本像寺	守山市今宿町	慶長15（1610）	(梵字) 慶長十五年/妙受禅尼/四月十四日	砂岩	34
99		称名寺	守山市小浜町	慶長15（1610）	(梵字) 慶長十五/宝岸了源禅定門/戌　五月二日	砂岩	34・41
100		玄案寺	大津市逢坂1丁目	慶長15（1610）	慶長十五年/天長永久信女/十二月十六日	砂岩	32
101		少林寺	守山市矢島町	慶長16（1611）	慶長十六年/宗久□(庵か)主/三月十九日	砂岩	34
102		九品寺	大津市京町1丁目	慶長16（1611）	梵字（ア）　慶長十六年/鏡窓一円法師/九月廿一日福田入道	砂岩	32
103		少林寺	守山市矢島町	慶長16（1611）	(梵字) 慶長十六年/□□宗□庵主/十一月十九日	砂岩	34
104		少林寺	守山市矢島町	慶長17（1612）	(梵字) 慶長十七年/宗徳禅定門/正月十五日	砂岩	34
105		九品寺	大津市京町1丁目	慶長17（1612）	梵字（ア） 逆修 慶長十七年/樹宝慶遊信女/二月吉日	砂岩	32
106		伝法院	大津市長等1丁目	慶長17（1612）	慶長十七年/□□(忠か)華信士/三月十四日	砂岩	32
107		法光寺	大津市苗鹿町	慶長17（1612）	(梵字)慶長十七年/道正禅定門/四月一日	砂岩	44
108		本像寺	守山市今宿町	慶長17（1612）	(梵字) 慶長十七年/妙徳禅尼/四月八日	砂岩	34
109		浄土寺	守山市本町	慶長17（1612）	慶長十七年/□□童子/十月十九日	砂岩	34
110		玄案寺	大津市逢坂1丁目	慶長18（1613）	梵字（ア） 慶長十八年/玉誉浄門禅定門/三月五日	砂岩	32
111		仏性寺	中主町乙窪	慶長18（1613）	(梵字) 慶長十八癸丑/心月宗徹信士霊位/七月晦日	砂岩	43
112		浄信寺	木之本町木之本	慶長19（1614）	(梵字) 慶長拾九年甲刀/□　　/十月十六日	石灰岩	42
113		少林寺	守山市矢島町	慶長20（1615）	(梵字) 慶長廿卯年/宗利庵主/正月十七日	砂岩	34
114		浄勝寺	草津市志那町	慶長28（1614）	(梵字) 慶長二八年/妙春禅定尼/□月□日	砂岩	33
115		八王寺跡	甲賀町相模	寛永9（1632）	(梵字) 寛永九年/恵光院殿心伝是白禅定門/十一月十五日	花崗岩	46
116	5	慶宝寺	朽木村市場	慶安3（1650）	(梵字) 慶安三年/國譽宗安信士/四月八日	砂岩	
117	10	飯福寺跡	木之本町古橋	寛文12（1672）	寛文十二年/□□頼真/十一月廿八日		

第2節　石仏の分類

　石仏谷中世墳墓跡では極めて多様な形態の石仏—川原石を原材料としそれに加工を加えて板碑型としそこに佛体を表したもので、ここでは阿弥陀如来を彫りだしている—ものが多数見いだされる。調査の必要上、そのごく一部について取り上げたが大部分は現地に保存している。このためその全体の大きさや彫りこみの深さなどの計測値、あるいは形態の詳細は呈示しえない。ここではその形状を手がかりとして簡単な分類を行い、石仏谷中世墳墓におけるその傾向を指摘することとする。

　石仏谷中世墳墓跡に奉斎されている石仏には、その形態から大きく次のような分類が出来る。一はその表現されている佛体の数であり、ここでは一体と二体の例がある。二は佛体が単にその姿だけを表すものと家の内部に表されるものである。後者には単に屋根状の三角形を作るものと佛体の周囲を舟形・光背型につくるものとがある。このうち、その数で分類する場合には二の分類すべき様々な要素を消去することとなり、分類の用を為さないことなどから、二の方法でそれを行うこととする。また、その造作のうち佛体の上部の三角形を屋根と表現し、佛体を囲む表現を舟形、もしくは家形と便宜的に呼称する。これらの表現にはその本来の意義については特有の意味があると考えられるが、それについては別稿において考察することとする。

　分類

Ⅰ型．佛体が構造物に入るもの。これには①屋根の付いた舟型、もしくは家型の内部に入るもの（1類）と②屋根状の下部に入るもの（2類）、の二種がある。このⅠ型には一体の佛体を表すものだけでなく、二体を表すものが加わる。

Ⅱ型．佛体のみを表すもの。ここでは佛体は一体を表すのみである。

Ⅰ型ではさらにその屋根状の形態などから次に記すような変化形がある。

Ⅰ型（屋根、舟形に入るもの）

1類（家もしくは舟形の中に入るもの）

［1］その屋根が円弧を描くもの。（19例）

［2］その屋根が圭頭状となるもの。（76例）

［3］その屋根がそって段がつき先端が突起状に尖るもの。（28例）

［4］3の形態で家が舟形でなく柱状になるもの。（61例）

［5］その屋根や周囲が加工されていないもの。（13例）

［6］屋根が切り妻状となるもの。（5例）

［7］屋根は切り妻状であるがその端部が出張らないもの。（9例）

［8］屋根が尖塔状になるもの。（11例）

［9］屋根が扁平になるもの。（3例）

［10］3の形態でその段が目立たないもの。（75例）

2類（屋根状の下部に佛体を表すもの）

［11］屋根をが圭頭状となるもの。（78例）

［12］屋根の先端が突起状となるもの。（13例）

［13］屋根が尖るもの。（22例）

［14］屋根が蒲鉾状になるもの。（7例）

［15］屋根が扁平な円弧状となるもの。（11例）

［16］屋根に段がつきその先端が突起状となるもの。（45例）

［17］屋根が円弧状となるもの。（30例）

［18］屋根が薄く上部を平坦に切り離したもの。（2例）

［19］屋根を含めその石仏の外周に加工が施されないもの。（1例）

［20］屋根に段とそりがつき先端が尖るもの。（15例）

Ⅱ型（佛体のみを表すもの）

［21］その外周が未加工のもの。（65例）

［22］その外周が未加工で佛体が天井部につく形で表現されているもの。（26例）

［23］その上端のみを切り離した形で平坦にするもの。（3例）

［24］その上部を三角形に加工するもの。（13例）

［25］全体を方柱状に加工するもの。（1例）

［26］佛体が立ち姿のもの。（1例）

二体型

［27］Ⅰ型16の形態で二体を表す。（6例）

［28］Ⅰ型15の形態で二体を表す。（5例）

［29］Ⅰ型であまり目立たない屋根を直線的に表現するもの。（8例）

［30］Ⅰ型13の形態で二体を表す。（8例）

［31］Ⅰ型20の形態で二体を表す。（2例）

［32］Ⅰ型21の形態で二体を表す。（6例）

　平面形の細部の変化を取り入れて分類したものが上記の内容であるが、そのうちには本来同一の形態であるものを僅かな変形で別種に分類したものがあるとみられる。今後はこれらを大きく取り纏め、再分類する必要があるが、それには石仏谷中世墳墓地に残るこれらを計測し、例えばその彫りの深さ、形態などの要素を取り入れることなどの作業が必要であり、向後の課題であろう。近江の石仏についてはその年代を含めて現在その端緒についた状態で、例えば兼康保明の蒲生郡日野町の蔵王産の「米石」を用いた近江式装飾文をもつ石仏・小型板碑の研究（「近江式装飾文よりみた小型板碑の年代」『紀要』第11号（財）滋賀県文化財保護協会　1998年）があり、石仏の展開の一端を明示しているが同書で述べているように、それ以外の系譜の石仏があるとみられる。また、上垣幸徳は正楽寺墳墓跡出土の石仏について分類している（上垣幸徳「正楽寺遺跡の石製板碑型墓標の分類と変遷」『海が好きだ－藤城泰氏追悼文集－』1999年）。石仏谷中世墳墓の石仏で明確に墳墓と一体化した例はC区の石仏であるが、そこで出土した蔵骨器は13世紀前半の瀬戸の四耳壺であり、石仏との年代差があり、その年代について直接的に表すものではない。その他では墓の直接的年代を表す蔵骨器を埋置する例は、B区の15世紀後半のものでそこでは石仏が奉斎されており、この時期には使われていることが知られるがそれ以前については明らかではないが、14世紀代のものと考えられるF区では石仏は奉斎されていないことから、その間に奉斎が開始されたものと考えられる。なお、石仏谷中世墳墓での最古の例はF区の下部にある蓮弁も表出したNo.666の石仏とみられる。この例では阿弥陀仏の背景の舟形が光背状に丁寧に表現されるなど本遺跡での石仏の中での白眉の製品であり、この様な例がほかにも数体みられ、それらが本遺跡での嚆矢のものと考えられる。

I型
1類

図51　石仏の分類（縮尺不同）

図52　A区出土石仏実測図（1）

図53　A区出土石仏実測図（2）

− 87 −

図54　A区出土石仏実測図（3）

図55　A区出土石仏実測図（4）

図 56　A区出土石仏実測図（5）

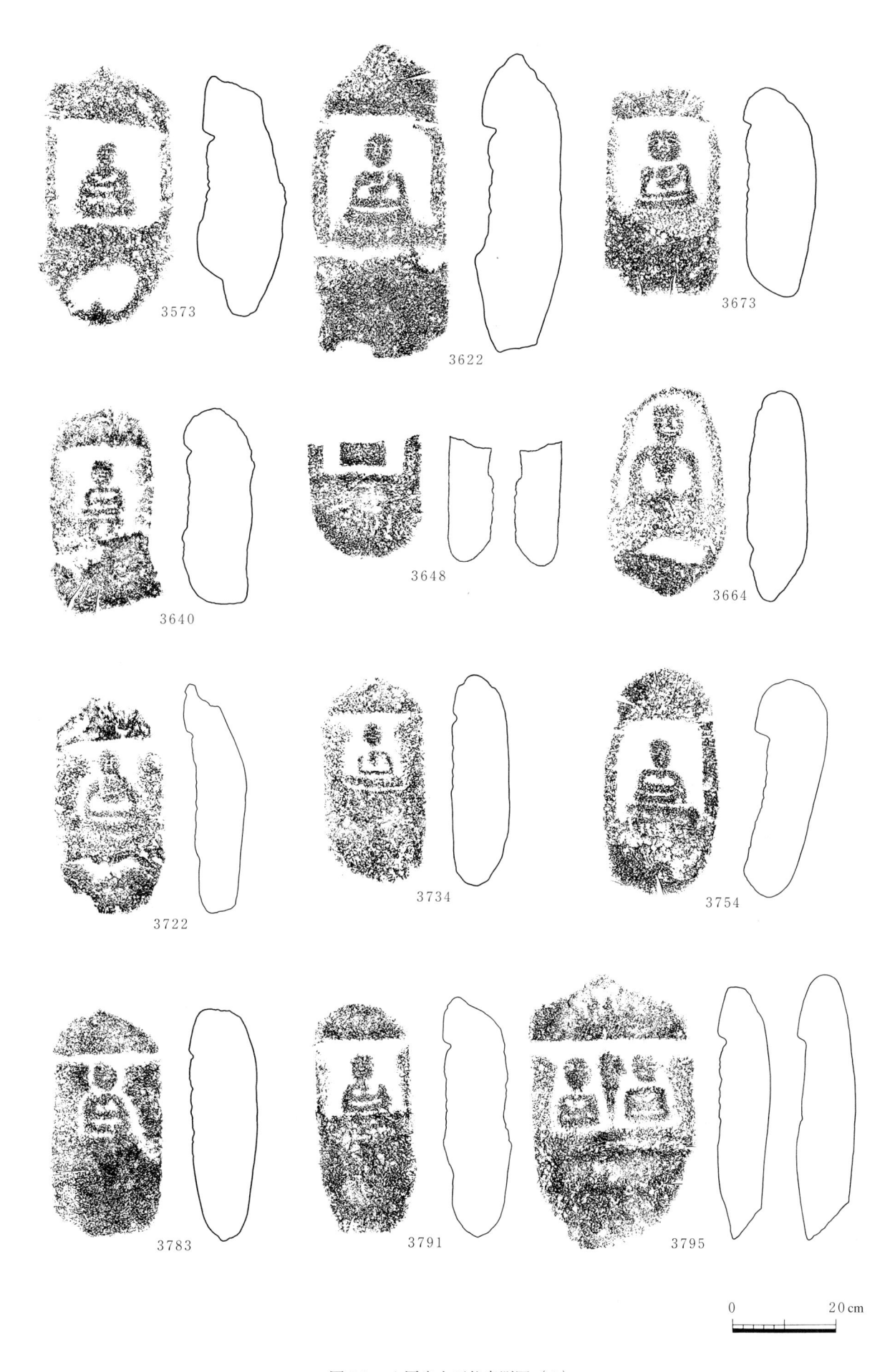

図57　A区出土石仏実測図（6）

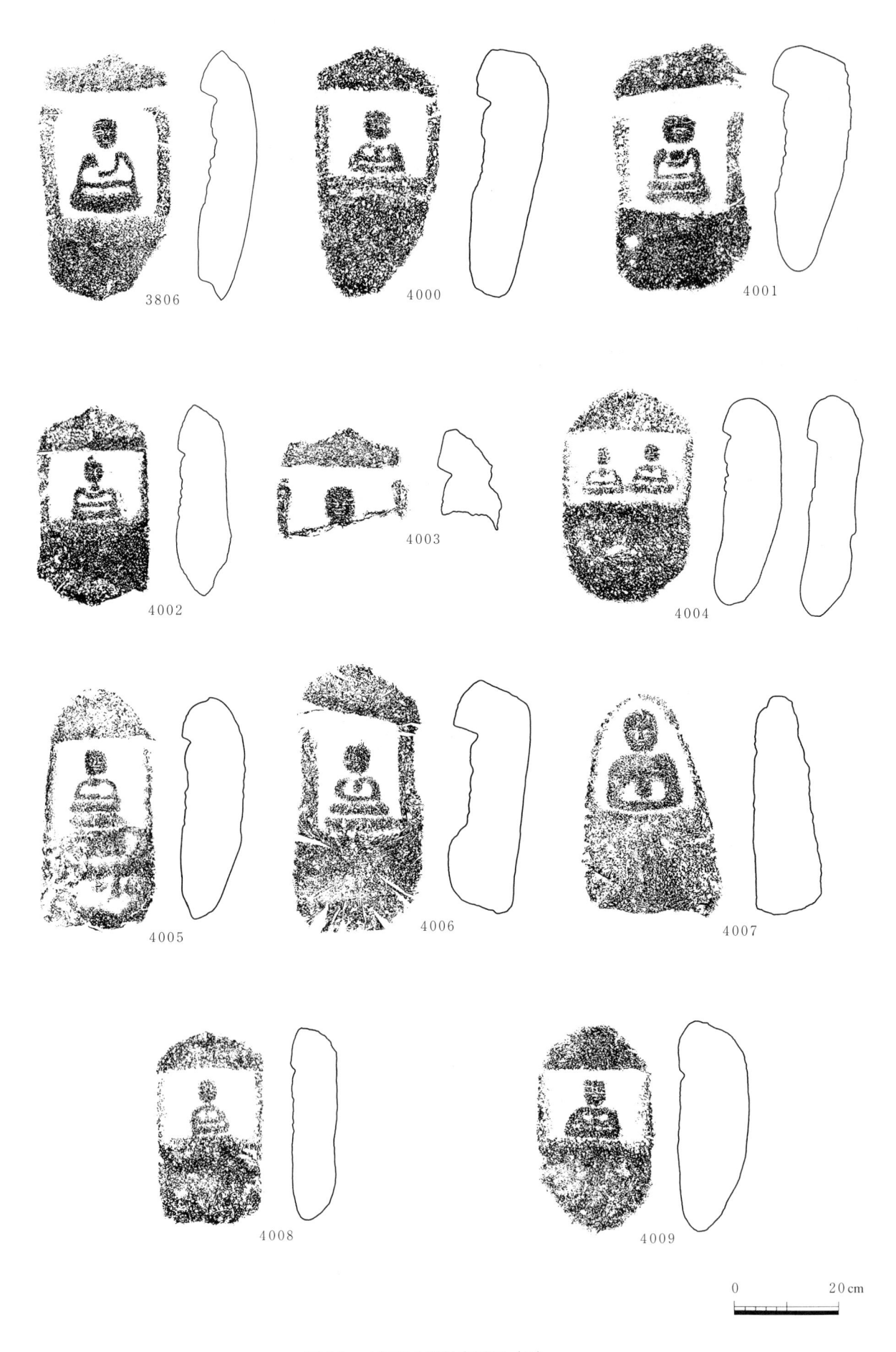

図58　A区出土石仏実測図（7）

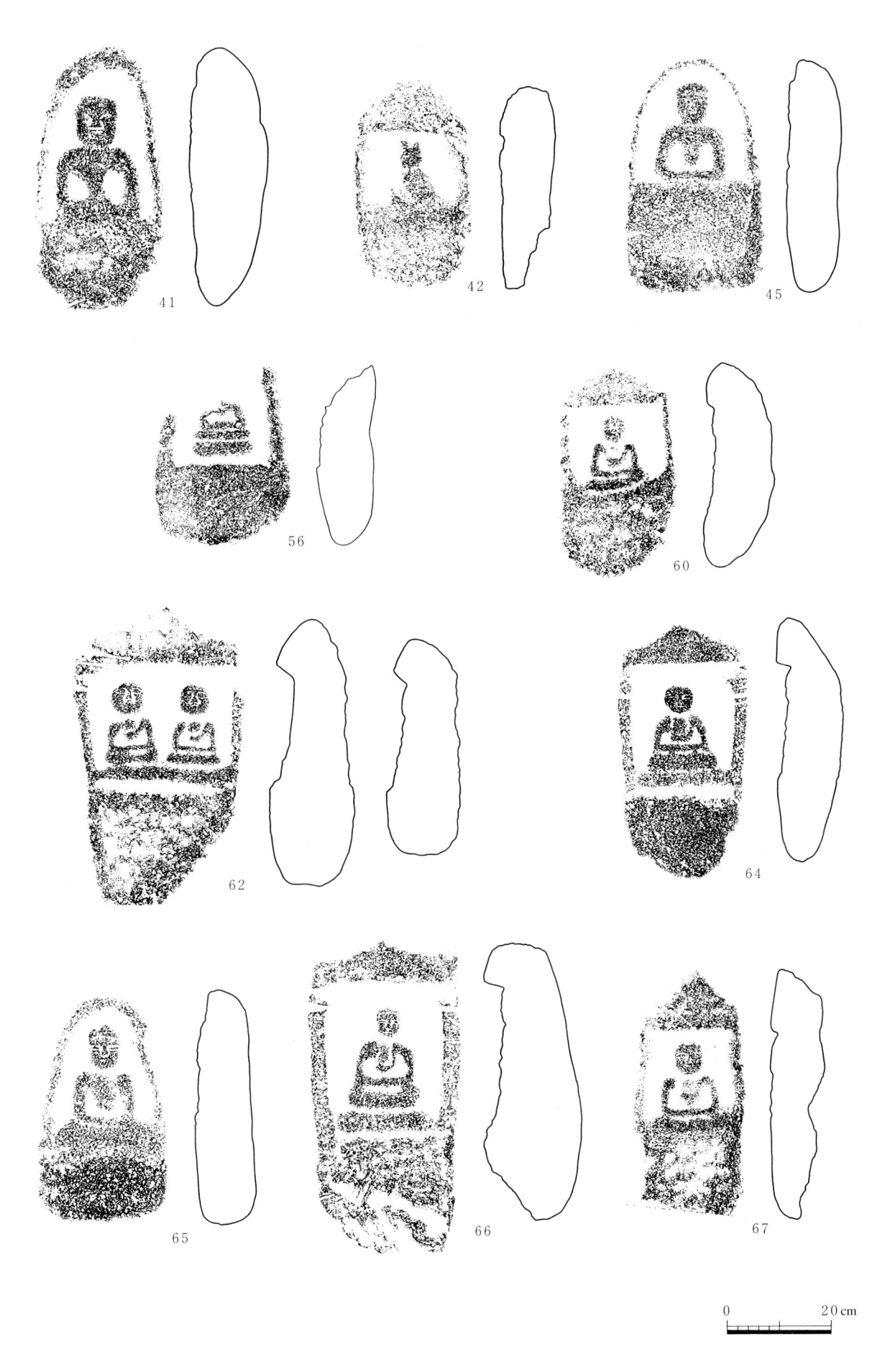

図59 G区出土石仏実測図（1）

図60　G区出土石仏実測図（2）

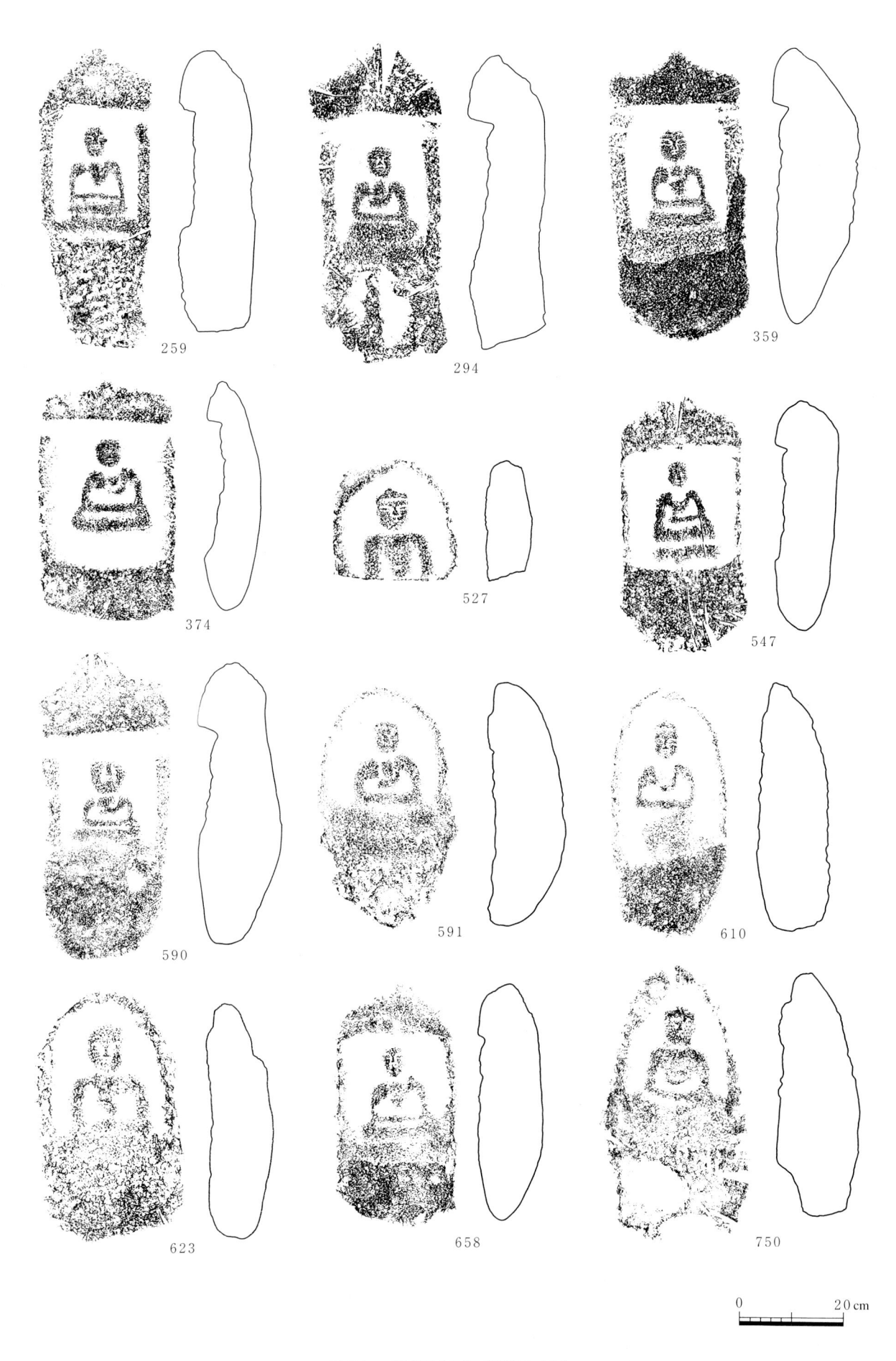

図61　G区出土石仏実測図（3）

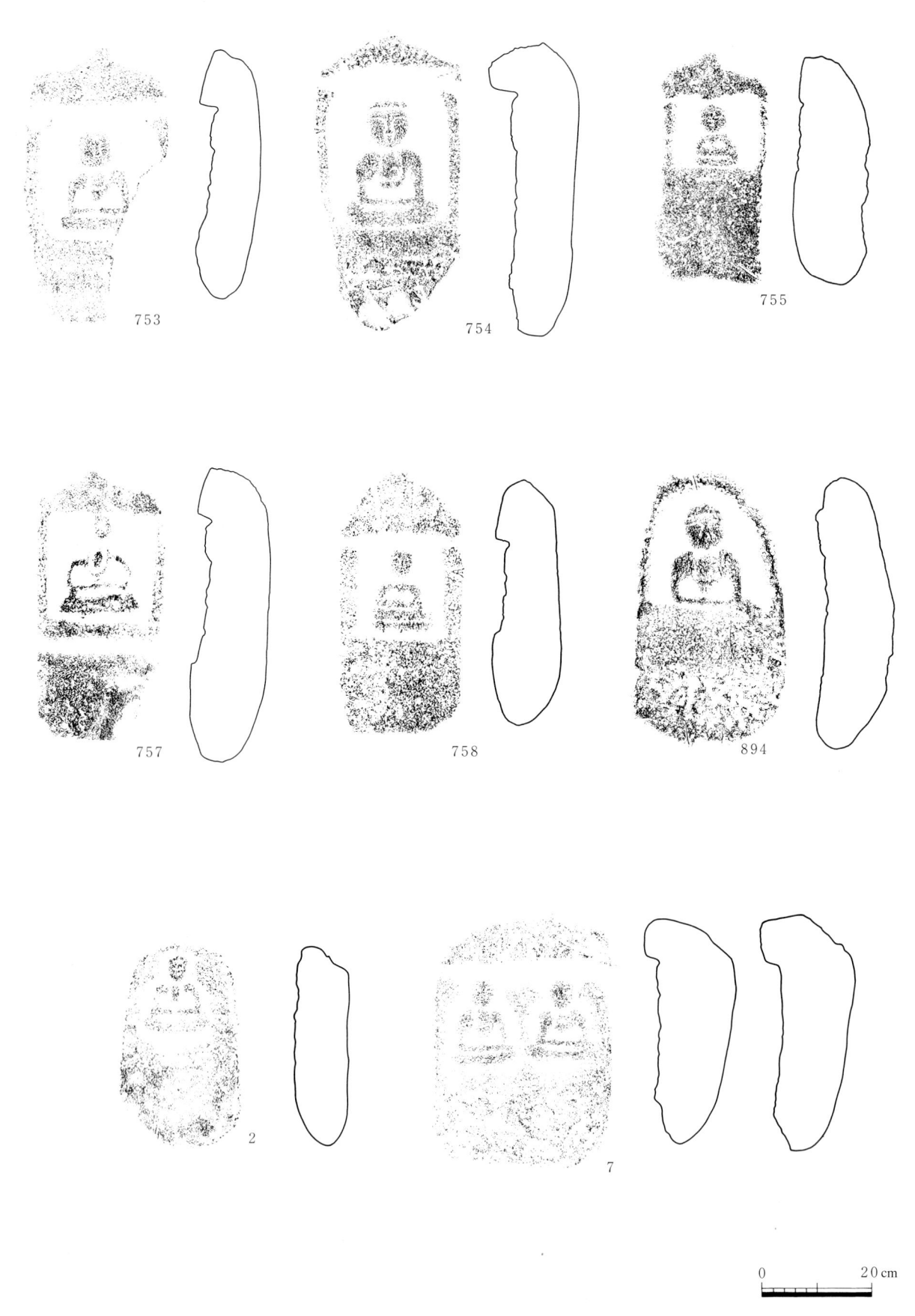

図62　G区・F区出土石仏実測図

— 96 —

図63 A区出土五輪塔実測図

― 97 ―

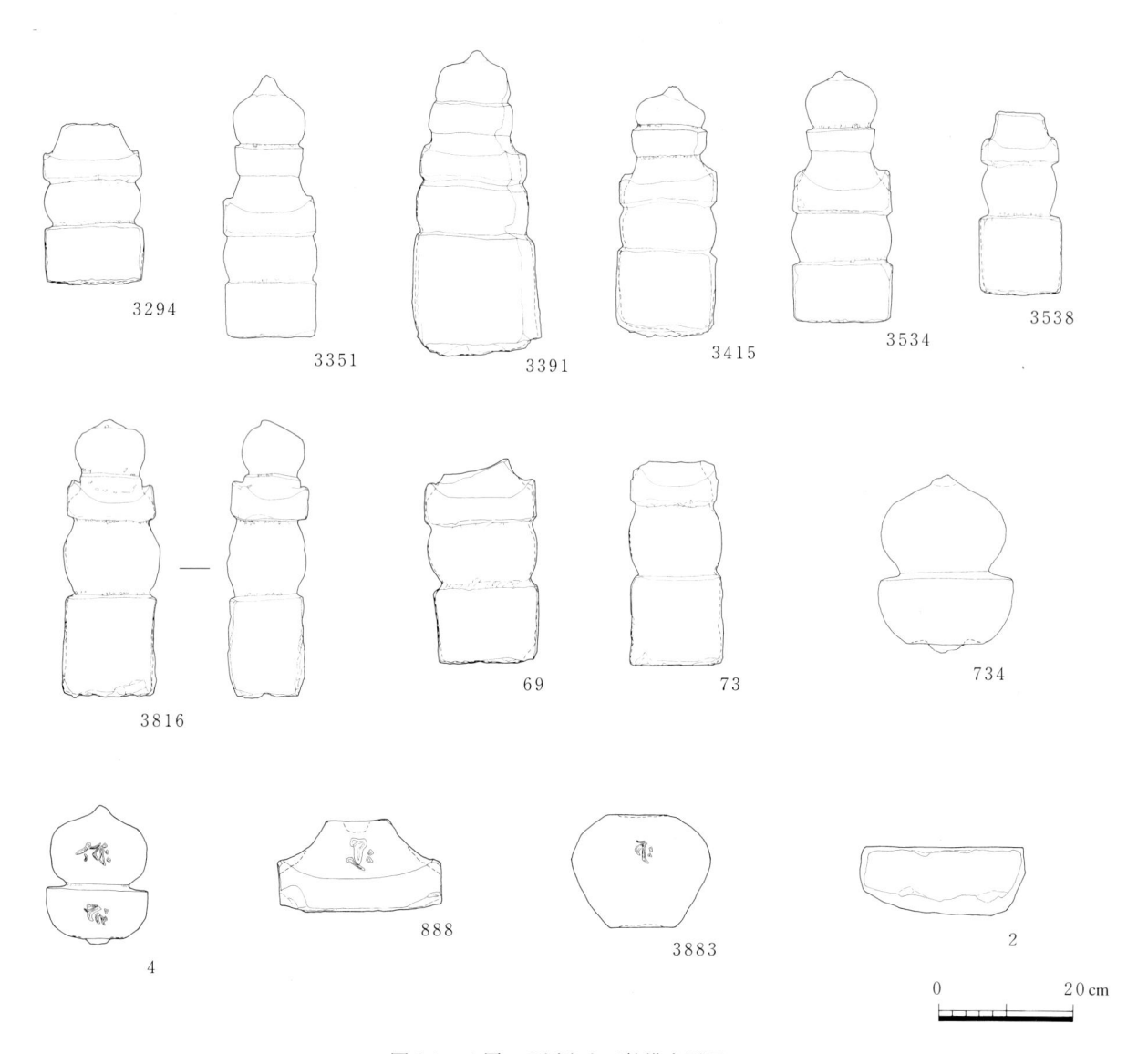

図64　A区・G区出土五輪塔実測図

-98-

第3節　石仏・石塔類の岩石鑑定

①調査方法

遺跡から取り上げられた岩石を次の3つの方法により調査し、考察した。

ア．A区の岩石種の鑑定

イ．周辺地域の地質調査

ウ．犬上川河床のれき種調査

②調査結果

ア．A区の岩石種について

（ア）岩石の分類

　A区から取り上げ、保管された岩石数は4000点におよぶが、今回鑑定できたのはその内の約70％の2917点で

分　　　類	数　　　量
角　れ　き	743
円　れ　き	1987
石　造　物	187
計	2917

表4　全調査岩石数

ある。それを分類すると、表4のように角れき、円れきそして石造物となる。角れきは基盤岩が風化崩落したものと考えられ、円れきは何らかの意図で墓地のまわりに持ち込まれたと考えられる河床のれきである。円れきの占める割合は鑑定岩石全体の68.1％と最も大きく、角れきのそれは25.5％で計93.6％となる。大部分がれきであり、石造物は僅か6.4％ということになる。

（イ）れきの特徴

　角れき、円れきともに、れきの大きさは大部分が10ｃｍ前後のものである。量的には少ないが長径30ｃｍ〜60ｃｍ大のれきも含まれる。

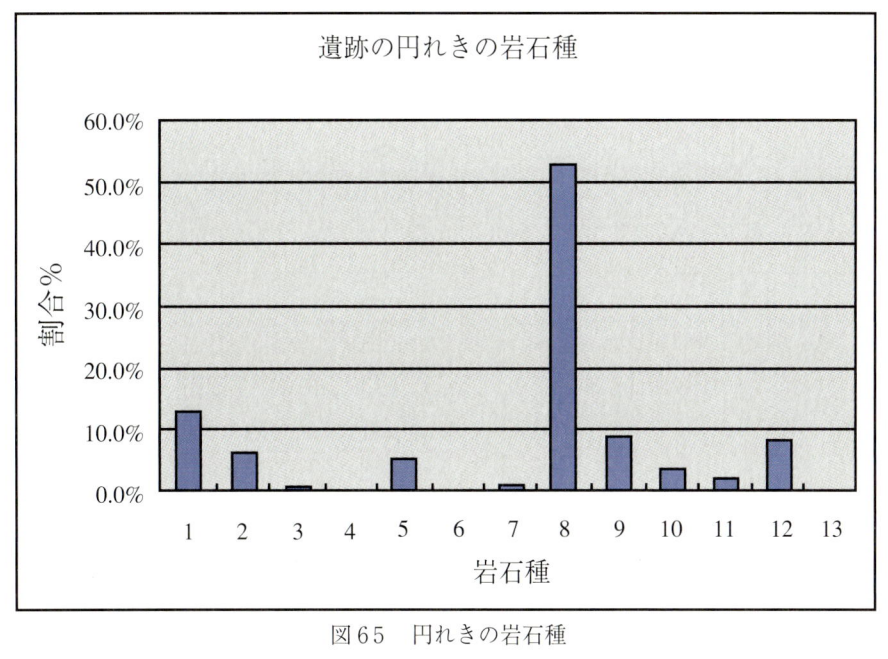

図65の凡例
1．萱原溶結凝灰岩
2．八尾山火砕岩
3．秦荘石英斑岩
4．石英閃緑斑岩
5．花崗斑岩
6．花崗岩
7．ヒン岩
8．石灰岩
9．砂岩
10．頁岩
11．緑色岩
12．チャート
13．不明

図65　円れきの岩石種

　れきの種類は角れきのすべてが基盤岩の萱原溶結凝灰岩と考えられる。一方、円れきの岩石種は多様であり図65のような結果となった。石灰岩が全体の52.4％と半数を占めることが大きな特徴であり、萱原溶結凝灰岩が12.7％、砂岩が9.0％、チャートが8.1％と続く。

　また、萱原溶結凝灰岩、八尾山火砕岩、秦荘石英斑岩、花崗斑岩を合わせた湖東流紋岩類の量比は円れき全体の24.5％を占めることになる。

加工された石造物は187点で石仏と石塔が大部分である。その岩石種は表5のように萱原溶結凝灰岩が54.5％と半数を超え、続いて秦荘石英斑岩が17.1％、花崗斑岩が12.8％となり、湖東流紋岩類としての量比が石造物全体の85％近くになる。

(ウ)石造物の特徴

　187点の石造物を石仏、一石五輪塔、五輪空風、五輪火、五輪水、五輪地に分類してみると、石仏がその40％を占め、続いて一石五輪塔の28.3％となる。それぞれの岩石種について鑑定した結果は表5、図66に示す。

　石造物の種類を岩石鑑定してみると、石仏においては萱原溶結凝灰岩が62.7％を占め、残りが秦荘石英斑岩と花崗斑岩で3種類の岩石からなる。

　一石五輪塔においては、萱原溶結凝灰岩が56.7％を占め、続いてヒン岩が22.6％を占めることが特徴的である。

　組み合わせ式の五輪塔においては、「空風」「火」「水」「地」の部分合わせて59点の石造物があるが、それぞれ分離、散乱している状態であることから組み合わせを復元することは難しい。これら59点の岩石種は萱原溶結凝灰岩が42.4％を占め、その他は秦荘石英斑岩、花崗斑岩、石英閃緑岩、花崗岩、石灰岩、ヒン岩と石仏や一石五輪塔に比べて種類が多い。

	萱原溶結凝灰岩	八尾山火砕岩	秦荘石英斑岩	石英閃緑岩	花崗斑岩	花崗岩	ヒン岩	石灰岩	砂岩貢岩緑色岩チャート	計
石仏	47		15		13					75
一石五輪塔	30	1	8		2		12			53
五輪空風	4		2	3	3	3	3			18
五輪火	2		3		2					7
五輪水	19		3	1	4	5		1		33
五輪地			1							1
計	102	1	32	4	24	8	15	1		187
％	54.5％	0.5％	17.1％	2.1％	12.8％	4.3％	8.0％	0.5％	0	

表5　石造物の岩石種

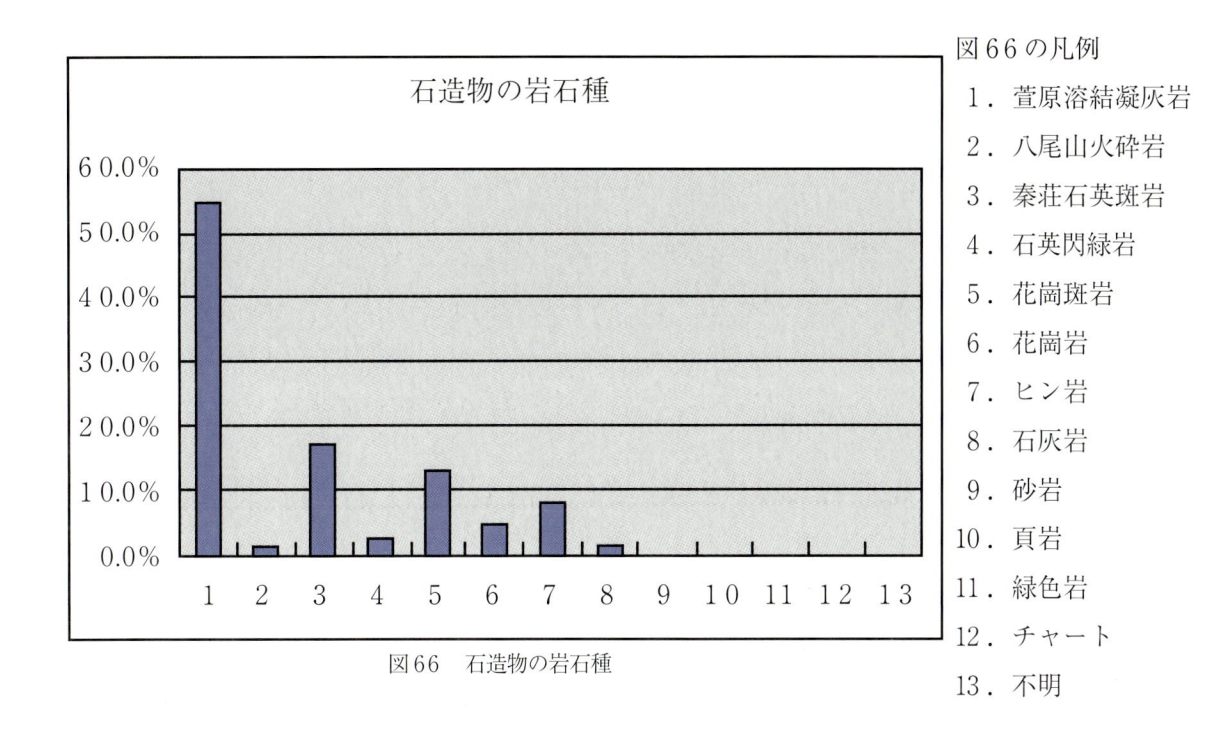

図66　石造物の岩石種

図66の凡例
1．萱原溶結凝灰岩
2．八尾山火砕岩
3．秦荘石英斑岩
4．石英閃緑岩
5．花崗斑岩
6．花崗岩
7．ヒン岩
8．石灰岩
9．砂岩
10．頁岩
11．緑色岩
12．チャート
13．不明

イ．周辺地域の地質

　石仏谷遺跡は青龍山の西麓に分布している。青龍山の地質は中生代白亜紀後半の火山活動によってもたらされた湖東流紋岩類から成り、遺跡周辺の基盤は湖東流紋岩類の最下部層にあたる萱原溶結凝灰岩により形成されている。

　従って、遺跡には萱原溶結凝灰岩が崩落した岩塊や風化し土壌化した黄褐色の山肌が観察される。取り上げられ保管されているＡ区の角れきは流水などによって円磨された形跡は無く崩壊した基盤そのものであり、現地性のれきと考えられる。

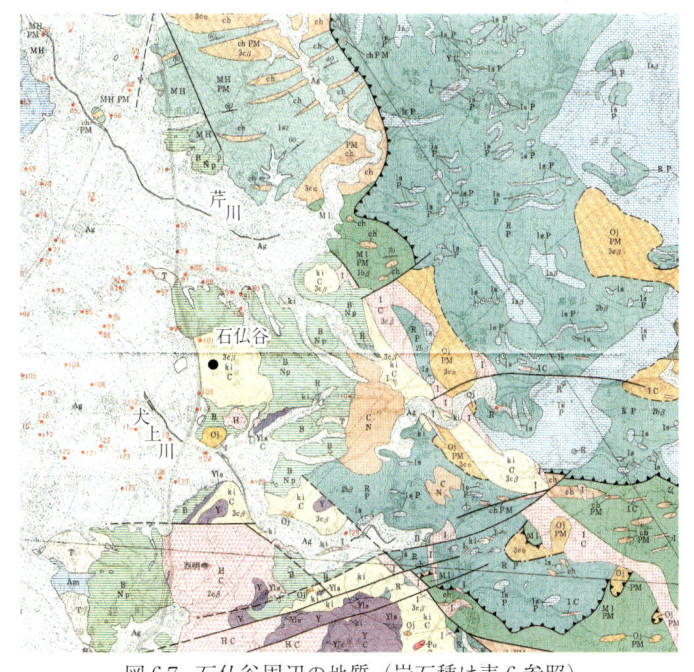

　青龍山の南に延びる尾根には、秦荘石英斑岩や犬上花崗斑岩、チャートが点在しながら小規模に分布する。このチャートについては破砕が進み脱色してでいることから、火山活動により捕獲、移動してきた可能性が高いと考えられる。

　また、周辺の地質について土地分類基本調査彦根東部（図67）から見てみると、遺跡の北部２ｋｍを流れる芹川の流域においては、中古生層の頁岩、緑色岩、チャート、石灰岩が大部分を占めていることがわかる。

　一方、遺跡の南約１ｋｍを流れる犬上川流域においては、芹川流域には分布していない中生代白亜紀の火山活動を起源とする湖東流紋岩類をはじめ、中古生層なども分布し、種類が豊富であることがかわる。

　次に周辺地域に分布している岩石の肉眼的特徴を表６にまとめた。

図67　石仏谷周辺の地質（岩石種は表６参照）
（土地分類基本調査　彦根東部　滋賀県）

― 101 ―

表6　周辺の岩石の種類や特徴

岩層・岩体名 図67中の記号	岩石名 肉眼観察の特徴	地質年代
ヒン岩 Po	輝石閃緑ヒン岩 暗緑灰色〜暗灰色の石基中に3-10mmの斜長石・輝石の斑晶を含む。風化しやすく、しばしば表面が茶褐色〜緑茶色の石基に変質した斑晶の部分があばた状に凹んでいる場合が多い。持つとずっしり重みを感じる。	
杠葉尾火砕岩 Py	火山レキ凝灰岩、軽石凝灰岩、石質凝灰岩 暗灰色〜黒色の石基中に中古生層や石英斑岩の大小かつ多量の岩片を含む。しばしば縞状構造が見られる。犬上川河床のれき中には見られない。	中生代
八尾山火砕岩層 Y	黒雲母角閃石流紋火砕岩 暗緑色〜灰緑色の石基に1mm程度の石英・カリ長石・斜長石の細粒の斑晶を含む。岩層の上部には扁平化していない不定形のべたべたした緑色の軽石が含まれる。ピンクのカリ長石、チャートや黒色頁岩の10mm程度の岩片をしばしば多量に含む。風化すると表面が優白色になる場合が多い。	
八尾山火砕岩層最下部層 Yls	火山角レキ岩 優黒色の基質中にきわめて淘汰が悪い大小の角れきないし亜角れきを含む。含まれるれき種は中古生層を起源とする頁岩、チャート、砂岩をはじめ石英斑岩など周辺の岩石種のほとんどを含む。	
犬上花崗斑岩 I	黒雲母角閃石花崗斑岩・石英斑岩・石英閃緑斑岩 灰白色〜暗灰色の細粒緻密な石基を示し、やや緑色を帯びることがある。石英・斜長石・カリ長石の斑晶量は岩体の位置により大きく変化する。岩体中心部では花崗岩に近い岩相を呈するが、周辺部層では石英斑岩様となる。斜長石の斑晶はしばしば10mm〜40mmに達する。 　肉眼では秦荘石英斑岩と見分けることが困難な場合があるが、犬上花崗斑岩の方が斑晶量が一般的に多く特に短冊状をした斜長石がより自形に近いこと、石基には岩片を含まず、より粗粒であること等によってかろうじて識別できる。	白亜紀
秦荘石英斑岩 H	輝石含有黒雲母角閃石石英斑岩 灰緑色〜暗灰緑色で緻密な石基に径1-12mm程度の斜長石・石英・カリ長石・角閃石・輝石の斑晶を含む。斜長石の斑晶は、しばしば優黒色の縞状構造に沿って長軸が一定方向に並ぶのが観察される。 　萱原溶結凝灰岩とは本質レンズや石質岩片をほとんど含まないことや長石の形状等で区別できるが、斑晶が少量の場合、萱原溶結凝灰岩との肉眼による見分けがきわめて困難である。	

湖東流紋岩類

岩層・岩体名 図67中の記号		岩石名 肉眼観察の特徴	地質年代	
湖東流紋岩類	萱原溶結凝灰岩 Ki	かんらん石輝石含有黒雲母角閃石流紋岩溶結凝灰岩 灰緑色の緻密な石基に斜長石・石英・カリ長石の斑晶と緑泥石化した有色鉱物を含む。しばしば扁平化した本質レンズが観察できその径は30cmを超えることがある。秦荘石英斑岩とはきわめて似た見掛けを呈するが、軽石を含まないこと、岩片をほとんど含まないことからかろうじて識別できる。	中生代	白亜紀
	佐目溶結凝灰岩 Ws	黒雲母角閃石流紋岩溶結凝灰岩 暗灰色の基質できわめて硬く、石英、斜長石、カリ長石の1-3mmの斑晶が観察できる。本地域ではほとんど産出しない。		
北鈴鹿・彦根層群	道ケ谷層 Ml	砂岩・頁岩・チャート 砂岩は灰白色。頁岩は黒色、チャートは一般に灰白色または灰黒色でまれに赤色を呈する。	中生代	ジュラ紀・三畳紀
	大君ケ畑層 Oj	チャート・頁岩 チャートは一般に灰黒色または灰白色でまれに赤色ないし淡緑色を呈する。頁岩は黒色である。		
	霊山石灰岩層 R ls	塩基性火山岩・石灰岩 塩基性火山岩は暗緑色～暗赤色で手に取ると重く感じる。石灰岩にはしばしばフズリナ等の化石が含まれる	古生代	二畳紀

ウ．犬上川河床の岩石種

石仏谷遺跡の岩石に、明らかに河床のれきと鑑定できる円れきが多いことから、これらの円れきがどこから運搬されてきたものか、遺跡に最も近い①南方１ｋｍを流れる犬上川河床で、れきの種類の調査をした。（図68）

調査地点は犬上川中流、国道３０７号線福寿橋の上流約500ｍの河床である。（写真9）

調査方法

（ア）任意の地点での１ｍ方形枠をロープで作り（写真10）、枠内の岩石種を取り出し鑑定する。（写真11，12）これを場所を変えて5箇所で行った。計444個のれき種を調査し、不明を除いた結果が表7である。

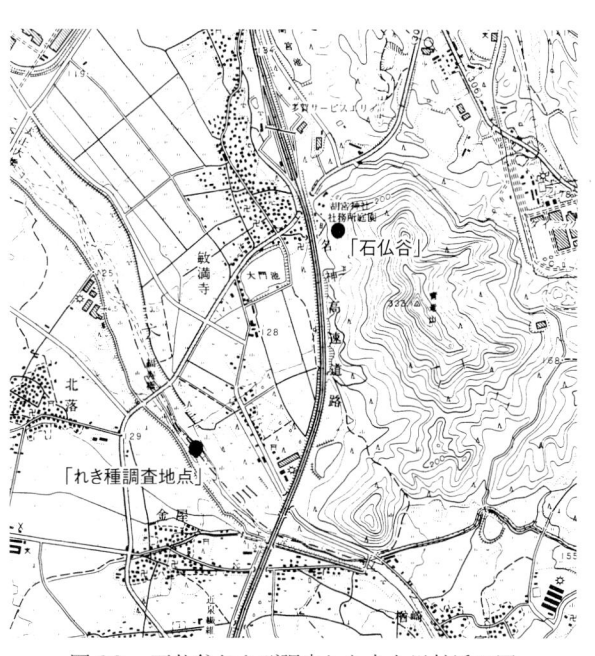

図68　石仏谷および調査した犬上川付近の図

写真9　犬上川河床 　　　　　　　　　　　　　写真10　1mの方形の枠

写真11　枠の中のれきを取り出す 　　　　　　　写真12　取り出した石灰岩れき

	萱原溶結凝灰岩	八尾山火砕岩	秦荘石英斑岩	石英閃緑岩	花崗斑岩	花崗岩	ヒン岩	石灰岩	砂岩	頁岩	緑色岩	チャート	計
数	67	28	1	4	39	0	3	65	70	44	20	102	443
%	15.1	6.3	0.2	0.9	8.8	0	0.7	14.7	15.9	9.9	4.5	23.0	100

表7　1m方形枠の犬上川のれき種

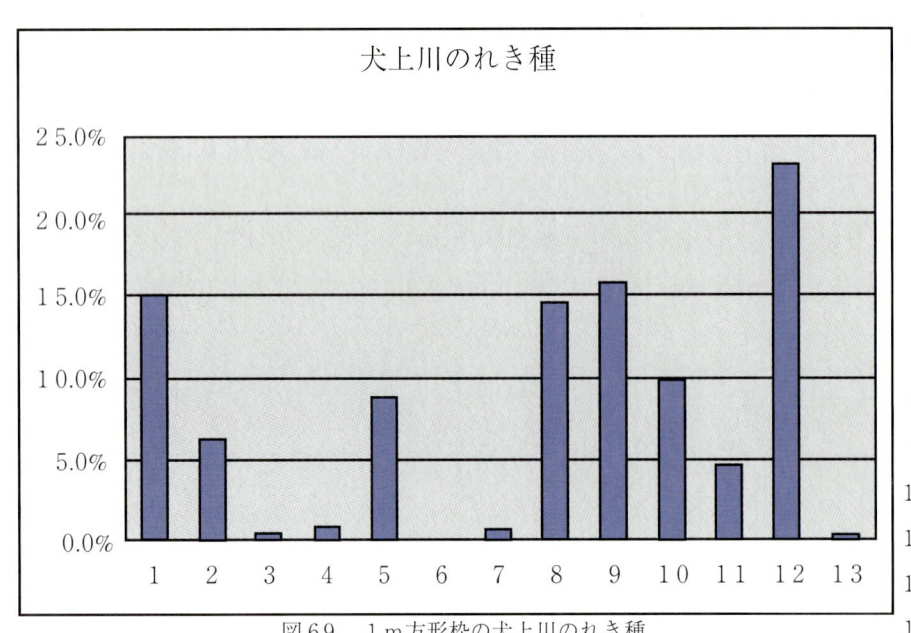

図69　1m方形枠の犬上川のれき種

図69の凡例
1．萱原溶結凝灰岩
2．八尾山火砕岩
3．秦荘石英斑岩
4．石英閃緑岩
5．花崗斑岩
6．花崗岩
7．ヒン岩
8．石灰岩
9．砂岩
10．頁岩
11．緑色岩
12．チャート
13．不明

図69からも分かるように、チャートが23.0％を占めて最も多く、次いで15.8％の砂岩、15.1％の萱原溶結凝灰岩、14.7％の石灰岩となり中古生界の岩石が約68％を占めるのが大きな特徴である。

(イ) 30ｃｍ以上のれきの岩石種の調査

　方形枠で調査できるところは、れき径が比較的小さな場所で、ほとんどが長径約30ｃｍ以下のれきである。ここでは、約30ｃｍ以上の大きなれきの岩石種を調査するために、右岸に堆積している大きな径のれきを選んで調査した。結果は表8のように萱原溶結凝灰岩が45.2％を占め、次いで24.2％の犬上花崗斑岩、そして12.4％の八尾山火砕岩と続き、1ｍの方形枠の岩石種の割合とは大きく異なる結果となった。

	萱原溶結凝灰岩	八尾山火砕岩	秦荘石英斑岩	石英閃緑岩	花崗斑岩	花崗岩	ヒン岩	石灰岩	砂岩	頁岩	緑色岩	チャート	計
数	189	52	15	9	101			1	33	6	2	10	418
％	45.2	12.4	3.6	2.2	24.2			0.2	7.9	1.4	0.5	2.4	100

表8　犬上川河床の30ｃｍ以上のれきの岩石種

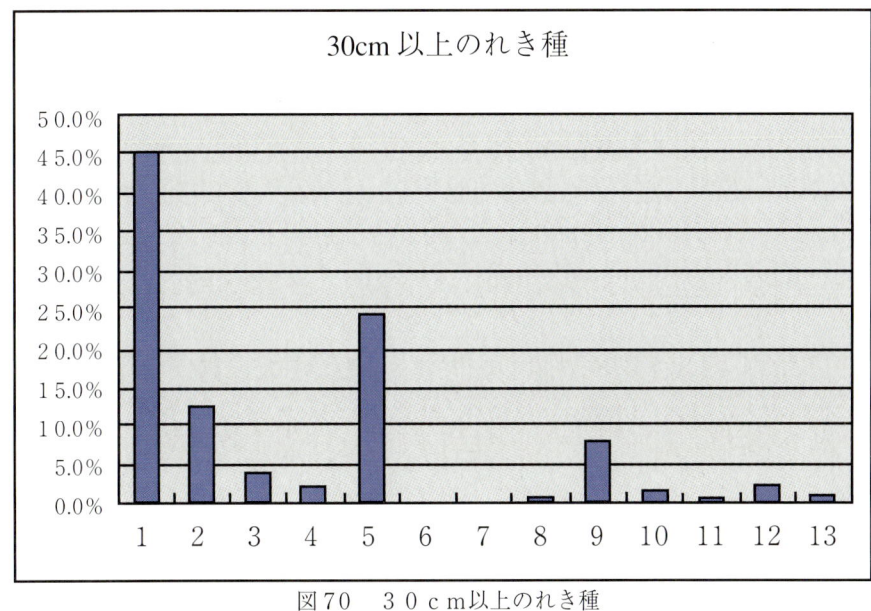

図70　30ｃｍ以上のれき種

図70の凡例
1．萱原溶結凝灰岩
2．八尾山火砕岩
3．秦荘石英斑岩
4．石英閃緑岩
5．花崗斑岩
6．花崗岩
7．ヒン岩
8．石灰岩
9．砂岩
10．頁岩
11．緑色岩
12．チャート
13．その他

写真13　犬上川右岸　　　写真14　犬上川河床の八尾山火砕岩の円れき

写真15 ピンク長石を含む犬上花崗斑岩の円れき

写真16 犬上花崗斑岩の円れき

写真17 萱原溶結凝灰岩の円れき

写真18 レンズ化した軽石を含む萱原溶結凝灰岩

③まとめと考察

ア．遺跡の円れき種と犬上川河床の１m枠内のれき種

遺跡の円れきと犬上川河床のれきの種類を比べると次のような特徴が見られる。

　河床のれきの種類はチャートの２３．０％を最多として、砂岩の１５．９％、萱原溶結凝灰岩の１５．１％と続き全部で１１種類の岩石種がある。一方、遺跡においては１０種類の岩石種はあるものの、石灰岩が５２．４％と２番目に多い萱原溶結凝灰岩の１２．７％を大きく引き離して異常に多いことが特徴である。河床に多いチャートのれきは僅か８．１％である。このことから、遺跡の円れきは何らかの理由で意図的、選択的に特定の種類、つまり石灰岩を運んできたことが考えられる。

イ．遺跡の石造物の岩石種と犬上川河床の１m枠内のれき種

　遺跡の石造物と犬上川河床のれきの種類を比べると次のような特徴が見られる。

遺跡の石造物の岩石種は萱原溶結凝灰岩が５４．５％と圧倒的に多く秦荘石英斑岩や花崗斑岩を含めた湖東流紋岩類が約８５％を占める。一方、河床のれき種の割合は、中古生界の岩石が約６８％を占めていることからその比率が大きく異なっている。

ウ．遺跡の石造物の岩石種と犬上川河床の径３０ｃｍ以上のれき種

　遺跡の石造物と犬上川河床の３０ｃｍ以上の大きなれきの種類を比べると次のような特徴が見られる。

　上記イで述べたように、遺跡の石造物の岩石種は湖東流紋岩類が約８５％を占める。それに対して、河床の３０ｃｍ以上のれき種は萱原溶結凝灰岩が４５．２％と最も多く、続いて花崗斑岩が２４．２％

である。それらを湖東流紋岩類としてまとめると85.4％となり、遺跡の石造物の割合ときわめて似通った割合となる。

　一方、異なるところは、石造物にヒン岩や花崗岩が利用されているのに対して、調査した地点では30ｃｍ以上のれきのヒン岩や花崗岩が無かったこと、河床には30ｃｍ以上の砂岩があったが、石造物には見られなかったことである。ただし、１ｍ枠の調査ではヒン岩が確認されている（図19、20）。またＡ区以外の遺跡で、少数ではあるが砂岩による石造物を確認している。

写真19　ひん岩の円れき　　　　　　　　　　写真20　風化したひん岩

エ．芹川河床の１ｍ枠内のれき種

　石仏谷遺跡の近くを流れるもう一つの芹川についてもれき種を比較してみた。同じ方法で調べた堆積環境研究会の資料によると、中古生層の砂岩、頁岩、チャートが75.5％を占め、続いて石灰岩の19.0％であり、萱原溶結凝灰岩や犬上花崗斑岩を含む湖東流紋岩類はわずか2.5％であった。したがって、遺跡の円れきや石造物の岩石種のいずれの比率とも大きく異なる。

オ．石仏・石塔類の石材および遺跡内の円れきの産地

　以上のことからすると、石仏・石塔類等の石造物の石材としては犬上川の、径30ｃｍ程度以上の岩石を利用した可能性が推定される。円れきについては石灰岩の多い芹川河床からの運搬も考えられるが他のれき種の比率からすると犬上川河床からの可能性がより高いと考えられる。

　石造物の中でも石仏は、その形状からして大きく平たい円れきを加工したものである可能性が高く、一石五輪塔や組み立て五輪塔は石材の様子が形状からでは類推できないが、岩石の種類やその割合からすると犬上川の可能性が高いと考えられる。

カ．石造物の石材としての石灰岩

　墓地内に円れきとしての石灰岩は群を抜いて多かったが、石灰岩で造られた石造物は「五輪水」における１点のみである。この１点については石灰岩独特の風化現象である溶食が著しい。このことは、石灰岩が他に比べて柔らかく加工しやすい岩石であるが、風化に弱く石材として敬遠されていたことが考えられる。

第4節　敏満寺地区石造物の現状について

　字敏満寺は、敏満寺遺跡の広がる丘陵西側に接する平野部にある集落である。南側は大門池、西側は東大寺荘園の水沼荘推定地が接する。人口965人、世帯数260で多賀町内では、大字多賀についで2番目に大きい字である。人口は減少しているが、多賀大社とその門前町とともに繁栄してきた字である。
字敏満寺の各家では個人で所有している石仏が多く、特に珍しくもなく、ほとんどが「じぞうさん」と呼ばれ前掛けをつけ、敷地内に建てた小さな社に祀っている。そのまわりには一石五輪塔や組合五輪塔の水輪・火輪が一緒に置かれている。地蔵盆などで祭られる対象となり、身近なものになっており、その数も他の字と比較しても多い。

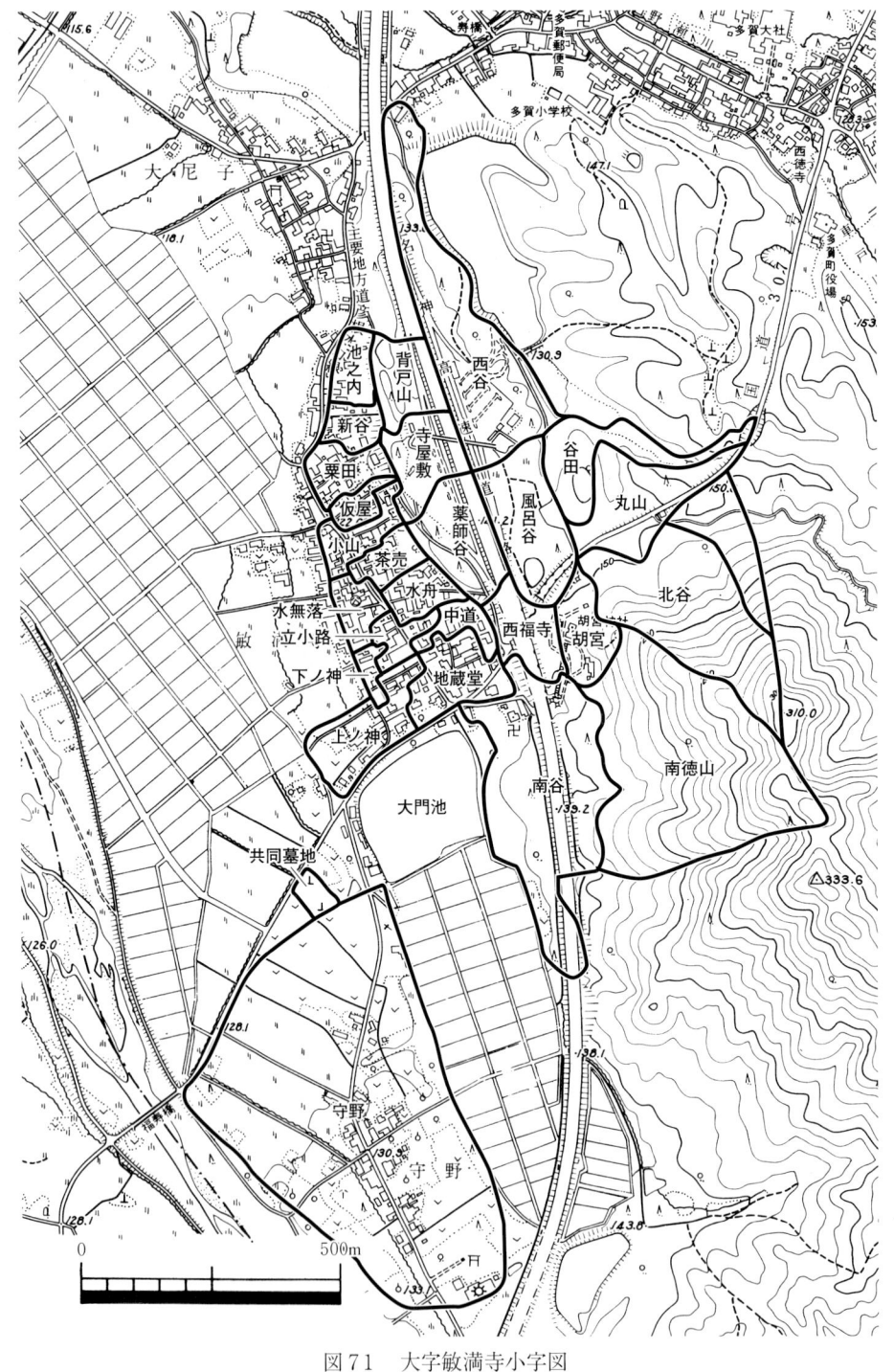

図71　大字敏満寺小字図

字敏満寺の様子①	 字敏満寺の様子②
 胡宮神社の大日堂と観音堂の間	 正覚寺門前	 字の中に集めてある様子①
 字の中に集めてある様子②	 字の中に集めてある様子③	 個人の家に祭られてある石仏①
 個人の家に祭られてある石仏②	 個人の家に祭られてある石仏③	 個人の家に祭られてある石仏④

悉皆調査

本調査は、字敏満寺区の石造物の実態調査で、字の中の現状を把握することを目的とした。まず各世帯へアンケート調査を実施した。この調査は、集落内にある石造品の中には個人が所有しているものも含まれるため調査の承諾を得ることも兼ねて、事前に石造品等の数を把握するためのものである。アンケートを集計したところ260世帯中、196世帯から解答いただき、そのうち79世帯が石造物を個人で所有していることが判明し、その範囲は敏満寺区全域におよんでいることがわかった。また、字内の田畑の端や路傍、寺院などに集積してある石造品も対象にして調査を実施した。石仏谷墓跡石造物と比較できる資料として重要と考えられる。

当地域では石仏のことを「じぞうさん」と呼んでいる。これは、字敏満寺だけでなく、多賀町内のほとんどで同じである。調査した石仏のうち錫杖を持った地蔵菩薩のものは3体のみでその他は全て定印を結んだ阿弥陀如来坐像であり362体確認できた。そのうち120体が板碑形で柱もなく台座が省略されている石仏が占めていた。それらの石仏の像容表現については不明瞭なものが多い。しかし、その中には台座が蓮台で指の表現、衲衣表現や顔容において細かい施しがしてある板碑形石仏もあった。他にも石仏谷墓跡では見られなかった三尊像の石仏や二尊像の石仏の二体の間に仕切りの柱の表現のあるものもあった。このような例外はあるものの字内のほとんどの石仏は石仏谷とほぼ同じ様相を呈することがわかった。また、石仏は、地蔵信仰の対象で大切に祭られている。

石造五輪塔については一石五輪塔が135基、空風輪88基、火輪58期、水輪81基、地輪5基を確認した。これらの他に宝篋印塔の一部が5基、風輪のみのものが1基、空風火輪が一石でできているもの6基を確認した。調査した五輪塔のほとんどは石仏谷のものと類似している。しかし中には水輪で大型のもの(直径30cm程度)や水輪の上部に窪みを有するものなど石仏谷墓跡では確認できていないものもあった。調査した石造品は銘を刻印する火輪が1基、梵字を刻印する水輪が3基存在するのみで石仏谷墓跡のものと同様、銘がほとんどない。一石五輪塔も石仏と同じように前掛けをつけられ大切に祭られているが、組合五輪塔の水輪はその形状の特色から漬け物石や洗濯の物干しのおもり等に転用されているものも見受けられた。また、当地域では石造五輪塔のことを「ちりんさん」と呼ぶ方も多くいる。

個人で所持している石造品(石仏・五輪塔)がいつから自分の家にあるかはほとんどがはっきりしたことはわからないということであった。その中で土地区画整備や開墾中、河川の整備工事の際出土したものを持ち帰ったというものが11例あった。ただ、個人で持つものは少なく、名神高速道路工事の際に出土したものを集めて祠をつくり祭っていたり、ほ場整備事業で田畑を工事した時に出てきた石仏を胡宮神社境内の大日堂と観音堂の間に集め祭ったという事例も確認できた。今回の現状を調査では、石仏谷墓跡の石造品(石仏や五輪塔)が数多く、近隣の集落へ流出したという話も多く聞くことができた。石仏谷墓跡の石造物はほとんど移動していないのに対し、敏満寺集落と周辺の石造物は当初の位置を留めていないと言える。

聴き取り調査

敏満寺の石造物や墓について、現在までの歴史を地元の方々から聴き取りし、変化の様子を考察しようという目的で調査を実施した。

調査は、字の古老を中心に、昔の墓の様子や葬送について聴き取りを行った。

墓地は、現在、大門池の西に字の共同墓地があり、そこにまとめられている。他に、敏満寺遺跡の

表9　字敏満寺小字別石造物数調査表

小字名	石仏	五輪塔	（内訳）	合計
守　野	33	18	一石5　空風7　火6	51
中　道	17	22	一石18　空風2　火2	39
仮　屋	25	40	一石14　空風5　火6　水18　地1	65
水　船	30	42	一石18　空風11　火9　水8	72
栗　田	10	47	一石19　空風7　火7　空風火2　水12	57
胡　宮	129	41	一石12　空風13　火5　水9　地1　宝1	170
地蔵堂	41	69	一石29　空風13　空風火2　火8　水14　地1　宝2	110
池ノ内	9	3	火2　宝1	12
新　谷	13	16	一石2　空風2　水12	29
小　山	4	4	空風1　火1　水1　空1	8
水無落	9	8	一石2　空風4　水2	17
上ノ神	2	4	一石9　空風4　水2	58
下ノ神	2	3	一石13　空風6　火2　空風火1　水2	47
立小路	1	4	一石2　空風6　水1　地1	24
合　計	381	378		759

丘陵上に墓地があったとのことであるが、光明寺の寺域内であったらしく、お寺の裏山のお墓ということであった。規模は大きくはなかったようであるが、名神高速道路多賀サービスエリアの工事で共同墓地へ移転したということである。聴き取り調査の範囲内では、この2ヶ所の墓地が敏満寺の字で利用されていたということである。民家の敷地内に墓をもつところは知られていないが、字の周辺の水路工事や耕地整理などで石仏や五輪塔などが度々発見されていたとのことである。共同墓地では江戸時代後期（文化・天保・文政・文久年間）の墓が最も古く、それ以前の墓地については不明である。光明寺の墓も現存しないので詳細は不明である。ただ、共同墓地内には、石仏や石造五輪塔（一石と組合）の他、宝篋印塔など数多く認められ、墓地の一部に集められていたり、各家族墓地に転用され埋設されているものもある。ほとんどが江戸時代のものであるが、少ないが室町時代の石仏、五輪塔も確認できる。共同墓地としては、明治時代からということであったが、明治時代以前からすでに墓地として使用されていた可能性がある。石仏谷墓跡と平行して存在していた時期があった可能性もある。

　その他、特に注目されるようなことはなかったが、鎌倉・室町時代から江戸時代後期までの間の、墓地のあり方は不明である。また、葬送についても資料が皆無で、昭和40年代まで続けられた、葬送儀礼は、現在はみることができないが、周辺の村で行われていた葬儀もほぼ同じようなものであったようである。これは近世に成立した葬送儀礼が踏襲されてきていたのではないかと考える。それ以前の葬送方法は不明で墓地についての他の資料も残っていない。

石仏谷墓跡との関係も不明で、中世墓地群がどのような変遷をたどって現在に至ったのかは今後の課題である。

第5章　まとめ

　今回の調査は、石仏谷中世墳墓の保存と整備を行うための資料を得る目的で実施されたもので、聞き取り調査、分布調査、測量調査、発掘調査を行った。この項ではこれまで累述してきたその内容を概括しまとめとかえてみよう。

　分布調査では石仏谷中世墳墓の全体にわたってその範囲を確認し、それに基づいて石仏谷中世墳墓に区を設定し、石仏や一石彫成五輪塔などの石造品や陶器類を確認してその位置等を記録し陶器類は取り上げて収納し観察した。この結果地表観察では不明確であった石仏谷中世墳墓が、大規模の範囲に石組による墓を造り多くの蔵骨器、石造品を使う中世全般にわたる火葬墳墓跡であることが確認された。

　測量調査では石仏谷中世墳墓の現状と併せて南谷一帯の坊跡と考えられた平坦面について名神高速道路以東まで航空測量などによる記録化を行った。この測量により南谷一帯には帯曲輪状のものも含め34ほどの平坦面が造られている。それらはその急峻な斜面に築かれ胡宮神社以北の同じく坊跡と目される平坦面より小さい規模であり、その違いは例えば階級差などがあることが推察されるのである。

　発掘調査は石仏谷中世墳墓の全体構成やその内容を把握するため墓地内を点々とA～G区の7ヵ所について行っている。この結果、墓域の北側はそこの堂舎と結界石とみられる巨石で、西側は下部の堂舎との崖で、南側は自然の谷川により区切られ、また、東側は境界を造らず標高約186メートルの高さ付近で消滅している。墳墓は西向きの山腹にあり、敏満寺南谷の堂舎の造成に伴って造られていることが判明した。この墓地は山腹自体がその中央部の崖で北部地区と南部地区に分割されており、その入り口部にそれぞれ初期の墓が造られ共に下部の堂舎からの道が認められる。その道はまた、墓域内の道に連なり上部に向けて伸長しその各部に墓を形成している。墓はG区の最初期の土坑墓以外は火葬墓であり、基本的には蔵骨器に火化骨を埋納し据える形である。このうち北部地区ではA区の塚状墓から、また、南部地区ではG区の石組み墓から造られるが、その後その上部の墓は石仏谷墳墓独特の形態が採用されている。それは斜面を平坦に削平しその下部を斜面部までを墓域として造り、斜面部に蔵骨器を埋置するものである。このような形の墳墓は県内でも、あるいは、全国的にみても現在まで検出されていないものである。これらの墓には、祭祀、あるいは灯明用に使われたとみれる土師器の小皿のほかは、蔵骨器である陶器が埋置されるのみで、副葬品の類はみられない。また、斜面型の墓の壁際には石仏などの石造品が奉斎されているが、確認されている約2000体にのぼる数やC区で確認かれた12体の奉斎からみて、一つの墓には十数体の石仏、石造品が設置されていた可能性があり、より古い墓にも後代にこれらの石仏などが奉斎されたことも考えられる。蔵骨器はその表採品も含めて常滑、瀬戸の製品が大多数を占め、その他青磁・白磁・褐釉壺などの中国舶載品、須恵器、灰釉陶器、信楽、越前、珠洲、備前、東播系須恵器質陶器、在地産須恵器質陶器、あるいは肥前産の石鍋など多様なものがみられる。それらは12世紀後半から16世紀中葉にかけての製品であり、石造品はおおむね15世紀後半から16世紀にかけてのものと考えられる。この石造物はその全てが犬上川に集積していた川原石で、その種類は萱原溶結凝灰岩・花崗斑岩・八尾山家火砕岩などがあり、これらの石工集団があるいは敏満寺、もしくはその周縁の地域に集住していた可能性も考えられる。

　墳墓の調査と平行して、周辺の坊跡とみられる平坦面についても試掘を主とした調査を行った。

このうち南部地区の入り口部にあたるH区ではほぼその全域について発掘し建物の基壇跡とみられる8メートル×8メートルの方形の地山削り出しの壇状の高まりとその上面の礎石の栗石とみられる集石を数ヵ所検出し、さらに崖際で水溜状の金銅製の錫杖頭が出土した長方形の掘り込みと、この基壇状の高まりの南側でG区に通じる、やはり地山を削り残した道状の高まりも検出した。これらの結果、このH区には方形の堂が建てられ、そこから南部地区・G区に通じる道があったことが判明した。

A区の北側J区では10メートル×10メートルの長方形の建物の雨落ち溝跡とみられる溝状遺構が検出されているほか、結界石とみられる巨石の座る部分が平坦面であること、さらにその平坦面と先の長方形建物跡との間に空間があることから小型の建物が1～2棟存在していた可能性が考えられた。このほかI区、テラス12は調査面積が狭小であったため、そこでの具体的な遺構は不明であったが前面にわたって焼けた壁土や焼土、灰などが出土しており、そこの堂舎が焼損したであろうことが推察された。

これらのH～J区、テラス12の調査区からは13世紀から16世紀にかけての擂鉢や火舎などの日用品が出土しておりそこで日常生活が営まれたであろうことが考えられた。

以上の内容からこの石仏谷中世墳墓は敏満寺の南谷の坊院の縁辺に、12世紀後半から16世紀中葉にかけて営まれ、多量の石仏・石造品を奉斎し、その斜面に蔵骨するという敏満寺型とも称すべき特異な形式の墓を造る集団の経営する墓跡であり、それは16世紀後半に周縁の坊院と共に煙滅したものであることが判明した。

ただ、調査は全体の僅かな部分について行われたにすぎず、そのもつ内容が全て明らかになったものではないため、その経営主体、敏満寺内における本墳墓の様々な位置、敏満寺北方の堂院、町屋とも目される建物跡との関係など、解明する事象が多々あり、この調査がその第一歩であることを記してまとめとする。

研究編

第1部　敏満寺の歴史と遺存文化財

1．古代・中世の敏満寺と石仏谷中世墓地

細川　涼一

一　古代の敏満寺

　「故宮神社文書」[1]の中に『敏満寺縁起』と外題する巻子本がある。その内容は、鎌倉末期の元徳2年（1330）正月、敏満寺[2]が、敏満寺の敷地・寺領免田畠等を押領した大尼子郷（現多賀町多賀）の地頭代盛元と相論（裁判で争うこと）した際に、敏満寺は天皇の勅願寺であるとともに公家の祈願所であり、地頭の進止（土地支配権）下にはないことを、証拠の文書を副えて訴えた文書である。この文書によるならば、敏満寺は聖徳太子の建立になる寺院であり、その後、宇治平等院領として近江国大与度荘が成立した際に、荘内の敏満寺は平等院の支配下に置かれながらも、その寺領敷地の独立性は認められたという。

　また、この史料とは別の「敏満寺縁起」[3]によれば、敏満寺は敏達天皇が勅願し、聖徳太子が草創した近江国の12ヶ所の伽藍の随一であった。村上天皇が病気をした際には、夢告によって菅原道真の彫刻になる敏満寺本尊の十一面観音に祈願して全快し、天皇は叡感の余り大尼子荘を賜ったという。

　以上のように後世の史料に草創の由来を伝える敏満寺であるが、同時代の史料にその名を見出せる初見は、元徳2年の大尼子郷地頭との相論に際して、証拠の文書として副えられた、平安時代の天治2年（1125）3月の平等院長吏坊政所下文案である。

　　　長吏坊政所下　平等院領
　　　　　敏満寺〈限東山陵　限南薦辻越　限西鳥居下相木大道　限北寺登路〉
　　　右件四至内、在家敷地山林荒野等、依為霊験之聖跡、国衙之時不勤公使厳免已畢成、平等院領之後、任旧例、同雖被奉免、未賜政所御下文、仍住僧等任申請所仰定如件、庄宜承知、依件行之、故下、
　　　　　　　　天治二年三月　日　　　　　　　　公文大法師在判
　　　　　別当法眼和尚位在判
　　　　　　法橋上人位在判
　　　　　　　大法師在判

　この文書によるならば、敏満寺の四至内の敷地は、霊験の聖跡として、国衙領であった時から不輸不入権が認められていた。そしてこの権利は、国衙領を割いて平等院領大与度荘が成立し、敏満寺の敷地が大与度荘内となってからも継続されたのである。

　このように、敏満寺の寺号が確実な史料に現れるのは、12世紀初頭のことである。しかし、聖徳太子による創建説の真偽は別にしても、敏満寺が平等院の支配下に置かれる以前から存在していたことは、この文書からも明らかである。

　また、第三節でも言及する延慶2年（1309）2月の太政官牒には、敏満寺は伊吹山の山林修行者として伊吹山護国寺を開いた三修（慈証。829—900）が練行した祠であると述べられているから、伊吹修験系の天台山岳寺院として、遅くとも9世紀には成立していたものと考えられる。時代は降るが、「大原観音寺文書」応安2年（1369）4月21日付の観音護国寺山臥衆中請文には、近江国伊吹山系の山臥（山伏）が住する寺院の筆頭として敏満寺の名が見出せる[4]。三修には弟子として安祥房（太平寺開山）、道鏡、名超童子（布施寺・名超寺・日光寺・松尾寺の坂田郡4ヶ寺開山）[5]とともに敏満童子の名が伝わり、敏満寺は敏満童子が開いたといわれている[6]。

二　俊乗房重源と敏満寺

　平安時代の敏満寺については詳しいことはわからないが、鎌倉時代に入るとかなりその実態が明らかになる。その中でも特筆すべきは、平重衡の南都焼討によって焼亡した東大寺を、東大寺大勧進として再興した俊乗房重源（1121―1206）が、建久9年（1198）12月19日に、空海が唐から請来した東寺の舎利（釈迦の骨と伝える米粒に形状の似た宝石）1粒を納めた金銅五輪塔1基を敏満寺に寄進していることである[7]。次にその重源仏舎利寄進状を示そう。

　　　奉送　　敏満寺
　　　　東寺御舎利一粒〈弘法大師請来〉
　　　　　金銅一尺三寸五輪塔内方二寸水精玉中奉納
　　　　　以両面赤地錦裏之
　　　　金銅蓮台之左羅一口
　　　　同加比一支
　　　　織物打敷一帖
　　右以件仏舎利、相具以前舎利、可被安置当寺候、是真実之仏舎利也、不可有疑殆、若加偽言者、必可堕妄語罪候、早垂賢察、可被致恭敬供養候之由、可令伝申衆徒御中給候、恐惶頓首敬白、
　　　　　建久九年十二月十九日　　　　　　　　　大和尚（花押）（重源）
　　　　謹上　木幡執行御房

　すなわち、「空海請来の東寺舎利1粒を、それ以前の舎利をそなえて敏満寺に安置する。これは真実の仏舎利であるので、疑殆を抱いてはならない。本物であることを疑う発言をした者は、必ず妄語の罪に堕ちるであろう。早く賢察を垂れ、舎利を敬い供養するように敏満寺衆徒に申し伝えてほしい」というのである。本文書の充所が木幡執行となっているのは、伝菅原道真作の十一面観音を安置する敏満寺本堂の谷が木幡谷とも呼ばれたように[8]、木幡は鎌倉時代には敏満寺本堂の別称であったからである。

　寄進状に記された仏舎利を安置した金銅五輪塔は故宮神社に現存するが（京都国立博物館に寄託）、その台座底の銘文には、

　　　奉施入　近江国敏満寺本堂
　　　金銅五輪宝塔壱基、於其中奉安置仏舎利弐粒之状如件、
　　　　建久九年〈戊午〉十二月　　日
　　　造東大寺大和尚南無阿弥陀仏記

とある。重源の寄進状に「舎利一粒」とあるのに対して、金銅五輪塔の銘文に「仏舎利弐粒」とあることを疑問とする見解もあるが[9]、重源は寄進状の中で、今回送る仏舎利に以前の舎利をそなえて、すなわち計2粒を敏満寺に安置すると述べているので、両者に矛盾はないであろう。重源は生身仏としての舎利信仰を広め、東大寺大仏の胎内はもとより、東大寺別所・東大寺尊勝院・高野新別所・渡辺別所・天王寺・播磨国大部荘浄土堂・周防国阿弥陀寺などに仏舎利を奉安したが[10]、敏満寺もその1つとして選ばれたのである。

　重源は元久2年（1205）ごろ、敏満寺の衆徒に充てて次のような書状も出している。

　　　其後雖参拝志候、当寺御造営無隙候之上、老骨不進退候之間、乍思罷過候、御舎利会之時なとも、相構令参詣候はや、於当寺者随分結縁不浅思給候へは、定不被思食捨候歟、抑雖不思懸事候、勤之童持経者千人、於東大寺大仏殿内并七重塔前、各可令読誦千部法花経候之由、思立候也、

― 118 ―

其内当寺御辺少々可被勧進候也、仍願文一通謹進覧候、子細見于状候、若承引人出来候者、注交名可被下候、為知人数候也、恐惶謹言、
　　　十二月十七日　　　　　　　　大和尚（花押）〔重源〕
　　謹上　敏満寺衆徒御中

　すなわち、重源はこの書状で、「その後も敏満寺に参拝したいと志しているが、当寺造営にいとまがないうえに、老骨のため進退もままならないので失礼をしている。舎利会の時にでも参詣したい」と述べている。さらに重源は、敏満寺とは結縁浅からず思っていることを強調するともに、「東大寺大仏殿内と七重塔前で千部法華経を読誦するために、そのうち敏満寺の辺りに勧進（宗教的募金活動）に行きたい」趣旨を述べているから、重源と敏満寺には深い関わりがあったことがうかがえるのである。

　重源が東大寺七重塔を造立し、大仏殿と塔前で千部法華経を読誦するための勧進を行おうとしたのは、元久2年（1205）12月のことであるから[11]、この書状も同年にしたためられたものと考えられる。翌元久3年6月、重源は86歳の高齢で東大寺で死去しているから、結局彼が敏満寺舎利会や東大寺千部法華経勧進のために、晩年に敏満寺を訪れることはなかった。

　以上のように、重源が敏満寺に舎利を安置し、自ら敏満寺との結縁を浅からず思うと述べたそもそもの機縁は、文治3年（1187）10月18日、重源自ら『南無阿弥陀仏作善集』に「近江国弥満寺、奉施入（中略）額一面」と記すように、藤原伊経筆の額を敏満寺に施入していることにはじまるといえよう。

　すなわち、敏満寺は治承2年（1178）8月、翌年11月、寿永2年（1183）3月とたびたび兵火にあって灰燼に帰したほか、元暦元年（1184）12月には賊の盗難にも遭い、一時衰微した。しかし、文治2年（1186）2月1日に本堂の木作りをはじめ、翌文治3年10月18日には七間四面の本堂が落慶し、倫円が供養導師となって敏満寺の中興が行われた。その際に、重源は藤原伊経の手書きになる額を贈り、同年11月3日に額を本堂に打った、というのである[12]。このように、重源と敏満寺の関係は、断続的ながら1186年から重源晩年の1205年の約20年間の長きにわたって続いたのである。

　重源の舎利寄進によって敏満寺は舎利信仰の霊場としても知られるようになり、「故宮神社文書」には、文暦2年（1235）7月に書かれ、文永元年（1264）3月に追記された「仏舎利相承系図」が伝わる。「仏舎利相承系図」は、平清盛を白河院と祇園女御の妹との間に生まれた子供とする清盛の落胤説を伝える史料として、これまでにも注目されてきた文書である[13]。

　今、「仏舎利相承系図」のうち、敏満寺に奉納された仏舎利の相承のみをここに記すことにしたい。白河院所持の舎利は、院の死去に際して祇園女御に渡された。祇園女御は、自分の妹が白河院に召されて懐妊後、平忠盛に嫁して生まれた清盛を猶子とし、清盛に所持の舎利を渡した。清盛のもとで舎利預となったのは、平氏近臣主馬判官盛国の子息・南無仏観音房である。舎利は清盛の死後、子の宗盛に渡されたが、なお観音房は舎利を預かり、宗盛の都落ち後もこれを奉持した。そして、観音房の手から阿闍梨政尊に伝領された舎利はその後諸方に分散したが、そのうち3粒が文暦2年7月に敏満寺に奉納されたのである。このように、重源による舎利寄進、白河院から祇園女御に伝えられた舎利の奉納が相次ぎ、敏満寺は舎利安置の霊場として聞こえた。このため、文永元年3月20日には比丘尼如理が5粒、同年3月24日には沙弥玄祐が1粒の舎利を奉納するなど、敏満寺には舎利が次々と奉納されたのである。

　すなわち、敏満寺は重源による舎利寄進を契機として、鎌倉時代には舎利安置の霊場としても喧伝されたのであった。

三　鎌倉時代の敏満寺

　鎌倉時代には、大与度荘のうち、次に述べる田畠が敏満寺の年中行事を行うための雑免（雑公事・雑役を免除された田地）として、平等院長吏坊政所から敏満寺に寄進されている(14)。すなわち、元久2年（1205）3月には、重源が寄進した舎利を供養する舎利会の用途として2町が、承元4年（1210）正月には、敏満寺一切経会の費用のために2町が、嘉禄2年（1225）9月17日には敏満寺住僧の作田のうち厨田（敏満寺僧の食事料）として5町が、寛元4年（1246）閏4月には敏満寺四季大般若経の供料として1町が、それぞれ敏満寺に寄進されたのである。

　こうして寺領も整備された敏満寺は、蒙古襲来（文永の役。1274年）の翌年、建治元年（1275）10月には、鎌倉幕府の命を受けて異国降伏の祈祷も行っている。

　すなわち、同年9月14日、鎌倉幕府から近江国守護の佐々木泰綱に充て、近江国中の祈祷所寺社で異国降伏の祈祷をするようにとの命令が伝達された。『敏満寺縁起』に所収されたその関東御教書の内容は、次のとおりである。

　　異国降伏事、於近江国中御祈祷所寺社、抽丹誠、可致慇懃祈請之由、可被相触候、依　仰執達如件、
　　　　建治元年九月十四日　　武蔵守在判（北条義政）
　　　　　　　　　　　　　　　相模守在判（北条時宗）
　　佐々木壱岐入道殿（佐々木泰綱）

　10月7日には、この関東御教書を請け、守護代の馬渕公綱が敏満寺衆徒に充てて、異国降伏の祈祷を行うように伝達したのである。

　　依異国降伏事、於当国中御祈祷所寺社、抽丹誠、可致慇懃祈請之由、去九月十四日、関東御教書案被進候、任被仰之旨、可被祈請給候、但異国相鎮之祈、長日御祈祷経巻、其外委敷載御請文可給候、可令進上関東候也、恐々謹言、
　　　　　　　十月七日　　　　左衛門尉公綱判（馬渕）
　　謹上　敏満寺衆徒御中

　この馬渕公綱書状の大意は次のようである。すなわち、「異国降伏の事については、近江国中の祈祷所寺社が丹誠を抽んで、慇懃に祈請するようにとの関東御教書が去る9月14日付で進達された。その仰せのとおりに祈請していただきたい。ただし、異国降伏の祈祷、長日御祈祷の経巻などの委細を請文に載せて提出していただきたい。それを守護の手から鎌倉幕府に送るものである」というのである。

　蒙古襲来に際して、異国降伏祈祷が近江国の寺社でも行われたことがうかがえる貴重な事例である。

　鎌倉末期の延慶2年（1309）2月5日には太政官から、敏満寺を祈願所とし、阿闍梨3口（3人）を寄せ置く文書が発給されている。この太政官牒が引用する延慶元年（1308）11月付の敏満寺住僧の奏状によると、敏満寺の由緒は次のようである。すなわち、敏満寺は聖徳太子の草創になる浄場、慈証上人（三修）練行の祠である。本尊は大日毘廬遮那如来、天台宗の顕密兼学の寺である。堂舎は40余宇、宝塔は数箇所が建てられている。このうち、西福院・西迎院は藻壁門院藤原竴子（後堀河天皇中宮）御願（そうへきもんいんふじわらのじゅんし）、法行院は亀山院の帰依によって建立された。長谷前大僧正弁忠、慈鎮和尚（慈円）、宇治大僧正良尊、大吉祥院前大僧正行眼、当常住院僧正坊以下の代々が修験の修行をした寺である。敏満寺住僧は以上の由緒を述べたあと、敏満寺を祈願寺とし、3口（3人）の有識僧を安置することを朝廷に願い出ている。

　この奏状を請けて、同年12月6日には伏見上皇院宣によって、

　　近江国敏満寺、為御祈願所、宜寄置有職三口可令宣下給之旨、院御気色所候也、仍執達如件、

　　　　十二月六日　　　　頼藤
　　　頭兵衛督殿
　　　　　追伸
　　　　　此事、常住院僧正被執申候也、

と、敏満寺を伏見院の祈願所とすることが認められた。

　また、法行寺（法行院）については、弘安7年（1284）9月18日付の、「法行寺院号并御祈願事、被　宣下候畢、為得御意内々令申候也」との春宮大進定光書状、および同年11月2日付の、「太政官符近江国法行寺、応改法行寺号法行院為御祈願所事」との太政官符によって、亀山院の祈願所となっている。また、この2つの文書から、法行寺は亀山院の祈願所となった弘安7年に院号を賜り、法行院と改められたことがわかるのである。

　このように、鎌倉時代には敏満寺の堂宇は朝廷の帰依も得て整備された。しかし、敏満寺は鎌倉末期の元徳2年（1330）正月には、敏満寺の寺領敷地を大尼子郷内であり、一円に（全て）大尼子郷地頭の進止（土地支配権）下にあると主張する大尼子郷地頭代盛元と相論（裁判で争うこと）する苦況をも経験した。しかし、この相論が、敏満寺の住僧にあらためて敏満寺の由緒を回顧させることになり、証拠の文書として、本稿一・三節で引用・言及した多くの『敏満寺縁起』所収の文書が蒐集されたのである。

四　室町時代の敏満寺

　南北朝時代の敏満寺の動向を示す文書は「胡宮神社文書」には現存しないが、次の2通の文書が寺外に流出したことがわかっている[15]。

　その1つは、建武2年12月26日付で高師直が出した次の直状である（「岩田左平氏所蔵文書」）。

　　於敏満寺、不可致乱入狼藉、若令違犯者可有罪科之状如件、
　　　建武二年十二月二十六日　　　（花押）（高師直）

　もう1つは、翌建武3年10月1日付で足利直義が敏満寺衆徒に充てて出した次の感状である（「黒田太久馬氏所蔵文書」）。

　　合戦軍忠事、尤以神妙也、於恩賞者、追可有其沙汰之状如件、
　　　建武三年十月一日　　　　　　（花押）（足利直義）
　　　　敏満寺衆徒中

　前者は足利尊氏の執事である高師直が敏満寺への武士の乱入狼藉を禁じたものであるが、注目すべきは、足利直義が敏満寺衆徒の合戦における軍忠を認め、恩賞を約束した後者の感状である。すなわち、この文書によるならば、敏満寺の衆徒は南北朝時代には、刀杖を帯した武装集団としての一面をも有していたことがわかるのである。もとより、僧侶の武装をめぐっては、かつて黒田俊雄氏が「僧侶の武装に、たんに異様なあるいは堕落した姿をみるのでなく、むしろ自治と自律の組織をもちかつ武装をも辞せざる僧侶集団が出現したことにこそ、注目すべきではなかろうか」と指摘したように[16]、中世には比叡山・興福寺をはじめとする大衆集団に見られる一般的な現象であった。

　現存する「胡宮神社文書」からは南北朝時代の敏満寺の動向がわからないのに対して、室町時代の文書は、何通かが「胡宮神社文書」に伝来する。次に「胡宮神社文書」から室町時代の敏満寺の歴史を示すことにしよう。

　まず、注目すべきは応永30年（1423）4月10日、敏満寺が近江国内で買得相伝した土地や、所々

に散在する敏満寺の田畠公事に、現地の領主が干渉することを停止し、祈祷に精勤するように、室町幕府第４代将軍の足利義持が述べていることである。次にその足利義持御判御教書を示そう。

  近江国敏満寺〈付坊領〉同国買得相伝地、所々入免散在田畠諸公事等事、所停止領主綺也、任当
  知行、全所務、可抽祈祷精誠之状如件、
    応永三十年四月十日　　　　　　　　　（花押）（足利義持）

この御判御教書によれば、室町時代の貨幣経済の進展にともない、敏満寺の寺僧もそれまでの大与度荘内の敷地のほか、近江国内の所々に散在する田畠を貨幣で買得し、相伝していたことがわかる。

しかし、敏満寺は代々の祈願所であり、守護使不入の場所であることが室町幕府によって認められていたにも関わらず、近江守護・京極持清の守護使が課役を懸け、さらに闕所地としてその所領を没収しようとしていたようである。寛正３年（1462）12月29日、管領細川勝元は将軍足利義政の意を奉じ、佐々木京極持清と敏満寺衆僧に充てて、今後守護の干渉を停止するように伝達している。次にその将軍家御教書二通を示そう。

  山門末寺近江国敏満寺事、為代々御祈願所、守護使不入之処、毎度相懸課役以下、及闕所等之
  沙汰云々、太不可然、向後可被止其綺之由、所被仰下也、仍執達如件、
    寛正三年十二月二十九日　　右京太夫（花押）（細川勝元）

  佐々木大膳太夫入道殿（京極持清）

  山門末寺近江国敏満寺事、為代々御祈願所、守護使不入之処、佐々木大膳大夫入道沙汰毎度相
  懸課役以下、剰及闕所等之沙汰云々、向後可被止其綺之由、被成御教書訖、可被存知之由、可
  被仰下也、仍執達如件、
    寛正三年十二月廿九日　　　　右京太夫（花押）（細川勝元）
   当寺衆僧中

以上の将軍家御教書から、室町時代の敏満寺は比叡山延暦寺の末寺化し、その権威を背景とすることで、京極氏と対抗していたことがわかる。このような守護佐々木氏に対する敏満寺の抵抗をめぐって、『多賀町史』上巻は、「いま寺域には兵糧庫跡・武器庫跡と伝える所もあり、井戸跡も少なくないが、これは恐らく当時の山城化した敏満寺の歴史を伝えるものといえるであろう」と述べている[17]。

そのことを裏付けるように、『大乗院寺社雑事記』文正元年（1466）12月18日条には、「就江州未米寺（敏満寺を「みまじ」と訓じての宛字―引用者）事、自山門可発向京極入道亭之由、種々及訴訟之間、京都与江州通路一向不叶」とあって[18]、敏満寺の事をめぐり、比叡山の衆徒が武装して京極持清亭に発向する事態に至っていることがうかがえる。こうして、敏満寺はたびたび兵火に遭い、次第に衰微していった。

さらに、「新谷家系図」によれば[19]、戦国時代の永禄５年（1562）９月４日、久徳城（現多賀町久徳）城主の久徳左近大輔実時が近北の京極氏に背いて江南観音寺城の六角義実の味方をしたため、浅井長政（京極氏の家臣から戦国大名化した）が80余騎の軍勢を率いて久徳城を攻めた。この時、敏満寺衆徒と敏満寺公文所・神官職を務める新谷伊豆守勝経（妻は久徳実時の娘であった）は、久徳実時の味方をしたため、浅井勢は敏満寺に押し寄せた。敏満寺衆徒は大門前で防御したが敗れ、勝ちに乗じた浅井勢は敏満寺の坊舎に火を付けたため、120の坊舎は悉く炎上し、新谷勝経ら800余人は戦死した。こうして、敏満寺は浅井長政の兵火によって滅亡したのである。

なお、年未詳ではあるが、「胡宮神社文書」には、贈答先は未詳ながら敏満寺が歳暮の礼物を送ったことに対する、室町時代の2通の返礼の文書も残されている。

　　歳末御巻数執進候、可奉神妙之由、被仰下候之状如件、
　　　　十二月十三日　　　権右中弁（花押）

　　歳末御巻数執進候、神妙由被仰下候之状如件、
　　　　十二月廿四日　　　左少弁

五　文献から見た石仏谷中世墓地

　以上に中世の敏満寺の歴史を、「胡宮神社文書」を中心として見てきた。本節では石仏谷中世墓地を文献史料とつき合わせることによって、その価値について述べてみよう。
　『敏満寺縁起』には、元徳2年（1330）ごろの敏満寺の堂塔・鎮守の目録が所収されている。この文書から、鎌倉後期の敏満寺の堂塔や鎮守社の配置がわかるのである。次にそれを示そう。

　　　注進　当寺堂塔鎮守目録所
　　本堂七間〈本尊大日並観自在尊〉　　　三重塔婆一基〈本尊五智如来〉
　　如法堂一宇三間　　　　　　　　　　　観音堂〈本尊十一面〉
　　常行三昧堂三間四面〈本尊阿弥陀〉　　法華三昧堂〈本尊丈六阿弥陀〉
　　食堂〈本尊文殊〉　　　　　　　　　　楽屋七間
　　一切経蔵一宇〈三間〉　　　　　　　　宝蔵一宇〈三間〉
　　楼門一宇　　　　　　　　　　　　　　大湯屋〈七間〉
　　鐘楼一基　　　　　　　　　　　　　　木宮両社〈拝殿九間〉
　　新熊野十二所〈拝殿五間〉　　　　　　白山権現
　　天満天神〈北野〉　　　　　　　　　　八大龍岐
　　　　　　南谷
　　西福院七間〈本尊阿弥陀三尊并不動毘沙門〉　同多宝塔婆一基〈本尊五智如来〉
　　観世音堂七間〈本尊十一面〉　　　　　同勧鎮守十二所権現
　　極楽寺三間　　　　　　　　　　　　　地蔵堂一間四面
　　権現堂一間四面〈同廊愛染堂〉　　　　往生寺〈本尊阿弥陀三尊〉
　　上林寺〈本尊文殊〉　　　　　　　　　来迎寺〈本尊阿弥陀〉
　　光照寺〈本尊阿弥陀〉　　　　　　　　釈迦堂
　　　　　　西谷
　　西仰院三間四面〈本尊阿弥陀三尊〉　　同地蔵堂
　　同多宝塔〈本尊尺迦多宝〉　　　　　　仏上寺〈本尊同阿弥陀三尊〉
　　谷堂三間〈本尊弥陀〉　　　　　　　　地蔵堂三間
　　延命寺五間〈本尊阿弥陀〉　　　　　　浄土寺三間四面〈本尊弥陀〉
　　同大日堂　　　　　　　　　　　　　　同薬師堂
　　同鐘楼　　　　　　　　　　　　　　　日光寺五間〈本尊阿弥陀〉
　　同方丈如法堂　　　　　　　　　　　　光明寺一間四面〈本尊不動弥陀〉
　　　　　　尾上谷

丈六堂〈本尊丈六阿弥陀〉	同如法堂三間
西明寺〈千躰地蔵〉	西円寺三間四面〈本尊千手〉
観音堂〈本尊十一面〉	同如法堂
地蔵堂	権現堂
大円寺〈本尊地蔵〉	円性寺〈本尊阿弥陀〉

　　　敏満寺目安写
右吉祥院僧正良尊御代

　この目録から、中世の敏満寺は本堂や鎮守の木宮社（胡宮神社）のある谷（木幡谷）を中心として、南谷、西谷、尾上谷（北谷）の4つの谷に堂宇が広がっていたことがわかる。そして、石仏谷中世墓地がある青龍山西麓は、このうち目録の南谷に比定され、現地には「南谷」の小字も残る。

　南谷の中心を占めた西福院は、前述した延慶2年の太政官牒によれば、西谷の西迎院とともに後堀河天皇中宮藻璧門院（1209—33）の御願寺として建てられた敏満寺末寺である。いま、石仏谷中世墓地のある南谷の斜面を北に降った麓に「西福寺」の小字が残るが、ここが西福院の中心であろう。

　そして注目すべきは、南谷には敏満寺末寺でも、極楽寺・往生寺・来迎寺・光照寺など、阿弥陀を本尊として死者の極楽浄土への往生を祈願する、死者の葬送と関わる寺号を持つ寺院が少なくないことである。それは、同じく藻璧門院の御願寺として建てられた西迎院を中心とする西谷が、延命寺・浄土寺薬師堂など、現世における安穏（延命・病気平癒。薬師如来は病気平癒の本尊）を祈願する現世利益の寺院が少なくないことと対照的である。

　このうち、極楽寺については、『敏満寺縁起』所収の文永2年（1265）12月26日付後嵯峨上皇院宣から、敏満寺衆徒が極楽寺免田をめぐって院に訴えた事実があることがわかる。

　別の機会に大和・河内の事例で述べたように、中世の墓地は鎌倉後期に寺院の奥院にまず開山の墓が営まれ、寺僧の墓を中心として中世後期に次第に一般民衆の墓が共同墓地として営まれるようになった事例が少なくない[20]。

　『敏満寺史』によれば、西福院の近くには藻璧門院の墓と伝える石塔が立っていたとの伝承がある[21]。ただし、藻璧門院は天福元年（1233）9月18日に難産がもとで死去後、父である九条道家の月輪殿の南辺に葬られているから[22]、『敏満寺史』が伝える伝承が事実であるとしても、これは藻璧門院の供養塔であろう。

　石仏谷中世墓地は、敏満寺・西福院の奥院として鎌倉時代には藻璧門院の供養塔や敏満寺寺僧の墓所が営まれ、それが中世後期に一般民衆の墓地として広がっていったものではなかろうか。石仏谷中世墓地からは寺院の堂と考えられる建物跡も複数確認されている。推測の域をでないが、目録に見出せる極楽寺・往生寺・来迎寺などが、敏満寺・西福院の奥院として墓地を管理したこれらの建物跡の寺院と考えられるのである。

　石仏谷中世墓地は敏満寺が戦国時代に滅亡したため、江戸時代以降には使用されず、中世墓地としての景観を今日に伝える遺跡として重要であるが、同時に、断定はできないとはいえ、中世の文献史料とのつき合わせによってその墓地にあった寺院をほぼ推定できる点からも、重要な中世墓地遺跡ということができるのである。

（1）青龍山敏満寺は現在は廃寺となり、鎮守社であった故宮神社が旧境内地の本堂付近に残る。このため、敏満寺の文書は「故宮神社文書」として伝来している。
（2）古代・中世の敏満寺をめぐるこれまでの研究の代表的なものとしては、敏満寺公民館編『敏満寺史』敏満寺公民館、1976年。『多賀町史』上巻、1991年、がある。
（3）小林剛編『俊乗房重源史料集成』吉川弘文館、1965年、157頁、「故宮神社文書」文和3年（1354）孟夏上7日付敏満寺縁起。私の今回の「故宮神社文書」調査では、本稿所引の文書中、この文書のみ未見である。
（4）『山東町史』史料編、1986年、中世編「観音寺文書113号。
（5）『山東町史』史料編、中世編「観音寺文書」109号、応永9年（1402）9月5日付伊吹山弥高寺縁起。
（6）『山東町史』本編、1991年、404頁。
（7）小林剛編『俊乗房重源史料集成』（前掲）、367－371頁。
（8）同前書157頁、敏満寺縁起（前掲）。
（9）敏満寺公民館編『敏満寺史』（前掲）、45頁。
（10）中尾堯『中世の勧進聖と舎利信仰』吉川弘文館、2001年、114－117頁。
（11）小林剛編『俊乗房重源史料集成』（前掲）、497－498頁「東大寺文書」元久2年12月日付重源願文。
（12）小林剛編『俊乗房重源史料集成』157頁、敏満寺縁起（前掲）。
（13）赤松俊秀「虚構と史実〈祇園女御・青侍夢・治承物語〉」『平家物語の研究』法蔵館、1980年。田中貴子「仏舎利相承系譜と女性」『外法と愛法の中世』砂子屋書房、1993年。
（14）以下、第三節で言及する文書は、（延慶2年）12月6日付伏見上皇院宣以外は、いずれも『敏満寺縁起』所収の文書である。
（15）敏満寺公民館編『敏満寺史』（前掲）、52頁参照。
（16）黒田俊雄『寺社勢力』岩波新書、1980年、31頁。
（17）『多賀町史』上巻（前掲）、351頁。
（18）増補続史料大成『大乗院寺社雑事記』四、臨川書店、1978年、123頁。
（19）『多賀町史』上巻（前掲）、448頁に「新谷家系図」の写真を掲載。
（20）細川涼一『中世の律宗寺院と民衆』吉川弘文館、1987年。
（21）敏満寺公民館編『敏満寺史』（前掲）、33頁。
（22）『国史大辞典』8、吉川弘文館、1987年、「藻壁門院」の項（角田文衞執筆）。

2．宗教都市としての敏満寺

千田　嘉博

　敏満寺は平安時代にさかのぼる山岳寺院として名高い。その四至は1125年（天治2）の「平等院長吏坊政所下文案」および1329年（元徳3）の「当寺堂塔鎮守目録」によって知られ、南北2500ｍ、東西2000ｍの範囲におよぶ。そして室町期には青龍山西麓の本堂・南谷・西谷・北谷に分かれ50余の堂舎が建ち並ぶ大規模な山岳寺院となった。守護の不入権をもち、戦国期には2万石を越える寺領をもったという。

　現在、敏満寺跡の寺域を南北に抜けるかたちで名神高速道路が建設されているが、主要な坊院跡は良好に遺存している。広範囲に広がる坊院跡のうち、西谷の一部について発掘調査が行われており、商職人地区と城郭が検出されている。商職人地区は旧参道に沿って街村状に商職人の屋敷と思われる家並みがつづき、それと背合わせになった高宮池側に正面を開いた同様の建物群がいくつか検出されている（中村編2004）。発掘されていないが高宮池側にも参道が延びていたのだろう。

　敏満寺の寺域の北端に、その西麓の敏満寺集落とともに（内田2002）、商職人が活動した街区をともなっていたことは中世敏満寺を考える上できわめて興味深い。これら商職人は、敏満寺あるいは敏満寺のそれぞれの塔頭によって組織され経済活動を担ったと評価できる。敏満寺がもった領主的性格を示すとともに、敏満寺が宗教センターとしてだけではなく、地域の卓越した都市的機能を備えた中心地であったことがわかる。

　遺物から敏満寺のそうした都市的機能は14世紀代にはじまり15・16世紀に絶頂を迎えているから、武士たちが城や館とセットになった城下を整備したのに先行して、寺社が地域における強力な中心地を整備したことが明らかである。そして寺領とともに商職人の編成・集積という敏満寺による古代からの達成が、室町・戦国期に地域の一元的な覇権をめざして台頭してきた武士たちと避けがたい争いを導くことになったのである。

　西谷の商職人居住区から西側の平野に張り出した尾根先端に城郭部があった。16世紀半ば頃に整備された堅固な城郭と評価されている（横田編1988）。この城郭は少なくとも二つの曲輪から構成され、A区と名付けられた主郭は北端に堀切りとそれに張り出した櫓台を備えて睨みを効かせていた。主郭への出入り口は曲輪の南西端に開かれた。この出入り口はやはり正面を櫓台で守られ、90度ターンして空堀との間の虎口受け（出入り口前のテラス）に出るという複雑な構造をもった。

　報告書で中井均氏が分析するように、出入り口など城郭構造からは永禄・元亀頃のものと評価される。ただし先述のような出入り口がすべて織豊系城郭になるのではなく、織豊系城郭も当該期に使用した地域における最先端のくふうした出入り口を敏満寺の城郭部はもったと考えられる（千田2000）。そしてこの城郭部の立地は単に敏満寺の北西に張り出した尾根先端というだけでなく、先に見た商職人の居住域を守り、本堂など主要伽藍につづく尾根筋を守るために誠に適していた。城郭として整備されたのが16世紀半ば頃に下ることを考えても、最終段階の敏満寺を防衛する要の役割を負ったに違いない。

　山岳寺院が、個々の坊院に土塁や堀をめぐらして防御を固めただけでなく、寺域のそこここに城郭部を構え寺院を核とした都市域を守ろうとしたことは、各地の調査でも明らかになっている。たとえば福井県の平泉寺跡ではいくつかの砦が知られ、また和歌山県の根来寺でも防塁線や峰々の砦群が連携して守りを固めたことがわかっている。敏満寺に近接した百済寺でも寺域の出入り口を画した堀や尾根頂部の城郭部を備えていたことが明らかにされた（明日2003）。

　敏満寺の城郭部もこれらと同様の性格を持ったと考えられる。そうすると現在知られている城郭部は名神高速道路に沿った西あるいは北を意識した防御施設だけであるが、本来寺域を画した要地にいくつかの城郭部があって連携していた蓋然性が高いことが指摘できるだろう。青龍山の尾根部を含めた広域の踏査を進め

て、全貌を明らかにする必要があるだろう。

　室町・戦国期の敏満寺は、佐々木六角氏や浅井氏、織田信長との争いで大きな打撃を被り衰亡をやむなくされていった。しかしこうした移り変わりは敏満寺だけでなく、近江の山岳寺院のそれぞれに起きていた。近年発掘調査が進み国指定史跡になった高島市の清水山城は(横井川編2001)、もともと比叡山の西塔の有力末寺であった清水寺の故地を室町・戦国期に高島越中氏が乗っ取って整備した山城であった。山腹の壮大な屋敷群は清水寺時代の坊院に由来したと考えられ、16世紀第3四半期になってそれら坊院を見下ろす丘陵の最高所に居住・政治・経済・文化・宗教の統合的な拠点をめざした戦国期拠点城郭が高島越中氏によって築かれた。

　安曇川を挟んで清水山城の南側に位置した田中城も、もともとは比叡山西塔の末寺であった山岳寺院であり、清水寺とともに安曇川の水運、とりわけ木材の搬出をコントロールした重要な役割を担ったが、15世紀末には武家勢力に奪われ城郭として再編された。こうして近江の事例と合わせて敏満寺を考えると、敏満寺の衰亡の背景に地域の権力をめぐって寺社勢力と武家勢力が争った最後の転換点になった室町・戦国期の特色が浮かび上がってくる。

　宗教的な教義をもとに多数の坊院を山中に計画的に配置し通路でむすんでいく様は、16世紀第2四半期になって本格化していった戦国大名による戦国期拠点城郭に先行した地域権力の結集の姿であった。近江を代表する戦国期拠点城郭であった佐々木六角氏の観音寺城がもともとの山岳寺院・観音寺を取り込んで成立したように山岳寺院は武家権力と激しく争うなかで、戦国大名による新しい拠点形成を導き、それは最終的に近世城下町へと行き着いた。敏満寺は寺院跡として重要であるばかりでなく、室町・戦国期の近江をどう読み解くのかということに重要な位置を占めるのである。

　今回調査が進められた石仏谷は南谷の一角にあり、地形的にも削平段の配置からも敏満寺主要部の南限と考えられる。そこに16世紀を下限とする墓地が連綿と築かれたことが明らかになった。都市的機能を果たしていた中世の敏満寺にふさわしい墓地といえる。石仏谷では上部の石塔類と地下の埋葬施設をセットで原位置で把握できる。中世墓地では石塔が移動して埋葬主体との関係をつかめるのはまれである上に、これほどの規模の中世墓地が坊院群とともに完存している例はほかになくきわめて重要である。

　発掘によって墓の形成過程に加え墓道についても明らかになり、立体的な構造がつかめるようになってきた。たとえば墓地の中には小堂宇と思われる遺構があり、奈良県西大寺奥の院墓地に現存するような卒塔婆堂の可能性が指摘できよう。さらに調査が進めば中世の葬送慣行や祖先祭祀の実像が一層わかるだろう。山岳寺院の一角に墓地が構成され、その原形をつかめるものには愛媛県の旧等妙寺などがある(中野・森・出淵2002)。「墓の畔」の地名が残る墓地は、坊院から小川を渡った山懐にあり、山中他界の印象が深い。

　敏満寺をはじめとする中世寺院をどのように保護・整備し、中世の人びとの信仰や精神を誰もが体感できるように活かすかは、中世城郭の整備よりさらに立ち後れた課題である。すぐれた歴史的価値をもつ敏満寺と石仏谷は、中世寺院を通じて、中世の人びとのよろこびや苦しみをも実感できる史跡になるに違いない。

明日一史　2003『百済寺遺跡分布調査報告書「』愛東町教育委員会。
内田保之　2002『敏満寺西遺跡』滋賀県教育委員会。
千田嘉博　2000『織豊系城郭の形成』東京大学出版会。
中野良一・森光晴・出淵公造　2002『旧等妙寺 第4次調査』広見町教育委員会。
中村智孝編2004『敏満寺遺跡』滋賀県教育委員会。
横井川博之編　2001『清水山城遺跡発掘調査報告書』新旭町教育委員会。
横田洋三編1988『敏満寺遺跡発掘調査報告書』滋賀県教育委員会。

3. 胡宮神社文書に見る胡宮神社別当福寿院―その後の敏満寺―

伊東　ひろ美

はじめに

　戦国時代敏満寺は、兵火に罹って廃絶したが、坊の一つである福寿院は胡宮神社の別当として存続していった。近世の胡宮神社と別当福寿院については、『多賀町史』や『敏満寺史』などに境内の整備や本地仏の開帳を中心に記述がみられ、主に「胡宮神社文書」によっている。胡宮神社文書は、実はこれまで何度か調査の手が加えられてきた。その成果として中世文書については敏満寺史研究の中で具体的に紹介されてきたものの、近世文書については一部の紹介にとどまってきた。

　筆者は平成15年度より多賀町教育委員会の依頼を受け、改めて「胡宮神社文書」の調査を行った。その結果、多賀大社と胡宮神社の位置づけをめぐる訴訟に関する文書がとくにまとまって保管されてきたことが判明した。ここには近世の胡宮神社別当福寿院が、敏満寺以来の由緒を守るため懸命に多賀大社に抗い続けた様子を読みとることが出来る。そこで本稿では「胡宮神社文書」の調査結果の概要を示すとともに、この調査結果を踏まえてその後の敏満寺とも言うべき胡宮神社別当福寿院の姿を追ってみることにする。

一、胡宮神社文書の概要

　胡宮神社文書については、これまで数度の調査が行われてきたようである。それは文書に「胡宮文書第　号」「胡宮記録第　号」の二種類の印を青インクで捺して整理番号が墨書されていること、また『滋賀県市町村沿革史』編纂にかかる調査でごく一部の文書が撮影されていることなどからもわかる[1]。二種類の印「胡宮文書第　号」「胡宮記録第　号」を使用した整理番号は、昭和初期に行われたかと思われる調査の際に同時に付されたものである。これを見ると文書の形態によって印の種類が異なっていることに気づく。すなわち「胡宮文書第　号」の印は巻子や一紙、続紙の文書に、「胡宮記録第　号」の印は冊子文書に捺されており、形態別に分類して調査が行われたことがわかる。そこで現在残っている文書をこの整理番号に従って並べ替えて数を確認した結果、最終番号は前者が三三九番、後者が四十四番となっていることがわかった。しかし、必ずしもすべての番号が揃っている訳ではなく一部見当たらないものもあり、以前の調査以降少なくとも30点以上の文書が失われていること、これに加えて整理番号の付されていない未調査の文書が存在していることが判明した。そこで今回の調査では、過去に確認された胡宮神社文書とは内容的に異なっていること、そして保管状態などについては元の姿をうかがい知ることが出来なかったという点をまず確認しておきたい。その上で、今回調査する直前の保管状況については分類整理に反映させたことを申し添えておく。

　今回胡宮神社文書として確認できたのは、398点であった。これらを保管場所および内容によって一六分類し、さらにこの分類の中で年代順に並べた。分類1は多賀町歴史民俗資料館に、分類2から16については胡宮神社の神輿蔵に保管されていたものであるが、このうち分類16のみ別箱（木箱）に保存されていた。以下、分類ごとに解説する。

　分類1（21点）はすべて巻子装であり、『多賀大社叢書』などで紹介された中世文書および近世文書となる。延慶2年（1309）の太政官牒、平安から鎌倉時代にかけての平等院長吏坊

政所下文案など複数の文書を納めた巻子、文和3年の年紀をもつ縁起があるが、後世の写しも含まれる。室町時代のものとしては応永25年（1418）、同30年（1423）に発給された敏満寺の寺領に関する足利義持御判御教書二通などがある。中世文書は分類1に含まれるのみとなり、分類2以降は近世・近代文書となる。分類2（16点）は由緒・旧記類となり、胡宮神社の祭神、あるいは敏満寺が存在した頃からの福寿院由緒をまとめた竪帳などがある。福寿院には古い記録類がほとんど残っていなかった模様で、敏満寺村や彦根藩家臣のもとに残されていた文書を写して手元に置いたことがわかる。分類3（3点）は土地に関する文書であり、天保9年（1838）2月付の敏満寺村与助から福寿院役者宛の田地譲り状などがある。分類4（11点）は寛文12年（1672）の観音堂普請にかかる奉加帳や鳥居再建、あるいは屋根葺き替えの記録など作事・普請関係の文書となる。分類5（11点）は道具や仏像など什物の引き渡し、移動に関する文書となる。天明4年（1784）に大日堂の道具類が盗賊に盗まれており、この届も含まれる。分類6（70点）は神事・仏事関係であり、年中行事を記したもののほかに多賀大社修正会や涅槃会などの法会に関する文書がある。なかには「多賀大社修正会行用手引」「大瀧宮本地供」「多賀大社神前祈祷法則」など神事・法会の具体的な内容を記したものも含まれる。分類7（17点）は講・配札に関するもので、胡宮大明神の御札の配札のための道中手形、大坂講中からの冥加金奉納文書、福寿院より檀那廻りを申しつけた書付などがある。分類8（4点）は勧進関係となる。社堂等の修理のため諸国へ勧進に赴くための寛政10年（1798）、享和元年（1801）の通行手形などがあり、御札や延命丸を配ることでその資金を得ようとしたことがわかる。分類9（30点）は胡宮神社本地仏あるいは石造聖観音像の開帳、京都霊山や仁和寺、近江櫟野寺などにおける出開帳関係の文書となる。胡宮神社の祭神は伊弉諾尊、伊弉冊尊および事勝国勝長挟尊であるが、本地仏は東側に薬師如来、中央に聖観音、西側に虚空蔵菩薩を安置していたという。これら本地仏の出開帳日記や出開帳を請け負う世話方請状などもあり、出開帳の一連の動きを追うことができる。分類10（78点）は訴訟関係となる。このうちの大部分が福寿院の本末関係を問うものであり、多賀大社の神主が代替わりしたことによる胡宮神社内陣改め、あるいは道標の設置などが契機となった訴訟があったことがわかる。分類11（39点）は社務関係となり、住職の退院、入院に関するもの、住職の日記、多賀大社との様々なやりとりなどに関する文書が含まれる。分類12（18点）は書状類となり、年始や贈答にかかる礼状が多い。分類13（13点）朝廷・幕府・彦根藩に関するものとなり、神輿に付された葵御紋の使用に関する文書などがある。分類14（57点）は本山・滋賀院に関するものとなり、福寿院住職の木蘭色衣着用の許状やまた恵心僧都850回忌の納物についての達書などが含まれるが、年賀の礼状が多い。分類15（5点）は明治政府・滋賀県関係となり、境内取調書や胡宮神社の神職に関するものなどがある。分類16（5点）は別箱に保管されていたものであり、胡宮神社の牛玉宝印や「多賀胡宮大明神寿命福徳祈所」の御札などがある。

　以上、ごく簡単に胡宮神社文書の概要について紹介してきたが、敏満寺時代から続く福寿院の由緒を考えれば、やはり古い時期の文書が失われていることが惜しまれる。時代別構成比を見ると中世文書が2パーセント、近世文書が90パーセント、近代文書が8パーセントとなる。このうち近世文書を見ても江戸前期の文書は少なく、大半が中期から後期にかけてのものとなっている。とくに文化年間（1804〜18）の文書が全体の四分の一を占めており、この中心は多賀大社不動院の代替わりによる胡宮神社の内陣改めをめぐる訴訟文書である。この

訴訟ならびに福寿院の本末関係をめぐる訴訟、道標設置に関する訴訟では、共通して福寿院の由緒が問題となっており、敏満寺という大きな枠組を失った福寿院が敏満寺塔頭であったという由緒とともにその社会的地位を守ることがどれほど困難なものであったのかを知ることができる。そこで「口上覚」「胡宮大日殿福寿院来由記」(2)を中心に福寿院の由緒およびこの点について具体的記述を進めることにする。

二、胡宮別当福寿院と歴代住職

　福寿院は敏満寺の本堂脇に建っていた一山の頭寺であり、上之坊、本坊とも呼ばれて代々敏満寺の長吏をつとめる坊であったという。敏満寺がまだ多くの堂塔を備えていた頃の住持としては嘉秀、実秀、秀仙、実仙、良祐、徳仙があった。嘉秀は遷化した日付が15日であることが知られるのみであり、実秀は智見坊と号し年月未詳であるが28日に遷化したという。秀仙は藤堂備前守三男であり、永正2年（1505）3月10日に遷化、正受坊と号した。実仙は高野瀬備前守三男で天文7年（1538）5月29日遷化、正行坊と号して24年にわたり福寿院住持をつとめた。良祐も実仙と同じく高野瀬氏から出ており（越中守子息）、住職を28年つとめたのち永禄8年（1505）9月4日に遷化した。徳仙は赤田信濃守信光の舎弟であり、式部卿と号した。福寿院には30年在住しており、文禄3年（1594）7月10日に没したという。敏満寺が廃絶したのは、この徳仙の時であった。

　多くの堂舎を誇った敏満寺は、兵火によりそのほとんどを焼失した。この時、難を逃れたのは原田（多賀町敏満寺の小字）の宝寿院（下之坊とも）のみであった。このため敏満寺の本尊大日如来および福寿院が所持する一切の宝物や諸道具類は一時的に宝寿院へ移され、福寿院住持である徳仙も宝寿院へ入った。天正元年（1573）3月、福寿院が再建されると本尊大日如来は福寿院へ安置され、徳仙も福寿院へ戻った。この時、敏満寺として計画的に再建された坊舎は世尊寺、延寿院、正覚院、遣道院、地蔵院、光明寺、西光院、西福院、来覚院、東一坊、慈光坊、勝蔵坊、中之坊であった。また仙蔵坊、来鳳坊、浄教坊、浄泉坊、明智坊、蓮台坊、西蓮坊、浄観坊、高井坊、医王院、教寿坊、本行房、常実房、福行房、徳満房、浄法房、音教房、福乗房、祐徳房、乗円房、乗満房、福純房、乗信房、徳円房、休宗房、教園房は自力で建物を再建したが、これらの多くは寺領を失って寺院経営が困難となり、敏満寺から他山へ出たり、耕作するばかりで還俗同然となったという。なお石仏谷中世墓地の発見された南谷には世尊寺（本尊釈迦如来、釈迦堂とも）が再建されたが、慶長年中（1596～1615）に退転している。

　天正元年8月28日、宝寿院後方の清水谷から水が出て宝寿院の土蔵が大破、住職西道が不慮の死を遂げるという被害があった。土蔵には戦火で罹災した際に運び込んだ福寿院の宝物類が未だ納められていたが、この災害を機に福寿院に返納された。しかし、福寿院も寺勢を取り戻すことが難しい状況にあり、宝物類の盗難や火難などに対する不安から翌天正2年（1574）2月3日、般若院へこれらを預けた。般若院は成就院とともに本来敏満寺の塔頭であったが、文亀3年（1503）に敏満寺を離れて多賀大社の社僧となっていた。

　徳仙の次にあたる徳祐は治部卿と号し、多賀神官新開伝蔵家誉の二男であり敏満寺村麻生内膳入道玄入（屋敷は来覚院南隣）の甥でもあった。新開氏というのは、多賀町敏満寺に残る小字新谷が「しんかい」と読むことから、多賀神官家である新谷氏と同一と思われる。徳祐は旧例に則り宝寿院に入ったのち福寿院へ入院した。在院中には火事に見舞われるなど災難が続き、建物を二度再建している。慶長7年（1602）に検地が行われた際には、福寿院へも検地の手が伸びたが、

― 131 ―

徳祐は古証文をもって境内を除地と認められるよう訴え、これが認められている。また井伊直孝は元和元年（1615）の大坂夏の陣より帰城してここを訪れ、銅300疋を寄進したという。寛永2年（1625）正月4日、徳祐は盗賊に殺害され不慮の死を遂げた。徳祐の次の住職と目されていたのが、徳祐の弟子善徳であった。善徳は文禄年中（1592～6）より宝寿院住職をつとめていたが、徳祐の在世中に還俗してしまったためその資格を失い、仙永が福寿院に入ることになった。なお、善徳が還俗したことにより宝寿院は断絶している。

　仙永は敏満寺村麻生利右衛門吉行の六男で宰相坊と号し、のちに西照坊と改めた。福寿院には42年在院したのち、寛文6年（1666）12月10日遷化した。はじめ敏満寺東一坊慈専の弟子となったが、慈専が敏満寺を去り石塔寺（滋賀県蒲生郡蒲生町）に移るとそれに随った。石塔寺で剃髪して修行を積んだのち、故郷である敏満寺村の東一坊跡地に庵を結んでここに居した。福寿院先住徳祐が不慮の死を遂げ、弟子善徳も住職となることが叶わない状況下において、徳祐と俗縁を有することが住職決定の要因であった。仙永が入寺した頃の福寿院は二度の火事に遭って仮屋同然の佇まいであり、院内に死穢もあったことから、建物の新造が計画された。仙永と氏子が協力した結果、寛永2年（1625）秋、寺地を敏満寺本堂跡地の西隣から東隣へ移して建物が完成、すべての道具も新調された。敏満寺本尊の大日如来も引き続き福寿院に安置された。しかし、福寿院としても敏満寺本尊をこのまま仮安置するにはしのびなく、本堂となる大日堂の建立が念願となっていた。

　寛永元年（1624）、多賀大社不動院の慈性が多賀大社の造営を幕府に願い出た。このとき仙永は大日堂の建立を慈性に託したのである。慈性の度重なる懇願の結果、寛永10年（1633）7月、幕府は多賀社造営を決定、同年10月に多賀造営奉行岡田義政・小堀九郎兵衛・市橋長政が多賀へ到着、翌11年（1634）に普請が始まった。寛永12年（1635）正月には不動院慈性が鏡を胡宮に寄進、4月にはかねてより願い出ていた古い建物の護摩堂への転用が認められている（『多賀町史』『敏満寺史』）。さらに仙永はこの普請にあたり、本堂跡地が良い土地でないとして彦根藩へ土地替えを願い出ている。こうして胡宮神社境内の整備は開始された。その普請は大風被害や造営奉行の更迭などがあり必ずしも順調といえるものではなかったが、寛永15年（1638）にようやく完成を遂げた。以後、境内の整備は継続して行われていった。寛文6年（1665）には彦根藩が敏満寺旧境内地の田畑開発を命じたが、仙永は失われた堂塔を再興するためにも跡地を残しておきたい旨を申し入れ、これが認められている。寛政13年（1801）の「多賀胡宮神社大日殿境内建前記簿」[3]によれば、境内には本殿のほか、拝殿（4間×5間）、本堂（3間四方）、観音堂（2間四方）、元三大師堂（2間×3間）、寺院建前（4間×8間）が建立され、このほか字四ツ屋に鳥居が建てられていたという。

　仙永没後の福寿院の住職は、豪仙、玄長と続く。豪仙は彦根藩家臣上田新九郎の二男であり、治部卿と号した。仙永の弟子であり、比叡山横川にある鶏足院にいたが、仙永存命中に福寿院へ帰寺していた。7～8年福寿院住職をつとめたのち、延宝元年（1673）2月29日に遷化した。豪仙には智仙（民部卿と号す）という実弟でもある弟子があったが、豪仙が没した時には11歳という若さであったため、延宝元年3月に氏子は鶏足院へ住職を請うた。こうして遣わされたのが真乗坊玄長である。玄長は延宝5年（1677）、福寿院に伝来する綸旨や古文書類を焼き捨ててしまったことから氏子らの怒りをかい、同年8月鶏足院へ送り帰された。玄長の後住として鶏足院は智仙を推したが、住職となるには加行が不足していたため看坊として福寿院に入っ

た。ところが延宝6年（1678）4月、多賀大社般若院智純と成就院珍盛が福寿院は古来鶏足院の法流ではなく法曼院流であるとし、鶏足院末寺のように心得ている智仙に対して寺を出ていくよう伝えた。智仙が鶏足院に相談すると、鶏足院は般若院が成就院を巻き込んだ謀略であるとして対決の構えを見せた。結局この訴訟は比叡山では落着せず、延宝6年11月、智仙は江戸へ向かった。東叡山における糾明の結果、福寿院は法曼院流であるとの裁許が下り、智仙は福寿院を去るしかなかった。

延宝7年（1679）正月7日、無住となってしまった福寿院に入院したのが祐仙であった。祐仙は、敏満寺村藤野清兵衛の従兄であり林光坊と号した。最澄が開基したという岩尾山息障寺（滋賀県甲賀市甲南町）に住していたが、敏満寺村の出身であること、さらに般若院の六代前の住持智情の弟子であるということから福寿院に迎えられた。以後の住職としては、泰厳、聲海、聲真、廣海、義永、義端、光潭、慈永、慈真などがあった。

智仙と祐仙の両者の入院に絡む一連の動きを見ると、福寿院がどの寺院と本末関係にあるのかという点が問題となっていることがわかる。なお言えば、胡宮神社の社会的地位が問われているのであり、多賀大社との勢力争いでもあった。そしてこの問題は時期と事件を変えながら何度と無く争われ続け、途絶えることがなかった。

三、福寿院の支配に関する訴訟

福寿院は先に触れた住職をめぐっての訴訟の中、延宝6年（1678）11月、本山より法曼院流であるとの裁許が下ったことはすでに述べた。ところが、元禄5年（1692）の本末改めにおいては「法流依不定」[4]であるとして多賀大社般若院・成就院の支配下に置かれたのである。実は、般若院・成就院が本末改の回章を福寿院へは送っていなかったため、福寿院は由緒を本山へ差し出す機会を失っていたのであった。この事実を知った福寿院住職祐仙は宝永4年（1707）、般若院・成就院両院支配でないことを坂本滋賀院へ訴えた。翌宝永5年（1708）にも重ねて願い出ており、氏子であり檀那でもある敏満寺村と枝郷守野村も願書を差し出し、聞き届けてもらえない場合は今後福寿院には出入りしないとまで伝えた。住職祐仙と氏子たちは2月以降坂本へ詰めて多賀般若院・成就院との直接対決に臨む筈であったが、3月に京都大火があり延期となった。4月下旬になりようやく坂本に召し出され、28日に般若院・成就院との直接対決をみた。滋賀院留守居龍珠院法印、横川別当代南楽坊法印、東塔執行代惣持坊法印、西塔執行代即心院法印が見守る中、訴人方に福寿院祐仙、福寿院同宿教春坊、胡宮氏子惣代12人、相手方に般若院尭海、同家来顕実房、成就院義諦、同家人大蔵坊人が揃って申し開きを行った。般若院・成就院の言い分は次の通りであった。両院は敏満寺執行の上座にあったが敏満寺が焼失、その後多賀大社の神役を両院代が勤めていたが、居所より多賀大社への往還が難儀であったので新たに居所を境内に造った。それを寺に建て直したのが福寿院であり、両院より住職を申し付けることになっていると主張した。これに対し福寿院は、敏満寺以来の由緒とともに両院が胡宮神社祭礼に出仕していること、またその祭礼の導師は福寿院が勤めていること、さらに多賀本地堂修正会の導師については福寿院が初夜、両院が後夜を受け持っていることなどを主張した[5]。その内容と両者からの訴状は東叡山へ送られ、6月26日付で福寿院は般若院・成就院の支配下にあるのではなく同格であるとの下知状が下され、7月17日に坂本においてこの旨が両者に言い渡された。

福寿院と般若院・成就院との位置づけをめぐるせめぎ合いは、その主体を多賀大社と胡宮神社に移してさらに行われている。享和3年（1803）の「大神主代替リ鍵改一件留書」⁽⁶⁾によれば、寛政12年（1800）に多賀大社神主である不動院の住職が代替わりした際、惣末社と同様に胡宮神社の内陣が改められることになった。しかし福寿院はそのような古例はないとしてこれを拒否、彦根藩寺社奉行所や滋賀院へ訴えた。さらに内陣改めに関して吟味中の文化5年（1808）、福寿院は氏子惣代と連署の上、滋賀院へ神社称号の変更を願い出る。つまり多賀奥院と称していたため多賀不動院も胡宮を末社と主張するような事態になっているので、以後公式には別宮と称号を改めたいというものであった。この点については認められたのであるが、内陣改めに関しての滋賀院の裁許は、福寿院と不動院役僧が外陣に詰める中で改めること、さらに内陣の鍵は不動院に、外陣の鍵は福寿院において保管すること、ただし胡宮神社は多賀末社ではないので、内陣を改めたい場合には賀院の下知をまって行うこととされ、多賀側の立場によった内容となった。

　以上、福寿院と般若院・成就院の支配関係をめぐる訴訟、多賀大社と胡宮神社の位置づけをめぐる訴訟をみてきたが、この中で多賀側と対抗する胡宮福寿院側の主張は敏満寺以来の由緒に終始している感がある。なお言えば、敏満寺の由緒をもって福寿院の存在価値を見いだそうとしているのであり、ここに並々ならぬこだわりが見いだせる。これは文化元年2月色衣許可の本山からの令旨の中で宛先が「近江州犬上郡青龍山敏満寺多賀胡宮別当福寿院」とあるが今後は「近江州犬上郡青龍山敏満寺多賀別宮胡宮別当福寿院」としてもらいたいこと、さらに福寿院住職の令旨を折紙で出されていたが、多賀三院と同様に今後は堅紙を使用してもらいた旨を坂本滋賀院へ願い出ていることによってもわかる⁽⁷⁾。ここでは「別宮」の称号の付加、そして多賀三院と同格に取り扱うよう伝えているのだが、何気なく記されている「青龍山敏満寺」とは、村名というよりもむしろ山号と寺号が併記されているように見える。他にも観音堂建立のための奉加帳には「江州犬上郡青龍山敏満寺住持福寿院豪仙敬白」と記され、さらに「青龍山敏満寺旧事記」と名付けられた江戸時代以降の記述を含んだ文書の名称などからも、福寿院は敏満寺の名を常用しており本山もこれを慣習として認めていたと考えられる。つまり一個寺院としての敏満寺は廃絶したが、人々の意識下においては敏満寺という寺院が存在していたのであり、その象徴が福寿院であったといえる。だからこそ多賀大社側とは相容れず、同格であり続ける必要があったのである。

おわりに

　最後に石仏谷中世墓地についても少し触れておきたいと思う。本稿で見てきたように福寿院は敏満寺の由緒に大変なこだわりを見せていたのにもかかわらず、石仏谷の墓地は放棄された。放棄の時期については、敏満寺が戦国期に兵火に罹ったのち石仏谷中世墓地のある南谷に唯一再建された世尊寺が慶長年間に退転していることが一指標にはなるだろう。墓地が放棄された理由に関しては、戦乱による敏満寺の廃絶が一因には違いないであろうが、他の要因も視野に入れる必要があるだろう。

　どのような人が葬られ、あるいは供養されていたとしても、墓地を維持する主体は寺院だけではない。被葬者・被供養者の血縁・地縁者なども維持する役割の一端を担っている。石仏谷の墓地は、これらの人たちからも見放されたのである。その理由については、第一に新墓地の整備などの理由から、石仏谷の墓地が不必要な存在となったことが考えられる。現に青龍山中にある福寿院歴代住持の墓には、江戸時代以降の住持の墓が整然と並んでいる（『敏満寺史』）。第二に、

被葬者・被供養者の血縁・地縁者などが消えた可能性が考えられる。少なくとも寺側の人間を含む墓地関係者が戦乱でこの世を去っていることは間違いない。加えて織豊期から江戸時代初期にかけて、全国各地において人々の集団移動が大規模に行われていたという事実も頭の片隅に入れておく必要があるだろう。残念ながら胡宮神社文書中からは石仏谷墓地の放棄の時期やその理由を知る手がかりをなる資料は見いだすことはできず、ここでは一般論としての示唆にとどめたいと思う。

　以上、胡宮神社文書および胡宮神社の社会的位置づけをめぐる訴訟を中心にこれまで見てきたが、今後近世の胡宮神社および別当福寿院の研究がおこなわれることで、石仏谷中世墓地のみにとどまらず敏満寺についての研究がさらに深まっていくことであろう。

註
（1）『多賀大社叢書』にも数通の近世文書が翻刻されているが、全体の概要について
　　紹介したものはない。
（2）胡宮神社文書2－2、2－3
（3）胡宮神社文書4－5
（4）胡宮神社文書2－2
（5）このほかの理由として敏満寺の什物が般若院には所在しているが福寿院に無いこともあったようである。し
　　かし、前述の通り天正2年（1574）に般若院に敏満寺什物を預けたという経緯があり、この預り状を含む
　　敏満寺什物は前住玄長によって焼却されていた。
（6）胡宮神社文書10－7
（7）胡宮神社文書11－17「十二世広海病気ニ附隠居願十三世義永住職願日記」

胡宮神社文書目録凡例
一、本目録は胡宮神社が所蔵する中世から近代文書の調査目録である。
一、原則的に編年とし、分類、分類番号、番号、文書名、員数、時代、差出、充所、形状、紙数、
　　法量、備考を示した。
一、文書名は原則として原題を採り、必要に応じて内容を（　）で補った。原題のないものに
　　ついては〔　〕を付して区別した。
一、年月日未詳ながら推定可能なものについては（　）で示した。
一、形状については二紙以上を貼り継いだものは続紙としたが、前欠、後欠などにより旧状が
　　続紙のものもこれに含めた。
一、法量の単位はセンチメートルである。
一、前欠、後欠あるいは旧調査番号など必要と思われる事項については備考に記した。

胡宮神社文書目録

分類名	分類番号	番号	文書名	員数	時代	年代	差出	充所	形状	紙数	法量タテ	ヨコ	備考
別置	1	1	太政官牒	1通		延慶2.2.5	東大寺大仏修理長官正五位下行左大史小槻宿祢(花押)	右少弁正五位下藤原朝臣	続紙	2	34.2	90.3	巻子装
別置	1	2	(足利義詮判御教書)	1通		応永25.8.28	(花押)	当寺衆徒	竪紙	1	33.6	53.5	357～8同巻 巻子装
別置	1	3	(書状)	1通		応永29.2.17	今熊野御房		竪紙	1	33.4	51.4	357～8同巻 巻子装
別置	1	4	(足利義持御判御教書)	1通		応永30.4.10	(花押)	当寺衆徒	竪紙	1	32.7	47.2	巻子装、[胡宮5]
別置	1	5	(室町幕府奉行施行状)	1通		寛正3.12.29	台京大夫(細川勝元)	佐々木大膳大夫大道	竪紙	1	28.8	45.9	345-6-拓、巻子装、[胡宮6]
別置	1	6	(室町幕府奉行施行状)	1通		寛正3.12.29	台京大夫(細川勝元)	当寺衆徒	竪紙	1	29.0	46.7	345-6-拓、巻子装、[胡宮6]
別置	1	7	(編冒)(歳末巻数写)	1通		(室町).3.24	左少弁		竪紙	1	30.0	38.5	巻子装、[胡宮8]
別置	1	8	(院宣)	1通		(室町).12.6	頼勝	頭兵衛督	竪紙	1	33.0	50.4	巻子装
別置	1	9	(編冒)(歳末巻数写)	1通		(室町).12.9	権右中弁		竪紙	1	30.0	42.3	巻子装、[胡宮7]
別置	1	10	(編冒)(巻数写)	1通		(室町).12.13	右少弁		竪紙	1	30.0	39.3	巻子装、[胡宮9]
別置	1	11	(来判物)(武運長久大折符写)	1通		元和2.2	(花押)	探題慈性御房	竪紙	1	28.8	38.5	348～54共箱、巻子装、[胡宮文書]第十三号
別置	1	12	(天海書状写)	1通		(江戸).9	南光天	慈性御坊	続紙	2	25.1	59.4	348～54共箱、352～3同巻、巻子装、[胡宮文書]第十六号
別置	1	13	(天海書状写)	1通		寛永13.3.	天南光	慈性大僧正敏満寺	続紙	2	22.7	60.1	348～54共箱、352～3同巻、巻子装、[胡宮文書]第十六号
別置	1	14	(来書状)(御未印顧書写付)	1通		(江戸).12	(花押)	慈性御坊奥之院	横切紙	1	21.0	42.0	348～54共箱、巻子装、[胡宮文書]第十四号
別置	1	15	(慈正墨跡)	1通		(江戸)	慈正		竪紙	1	24.4	38.0	348～54共箱、350～1同巻、巻子装、[胡宮文書]第十五号
別置	1	16	(慈正墨跡)	1通		(江戸)		江州奥院神護慈正	竪切紙	1	21.8	23.5	348～54共箱、350～1同巻、巻子装、[胡宮文書]第十五号
別置	1	17	(多賀胡宮社由記写)	1通		文化3.孟夏上7	文殊僧正住実改書		竪紙	1	31.3	50.3	348～54共箱、巻子装、[胡宮文書]第十七号
別置	1	18	(竹居光乗書状)(歳焔例折幡礼二付写)	1通		(江戸).正	竹尾三位光乗	尊勝院大僧都御法印・奥之院儀観法印	竪帳	1	31.6	42.3	[胡宮]第十八
別置	1	19	(執進状)(寄進一付)	1冊		寛政5.10	別当現住釜海		竪帳	1	43.9	53.6	巻子装、[胡宮文書]第十九号
別置	1	20	(旧記写)	1冊		夏政5.9.3	進藤大膳大夫兼石見守兼売		続紙	12	33.8	545.3	巻子装
別置	1	21	(敏満寺由来記)	1冊		享和元.9.3	良調書之		続紙	4	32.9	180.6	江戸写、巻子装、[胡宮○号]
由緒・旧記	2	1	(川瀬台丘覚書)	1冊		文化5.5.15	大神主川瀬台丘近写		続紙	6	13.9	216.0	文化5年5月写、[胡宮記録]第二十九号
由緒・旧記	2	2	口上覚(福寿院法流他二付)	1冊		明和元.7	別当現住華海		竪帳	46	30.0	21.7	[胡宮記録]第六号
由緒・旧記	2	3	胡宮大日殿福寿院由来記	1冊		文政4.15	福寿院十世隠居真実院整神・別当十世現住附弟修露貢代		竪帳	49	28.3	20.6	[胡宮記録]第三号
由緒・旧記	2	4	青龍山敏満寺由来記	1冊		文化元.5.15	福寿院十世隠居七十歳真実院整神・別当十世現住附弟広寡代		竪帳	21	25.4	17.5	[胡宮記録]第三号
由緒・旧記	2	5	青龍山敏満寺由来記	1冊		文化3.7	多賀胡宮別当福寿院隠居七十歳真実院法印整海・現住十二世附弟広寡他1名	坂本滋賀御殿仏頂院法印	竪帳	22	29.5	20.5	[胡宮文書]第三〇〇号
由緒・旧記	2	6	御書二付奉申上敏満寺事勝田勝長埃隻之事(胡宮由箱二付)	1冊		文政3.7	胡寿院別当福寿院氏子悠太子附広次郎三郎兵衛他1名		竪帳	11	27.8	20.2	[胡宮文書]第五〇〇号
由緒・旧記	2	7	記録帳(古記写)	1冊		文政3.正	胡宮書之		竪帳	142	27.1	19.2	[胡宮文書]第五号
由緒・旧記	2	8	胡宮大明神大日堂青龍山敏満寺福寿院由来書	1冊		明治元.7	鶴松押		続紙	52	27.0	20.0	表紙貼紙「徳右衛門」、[胡宮記録]第二十九号
由緒・旧記	2	9	胡宮社記	1通		(江戸).寅4.15	神與参行役人印	胡宮祢宜官役	続紙	3	24.2	15.9	[胡宮記録]第六号
由緒・旧記	2	10	口上覚(福寿院法流他二付)	1冊		(江戸)	別当大上坊敏満寺		竪帳	45	30.2	21.3	[胡宮記録]第四号
由緒・旧記	2	11	(胡宮神社明細書上)	1冊		(江戸)	江州大上郡敏満寺祢宜左京大夫証人務介他2名		竪帳	18	28.6	20.2	前次、[胡宮文書]第七号
由緒・旧記	2	12	(多賀胡宮社記)	1冊		(江戸)			続紙	4	18.7	159.4	[胡宮文書]第二六号
由緒・旧記	2	13	去ル子年坂本於滋賀院御殿二御渡候太下監候京都吉田殿より之御書附之写(多賀大社旧記)	1通		(江戸)			続紙	3	16.3	173.3	[胡宮文書]第二一九号
由緒・旧記	2	14	(安房行状)	1通		(江戸)			横切紙	1	17.8	22.0	
由緒・旧記	2	15	北野聖到天満宮略伝	1冊		明治8.7	胡宮祠掌小菅中立南議		竪紙	5	15.7	166.7	[胡宮記録]第十三号
由緒・旧記	2	16	永代光渡之申田地之事	1通		元禄14.12.26	多賀元主次郎介敏満寺左衛門他1名	敏満寺村左京	竪紙	1	24.8	17.0	[胡宮文書]第二十五号
土地	3	2	永代売渡之申田地之事	1通		享保15.極.29	敏満寺売主左京之証人務介他2名	敏満寺小路	竪紙	8	27.9	40.3	[胡宮文書]第二十七号
土地	3	3	永代譲り上申田地之事	1通		天保9.2	胡宮別当寺敏満寺役者		竪紙	1	27.2	38.2	包紙有、[胡宮文書]第百三十号

分類名	分類番号	番号	文書名	員数	時代	差出	充所	形状	紙数	法量タテ	ヨコ	備考
作事・普請	4	1	乍恐以書付御願奉申上候(返答願写)	1通	慶長19.3	奥之院胡宮氏子	大曽正忍口	竪切紙	1	24.2	43.8	[胡宮文書]第二十一号
作事・普請	4	2	参加帳(胡宮観音堂建立)	1冊	寛文12.4.吉			竪帳	5	28.2	20.2	[胡宮記録]第二十四号,木版
作事・普請	4	3	奉加社鳥居再建之一件下乗従公儀御政令彦根奉行所江・青附	1冊	寛政7	江州犬上郡青龍山敏満寺住持福寿院豪山敬白		竪帳	14	28.4	20.5	[胡宮記録]第二十五号
作事・普請	4	4	胡宮社鳥居再建公儀御政令彦根奉行所江之書附之覚之覚	1冊	寛政7	別当福寿院鑒海代		竪帳	16	28.5	20.5	
作事・普請	4	5	多賀両社神社大日殿境内修覆旧記	1冊	寛政13.2	江州犬上郡青龍山敏満寺奥胡宮別当福寿院		竪帳	4	27.5	19.8	[胡宮記録]第八号
作事・普請	4	6	大日堂復興修覆屋根ニ付	1冊	享和元.極	現住十一世鼕貴代・世鼕隆海代		竪帳	5	25.3	17.5	[胡宮記録]第二十九号
作事・普請	4	7	乍恐以書付御願奉申上候(底帳付替一付)	1通	文化8.3	大尼子住屋与兵衛・横目太郎平他		続紙	2	28.0	79.4	[胡宮文書]第百五号
作事・普請	4	8	胡宮御葵損諸頭ニ付皮負之記坂本御殿之下知之覚	1冊	慶応元.7	福寿院慈覚代・住屋太郎平他3名		竪帳	23	24.5	17.0	[胡宮記録]第九号
作事・普請	4	9	覚(棒杭佐請代)	1通	(江戸).9.6	坂本御殿役所		続紙	2	17.6	53.5	包紙有,[胡宮文書]第百六十三号
作事・普請	4	10	[諸入用請取書]	1通	(明治).9.6	胡宮氏子		竪帳	1	24.8	34.0	[胡宮文書]第百七十五号
作事・普請	4	11	木社根掛勝殿金内御訳簿	1冊	明和6.6	県社胡宮神社		竪帳	17	22.7	15.7	
什物	5	1	胡宮福寿院諸道具内入請書(大日堂盗難他他件)	1通	天明4.9	泰誉代	中筋奉行所	竪帳	19	30.4	17.2	[胡宮文書]第百四十五号
什物	5	2	以書付安奉申上候(大日像盗難届他他)	1通	享和3.11.23	犬上大社敏満万寺村胡宮別当福寿院鑒海十世隠居真楽院鑒海・現住附僧幼法印広海代	当社奉行所人衆	竪帳	18	28.4	42.0	
什物	5	3	[多賀安養寺ヨリ像移届他他書]	1冊	文化元.6	大日堂万多賀安養寺鑒海爾天現住附瑠弥山広海代	当社役人衆	竪帳	19	27.0	20.2	
什物	5	4	[多賀安養寺ヨリ像移届他他書]	1冊	文化13	胡宮別当福寿院鑒元一付福寿院安慈元・十世大衛像二付]		竪帳	1	32.0	20.0	[胡宮文書]第百十四号
什物	5	5	乍恐以書付奉願上候(福寿院安慈元一付大衛像二付)	1通	文化13	江州犬上郡敏万寺胡宮別当福寿院光澤印・庄屋太郎平他他3	多賀院御棠樹院法印・霊山院	竪紙	1	28.8	44.5	[胡宮文書]第百二十四号
什物	5	6	[境内什物等調書]	1通	天保12	敏満寺福寿院光濬印・庄屋太郎平他他3	東叡山龍王院法印・功徳院法印	続紙	3	28.8	120.9	
什物	5	7	[境内什物等調書]	1通	天保13	敏満寺福寿院光澤・庄屋太郎平他3	東叡山龍王院法印・功徳院法印	続紙	3	28.8	118.5	
什物	5	8	乍恐以書付奉願上候(福寿院伝来仕候宝ヲ慈宝寺梨箱二付)下書	1通	弘化2.11	胡宮別当福寿院光澤・慈宝他他1名	滋賀院門跡留守居法印	竪帳	1	27.5	38.5	[胡宮文書]第百十三号
什物	5	9	梵鐘(鋳之書付	1通	安政3.5.25	近江国滋賀郡天台宗滋賀院門跡末近江国大上郡敏満寺胡宮福寿院	寺社奉行所	竪紙	1	28.0	40.0	
什物	5	10	胡宮御興井奉加目録	1通	(江戸)寅.4.16	胡宮祢宜代	神興奉行人	折紙	1	36.8	49.2	[胡宮文書]第百六十七号
什物	5	11	[胡宮御興奉加帳目録]	1通	(江戸)寅.4.16	胡宮祢宜太夫兵衛	神興奉行人	折紙	1	36.8	48.2	[胡宮文書]第百六十八号
神事・仏事	6	1	[神事執行一付愉門下状写]	1冊	宝永5.7.18	執行奉院持切印判		続紙	10	16.0	418.8	[胡宮文書]第百二十六号
神事・仏事	6	2	年中行事記	1冊	享保16.3.吉	久徴域勝		竪帳	17	28.9	20.5	
神事・仏事	6	3	胡宮年中行事記	1冊	明和4.卯.吉	地域堂種村大名衛門記		竪帳	16	24.5	16.3	[胡宮記録]第四号
神事・仏事	6	4	一礼之事・多賀社修正会勤行一付)下書	1冊	享和17.正	胡宮福寿院大名衛門下	一和尚敏宝院法印・二和尚成鏡院法印	竪帳	1	28.4	40.2	[胡宮記録]第四十二号
神事・仏事	6	5	出張略作法	1冊	寛政7.22	光明山門宝職之		竪帳	6	17.8	13.8	
神事・仏事	6	6	阿弥陀法	1冊	寛政8.5.11	鷺水八閃宗観五月十一日為当用者之野悉潔蔵		横半帳	8	14.4	20.4	
神事・仏事	6	7	見聞集	1冊	寛政8.9.吉良	介米良房		横半帳	9	14.2	19.8	
神事・仏事	6	8	多賀大社修正会一付東叡山御下知成候下ヲ置候ニ写ニ	1冊	寛政9.10.11	青龍山敏満寺胡宮別当福寿院第十世現住住法印鑒海印	敏満寺村役人氏子	竪帳	8	28.0	20.0	
神事・仏事	6	9	乍恐以書付奉申上候一付東叡山御下知成候下ヲ知成候写ニ	1冊	寛政9.10.18	現住法印敏満寺代住持行年七十歳鑒海印	寺社奉行所	竪帳	33	28.3	20.5	[胡宮文書]第百五十一号
神事・仏事	6	10	以書付奉申上候(当社神興二付)	1冊	寛政9.8	敏満寺村胡宮別当福寿院鑒海印	寺社奉行所	竪帳	1	29.3	40.5	[胡宮文書]第百五十六号
神事・仏事	6	11	以書付奉申上候(当社神興二付)	1冊	寛政9.8	敏満寺村胡宮福寿院鑒海印	寺社奉行所	竪帳	1	29.3	40.3	
神事・仏事	6	12	以書付奉申上候(法義勤行御導師二付)	1冊	寛政9.8	敏満寺村胡宮福寿院鑒海	寺社奉行所	竪帳	1	29.3	40.3	包紙有,[胡宮文書]第百五十七号
神事・仏事	6	13	帰命無量寿仏経抄全	1冊	享和元.仏誕生	胡東多賀大社奥之院胡宮別当福寿院氏子惣寺胡宮社		竪帳	10	24.7	17.2	[胡宮文書]第二九七号
神事・仏事	6	14	大日堂護摩講作方帳	1冊	文化2	制調元	坂本御殿留守居御頂院法印	竪帳	6	24.2	16.0	[胡宮文書]第三〇九号
神事・仏事	6	15	文化二丑十二月六日鑒海老師死去大柱井大遺社修正会之多賀両両院江戴出シ願成候書面往返之扣	1冊	文化2	多賀胡宮別当福寿院代代福寿院仏頂院法印		竪帳	57	25.2	17.5	[胡宮文書]第一七九号
神事・仏事	6	16	乍恐以書付奉申上候(法義勤修御導師二付)	1冊	文化3.2.16	大上郡敏満寺胡宮福寿院	坂本滋賀院御殿仏頂院法印	続紙	2	27.8	47.2	[胡宮文書]第二九五号
神事・仏事	6	17	以書附御願奉申上候(多賀会勤行御導師二付)	1通	文化3.2.24	大上郡敏満寺胡宮福寿院	坂本御殿	竪帳	5	28.2	20.5	[胡宮文書]第一五五号
神事・仏事	6	18	胡宮之多賀両院寺付以書付以書奉申上候(足繋会勤行導師二付)	1冊	文化3.2	多賀胡宮別当福寿院氏子惣寺		竪帳	5	28.0	20.0	[胡宮文書]第二九八号
神事・仏事	6	19	多賀大社修正会付以書以書奉申上候(足繋会勤行導師二付)	1冊	文化3.2	大上郡敏満寺胡宮福寿院		竪帳	1	28.0	40.7	[胡宮文書]第一七八号
神事・仏事	6	20	以書付御届奉申上候(足繋会勤行御導師二付)	1通	文化3.2	大上郡敏満寺胡宮福寿院		続紙	1	28.0	40.6	[胡宮文書]第一七九号
神事・仏事	6	21	以書附御胡宮社祭礼執行日・付)	1通	文化3.4.17	大上郡敏満寺胡宮福寿院	寺社奉行所	竪紙	1	28.0	39.3	[胡宮文書]第一八〇号

分類名	分類番号	文書名	員数	時代	差出	充所	形状	紙数	法量タテ	ヨコ	備考
作事・普請	4-1	午恐以書付御願奉申上候(遺言願)写	1通	慶長19.3	奥之院胡宮氏子	大僧正忍口	堅切紙	1	24.2	43.8	「胡宮文書/第二十一号」
作事・普請	4-2	奉加帳(胡宮観音堂建立)	1冊	寛政12.4.吉	江州犬上郡青龍山敏満寺住持福寿院豪仙敬白		堅帳	5	28.2	20.2	木版
作事・普請	4-3	胡宮社鳥居再建之一件下乗石従公儀御改有之修根牛社奉行所江ノ書附	1冊	寛政7	別当福寿院豪海代		堅帳	14	28.4	20.5	「胡宮記録/第二四号」
作事・普請	4-4	二付修根牛奉行所江ノ書附上ヶ事	1冊	寛政7			堅帳	16	28.5	20.5	「胡宮記録/第二五号」
作事・普請	4-5	多賀胡宮神社境内建前記簿	1冊	寛政13.2	江州犬上郡青龍山敏満寺奥院胡宮別当福寿院		堅帳	4	27.5	19.8	「胡宮記録/第六号」
作事・普請	4-6	大尾堂再興祓柱始日記	1冊	享和元.極	現住十一世磐海代・師家十世磐海代		堅帳	5	25.3	17.5	「胡宮記録/第二九号」
作事・普請	4-7	午恐以書附屋根与兵衛二付(底帳付二付)	1冊	文化8.3	大尾子村屋根与兵衛・横目兵衛		続紙	2	28.0	79.4	「胡宮文書/第百五号」
作事・普請	4-8	胡宮御屋根損一付従之仕替之記坂本御殿御下知之覚	1冊	慶応元.7	福寿院慈英代・住屋太郎平代屋平代他3名		堅帳	23	24.5	17.0	「胡宮記録/第九号」
作事・普請	4-9	覚(棒杭取調代)	1通	(江戸).9.6	坂本御殿役所	胡宮氏子	続紙	2	17.6	53.5	包紙有.
作事・普請	4-10	(諸人用請取書)(棒杭一件)	1冊	(明治).9.6	胡宮氏子		堅帳	1	24.8	34.0	「胡宮文書/第百六十三号」
作事・普請	4-11	木社屋根葺替金内訳覚	1冊	(明治)	県社胡宮神社		堅帳	17	22.7	15.7	「胡宮文書/第百七十五号」
什物	5-1	胡宮福寿院諸道具引渡一覧	1冊	明和6.6	秦豊代		堅帳	19	24.7	17.2	「胡宮記録/第四十五号」
什物	5-2	以書付御届奉申上候(大白堂盗難什他写)	1冊	天明4.9	大上郡敏万寺村胡宮別当福寿院磐海	中筋奉行所	堅帳	1	30.4	42.0	「胡宮文書/第百三十号」
什物	5-3	(多賀安養寺ヨリ象移転届他他写)	1冊	享和3.11.23	隠居真乗院磐海・現住胡宮別当福寿院住磨代・海代	当村移住人衆	堅帳	18	28.4	20.2	
什物	5-4	(多賀安養寺ヨリ象転届他他写)	1冊	文化元.6	十世隠阿真乗院磐海現住附賜広海代		堅帳	19	27.0	20.0	「胡宮記録/第四十二号」
什物	5-5	午恐以書付奉願上候(福寿院仏具安置元三大師像一付)	1通	文化13	胡宮別当福寿院 氏子代惣代恐他1名	多賀院薬樹院法印・霊山院	堅帳	1	32.0	44.5	「胡宮文書/第百四十四号」
什物	5-6	(境内付物等調書下書)	1冊	天保12	江州大上郡敏万寺村胡宮福寿院光厳印	東叡山龍王院法印・功徳院法印	続紙	3	28.8	120.9	
什物	5-7	(境内付物等調書)	1冊	天保13	庄屋太郎平印他3	東叡山龍王院法印・功徳院法印	続紙	3	28.8	118.5	
什物	5-8	午恐以書付奉願上候(福寿院伝来仏弟雲宝等結録一付)下書	1通	弘化2.11	敏満寺村胡宮福寿院光厳・住屋太郎平他2	滋賀院御殿留守居法印	堅帳	1	27.5	38.5	「胡宮文書/第四十二号」
什物	5-9	梵鐘之覚一付書付	1通	安政3.5.25	近江国滋賀郡天台宗滋賀院末近江国大上郡敏万寺村胡宮別当福寿院総代他他1名	寺社奉行所	堅帳	1	28.0	40.0	「胡宮文書/第百四十九号」
什物	5-10	胡宮御興神鈴目録	1通	(江戸)寅.4.16	胡宮称宜代	神輿奉行役人	折紙	1	36.8	49.2	「胡宮文書/第百五十号」
什物	5-11	胡宮御興神鈴目録	1通	(江戸)寅.4.16	胡宮称宜大氏家	神輿奉行役人	折紙	1	28.8	48.2	「胡宮文書/第百九十八号」
神事・仏事	6-1	(神事執行)一付御門下知状写	1冊	宝永5.7.18	敏満寺村胡宮別当福寿院磐海	胡宮福寿院	横半帳	10	16.0	418.8	「胡宮記録/第四十一号」
神事・仏事	6-2	年中行事帳	1冊	享保16.3.吉	久役瀧勝		堅帳	17	28.9	20.0	
神事・仏事	6-3	胡宮年中行事記	1冊	明和元.7	地蔵密種千茂台衛門記		堅帳	16	24.5	16.3	「胡宮記録/第四十二号」
神事・仏事	6-4	一札之事(多賀大修勤行一付)下書	1冊	明和正.7	光澤山門下寺院之	一和尚聚若院法印・二和尚成就院法印	堅帳	6	28.4	40.2	「胡宮文書/第百七号」
神事・仏事	6-5	出家略作法	1冊	寛政7.22	寛政八丙辰歳五月十一日為当用春之兄尾光釈諸蔵		堅帳	6	17.8	17.0	
神事・仏事	6-6	阿弥陀法	1冊	寛政8.5.11	介乙丘良		横半帳	8	14.4	14.4	
神事・仏事	6-7	見聞集	1冊	寛政9.吉良	介乙良房		横半帳	9	14.2	19.8	
神事・仏事	6-8	午恐以書付奉申上候(多賀胡宮神下知顧下置候写ツ)	1冊	寛政9.10.11	青龍山敏満寺胡宮別院下知顧下置候写ツ	寺社奉行所	堅帳	8	28.0	20.0	
神事・仏事	6-9	多賀大社移会正会一付従東叡山御下知御之儀写	1冊	寛政9.10.18	世現法印敏満寺胡宮福寿院第十七十歳磐海		堅帳	33	28.3	20.5	「胡宮記録/第十七号」
神事・仏事	6-10	多賀大社移会正会一件(当社神興之儀一付)	1冊	寛政8	敏満寺村胡宮福寿院磐海		堅帳	1	29.3	40.5	「胡宮文書/第五十一号」
神事・仏事	6-11	以書付御願奉申上候(当社神興之儀一付)	1冊	寛政8	敏満寺村胡宮福寿院磐海		堅帳	1	29.3	40.3	「胡宮文書/第五十八号」
神事・仏事	6-12	胡宮執行二付輪下知状写	1冊	寛政3.2.24	敏満寺別当福寿院磐海		堅紙	1	29.3	40.3	包紙有.「胡宮文書/第二十六号」
神事・仏事	6-13	帰命無量寿神敬会鈴全	1冊	享和元.仏誕生	湖寒多賀胡宮別当福寿院磐海・胡宮社別当福寿院磐海書面記之 同人名義代		堅帳	10	24.7	17.2	「胡宮文書/第四十号」
神事・仏事	6-14	大日霊貴讓仕方帳	1冊	文化2	創調之		堅帳	6	24.2	16.0	
神事・仏事	6-15	文化二正十二月六日磐海老師所夫大社并大温社修正会之義多賀両院江顧以候書面往返之和	1冊	文化2			堅帳	57	25.2	17.5	「胡宮文書/第八十号」
神事・仏事	6-16	以書付御願奉申上候(足繁会勤行導師二付)	1冊	文化3.2.16	多賀胡宮別当福寿院	多賀院御殿留守居院仏頂院法印	続紙	2	27.8	47.2	「胡宮文書/第百七十八号」
神事・仏事	6-17	以繋奏会議仕法	1冊	文化3.2.24	多賀胡宮別当福寿院代 同人名義兵衛	坂本滋賀院御殿仏頂院法印	堅帳	5	28.2	20.5	「胡宮文書/第二十六号」
神事・仏事	6-18	午恐多賀両院二付以書付御願奉申上候(足繋会一付)	1冊	文化3.2	多賀胡宮別当福寿院磐	坂本御殿滋賀院御殿勤守居法印	堅帳	5	28.0	20.0	「胡宮記録/第三十号」
神事・仏事	6-19	以書付御願奉申上候(足繋会勤行導師二付)	1冊	文化3.2	大上郡敏満寺村別当福寿院	寺社奉行所	続紙	1	28.0	40.7	「胡宮文書/第七十八号」
神事・仏事	6-20	以書付御願奉申上候(足繋会勤行導師二付)	1冊	文化3.2	大上郡敏満寺別当福寿院	寺社奉行所	堅紙	1	28.0	40.6	「胡宮文書/第百八十号」
神事・仏事	6-21	以書付御願奉申上候(多賀胡宮社祭礼執行日二付)	1通	文化3.17	大上郡敏満寺別当福寿院	寺社奉行所	堅帳	1	28.0	39.3	「胡宮文書/第八十号」

— 138 —

分類名	分類番号	番号	文書名	員数	時代	差出	充所	形状	紙数	法量タテ	ヨコ	備考
神事・仏事	6	61	九曜呪	1枚	(江戸)			切紙	1	13.8	15.5	
神事・仏事	6	62	多賀大社御守護札	1枚	(江戸)			切紙	1	6.4	3.5	包紙有
神事・仏事	6	63	多賀大社修正会行用手引	1帖	(江戸)			折本	2	16.5	7.5	
神事・仏事	6	64	行用(修正会伝法ニ付)	1帖	(江戸)	胡宮別当福寿院		折本	3	15.5	7.7	紙背ニ豊福寿院無住ニ付修正会伝法ノ教若院ニて伝法ニ付此一札教若院より/申受候
神事・仏事	6	65	薬師堂供養法	1帖	(江戸)			折本	11	15.4	12.0	奥書「四明峯沙門閟鎮謹書」
神事・仏事	6	66	(断簡)	1冊	(江戸)			折本	2	16.0	23.0	
神事・仏事	6	67	多賀大社児童大祭祝詞・胡宮四月神事祝詞	1冊	明治3.10.20	嗣掌人平川昌信	多賀胡宮神社神主小笹氏・佐々木氏両主	竪帳	10	24.5	17.0	[胡宮記録/第三七号]
神事・仏事	6	68	多賀大社児大祭大祝詞	1冊	明治5.3	嗣掌人豊後満与呂嗣掌小笹中行事	大上郡敏満寺村胡宮小笹中立印	竪帳	8	25.0	17.0	[胡宮記録/第四四号]
神事・仏事	6	69	諸社参詣祝詞	1冊	(明治)	昌信謹誦		竪帳	4	24.7	16.3	[胡宮記録/第三六号]
神事・仏事	6	70	乍恐以書付御願ヶ奉申上候(瀧之宮修正会ニ付)下書	1通	天明6.正	多賀胡宮別当福寿院氏子	坂本役所	続紙	3	24.4	102.3	[胡宮文書/第百五十四号]
勧進	7	1	一札之事(諸国往来)	1通	天明6.正	日光支配所福寿院役者宝蔵院	諸国蕃行役人	竪紙	1	32.5	43.0	[胡宮文書/第四十六号]
勧進	7	2	順ヶ一札之事	1通	天明7.9	日光支配所福寿院役者宝蔵院	諸国村之宿々郷役・同寺院	竪紙	1	32.5	43.0	[胡宮文書/第四十七号]
勧進	7	3	覚(諸国順行ニ付)	1通	享和辛酉.8	日光門跡支配所福寿院役者宝寿院	諸国村々宿々里町役人・寺院	竪紙	1	31.3	44.7	[胡宮文書/第四十八号]
講・配札	7	4	乍恐奉願口上書(多賀大社奥院胡宮大明神諸国配札之儀ニ付)	1通	享和2.6	江州多賀大社奥院胡宮別当福寿院役者宝寿院・役僧鶴明他1名	寺社奉行所	続紙	2	28.7	83.9	[胡宮文書/第六十九号]
講・配札	7	5	乍恐以書附奉願上候(新特御札守配当之儀ニ付)下書	1通	文化2.6	大津寺内平井三郎・万事引請人早藤七兵衛他1名	別当福寿院法印	竪紙	1	33.5	46.7	[胡宮文書/第八十七号]
講・配札	7	6	一礼之事(御札頂戴ニ付替付)	1通	文化5.5	胡宮祐之太次兵衛・同代役僧之進	坂本御殿薬師院法印	竪紙	1	27.8	40.8	[胡宮文書/第九十一号]
勧進	7	7	(胡宮大明神榊那間ニ付費付)	1通	文化9.正	別当福寿院	使僧少弁	折紙	1	32.6	43.0	[胡宮文書/第百四十七号]
勧進	7	8	大坂表三郷郡中配礼先例ヶ之候一件日逆日記	1冊	文化10.12.10	大坂門跡支配所当福寿院役者宝寿院	諸国村々郷役人・寺院	竪帳	7	24.2	17.2	[胡宮文書/第一三四号]
勧進	7	9	奉納金子之事(配礼運上ニ付)	1通	文化10.12.17	大坂南堀江五丁目近藤宝米屋仁兵衛	胡宮福寿院役者宝寿院	竪紙	1	25.0	34.5	[胡宮文書/第百四十号]
講・配札	7	10	一札之事(津之国大坂三郷胡宮札守配当之他ニ付)	1通	文化10.12	江州膳所西之丁目多賀正左兵衛・同家来下道伯他他2名	大坂南堀江三丁目近藤左近他他名	続紙	2	28.8	43.1	[胡宮文書/第百四十七号]
講・配札	7	11	諸言一件(大坂南講中胡宮御札守配当之他ニ付)	1通	文化10.12	大坂南堀江之丁正米屋仁兵衛・山門作・道直屋平	多賀胡宮別当福寿院役者宝珠院	竪紙	1	28.8	36.0	[胡宮文書/第六十七号]
講・配札	7	12	覚(栢村等配当ニ付)	1通	文化11.2	大和屋武兵衛	多賀胡宮別当福寿院法印	折紙	1	28.2	32.3	[胡宮文書/第六十一号]
勧進	7	13	一札之事(配札宛加金納ニ付)	1通	文化11.3.26	大坂福寿院江・同近藤木屋任左兵衛他2名	福寿院福寿院役者宝寿院	竪紙	1	28.0	38.9	[胡宮文書/第六十二号]
勧進	7	14	一札之事(配札宛加金納ニ付)一件	1冊	文政5.4.10	別当福寿院役者	諸国村代寺所廻行	折紙	1	32.0	43.8	[胡宮文書/第四十五号]
勧進	7	15	口達(随印申付)	1通	嘉永4.9	愛宕院一・社	年行事役寺行代	横切紙	1	16.3	26.6	前欠、[胡宮文書/第三十八号]
開帳	8	1	(御・新成正役後礼札之付一礼)	2通	寛政10.10	福寿院役者宝寿院	奉行	竪紙	2	15.8	25.0	包紙有、[胡宮文書/第四十五号]
開帳	8	2	覚(諸国通行ニ付)	1通	寛政11.正	大上郡多賀胡宮別当福寿院	滋賀御胡殿御役人中	横切継紙	1	30.4	28.9	[胡宮文書/第六十六号]
開帳	8	3	(配礼宛配礼ヶ他付他)	1通	文化12.4	道俺・家主多屋久兵衛印他1名	江州多賀胡宮別当当福寿院中	続紙	1	30.8	42.5	[胡宮文書/第三十五号]
開帳	8	4	日光門主支配所大坂胡宮開帳付	1通	安政元.9.吉	福寿院当当役僧	寺社奉行所	続紙	2	27.7	42.6	[胡宮文書/第三十四号]
開帳	9	1	乍恐奉願口上書(奥堀木地観音本地開帳ニ付)	1通	安政3.12.11	江州多賀村奥院別当当福寿院社別当当福寿院印附弥		竪紙	1	31.0	41.7	[胡宮文書/第六十五号]
開帳	9	2	一札之事之覚	1通	安政3.12	当施正法郡所胡宮別当当福寿院・役者宝寿院紋那御	滋賀御胡宮御役人中	横切紙	1	24.3	34.1	[胡宮文書/第三十四号]
開帳	9	3	一札之事(霊山開帳ニ付)	1通	安政3.12	大上郡多賀胡宮別当役使僧	江州多賀付胡宮別当当福寿院中	竪紙	1	28.0	42.2	[胡宮文書/第三十五号]
開帳	9	4	(観入開帳ニ付)	1通	(安政4).2.晦	多賀別当役信	京都中教大小近江屋与市・現住別当面兵衛他1名	竪紙	2	27.7	40.4	[胡宮文書/第三十六号]
開帳	9	5	以書付奉申上候(霊山出開帳ニ付)	1通	安政4.1.2	大上郡敏満寺村胡宮別当福寿院	寺社奉行所	続紙	1	19.7	68.2	[胡宮文書/第三十九号]
開帳	9	6	(出開帳ニ付願控)	1冊	安政4.3.12	多賀胡宮福寿院	滋賀院胡宮御役人	続帳	6	27.9	39.8	[胡宮文書/第三十九号]
開帳	9	7	乍恐奉申上候口上書之覚(霊山出開帳ニ付)下書	1通	安政4.3.13	多賀胡宮福寿院印	滋賀院胡宮御役人	続紙	7	28.2	154.8	[胡宮文書/第四十号]
開帳	9	8	引請一札之事(霊仏霊勝開帳ニ付)	1通	安政4	当地河原町家持魚俺源兵衛・同上町鶴屋新五郎	福寿院役人中・氏子中	竪紙	1	30.9	279.7	包紙有、[胡宮文書/第四十一号]
開帳	9	10	引請一札之事(霊仏霊薩開勝寺為拝ニ付)	1通	享和3.12.上旬	同上町鶴屋新五郎・同川原町魚屋源五衛門他1名	当村役人中・頭分中	竪紙	1	31.0	43.5	[胡宮文書/第六十七号]
開帳	9	11	(観音霊音薩出開願一札ニ付他留)	1冊	享和3.12.上旬	胡宮別当福寿院隠之一件他留	福寿院役人	竪帳	22	28.2	20.2	[胡宮記録/第一七号]
開帳	9	12	(京都霊山仏之覚・開相ニ件他留書)	1冊	文化4.2	隠店真楽院隠海守行年七十七・現住付随阿広海開云		竪帳	51	29.2	20.5	[胡宮記録/第一二〇号]
開帳	9	13	往来一札之事	1冊	文化元.4.29	福寿院広海代・師印隠隠代海開云	村役人中・氏子代筆中	竪帳	18	29.5	20.5	[胡宮記録/第一七〇号]

— 139 —

分類	番号	文書名	員数	時代	差出	充所	形状	紙数	法量タテ	ヨコ	備考
開帳	9	14	[日記](京都霊山出開帳他)	1冊	文化元	隠居真乗院盤海行年七十六・現住附弟広海闍梨	村役人頭分中・氏子衆中	堅帳	51	29.5	20.5	「胡宮記録」第一六号
開帳	9	15	[京都霊山之ケ日延一件他請書]	1冊	文化元.5.21	青龍山胡宮別当胡匠附弟広海闍梨		堅帳	18	29.2	20.3	「胡宮記録」第二一八号
開帳	9	16	[顧書](出開帳一付他写)	1冊	文化.5.8.16	福寿院広印行年七十七歳書也盤海法印行年七十七歳書也		堅帳	9	28.3	20.3	「胡宮文書」第一一八号
開帳	9	17	[日記](出開帳山出開帳写)	1冊	文化2.5.中旬	福寿院隠居真乗院盤海闍梨云・現住附弟広海代師匠隠居真乗院盤海闍梨云七十七歳書也		堅帳	41	29.0	20.2	「胡宮記録」第一一九号
開帳	9	18	差入申一札之事(出開帳出話方)	1通	天保6.閏7	無量院役大津屋兵衛兵衛	宝寿院	横切紙	1	24.6	29.0	「胡宮文書」第百二十一号
開帳	9	19	上納金之事(出開帳出話方)	1通	天保6.閏7	近江隆清次・近江尾長三郎	多賀胡宮別当福寿院役者	堅紙	1	33.0	32.1	「胡宮文書」第百二十二号
開帳	9	20	為取替申一札之事(出開帳)	1通	天保6.閏7	近江隆清次・近江尾長三郎	多賀胡宮別当福寿院	堅紙	1	33.6	34.2	「胡宮文書」第百二十五号
開帳	9	21	[口上覚](出開帳)	1通	天保7.2.10	福寿院	胡宮福寿院	堅紙	1	28.2	40.3	「胡宮文書」第百二十六号
開帳	9	22	別紙口上覚(出開帳並一付)	1通	天保7.2.11	胡宮福寿院	多賀胡宮別当福寿院	堅帳	1	28.2	40.2	「胡宮文書」第百二十七号
開帳	9	23	一札(出開帳話方)	1通	天保7.2.12	大津屋源兵衛	多賀教若院 成就院	堅帳	1	24.2	29.7	「胡宮文書」第百二十八号
開帳	9	24	以書附敬白事(御堂御出開帳一付他)	1通	天保7.2	大上郡敏万寺村胡宮別当福寿院光瀧	福寿院 鑑兵衛	堅帳	1	28.2	40.6	「胡宮文書」第百二十九号
開帳	9	25	覚(山諸公御祝金之印)	1通	天保7.2	坂救院別当胡寺・般若寺院納所	福寿院奉行所	堅帳	1	27.8	39.5	「胡宮文書」第百三十四号
開帳	9	26	以書付御届奉申上候(観世音御開帳)	1通	弘化2.12	大上郡敏万寺村胡宮別当福寿院光瀧	寺請方奉行所	堅帳	1	28.7	39.0	「胡宮文書」第百三十五号
開帳	9	27	以書附御届奉申上候(観世音客盛開帳)	1通	弘化2.12	大上郡敏満寺村胡宮別当福寿院光瀧	普請方奉行所	堅帳	1	28.7	39.0	「胡宮文書」第百三十六号
開帳	9	28	[口上覚](観世音客盛開帳)	1通	弘化2.12	多賀別当胡宮九十九則	福寿院	横切紙	1	16.6	44.5	「胡宮文書」第百三十七号
開帳	9	29	調一礼(観世音御開帳之儀一付)	1通	(江戸).閏.2.朔	多賀別当役僧	氏子惣代	堅切紙	1	15.7	36.7	「胡宮文書」第百四〇号
開帳	9	30	[顧書](精進院添翰一付留書)	1冊	安永3.12.5	江州多賀大社御内胡宮別当広海闍梨云役者宝寿院坊印・霊仙正法正寺役者敏阿弥印	二条奉行所	堅切紙	1	18.9	24.2	前次、「胡宮記録」第二三三号
訴訟	10	1	葵御紋御桃燈之一付留書	1冊	寛政9.7.10	胡宮別当福寿院盤海		堅帳	40	28.6	20.3	「胡宮記録」第一二六号
訴訟	10	2	以書付御願申上候(多賀大社他棒抗一付)	1冊	寛政12	大上郡敏満寺村	坂本御殿門龍院印	堅紙	1	28.2	40.0	「胡宮文書」第三一六号
訴訟	10	3	覚不動願上直(多賀大神主代参内障内取替論二付)	1冊	享和3.正	大上郡敏満寺村	御殿役人	横切紙	1	25.0	34.5	「胡宮文書」第百七号
訴訟	10	4	以恐奉顧上候(観世音客盛胡宮別当福寿院光瀧三郎兵衛他一候写)	1冊	享和3.正	大上郡敏満寺村胡宮別当福寿院光瀧云		横切紙	1	27.7	38.5	「胡宮文書」第百七号
訴訟	10	5	以認以棒杭興候建敷他一件留書下書	1冊	享和3.7.24	江州大上郡敏満寺村胡宮別当福寿院広海代・同太郎兵衛		堅帳	26	28.6	20.3	「胡宮文書」第百七号
訴訟	10	6	[鳥居他棒杭抗興改一付留書]	1冊	(享和3).来.8.28	福寿院隠居盤海・世真乗院盤海当住広海	村役人衆	堅帳	34	28.5	17.2	「胡宮文書」第一七一号
訴訟	10	7	[大神主代替り篤改一件留書]	1冊	享和3.10.9	胡宮別当福寿院盤海十一世真乗院盤海	坂本御殿門龍院印	堅帳	28	25.2	17.2	「胡宮文書」第一七四号
訴訟	10	8	[覚](多賀御桃衣者用)	1冊	享和3.12.28	青龍山胡宮別当福寿院盤海闍梨云		堅帳	32	27.8	20.2	「胡宮文書」第一八七号
訴訟	10	9	当山麦色衣者用他	1冊	文化元.4	多賀大社別社不動院強訴一件建築懊先視一建歓候覚	坂本御殿役者	堅紙	2	24.2	66.6	「胡宮文書」第一八八号
訴訟	10	10	[四ツ屋棒杭付建始付不動院への証対一件]	1冊	文化元.5.下旬	福寿院不動院之儀一付書付下書		堅帳	25	27.0	20.0	「胡宮文書」第一八五号
訴訟	10	11	[顧書] (福寿院への対一)	1冊	文化元.7	胡宮別当福寿院真乗院盤海	坂本不動院	横切紙	21	25.0	34.5	「胡宮文書」第一六七号
訴訟	10	12	多賀不動院より又御内障内一付顧写一付候書	1冊	文化元.7.27	胡宮別当福寿院隠居真乗院盤海代・同太郎兵衛他	坂本御殿門龍院法印	堅帳	8	28.2	20.3	「胡宮文書」第一七六号
訴訟	10	13	以恐付内陣付取替一付書	1冊	文化元.7	江州大上郡敏満寺胡宮別当弟広海代	坂本御殿門龍院役人	堅帳	6	28.2	28.2	「胡宮文書」第一七八号
訴訟	10	14	返答書之下書 (内陣付取替一付)	1通	文化元.7	大上郡敏満寺村胡宮別当福寿院盤海闍梨云附現住広海代・氏子衆		堅帳	1	30.3	38.0	「胡宮文書」第一七九号
訴訟	10	15	乍恐御尋奉申上候(成就院較云附氏子異盟書)	1通	文化元.8.14	福寿院十世隠居真乗院盤海十一世広海当附現住広海代・氏子	寺社奉行所	堅帳	26	28.5	20.3	「胡宮文書」第一八〇号
訴訟	10	16	[四ツ屋棒杭付建始付不動院強訴一及異論一建歓候付]	1通	文化2.正	福寿院十世附真乗院盤海・世真乗院盤海附現住弟広海代		堅帳	7	28.2	20.3	「胡宮記録」第二三四号
訴訟	10	17	[胡宮社附付(胡宮往古ヨリ県於滋賀院付)]	1冊	文化2.7.22	胡宮別当福寿院隠居七十七歳浜印兵衛	寺社奉行所	堅帳	7	29.0	20.3	「胡宮文書」第二八五号
訴訟	10	18	以書付胡宮社敗致強訴申付一付候	1冊	文化2.8.14	多賀胡宮別当福寿院真乗院盤海仏印之	村役人庄屋太郎兵衛他	堅帳	7	25.3	17.3	「胡宮文書」第二七五号
訴訟	10	19	[顧書] (不動院歌致強訴一付)	1冊	文化2.12	江州多賀胡宮別当福寿院隠居盤海供他	村役人代師太郎兵衛	堅帳	47	28.0	20.0	「胡宮文書」第二七八号
訴訟	10	20	[多賀大社再建一付書]	1冊	文化2.12.11.下旬	現住広海代云附		綱紙	2	28.1	80.2	「胡宮文書」第二六五号
訴訟	10	21	以書差覚多賀胡宮雜領宮一屋盤海附建来リ候覚	1通	文化2.正	多胡宮別当福寿院盤海附氏子懋兵衛他	寺社奉行所	堅紙	1	28.0	40.6	「胡宮文書」第二六七号
訴訟	10	22	以書付奉申上候(内陣取替一付)	1冊	文化2.7.22	胡宮別当福寿院七十七歳浜印兵衛別	寺社奉行所	堅帳	1	25.1	17.3	「胡宮文書」第二八七号
訴訟	10	23	[顧書社一付候書]	1冊	文化2.8.14	多賀胡宮別当胡匠附弟広海他	坂本滋賀院御殿院人兼仏頂院法印	堅帳	10	25.1	17.3	「胡宮文書」第二八八号
訴訟	10	24	[不動院之付歌致強訴一件]	1冊	(文化2)	江州多賀胡宮別当胡匠附隠居太郎兵衛他		堅帳	8	28.2	20.0	「胡宮文書」第二八九号
訴訟	10	25	文化二乙正坂本従日光御門主様於滋賀院御殿法印御出候一付多賀不動院盤海附也	1冊	文化3.正	胡宮別当福寿院盤海闍梨云		堅帳	15	29.2	20.5	「胡宮文書」第二六五号
訴訟	10	26	乍恐願書 (内陣付)	1冊	文化3.2	胡宮社御供盤海附也		堅帳	15	24.3	17.3	「胡宮文書」第二八四号
訴訟	10	27	乍恐御尋一付御答奉指上候(胡宮社神奥敬付)	1冊	文化3.2.24	多賀胡宮別当福寿院盤海附弟広海代附氏子惣代義兵衛門・門久右衛門他	坂本滋賀院御殿仏頂院法印	堅帳	11	28.0	20.4	「胡宮文書」第二九六号

分類名	分類番号	番号	文書名	員数	時代	差出	充所	形状	紙数	法量タテ	法量ヨコ	備考
訴訟	10	28	乍恐御尋ニ付以書附奉申上候(胡宮甘緒等二付)	1冊	文化3.2	江州多賀胡宮院当福寿院氏子惣代子惣代二郎兵衛・諸次郎他1名	坂本滋賀院御殿御勝仏頂院法印	堅帳	10	25.1	17.1	「胡宮文書/第二九一号」
訴訟	10	29	従御公福寿院書以書附指上候奉書書(胡宮由緒書)	1冊	文化3.2	江州多賀胡宮院当勝僧曾尊修院印	坂本御殿仏頂院法印	堅帳	13	25.5	17.4	「胡宮文書/第二九二号」
訴訟	10	30	従御公福寿院書ニ付返答書ニ付返答書覚(棒杭建覆ニ付)	1冊	文化3.2	江州多賀胡宮院当勝僧曾尊修院印	坂本御殿仏頂院法印	堅帳	13	25.2	17.3	「胡宮文書/第二九三号」
訴訟	10	31	従御公福寿院書ニ付返答書覚(棒杭建覆ニ付)	1冊	文化3.2	江州多賀胡宮院当勝僧曾尊修院印	坂本御殿仏頂院法印	堅帳	11	28.0	20.0	「胡宮文書/第二九四号」
訴訟	10	32	乍恐御尋ニ付以書附奉申上較(棒杭建覆ニ付)	1冊	文化3.2	江州多賀胡宮院当福寿院氏子惣代子惣代久太郎兵衛郎他1名	坂本滋賀院御殿御殿仏頂院法印	堅帳	9	28.0	20.3	「胡宮文書/第二九八号」
訴訟	10	33	従不動奉書附被指上較ニ付奉伺奉督指指ニ付候	1冊	文化3.3	多賀胡宮院当福寿院氏子惣代久治郎他1名	坂本滋賀院御殿御殿仏頂院法印	堅帳	23	28.2	20.8	「胡宮文書/第二九九号」
訴訟	10	34	胡宮神秘ニ相添青ニ相添附他二札(御神体他ニ札)	1通	文化3.7.吉	福寿院	坂本奥院当当福寿院	堅帳	1	30.3	43.5	「胡宮文書/第三〇一号」
訴訟	10	35	胡宮社ニ付奉願覚(棒杭他ニ付)	1通	文化3.7		福寿院	堅紙	9	29.0	20.5	「胡宮文書/第三〇二号」
訴訟	10	36	御尋ニ付以書ニ付奉答候(多賀末社無之由緒等ニ付)下書	1冊	文化3.8	胡宮別当福寿院氏子・氏子惣代	坂本御殿仏頂院法印	堅帳	19	28.2	20.1	「胡宮文書/第三〇三号」
訴訟	10	37	御尋ニ付以書ニ付奉答候(多賀末社無之由緒等ニ付)下書	1冊	文化3.8	多賀胡宮院当福寿院氏子惣代久右衛門兵衛他1名	坂本御殿御殿仏頂院法印	堅帳	16	28.5	21.5	「胡宮文書/第三〇四号」
訴訟	10	38	御尋ニ付以書ニ付奉答候(多賀末社無之由緒等ニ付)下書	1冊	文化3.8	胡宮別当福寿院氏子印	坂本御殿御殿仏頂院法印	堅帳	1	28.2	20.5	「胡宮文書/第三〇五号」
訴訟	10	39	御尋ニ付以書ニ付奉答候(多賀末社無之由緒等ニ付)下書	1冊	文化3.8	胡宮別当福寿院	坂本御殿御殿仏頂院法印	堅帳	17	28.3	20.5	「胡宮文書/第三〇七号」
訴訟	10	40	乍恐以書附指上候(棒杭指ニ付証)	1通	文化3.8	胡宮別当福寿院現住広海	坂本御殿御殿仏頂院法印	堅帳	19	32.3	20.5	「胡宮文書/第三〇八号」
訴訟	10	41	「争論門内指上候」下書・付証	1通	文化3.8		坂本御殿御殿仏頂院法印	堅紙	1	30.7	44.0	「胡宮文書/第三八一号」
訴訟	10	42	御尋ニ付以書ニ付奉答候(御神体等棒縄之通ニ付写)	1通	文化3.8	多賀胡宮院当福寿院氏子惣代代太郎他1名	坂本滋賀院御殿薬樹院・薬珠院印	堅紙	2	28.2	34.7	包紙有,「胡宮文書/第八三号」
訴訟	10	43	乍恐以上書付奉申上候(內陣御鍵他ニ付)	1通	文化4.11	江州多賀胡宮院当福寿院	坂本御殿薬樹院法印	堅帳	4	28.0	80.5	「胡宮文書/第八八号」
訴訟	10	44	御尋ニ付奉答候(內陣御鍵ニ付)	1冊	文化5.3	胡宮別当福寿院印	坂本御殿薬樹院法印	堅帳	7	28.0	20.5	「胡宮文書/第二号」
訴訟	10	45	御尋ニ付以書付奉答候(內陣御鍵ニ付)	1冊	文化5.4	胡宮別当福寿院	坂本御殿薬樹院法印	堅帳	6	28.2	20.2	「胡宮文書/第三二号」
訴訟	10	46	先任林蔵口上書御尋ニ付御尋へ付御尋ヘ申候(內陣伺ニ付)下書	1通	文化5.5	多賀胡宮院当福寿院氏子惣代久二郎他2名	坂本御殿薬樹院法印	堅紙	2	27.9	80.5	「胡宮文書/第三七号」
訴訟	10	47	乍恐以書附奉申上候(內陣伺ニ付)	1通	文化5.5	滋賀胡宮院当福寿院	薬樹院	堅帳	1	31.1	43.0	包紙有,「胡宮文書/第八九号」
訴訟	10	48	御々申上書上候(胡宮社內陣伺)	1通	文化5.7.10	胡宮大社当不動院当福寿院役僧尊修院印・正神房印	坂本御殿役人	堅帳	1	28.2	40.6	「胡宮文書/第百号」
訴訟	10	49	以書付御尋ニ差上候(胡宮社內陣鍵ニ付)	1通	文化5.7	胡宮別当福寿院氏子惣代久右衛門	坂本御殿御殿役人	堅紙	2	28.1	69.8	「胡宮文書/第九四号」
訴訟	10	50	(胡宮)仰渡內陣健ニ之覚ニ付)	1通	文化5.7		坂本御殿役	堅帳	1	30.5	58.9	「胡宮文書/第九五号」
訴訟	10	51	奉願口上之覚(內陣伺ニ付)	1通	文化5.7	滋賀御殿役人口	坂本御殿薬樹院法印	堅帳	2	28.2	43.2	「胡宮文書/第九八号」
訴訟	10	52	口上(大神主代胡宮別当福寿院社ニ付替代替代胡宮社氏子一八二郎郎他2名	1通	文化(6)正.11.5	多賀胡宮院当福寿院氏子惣代久八二郎他2名	山田村神主称宜兼他8	横切紙	1	16.2	75.7	「胡宮文書/第七九号」
訴訟	10	53	乍恐書口上(胡宮社代替ニ付)	1通	文化6.11		寺社奉行所	横切紙	5	28.1	31.3	「胡宮文書/第一〇一号」
訴訟	10	54	以書以書附奉申上候(內陣伺ニ付)下書	1通	文化6.9.23	滋賀胡宮院当福寿院氏子惣代久孝海	寺社奉行所	堅紙	4	32.8	159.9	「胡宮文書/第八四号」
訴訟	10	55	(胡宮)内陣見分并御領棒杭分無御容相違候ニ付下書	1通	文化6.10	胡宮別当胡宮御殿役留守役居薬樹院孝海	同多賀大社当不動他5	堅紙	1	27.7	40.5	「胡宮文書/第百号」
訴訟	10	56	(胡宮)仰渡伺ニ付建書	1通	文化8.9	山中諸訴社頭,山中惣之丞政永	同多賀大社当不動他5	堅紙	3	32.7	123.1	「胡宮文書/第九七号」
訴訟	10	57	申渡(內陣伺ニ付)写	1通	(江戸)正.6	滋賀院御殿役	同多賀大社当判官孝居	堅紙	4	30.8	142.6	「胡宮文書/第百一号」
訴訟	10	58	上書(內陣伺ニ付)写	1通	(江戸)伺.6	滋賀院御殿役	胡宮別当福寿院・胡宮氏子	横切紙	2	16.2	69.3	「胡宮文書/第百五十九号」
訴訟	10	59	包紙(胡宮)伺ヶ御尋ニ付)	1通	文化(6)16.11	不動御役入付	胡宮別当福寿院・胡宮氏子	横切紙	1	15.5	72.5	「胡宮文書/第百六十号」
訴訟	10	60	(多賀胡宮)內陣伺ニ付仰渡書	1通	文化6	多賀胡宮院当福寿院氏子惣代久八二郎他2名	寺社奉行所	横切紙	5	16.5	54.7	「胡宮文書/第百六十八号」
訴訟	10	61	以書以書申上候(內陣伺)争論ニ付仰渡書	1通	文化6	滋賀胡宮院当不動当福寿院氏子惣代久孝海	寺社奉行所	堅帳	4	32.8	159.9	「胡宮文書/第百四号」
訴訟	10	62	(胡宮)仰渡伺ニ付建書	1通	(江戸)		江州胡宮别当福寿院	堅紙	1	27.7	40.5	「胡宮文書/第百九十七号」
訴訟	10	63	以書以書申上候(胡宮)仰ニ付仰渡候ニ付候ニ付候又候又候又候候候又候候候又候ニ付	1冊	(江戸)			堅帳	5	18.1	175.9	「胡宮文書/第百九十九号」
訴訟	10	64	覚(不動院)仰渡ニ付)写	1通	(江戸)	不動院		堅帳	12	18.6	69.3	「胡宮文書/第百五十九号」
訴訟	10	65	乍恐書ニ付奉申上候(宝永五午仲ニ付味之儀ニ付)写	1通	(江戸)			横切紙	1	15.5	72.5	「胡宮文書/第百六十号」
訴訟	10	66	不動院以内押同御伺何御何之棒之棒又棒又候候ヒ棒被ヒ棒文被ヒ候棒又被指上候ニ付福寿院氏子中より	1冊	(江戸)			堅帳	2	17.1	94.5	「胡宮文書/第百八十号」
訴訟	10	67	返答書之草案之覚	1通	(江戸)			堅帳	1	28.3	20.3	「胡宮文書/第百八十一号」有
訴訟	10	68	覚(不動院ニ付仰之儀ニ付)	1通	(江戸)	両院より返答		横切紙	1	24.1	33.1	「胡宮文書/第百八十七号」前欠
訴訟	10	69	乍恐口上(胡宮伺之儀ニ付)写	1通	(江戸)			横切紙	1	16.2	23.4	「胡宮文書/第二〇五号」後欠
訴訟	10	70	覚(不動院何之書付ニ付)	1冊	(江戸)			堅紙	3	16.4	99.4	「胡宮文書/第二〇八号」前欠
訴訟	10	71	(胡宮社何ニ付)	1通	(江戸)			堅紙	1	16.5	58.7	「胡宮文書/第二一〇号」後欠
訴訟	10	72	(断簡)(不動院御書ニ付)	1通	(江戸)			堅紙	1	16.3	59.2	「胡宮文書/第二二二号」前後欠

分類名	分類番号	番号	文書名	員数	時代	差出	宛所	形状	紙数	法量タテ	ヨコ	備考
訴訟・土地	10	73	[内陣鍵合一件日記等之覚]	1通	(江戸)			堅紙	1	21.0	26.0	
社領・土地	10	74	[乍恐以返棒候建類事他国書]	1冊	(江戸)	真楽院	村役人	堅帳	26	28.6	20.3	[胡宮文書/第百七十一号]
訴訟	10	75	乍恐奉願口上書覚(神領等境界絵分之儀二付)写	1通				堅紙	1	23.3	32.2	包紙有、[胡宮文書/第百七十六号]
訴訟	10	76	覚(鍵預二付)	1通	(明治)辰.5	坂本御殿校所	福寿院	横切紙	1	18.1	27.4	
訴訟	10	77	[胡宮内陣見分之儀二付達書]	1通	(明治).9.11	坂本御殿校所	多賀胡宮別当福寿院	横切紙	1	17.9	37.0	
社領・土地	10	78	[棒杭建替之儀二付達書]	1通	(明治).9.12	山中讃岐・飯田東左衛門	福寿院	続紙	2	18.2	55.9	包紙有、[胡宮文書/第百七十六号]
社務	11	1	(米印似大写)	1通	天正16.9.朔		多賀下動院	折紙	1	28.2	40.0	[胡宮文書/第二十号]
社務	11	2	宗旨御改手形跡	1冊	正徳5.3.吉祥			堅帳	24	30.0	21.7	[胡宮文書/第四十二号]
社務	11	3	覚(胡宮御物跡別紙二付)	1通	安永4.4	滋賀院御殿奪明師	胡宮福寿院盤海印	横切紙	16	16.4	47.6	[胡宮文書/第四十四号]
社務	11	4	覚(人数差上)	1通	安永9.7		仏頂院法印・真覚院法印	堅紙	1	28.2	41.3	[胡宮文書/第四十九号]
社務	11	5	覚(寺人数差上)	1通	寛政4.5	胡宮福寿院盤海	寺社奉行所	堅紙	1	29.5	41.2	[胡宮文書/第五十号]
社務	11	6	以書付乗之如差上(当山下乗之儀二付)	1通	寛政.12.2	大上郡敏満寺村胡宮福寿院盤海	寺社方役人谷田伝次・松本藤二郎	堅紙	1	28.3	34.2	[胡宮文書/第五十号]
社務	11	7	覚(福寿院人数差上)	1通	寛政10.5	滋賀院御陶盤海	井筒屋六郎兵衛	堅紙	1	29.2	35.5	[胡宮文書/第五十九号]
社務	11	8	覚(当寺人数差上)	1通	寛政10	福寿院盤海		堅紙	1	27.8	39.8	[胡宮文書/第五十五号]
社務	11	9	覚(年米通)(申達候慾申由中)	1冊	寛政12.5.21	大上郡敏満寺申司福寿院行年七十五歳		横切紙	1	15.6	35.0	前欠、[胡宮文書/第六十一号]
社務	11	10	一札之事(王越中町近江屋亀松他召抱二付)	1通	寛政12.5.30	福寿院		堅紙	1	16.2	23.1	前欠、[胡宮文書/第六十九号]
社務	11	11	[福寿院現住広海日付井証文写]	1冊	享和3.8.12	師弟子林満房盤海・当任福寿院者宝寿院印・兵子惣代住頼敬若寺院盛岳		堅帳	1	27.8	41.7	[胡宮記録/第三〇号]
社務	11	12		1枚				堅帳	9	25.7	17.2	前欠、[胡宮記録/第三〇号]
社務	11	13	[断簡]	1冊	文化2			きり堅帳		24.0	16.5	
社務	11	14	覚日記	1冊	文化2			堅帳	4	25.0	17.0	[胡宮文書/第二八号]
社務	11	15	日記	1冊	文化4.正.吉祥			堅帳	19	25.2	17.2	[胡宮文書/第三〇号]
社務	11	16	乍恐以書付御願奉申上候(隠居二付)	1冊	文化14.11	坂本御殿御留守居・霊山院法印		堅切紙	2	28.0	19.0	[胡宮文書/第三〇五号]
社務	11	17	十二世広海隠光附御隠居附願十三世義永任職顕居日記	1冊	文化15.3.吉	大上郡敏満寺村胡宮福寿院広海印・同部法類惣代西性寺義等		堅帳	10	28.2	26.0	[胡宮文書/第二六号]
社務	11	18	一世広海附願附御隠居付十三世義永任職顕覚	1冊	天保5.11	龍王院法印・仏頂院法印	坂本御殿御留守居霊山院法印	堅帳	68	28.2	40.5	[胡宮文書/第二九号]
社務	11	19	諸願書井留帳	1冊	天保.12.16	庄屋浜右衛門	龍王院	堅帳	25.5	17.5	8紙挟み込み有、[胡宮文書/第二九号]	
社務	11	20	一札之事(正光寺権光院任職隠居二付)	1通	弘化5.2.3	大上郡敏満寺村胡宮氏子惣代清兵衛	大上郡胡宮福寿院役僧	堅帳	1	27.6	37.3	[胡宮文書/第百三十九号]
社務	11	21	乍恐奉願上候(隠居及俊任職任付)写	1冊	嘉永元.6.24	大上郡敏満寺村胡宮多賀社氏子寄台衛門・漆之進	滋賀院御殿役人	堅帳	3	27.8	39.5	[胡宮文書/第百四十一号]
社務	11	22	乍恐奉願上候(付普請仰付御礼之儀二付)下書	1冊	文久2.6	院光潭・同惠胡宮多賀社法頼敬若院光衆坊光印	滋賀院御殿留守居光聚坊光印	堅帳	1	27.9	39.4	[胡宮文書/第百四十一号]
社務	11	24	諸事手印	1冊	文久2.4	妙華院		堅帳	24	27.7	19.0	9紙墨付無、挟込3紙有
社務	11	25	年代日記	1冊	(江戸)			堅帳	9	28.7	19.0	5紙墨付無
社務	11	26	差定多賀大社御規之事	1通	(江戸)寅.正.18	日向神主久・山田神主無主他1		堅紙	1	31.8	43.2	[胡宮文書/第二〇四号]
社務	11	27	般若院成規配達書状	1通	文化4.正.18	般若院・成就院	福寿院	続紙	1	32.6	49.3	[胡宮文書/第百〇二号]
社務	11	28	覚(真蔵院白御勧請二付)	1通	(江戸).12.6	成就院納所	福寿院	折紙	1	15.7	42.7	[胡宮文書/第二〇二号]
社務	11	29	諸願書井留帳	1通	(江戸).24	胡宮敏満寺福寿院印・兵子惣代西基右衛門印他2	福寿院納所	横切紙	2	16.1	14.6	[胡宮文書/第二号]
社務	11	30	一札之事(光寺村権光院任職二付)	1通	(江戸).21	龍王院	太郎兵衛	続紙	1	18.4	64.5	[胡宮文書/第三六号]
社務	11	31	口上(乍陳受贈覚書上)	1冊	(江戸)	院主		横切紙	7	16.2	43.2	[胡宮文書/第百四十一号]
社務	11	32	胡宮社江奉御(付御札覚艮 記様写	1冊	(江戸)			堅帳	1	25.4	17.2	
社務	11	33	乍恐奉願上候(観亮坊二付)	1通	(江戸)	東叡山勢伽院法印・円覚院法印	福寿院隠居	堅紙	3	28.0	120.3	後欠有
社務	11	34	差定多賀大社御規之事	1通	(明治).12.8	福寿院広海		堅紙	1	27.8	40.0	[胡宮文書/第百〇七号]
社務	11	35	[色衣御札書上]	1通	(江戸).正.2	國川太郎八	ひんまん太郎寺福寿院	続紙	1	17.8	59.2	[胡宮文書/第二一二〇号]
社務	11	36	[色衣御札録書上]	1通	(江戸)	成菀院納所	般若院	続紙	1	16.2	31.6	[胡宮文書/第二〇二号]
社務	11	37	[断簡]	1通			松尾西光寺	続紙	1	15.8	21.3	前欠
社務	11	38	[観明院]	1通				続紙	1	14.5	20.3	前欠
社務	11	39	慈雲坊(進退二付)(御礼二付)	1冊				続紙	1	16.0	9.0	前後欠
書状	12	1	奉願書状(歳暮年玉拝受二付)	1通	(江戸).12.2			横切紙	1	17.9	42.2	[胡宮文書/第百八十号]
書状	12	2	(川鴨与兵衛書状)	1通	(江戸).2.9	川鴨与兵衛		続紙	2	19.6	55.5	[胡宮文書/第二二六号]
書状	12	3	(川鴨与兵衛書状二付)	1通				横切紙	1	18.4	64.3	[胡宮文書/第二二七号]

分類名	分類番号	番号	文書名	員数	時代	差出	充所	形状	紙数	法量タテ	ヨコ	備考
書状	12	3	[西堀才介光徳書状](年始礼ニ付)	1通	(江戸)2.3	西堀才介光徳	妙華院	折紙	1	36.0	49.9	[胡宮文書/第二四一号]
書状	12	4	[西堀才介光品書状]	1通	(江戸)2.14	西堀才介光品	福寿院	折紙	1	31.4	43.2	[胡宮文書/第二四二号]
書状	12	5	[喜兵衛書状](見舞)	1通	(江戸)閏3.6	喜兵衛	圧右衛門	続紙	2	14.2	71.4	[胡宮文書/第二三二号]
書状	12	6	[喜兵衛書状](頂候金子ニ付)	1通	(江戸)3.6	喜兵衛	妙華院	続紙	2	14.1	41.5	[胡宮文書/第二一四号]
書状	12	7	[西堀才介書状](婚礼配慮之礼ニ付)	1通	(江戸)4.16	西堀才介	敬滴寺胡宮福寿院	続紙	3	16.8	84.8	[胡宮文書/第二三一号]
書状	12	8	[西堀才介書状](松茸惣贈之礼ニ付)	1通	(江戸)5.21	西堀才介	西光寺百々元庵	続紙	2	16.2	55.3	[胡宮文書/第二四〇号]
書状	12	9	[川子龍書状](近況報知ニ付)	1通	(江戸)6.7	川子龍	江光寺百々元庵	続紙	3	15.8	100.8	[胡宮文書/第二四九号]
書状	12	10	[川子龍書状](留守中世話之礼ニ付)	1通	(江戸)6.14	京都左京之寺	江滴多賀燈送法師	横切紙	1	16.2	39.1	[胡宮文書/第二四四号]
書状	12	11	[藤林多門書状](登山延引ニ付)	1通	(江戸)8.16	藤林多門	佐々木宇右	続紙	2	17.2	72.4	[胡宮文書/第二三四号]
書状	12	12	[西堀才介書状](参上之上之ニ付銀札ニ付)	1通	(江戸)9.21	西堀才介	福寿院	続紙	1	16.0	26.5	包紙有、[胡宮文書/第二三七号]
書状	12	13	[西堀才介書状](松茸恵贈之礼ニ付)	1通	(江戸)閏.19	西堀才介	敬満寺胡宮福光寺	続紙	2	16.2	76.0	[胡宮文書/第二一四号]
書状	12	14	[青状](通日懇附之礼ニ付)	1通	(江戸).25	■子龍	松尾西光寺	続紙	2	16.3	37.1	[胡宮文書/第二一八号]
書状	12	15	[青状](返事無之儀ニ付)	1通	(江戸)			横切紙	1	13.9	17.1	[胡宮文書/第二三五号]
書状	12	16	[大岡左門書状](年始礼ニ付)	1通	(江戸)	大岡左門入	福寿院院主	折紙	1	28.4	40.0	[胡宮文書/第二五〇号]
書状	12	17	[青状](登山ニ付)	1通	(江戸)			横切紙	2	15.8	109.3	
書状	12	18	[断制]	1通	(明治)			続紙	1	17.8	8.7	前欠
朝廷・幕府・彦根藩	13	1	公儀御書付之写	1通	明和9.9	多賀別当不動院印	彦根寺社奉行所	続紙	2	15.6	114.6	[胡宮文書/第三十号]
朝廷・幕府・彦根藩	13	2	以書附奉申上候(御紋改ニ付)	1通	安永2.11	近江国大上郡多賀日光御当別当福寿院広海印	奉行所	続紙	5	28.1	129.4	[胡宮文書/第三二七号]
朝廷・幕府・彦根藩	13	3	多賀別当胡宮社江禁裏御動所ヨリ御代参日記	1冊	文化元.7.27	多賀別当胡宮社別当福寿院広海印・松宜大町佐太夫ナリ浅江州大上郡長裏院露海曹之	村役人頭分他1	竪紙	6	28.0	20.3	[胡宮文書/第二七九号]
朝廷・幕府・彦根藩	13	4	[断簡]	1通	文化10.12	日光御門主大夫ナリ浅江州大上郡長寿院寿海印・宮胡胡宮別当福寿院・役者寿寿	奉行所	続紙	1	27.7	19.6	[胡宮文書/第百十号]
朝廷・幕府・彦根藩	13	5	人別御改之覚	1冊	文化13.7	江州愛知郡豊国山大覚寺観音坊	恵音院 護国院	竪紙	1	29.6	41.1	[胡宮文書/第百三十五号]
朝廷・幕府・彦根藩	13	6	再建願書[下書]	1通	文化14.3	江州愛知郡敷満寺胡宮福寿院光軍		続紙	1	27.6	21.5	[胡宮文書/第百三十六号]
朝廷・幕府・彦根藩	13	7	覚(福寿院人数書上号)	1通	弘化3.6	犬上郡敷満寺村福寿院・圧屋代右衛門他1名	寺社奉行	竪紙	1	28.1	40.4	[胡宮文書/第百三十七号]
朝廷・幕府・彦根藩	13	8	以書付奉願ケ申上候(藤光院様ニ付)	1通	弘化3.7	犬上郡敷満寺村福寿院別当福寿院光軍	寺社奉行所	竪紙	1	31.4	34.0	[胡宮文書/第百二十六号]
朝廷・幕府・彦根藩	13	9	彦根添書写(公儀触廻之事)	1通	(江戸)12.10.2	浅村理兵衛印・沢村小平印	西明寺・金剛輪寺	続紙	1	15.6	60.4	[胡宮文書/第百三十八号]
朝廷・幕府・彦根藩	13	10	[代金持参日限之候ニ付遣書]	1通	(江戸)閏.10.2	大上郡主大夫ナリ浅江州大上郡長寿印・役者寿寿院	敷万寺村福寿院	横切紙	1	14.1	17.3	後欠、[胡宮文書/第二二七号]
朝廷・幕府・彦根藩	13	11	寺社御奉行所江書付之下書	1冊	(江戸)	大上郡敷満寺村福万寺福寿院		堅帳	4	24.8	17.3	前欠有、[胡宮文書/第百五十九号]
朝廷・幕府・彦根藩	13	12	以書付御届敷満寺村板丸之圧(胡宮寺多賀境内ニ付)写	1通	(江戸)	大上郡敷満寺村胡宮別当福寿院	寺社奉行所	続紙	2	16.5	45.6	[胡宮文書/第百六十六号]
朝廷・幕府・彦根藩	13	13	[雛形]	1通	(江戸)	土佐法印・諸僧進印	勘定所	横切紙	1	15.6	48.0	[胡宮文書/第一〇八号]
本山・滋賀院	14	1	[覚院他遺奉書]	1通	(寛政3)4.2	寛下院・龍王院筆頭	福寿院	横切紙	1	17.4	48.7	[胡宮文書/第三十八号]
本山・滋賀院	14	2	坂本御願守日院精進院印・深尾御代様ニ付御添箱印	1通	安永3.4.12	日光御門主滋賀院御殿御留守順・深尾解院大僧都慈英	京部奉行所	竪紙	1	28.2	39.3	[胡宮文書/第四十三号]
本山・滋賀院	14	3	[断簡]	1通	享和元.7.5	大上郡敷満寺村持年・横徒代や弥兵衛他3名	坂本滋賀院御殿役人胡宮福寿院氏子	横切紙	1	27.3	16.2	前欠有、[胡宮文書/第六十六号]
本山・滋賀院	14	4	[輪王寺宮令旨](隠居転任ニ付)	1冊	文化元.7.18	大円覚院長線・十住心院同住	寺社奉行所	折帳	1	41.6	56.2	[胡宮文書/第百三十六号]
本山・滋賀院	14	5	[輪王寺宮令旨](雛形)	1通	文化元.7.7	福寿院	勘定所	竪紙	3	28.3	45.6	[胡宮文書/第二一八号]
本山・滋賀院	14	6	近江国大上郡甲良之庄敷満寺村板丸附帳(福寿院境内ニ付)	1冊	(江戸)	福寿院	勘定所	竪帳	3	28.3	20.0	62~63一綴、[胡宮文書/第二一号]
本山・滋賀院	14	7	草萬(御尋の胡宮仮田神ニ付)	1冊	文政2.3	胡宮別当福寿院大僧都慈英		竪帳	18	28.0	20.0	62~63一綴、「胡宮文書/第二一号」
本山・滋賀院	14	8	[輪王寺宮令旨](福寿院木欄色衣着用ニ付)	1通	文政2.3	胡宮別当福寿院大僧都慈英	坂本滋賀院御殿仏頂院法印	折紙	1	51.6	65.5	包紙有、[胡宮文書/第百八号]
本山・滋賀院	14	9	[輪王寺宮令旨](福寿院木欄色衣着用ニ付)	1通	天保6.正	海龍王院大僧都純海・大仏頂院法印順		竪紙	1	51.5	66.3	包紙有、[胡宮文書/第二十号]

分類	名	分類番号	番号	文　　書　　名	員数	時　　　代	差　　出	充　　所	形状	紙数	撤数法量タテ	ヨコ	備　　考
本山	滋賀院	14	10	[福寿院光諶書状]（年頭祝儀上納友披露ニ付）下書	1通	弘化4	多賀胡宮別当福寿院光諶	真覚院法印・恵信解院（カ）	折紙	1	36.0	48.2	包紙有、[胡宮文書/第百四十二号
本山	滋賀院	14	11	[輪王寺宮令旨]（福寿院隠居ニ付）	1通	嘉永元.7		胡宮別当志常	折紙	1	43.2	56.7	[胡宮文書/第百四十三号
本山	滋賀院	14	12	[輪王寺宮令旨]（福寿院色衣勅許ニ付）	1通	嘉永2.10		大貫覚院志常・深信解院光諶	竪紙	1	50.6	65.5	[胡宮文書/第百四十四号
本山	滋賀院	14	13	[福寿院色衣着用ニ付]	1通	（江戸）正.5	多賀胡宮別当福寿院光諶	龍王院法印・功徳院法印・佳心院法印	横切紙	1	18.7	49.7	[胡宮文書/第百五十三号
本山	滋賀院	14	14	[福寿院広海書状]（年賀礼ニ付）	1通	（江戸）正.13	福寿院広海	円覚院法印・功徳院法印・佳心院法印	折紙	1	32.4	44.5	[胡宮文書/第百五十二号
本山	滋賀院	14	15	[福寿院広海書状]（年賀礼ニ付）	1通	（江戸）正.23	光弥	光弥権大僧都	横切紙	1	18.2	51.0	[胡宮文書/第百五十七号
本山	滋賀院	14	16	[福寿院光弥書状]（年賀礼ニ付）写	1通	（江戸）正.	福寿院光弥	龍王院法印・仏頂院法印	続紙	4	17.6	88.8	[胡宮文書/第百五十九号
本山	滋賀院	14	17	[飛脚賃之書]	1通	（江戸）2.3	坂本御殿役方	多賀御殿役方	横切紙	1	17.7	14.5	[胡宮文書/第百六十六号
本山	滋賀院	14	18	[寛王院顕伽院長道書奉書]（年賀礼ニ付）	1通	（江戸）2.20	寛王院顕伽院長道	福寿院	横切紙	1	16.9	47.3	[胡宮文書/第百六十九号
本山	滋賀院	14	19	[富田主馬吉橋主計連署状]（色衣着用ニ付）	1通	（江戸）2.12	富田主馬・吉橋主計	福寿院	横切紙	1	18.1	46.0	[胡宮文書/第二百十四号
本山	滋賀院	14	20	[真覚院宇寂仏頂院遵廉連署奉書]	1通	（江戸）3.18	真覚院宇寂・仏頂院遵廉	多賀胡宮福寿院	折紙	1	34.4	47.0	[胡宮文書/第二百十二号
本山	滋賀院	14	21	[信解院光諶真覚院忠常連署奉書]	1通	（江戸）3.2	信解院光諶・真覚院忠常	多賀胡宮福寿院	折紙	1	35.8	47.8	[胡宮文書/第百八十二号
本山	滋賀院	14	22	[寛王院顕伽院楞伽海連署奉書]（年賀礼ニ付）	1通	（江戸）3.15	寛王院顕伽海・楞伽海忠常	福寿院	折紙	1	17.3	47.5	[胡宮文書/第百八十二号
本山	滋賀院	14	23	[守役預人百光脚付渡]	1通	（江戸）4.3	憩伽院長道円光院鳩山出羽隠	光珎	横切紙	1	18.5	40.5	[胡宮文書/第二百号
本山	滋賀院	14	24	[楞伽院顕伽道円光院主税・川瀬主税]	1通	（江戸）5.21	楞伽院顕伽道円光院主税・川瀬主税	江州多賀胡宮福寿院	続紙	1	33.6	46.2	[胡宮文書/第百六十七号
本山	滋賀院	14	25	[正法寺村楼光令改（胡宮福寿院改ニ付達書）]	1通	（江戸）7.21	坂本御殿中沢主税・川瀬主税	多賀胡宮役方	折紙	1	18.3	45.5	[胡宮文書/第百六十九号
本山	滋賀院	14	26	[輪王寺宮令旨]（胡宮福寿院院ニ付達書）	1通	（江戸）9.28	前田主院正純・寛王院良然	氏子	折紙	1	32.0	46.2	[胡宮文書/第百九十一号
本山	滋賀院	14	27	[飛脚賃（御社付金日）]	1通	（江戸）10.29			続紙	2	15.7	31.8	後欠、[胡宮文書/第一二三号
本山	滋賀院	14	28	[飛脚賃ニ付]	1通	（江戸）			横切紙	1	17.8	21.3	[胡宮文書/第
本山	滋賀院	14	29	[飯田東左衛門書状]（色衣顕伽堅新人候儀ニ付）	1通	（江戸）11.15	飯田東左衛門	福寿院	横切紙	1	18.0	41.4	[胡宮文書/第一三〇号
本山	滋賀院	14	30	[吉田伯馬高木大兵他ニ付]	1通	（江戸）11.11	吉田伯馬・高木大兵太	福寿院	続紙	2	17.8	70.6	[胡宮文書/第一三二号
本山	滋賀院	14	31	[福寿院宇橋仏頂主兵他]（病気付御免ニ付）	1通	（江戸）11.8			竪紙	9	25.2	17.6	[胡宮文書/第一四五号
本山	滋賀院	14	32	[福寿院宇堂令旨]（年賀礼ニ付）	1通	（江戸）	海龍王院孝順・福寿院深恩解院忠源	福寿院	折紙	1	43.0	57.5	[胡宮文書/第百五十号
本山	滋賀院	14	33	[寛王院顕伽院楞伽海連署奉書]（年賀礼ニ付）	1通	（江戸）正.	多賀胡宮別当福寿院法印	龍王院法印・楞伽院楞伽	折紙	1	32.6	43.9	[胡宮文書/第百五十号
本山	滋賀院	14	34	[飯田東左衛門吉橋主計主兵衛連署状]（色衣御着ニ付）	1通	（江戸）	飯田東左衛門吉橋主計主兵衛・岩橋主計	敏潜寺福寿院	横切紙	1	17.8	48.5	[胡宮文書/第百六十七号
本山	滋賀院	14	35	[恵心僧都大臼五倉回数書ニ付達書]	1通	（江戸）	合行事参参	江州多賀胡宮別当飯田東左衛門・岩橋主計	折紙	1	35.8	46.8	[胡宮文書/第百六十九号
本山	滋賀院	14	36	[功徳院光良龍王院純海連書奉書]（年賀礼ニ付）	1通	（江戸）	功徳院光良・龍王院純海	順行坊	折紙	1	34.2	46.8	[胡宮文書/第百八十九号
本山	滋賀院	14	37	[先恐幸顕上口上覚（坊方ヲ容附之達書）]	1通	（江戸）	飯田東左衛門	別当代令参事	竪紙	1	18.0	35.2	[胡宮文書/第一二一号
本山	滋賀院	14	38	[包紙]	1通	（江戸）			竪紙	1	18.0	15.2	[胡宮文書/第
本山	滋賀院	14	39	[書状]（参殿ニ付）	1通	（江戸）			竪紙	1	18.0	7.0	[胡宮文書/第
本山	滋賀院	14	40	[坂本参殿所之書ニ付達書]	1通	（明治）正.6.18	別当代令参事		横切紙	1	16.4	23.2	[胡宮文書/第百六十一号
本山	滋賀院	14	41	[山中彦之氏書状]（称宜役病気ニ付）	1通	（明治）7.13	山中彦之氏	龍珠院別当当代氏子	横切紙	1	18.1	43.6	[胡宮文書/第百六十四号
本山	滋賀院	14	42	[坂本御殿役所達書]	1通	（明治）5.2	坂本御殿役所	龍珠院別当当代彦之氏	横切紙	2	18.0	51.8	[胡宮文書/第百六十八号
本山	滋賀院	14	43	[坂本御殿達書]	1通	（明治）5.2	坂本御殿役所	胡宮御殿山中彦之氏	横切紙	1	18.0	33.7	[胡宮文書/第百七十五号
本山	滋賀院	14	44	[諭一人参殿ニ付達書]	1通	（明治）3.10	坂本御殿役人	胡宮御殿役人	横切紙	1	17.7	31.0	[胡宮文書/第百七十四号
本山	滋賀院	14	45	[覚]（飛脚賃写）	1通	（明治）6.14	坂本御殿役所		続紙	1	19.1	19.1	[胡宮文書/第百七十九号
本山	滋賀院	14	46	[寺改等ニ付達書]	1通	（明治）7.14		胡宮福寿院	横切紙	1	18.8	50.5	[胡宮文書/第百五十六号
本山	滋賀院	14	47	[代物差出ニ付達書]	1通	（明治）9.晦		多賀胡宮福寿院	続紙	2	17.4	29.0	[胡宮文書/第百七十三号
本山	滋賀院	14	48	[宮様坂城之顧附]	1通	（明治）閏9.16		多賀胡宮福寿院	続紙	2	17.5	51.3	[胡宮文書/第百七十九号
本山	滋賀院	14	49	[断簡]	1通	（明治）9.26		信解院恵厳他2名	続紙	2	16.6	90.2	[胡宮文書/第百八十三号
本山	滋賀院	14	50	[氏子惣代召胡宮氏子同道参殿之儀ニ付達書]	1通	（明治）11.20		欽行代一教行代他2名	横切紙	1	18.1	43.5	263～264ー括、[胡宮文書/第百七十四号
本山	滋賀院	14	51	[常照寺顕胡宮氏子同道参殿之儀ニ付達書]	1通	（明治）12.8		胡宮福寿院	横切紙	1	18.2	37.7	263～264ー括、包紙有、[胡宮文書/第百七十七号
本山	滋賀院	14	55		1通	（明治）		多賀胡宮福寿院	続紙	1	18.2	43.0	[胡宮文書/第百七十七号
本山	滋賀院	14	56	[断簡]	1通	（明治）		胡宮福寿院	続紙	1	17.8	6.5	前欠
本山	滋賀院	14	57	[断簡]	1通	（明治）			続紙	1	18.1	6.3	後欠

— 144 —

分　類　名	分類番号	番号	文　書　名	年　代	差　出	充　所	形状	紙数	法量タテ	ヨコ	備　考
明治政府・滋賀県	15	1	乍恐以書付御願奉申上候（胡宮復籍ニ付）	慶応4.4	多賀奥院胡宮別当小富士中立	扞事役所	竪紙	1	35.6	48.8	付箋2，〔胡宮文書簿百四十六号〕
明治政府・滋賀県	15	2	乍恐以書付御願奉申上候（神職免許状頂戴ニ付）	明治2.9.17	近江国大上郡敏滿寺多賀胡宮小富士嶽一源中立	神祇役所	横切紙	1	19.3	51.6	〔胡宮文書簿百四十八号〕
明治政府・滋賀県	15	3	多賀胡神社調書	明治6.4	大上郡第十五区敏滿寺村前戸長安田文平・戸長小林万平	滋賀県令松田道之	竪帳	3	28.2	19.7	
明治政府・滋賀県	15	4	（代理神勤祭主許可書）	明治7.9	日枝神社大宮司西川吉輔代理多賀神社嗣官宇津木文平	小富士中照	折紙	1	38.6	51.7	〔胡宮文書簿百四十九号〕
明治政府・滋賀県	15	5	〔敏滿寺大日堂取調書〕	明治28	滋賀県大上郡多賀村大字敏滿寺大日堂受持管理人矢守楢谷・信徒惣代平木清五郎他2名	滋賀県知事大越亨	竪帳	6	28.0	21.2	付図3あり
別箱	16	1	〔慈性墨跡〕	（江戸）	神護寺慈性		竪紙	1	27.4	22.0	360～4共箱，〔胡宮文書簿二十四号〕
別箱	16	2	〔慈正墨跡〕	（江戸）	神護寺慈正		竪紙	1	26.7	33.2	360～4共箱，〔胡宮文書簿二十三号〕
別箱	16	3	〔慈正墨跡〕	（江戸）			竪紙	1	26.7	33.3	360～4共箱，巻子装，〔胡宮文書簿二十二号〕
別箱	16	4	〔牛玉宝印〕（胡宮社）	（江戸）			竪切紙	1	27.5	19.0	360～4共箱，363～4封筒一括
別箱	16	5	〔御札〕	（江戸）			切紙	1	27.4	5.0	360～4共箱，363～4封筒一括

4. 敏満寺の彫刻

髙梨　純次

　滋賀県犬上郡多賀町敏満寺に鎮座する胡宮神社の境内地には、二つの仏堂が建てられている。ひとつは観音堂と呼称される仏堂で、堂内の内陣の須弥壇は左右に大きく3分割され、中央には石造十一面観音立像が主尊として安置され、両脇壇には、左から右脇壇へと、西国三十三所霊場の観音像が左脇壇に16躯、右に17躯の都合33躯が安置されている。いずれも近世も下がった頃の作と推測されるが、内陣の側壁に懸けられる絵馬は天保14年（1843）3月18日の日付を持つ「西国三十三所巡礼絵馬」で、この時期にはこの観音堂が存在していたことが分り、またこの堂が整備された時期を推測させている。

　もう一つの仏堂は大日堂と呼称され、内陣奥の須弥壇中央の厨子に木造大日如来像を安置するほか、40躯程の尊像を伝えている〈別表〉。この大日堂の諸像については、平成3年6月から調査を行い、平安時代から鎌倉時代にかけて造像された注目すべき尊像が伝存していることを確認した。その後、必要に応じて拙稿を発表する機会を与えていただいたが、ここでは、最初の調査の後に得たり御教示を頂いた点などを補足しつつ、その主要な作例について詳述するとともに、簡単な解説を付しておきたい。

一　個別作例の概要

1　木造大日如来坐像　　　1躯
　　木造・古色　　像高76.2cm　　宝永7年（1710）
［法量］　（単位はcm、以下も同様）
像高76.2　髪際高61.8　面長18.7　面幅14.8　耳張18.4　面奥17:5　胸奥41.2
腹奥23.2　肘張48.2　膝張55.8　膝奥41.2
［形状］
髻を結上げ、金銅製の宝冠を地髪上に載せる。正面の地髪は毛筋彫とし、後頭部は平彫のまま仕上げる。白毫を表し、半眼閉口して耳朶環状に表す。三道を彫出し、条帛を着け、胸前で智拳印を結ぶ。裳を着けて、右脚を外にして結跏趺坐する。
輪光は、光脚を背面に打付けて背負う。
［構造］
ヒノキ材製。頭部は前後2材製とし体幹部も前後2材製として、両側面に各1材を矧ぎ、また両腰に各1材を矧ぎ、全て内刳りする。両脚部は1材製とし、像底より刳る。両肩以下は、肩・肘・手首などで矧ぐ。像内に棚を設けて、2の銅製大日如来坐像を納入していた。
［銘文］
（像内背面墨書）
「近江刕犬上郡青龍山敏満寺
　　奉荘厳本堂大日如来為一翁宗味
　　　　　　　居士喜捨
　寶永七庚寅歳
　　閏八月初九日願主　當住持義□
　　　　　　　　　　　夢堂慧説□

（底板左膝裏部墨書）

「　　　奥院　青龍山敏満寺
　　　　　　　胡宮別當福壽院
　　于時寛政十二庚申歳四月十五日ノ夜
　　　　何者トモ不知前ノ組戸ノ東ノ角ヲノミニテ破リ
　　　　横クロヽヲハズシアケ本尊鞘佛ノ下板ヲノミニテ
　　　　ヲコシ破リ御腹内ニ奉ル納メ置閻浮檀金ノ
　　　　大日如来ヲ盗ミ取出シ喉所得盗ミ不取檀上ニ捨置也」

（底板中央部墨書）

「惟時
　宝永三丙戌稔三月十九日ノ夜
　何者トモ不知盗ミ取立退キ申シ喉ニ付
　別當福壽院成就院般若院并ニ
　氏子中二十日余リ所々方々抽丹誠
　探シ喉所成就院ノウラ舩塚ノ杉ノ木ノ
　マタニ有之尋テ出者也然ル所御霊
　夢ニ告玉ウニヨリ宝永七壬寅年八月
　五日鞘佛再建ヲ加ニ閻浮檀金霊躰ヲ
　御腹内ニ奉納者也現住大阿闍梨
　　　　　　法印義観代」

（底板右膝裏部墨書）

「不思儀成哉感涙ヲ流シ奉拝礼如ク元御腹内ニ奉納メ
　入置者也　現住附第聲眞　敬白 大工勘七
　師匠法印権大僧都
　　　　　真樂院聲海 謹而
　　　　　　　　　　記之ヲ」

「四月廿一日此已後万々一ニモ
　盗ミ取者有之時ハ立處ロニ
　可ク被罰モノナリ穴賢　　　」

[説明]

　敏満寺大日堂須弥壇中央の厨子内に安置される本尊像であるが、像内に棚を設けて後記する〈2 銅造大日如来坐像〉を収納する、小金銅仏の鞘仏でもある。像は、頭体別々に前後2材製とする寄木造になり、その作風からしても江戸時代の作と推定できるが、像内や底板に墨書があり、像内の墨書により宝永7年（1710）閏8月に造像されたことが分かる。また底板の墨書によれば、宝永3年（1706）と寛政12年（1800）に金銅仏の盗難未遂事件が起きたとしている。この盗難に遭った金銅仏は、前記した像内納入の〈2　銅造大日如来坐像〉であり、この時期の伝来が明らかとなる。

2　銅造大日如来坐像　　　1躯
　鋳造・鍍金　　像高13.7cm　　鎌倉時代
[法量]
総高24.4
本体
像高13.7　髪際高10.0　頂―顎6.1　頂―顎（除髻）3.6　面長2.3　面幅2.4
耳張3.1　面奥3.1　胸奥3.1　腹奥3.8　肘張8.9　膝張9.1　膝奥5.8
膝高（右）1.8（左）2.2
台座
蓮肉　左右9.9　奥9.3　高3.8　　華盤（上）　左右9.2　奥9.2
敷茄子　左右4.0　　華盤（下）　左右8.1　奥8.0　　返花　左右8.5　奥8.5
上框　左右9.9　奥9.8　高1.0　　下框　左右14.3　奥14.0　高1.3
隅足　高1.0
[形状]
髻を結上げ、頂上に髪飾りを表す。天冠台は、紐1条に列弁帯を置く。髪際の髪束は正面で6区画し、毛筋彫を施す。天冠台上の左右と正面に各1穴、天冠台下の左右に各2穴、耳後ろに各1穴を穿つ。半眼閉口して、耳朶環状に表わし、耳を鬢髪1条が横切る。三道を彫出し、条帛を着け、胸前で智拳印を結ぶ。別製の、銅製の胸飾と臂釧・腕釧をつける。背面の上下に直方体の突起を表し、各々に丸穴を穿つが、上方分には銅釘が残る。裳を着けて、右脚を外にして結跏趺坐する。
台座は八重の蓮華座で、銅製・鍍金で、一部を木製とする。
蓮肉は、内部を木製として上面の周縁部と側面は銅板で覆い、上面から本体像内に差し込むように、木製の円柱を打付する。蓮弁は、6段の魚鱗葺で、上2段分には上端に小穴がある。敷茄子は、芯と周囲を分離して表し、周囲の側面4箇所を雲形に刳貫く。華盤（上）は、八葉形で先端に小穴を開ける。束は、八角形で各面に菊座形を陰刻する。華盤（下）は、八角形で先端を下げて蕊を陰刻する。返花は、複弁の八弁形とする。上框は、八角形として各面を魚々子地とし、菊座形と雲形を陰刻する。下框は、八角形として各面を魚々子地とし、菊座形と連珠文を陰刻し、8箇所に隅足を付ける。
[構造]
本体
頭体幹部は、両脚部を含めて一鋳製として、像内は大きく空洞化している。像底より7.0cm高に白色の土が残存していることから土型で造られ、5.5cm高で左右に鉄製の角棒を渡して型持ちとしている。なお頭部の土型の中央に鉄錆が認められ、頭頂に向っての型持ちの鉄棒の存在が予想される。両肩以下は指先まで一鋳製で、アリほぞによって幹部に装着する。
台座
八重蓮華座の各段を、原則として銅製で別製としている。蓮肉はカヤの横木1材を心木とし、上面には銅板を被せて上面は正面側が開く扇形に切抜き、側面に折込んで側面を覆う銅板をその上に被せ、上面には本体の空洞部に差し込んで固定する円柱状の木材を打付ける。蓮弁は各々別製の銅板打出しで、さらに葉脈を表す銅板を付ける。敷茄子の中心は芯に銅板を巻くようで、遊離した周縁部は一鋳製とする。上下の華盤、束、返花、両框は、各々を一鋳製とする。これらを底部より鉄芯を通して、固定するようである。

[保存]
胸飾、右臂釧、腕釧と、台座上面のほぞとなる円柱は後補。左臂釧、光背と台座等の瓔珞を亡失する。
[蛍光Ｘ線分析数値、％]

	銅	錫	鉛	鉄	金	水銀	
後頭部（地金）	77.8	9.7	7.7	3.0			亜鉛など
背面（鍍金）	58.0	10.0	4.0	0.8	15.9	10.4	ニッケル・クロムなど
台座隅足（地金）	68.5		26.3	2.4			ニッケル・クロムなど

（(財)滋賀県文化財保護協会　中川正人氏による）

[説明]
〈１　木造大日如来坐像〉の像内に、棚を設けて納入される像で、前記した墨書などから幾度もの盗難に遭遇している。高髻を結上げ、智拳印を結んで八重の蓮華座上に結跏趺坐する金剛界大日如来像で、像高13cmほどの小像ながら、堂々たる量感を誇っている。両肩以下を別鋳として幹部にアリほぞ差とする小金銅仏で、精緻な表現になり、全身に鍍金を施し、基本的に八重の蓮華座を具備している。蛍光Ｘ線分析の成果によると、77％ほどの銅を含む錫や鉛との合金、即ち基本的には青銅製の小金銅仏で、鍍金部分からは金と水銀が検出されており、水銀による焼付で鍍金されていることが判明する。また体部の薄い造りからしても、高度な鋳造技術と、完成度の高い安定した表現力をみせている。作風の近似した作例としては、建久５年（1194）頃の快慶の手になる石山寺多宝塔本尊の木造大日如来坐像や、建仁元年（1201）の伊豆山常行堂旧蔵で現在は耕三寺の所蔵になる快慶作の木造宝冠阿弥陀如来坐像などがあげられる。その技法や作風からして、本像の制作は12世紀末から13世紀初頭としてよく、慶派に関わる作者の系統が想定される。

３　木造　地蔵菩薩半跏像　　　１躯

木造・古色・玉眼　　像高73.0cm　　鎌倉時代

[法量]
像高73.0　座高51.0　髪際高45.4　頂―頦16.0　面長10.0　面幅10.2　耳張13.2
面奥13.2　胸奥（左）13.0　腹奥15.5　肘張33.3　膝張42.0　膝奥27.2　左膝高27.0
膝高8.7

[形状]
僧形で髪際を表す。白毫に水晶を嵌入する。半眼として玉眼を嵌入するが、瞳を墨彩して周囲を朱で括り、白目には朱を交える。閉口する。耳朶環状として中央を抜く。三道を表し、胸の括りを表す。右肩を下衣が覆って右袖に垂下し、左肩は納衣が覆い、いずれも襟を折り返す。袈裟を着けて、左胸横で吊鐶、左背面で花先形の金具を付した紐で釣り上げる。腹帯を表して、裳を着ける。右腕は屈臂して、第３・４指を捻じて錫杖を執り、左腕は屈臂して前に突出し、掌上に蓮台に載せた宝珠を載せる。蓮華座上に半跏座し、右足を踏み下げる。光背は円光背で、後頭部後ろに蓮華を表し、台座は八重の蓮華座とする。

[構造]
ヒノキ材製。頭体幹部は、木心を後方に大きく外した１材製とし、耳後ろで前後に割放ち、三道下で割首として大きく内刳りする。面部は別材とするようで、玉眼を内側より嵌入する。右肩以下は、前膊半ばまでを含んで、地付までタテ１材製とし、左肩以下は、左肘から地付までタテ１材製とし、い

いずれも大きく内刳りする。右脇の下に当て木をし、右前膊半ば以下の袖を別材製とし、手首以下と指を適宜に矧ぐ。左肘以下は袖を各々別材製とし、腕を差し込み、手首以下と指を適宜に矧ぐ。両脚部は横1材製として内刳りし、右膝以下を別材製とし、足首以下と足先を矧ぐ。
[保存]
白毫、右手首以下、左肘以下、右膝以下、左胸部の吊鐶（金銅製）、表面の布張り下地と古色、台座、光背は後補。右手第3・4指と裳先を亡失する。
[銘記]
（台座敷茄子内面墨書）
「正徳二壬辰歳/極月廿二日/傳燈大法師位義観代」
（台座上框内面墨書）
「當村山口次兵衛/子息岩之助寄進/（異筆）京室町　松原下ル/廣瀬惣左衛門/尉」
[説明]

　大日堂須弥壇右隅に安置される地蔵菩薩像で、古来よりの伝来は明らかではないが、鎌倉彫刻としての新しい要素がみられる注目すべき作例である。右足を踏み下げた半跏座の姿勢は、古く奈良時代の主として脇侍像などにみられるが、12世紀後半あたりから古典学習の成果からか、再び現れる形式である。また、衲衣と下衣を着して左胸前で袈裟を釣上げる着衣形式も12世紀第4四半期あたりより確認されるもので、ある意味において、新時代の到来を予感させる二つの形式といえようか。さらに、玉眼の使用についていえば、仁平元年（1151）の長岳寺阿弥陀三尊像が基準作例での初例となり、いわば鎌倉時代の彫刻の成立を語るメルクマールとなっている。県内における12世紀末から13世紀初頭における玉眼嵌入像については、建久5年（1194）の快慶作の石山寺木造大日如来坐像や建仁3年（1203）の大津市・西勝寺木造阿弥陀如来立像、建暦2年（1212）の行快の作とされる甲賀市信楽町・玉桂寺木造阿弥陀如来立像が基準作例としては知られ、大津市・円福院木造釈迦如来坐像、寂光寺木造菩薩坐像、善通寺木造阿弥陀三尊像や、快慶作の彦根市・円常寺木造阿弥陀如来立像などがこの時期の作とみられる。これら諸像のなかで、西勝寺像を除いて、快慶や行快をはじめとした慶派に連なる作とみられる事例が圧倒的に多いことに留意すべきであろう。本像における目の見開きの小さな半眼や、穏やかな表情、前後の奥行きの少ない立体表現などからして、その制作時期については12世紀最末期あたりが想定される。とすれば、新しい座勢や着衣形式、特に玉眼の使用という点などからして、作者の系統に慶派が想定されようが、これは前記した銅造大日如来像と近い性格が想定されるのである。いずれにしても、鎌倉時代初頭の新しい形式や技法を積極的に取り入れた像として、極めて注目されよう。

4　木造　聖観音立像　　1躯

木造・古色　　像高97.3cm　　平安時代
[法量]
像高97.3　髪際高87.8　頂―顎20.5　面長10.5　面幅10.9　耳張13.5　面奥13.0
胸奥11.5　腹奥15.6　肘張29.4　腰張19.0
[形状]
損傷があり、詳細を記述することができない。髻を結い上げ、現状では金銅製の冠を打付けるが、髻の前面に山形冠を彫出しているか。天冠台の形状は不明。白毫に水晶を嵌入し、半眼・閉口とし

て、耳朶環状とする。三道を表し、天衣は両肩を大きく覆って上膊内側から肘にかかって体側を垂下する。条帛をかける。腰布を巻くようで、裳を着ける。右腕は屈臂して前に突出し、第1・4指を捻じ、左腕も屈臂して左腹前で未敷蓮華を執る。直立して、足裏の角柄で蓮華座に立つ。

[構造]
損傷が著しく、当初の姿の詳細な想定は難しい。針葉樹材製で、頭体幹部は両肘までを含んで、木心を大きく後方に外した1材製として内刳りしない、丸彫に近い像である。しかし、火災や特に水害かとみられる損傷が大きく、現状では、像底より12.2cm高まで別材で根継ぎされており、また随所に張板や補修がある。別材個所は、両肘以下、両足先、天衣遊離部などがあり、張板は、左頬、面部右側、肩から胸にかけて、左腹前部、右腰部と背面は腰部を除いたほとんど全面にある。

[保存]
幹部材を除いた全てが後補であり、台座、光背も後補。また表面のほとんどがなんらかの修補を受けている。

[銘記]
(台座蓮肉内面墨書)
「胡宮別當/福壽院」
(台座返花内面墨書)
「天保六乙未年/三月吉」「聖観世音并」「并不動明王脇立/同不動明王座/像」「弥陀像/其外/小佛一切」「比度/再建/可致之」「邑中/寄進」

[説明]
須弥壇左奥の簡素な厨子に安置されている、三尺の聖観音立像。一木造で内刳りしない、ほとんど丸彫の本格的な彫像である。火災や、特に水害に遭っているかとみられ、脛より下辺りが根継ぎされ、また各所に粗悪な修理が施されており、やや痛々しい保存状態になっており、当初の姿を確実に把握することがやや困難であるが、簡略な表現になるものであり、一木造の構造と併せて、11世紀後半あたりの作かと推測されよう。本像の保存状態は、即ち中世から近世における敏満寺が経験した、厳しい歴史的環境を如実に伝えるものとみられ、幾度かの修理を経てきている。ほぼ現状に至るのは、台座の墨書にある天保6年(1835)の修理によるとみられるが、この墨書によって、天保6年の修理時に不動明王二童子像や阿弥陀如来像をはじめとする像が、村人の寄進や胡宮別当福寿院の尽力によって、修理されていることが分かる。

31　木造　僧形坐像1　　1躯
木造・古色　　像高29.4cm　　平安時代

32　木造　僧形坐像2　　1躯
木造・素木　　像高21.7cm　　鎌倉時代

33　木造　僧形坐像3　　1躯
木造・素木　　像高20.7cm　　室町時代

[法量]
その1像
像高29.4　頂―顎9.5　面幅5.4　耳張7.1　面奥6.8　拱手奥8.9　肘張14.8　袖張19.3
膝張19.2　膝奥10.3　膝高(右)3.1　(左)4.0

その2像

像高21.7　頂—顎7.5　面幅4.8　耳張5.3　面奥5.8　腹奥6.7　肘張15.6　膝張14.7　膝奥11.4　膝高（右）3.5

その3像

像高20.7　頂—顎6.4　面幅4.1　耳張4.8　面奥4.9　拱手奥6.1　肘張12.4　袖張13.0　膝張13.0　膝奥7.1　膝高（右）3.3（左）3.2　方座高3.1

[形状]

その1像

僧形で、半眼としてやや口を開け気味とする。耳朶は環状とし、三道を彫出する。衣を左を外にして胸であわせて着け、左胸前と左背面で袈裟を釣り上げて着ける。両腕は垂下させ、両手を胸前中央で袖に入れる。裳を着け、右脚を外にして結跏趺坐する。表面は現状では古色仕上となるが、漆地の痕跡があり、あるいは彩色されていた可能性もある。

その2像

僧形とするが、表情は損傷が大きく詳細は不明。三道を彫出し、胸の括れ1条を表す。下衣が右肩を覆って右袖に垂下し、右肩を衲衣が覆って右胸から右腹部へと垂下し、右胸前と右背面で袈裟を釣り上げて着ける。右腕は屈臂して前に突出して右掌をやや内に向けて立て、左腕は垂下して左膝頭で甲を正面にして触地印とする。裳を着け、現状では右膝頭をやや外に出すようにみえるが、結跏趺坐もしくは半跏趺坐するか。

その3像

僧形で開眼して閉口するが、どちらかといえば老相に表す。僧綱襟を表すようで、衣は左を外にして首下で打合せて着す。両腕は垂下し、両手は袖の中に隠して胸前で袖口を合わせる。裳を着けて、方座の上に結跏趺坐する。背面と両側方（両膝先端部）を平滑に仕上げ、各部位に木釘や釘穴を残している。表面は現状で素木のままとするが、あるいは墨下地としていた可能性もある。

[構造]

その1像

全身を、木心を大きく左側方に外したカヤ材かとみられる1材から彫出し、内刳りしない。

その2像

ほぼ全身を、木心を後方に大きく外したスギ1材より彫出し、内刳りしない。右手首以下を別材製とする。

その3像

ケヤキ材製かとみられ、木心を左側方に大きく外した、22.0（高さ）×13.0（左右）×7.1（奥行）cmの板材1材より現状の全てを彫出し、内刳りしない。

[保存]

その1像

表面の古色のみが補彩。

その2像

右手首以下を後補し、右膝側面部あたりに亡失個所がある。

その3像

両膝側方を亡失する。方座前面なども亡失があるか。

[説明]

須弥壇の厨子内に安置される3躯の、像高1尺にも満たない小像の僧形像であるが、制作時期を違えており当初の安置場所等についても明らかでない。いずれも、木心を外した1材製を基本とするもので、内刳りしない単純な構造になっている。その1像は、3躯の中でもひときわ丁寧な表現になり、彫技も本格的で、その半眼になる表情や丸い肩下がりのカーブ、浅く流麗な衣文表現、奥行のない立体感などからして、平安後期もやや下った12世紀あたりの作としてよかろう。その2像は、やや軟材の杉材製かとみられ、特に面部などの損傷が惜しまれるが、立体表現に勝り、これも本格的な彫技を駆使した像である。その1像と同様に袈裟を吊下げて着る僧形像ながら、左手は触地印とするようで、また右膝部の損傷の具合からして、踏み下げとはみえないが半跏座などの座勢であったかとも推測される。その立体感を増して、衣文表現も大きく表される点からするならば、鎌倉時代の13世紀前半あたりの作かとしておきたい。その3像は、前2像とやや様相を異にしている。険しい表情をした老体の男神像で、首下で衣の襟を合わせて結跏趺坐するが、両膝の外側と方座の正面側、そして背面全てが平滑に仕上げられている。両膝外側と方座には、釘や釘穴が認められ、別材を矧付けたり方座に関しては装飾を施したりしたとみられるが、背面にも釘穴らしきものが認められ、平滑な壁面などに打付されていたとみられる。あるいは、懸仏の残闕としての本体かとも想像されるが、あるいは特殊な安置形式になっていたとも考えられ、その解明は将来の課題としておきたい。その1・2像は、いずれも三道を表すもので、僧形神像として造像されたと推測される。その3像も、前記した特殊な構造などからして、神像であったとしてよかろう。平安時代から室町時代にかけて、多くの神像が造像されたと推測されるが、本像は平安時代以降のその一端を今に伝えるものとして、今後の検討を要する貴重な作例といえよう。

40　銅造　毘沙門天立像　　　1躯

銅造・漆箔か　　像高11.0cm　　鎌倉時代

[法量]

総高11.5　像高11.0　髪際高9.8　頂―顎2.3　面長1.2　面幅1.1　耳張1.4　面奥1.5
胸奥1.9　腹奥2.1　肘張4.8　腰張4.5　裾張4.1　足先開（外）3.3
台座　高0.4　左右4.4　前後2.8

[形状]

螺髻を結い、頭髪は平彫として、天冠台は紐状で、正面の天冠台上に小穴がある。噴怒相として閉口し、肩布、胸甲、腹甲、腰甲、前盾を表し、帯の正面左右に天衣をかける。上膊部より袖を垂らし、前膊に手甲を装着し、右腕は振り上げて幡杖を握って突き立て、左腕は屈臂して掌に宝塔をのせる。裳を着け、臑当てを装着する。衣文などは、たがねで彫出する。背面中央に丸釘がある。沓を履いて、右足を外に向け、岩座上に伏す邪鬼を踏んで、足裏の枘で立つ。頭髪は群青彩かとみられ、本体は漆箔か。

[構造]

鋳銅製。本体は宝塔を含めてムクの1鋳製とし、足下の邪鬼を底面を刳り上げるような1鋳製とし、本体足裏のほぞを邪鬼に貫通させて留める。持物、光背（木製の柄に銅製の火炎を付した頭光）、岩座（木製）を別製とする。

[蛍光X線分析数値、％]

	銅	錫	鉛	鉄	金	ニッケル	クロム	マンガン	カルシウム
後頭部（地金）	56.8			16.0		16.7	6.8	3.7	
左袖　（金）	72.3	7.4	10.1	微量	9.7	微量			
邪鬼左後（地金）	73.1	7.3	15.5	微量		微量			3.3

((財)滋賀県文化財保護協会　中川正人氏による)

[保存]

持物の幡杖、岩座、光背を後補する。

[説明]

須弥壇の一角に、あえていえば無造作に安置されていた小像で、伝来等については明らかでない。像高11cmの極めて小さな金銅仏で、本体と邪鬼を各々一鋳とし、左手に宝塔を捧げる毘沙門天像である。小像とはいえ、嗔目で閉口する表情や細部の造作などは緻密に表現されており、作者の力量を伺うに十分である。右腕を大きく振り上げ、左手を前に突出し、同様に右足を引いて左足を前にした、前後の立体性を考慮しての動きのある体勢は、鎌倉時代に至ってその様式が十分に純熟した様を物語っており、13世紀前半もやや下った、第1四半期末から第2四半期初頭頃の作とすべきであろうか。なお、本像についても蛍光X線分析を試みた。後頭部の数値では、銅が56.8％で鉄とニッケルが各々16％ほど検出されており、やや不審な数値といわざるを得ない。ただし、胡宮神社所蔵の重要文化財に指定される重源寄進の五輪塔についても分析を試みたが、その三角錐をなす火輪の数値は、銅41.6％・鉄20.2％・ニッケル23.8％と、この数値に近い。両者の視覚による観察からすれば、五輪塔には黒光りする光沢が見られるのに対して、本像にはそのような光沢はなく、両者の親近性を指摘することはできない。本像後頭部については、頭髪に群青彩が施されているようであり、今後の検討に俟ちたい。しかし、本像の左袖部や邪鬼の分析によれば、銅が73％を占める鉛と錫の合金であることが確認されており、基本的には前記した銅造大日如来坐像と近い数値を示すものと判断し、鎌倉時代の鋳銅製になる佳品と評価されよう。なお、金の残されている部位の分析については、水銀が検出されていない点からして、これを鍍金ではなく漆箔ではないかと推測したが、金の発色などからして、さしあたっては当初の漆箔である可能性を指摘しておきたい。

30　銅造　如来坐像　　　1躯

銅造・鍍金　　像高11.3cm　　鎌倉時代

[法量]

像高11.3　袖張9.3　膝奥2.7

[形状]

半肉彫。肉髻相で螺髪を表すが、正面髪際で18粒、地髪4段、肉髻7段に配置する。半眼閉口し、耳朶環状とする。下衣を着けるようで、その上の両肩を納衣が覆う。右腕は垂下して前に突出し、左腕は左膝の上に置く。裳を着け、結跏趺坐する。鍍金の痕跡がある。

[構造]
銅製で1鋳製とする。背面と像底から空洞化し、後頭部も抜けるが、頭部には中型の白色の土が詰まっている。

34　木造　大日如来坐像　　　　　1躯
木造・漆箔　　像高15.3cm　　室町時代
[法量]
像高15.3　頂―頤5.8　面長3.1　耳張3.5　肘張8.0　膝張9.7　膝奥4.4
[形状]
背面を平滑にした、胎蔵大日如来坐像。
[構造]
カヤ材製か。木心を右前方に外した1材製として、内刳りしない。
[説明]
いずれも像高が11cmと15cmになる坐像で、〈30〉が銅造、〈34〉が木造とその材質が異なるものの、背面を平滑に処理する点や、特に〈30〉の大きく内部を空洞にする仕様などからして、懸仏の主尊として造られたことは確実である。本来であれば、工芸品の項目で報告すべきものであるが、現状において独尊として伝えられることから、ここで報告していることを了とされたい。〈30〉は、肉髻相になる螺髪の彫出、立体感に優れた表情、着衣形式の新しさやその表現の的確さなど、いずれも本格的な出来栄えを示しており、鎌倉時代も半ば辺りの作とみられる。〈34〉は木彫の懸仏主尊の遺例として珍しいが、その彫技などは省略になる部分も多く、時代の下降を伺わせるもので、14世紀から15世紀初頭辺りに位置づけられようか。なお、鎌倉時代の懸仏の一般的な比率から考えると、両者を独尊の主尊と想定した場合の懸仏の鏡板の径は、概ね30―40cmあたりとみられよう。

二　総括

　以上、一部に懸仏の主尊を含む10躯の像について詳細に触れてきたが、簡単に総括しておきたい。
　敏満寺大日堂に伝存する尊像の有り様についてまず気付かされるのは、鎌倉時代以前と以降で大きく様相を違えるということであろう。平安時代の作とみられるのは、〈4　木造聖観音立像〉であるが、保存状態に難があり比較検討には適していないが、その簡素な全体感などからして、大規模な造像の一環として制作されたとは考えにくい。在地の小堂への安置を目的とした造像としてよかろう。これが、確実に平安時代の敏満寺と結びつく確証はないが、他に平安古像を確認できないことからしても、この時期の敏満寺の規模を想定するならば、大規模な造像が行われる環境にはなかったと解すべきであろう。3躯が残される神像のうち、〈31　僧形坐像〉は、他の2躯に比較して古様を示すとともに、本格的な彫技が施されている。その制作時期については、やや微妙ながら12世紀半ばから後半あたりとすべきであろうから、やはり平安時代の内の作としてよかろう。しかし、現存作例からみるかぎり、平安時代の敏満寺およびそれに関わる造像は、いわば在地の小規模な寺院のそれを想定すべき次元に止まるものと判断されよう。
　そのような状況は、『敏満寺縁起』などに記録される12世紀末の復興をもって、様相を違えてくる。作例としての絶対的な数量が多いということではないが、特に作品の完成度などからすれば、敏満寺の造像のピークが鎌倉時代初頭の12世紀末から13世紀にあったということは確実であろう。そして

このピークを主導した要因として、〈２　銅造大日如来坐像〉や、〈３　地蔵菩薩半跏像〉、あるいは〈40　銅造毘沙門天立像〉などの存在からして、奈良仏師の慶派の介在が想定されるところである。この時期は、重源が前記した重要文化財に指定される五輪塔を寄進した時期と適合している。重源は、いうまでもなく東大寺復興の勧進職として活動し、この五輪塔の刻銘にも「造東大寺大和尚」と署しているが、その出自や職掌からしても奈良仏師の慶派と親しかったことはいうまでもあるまい。この敏満寺復興に際して重源が介在したことが、この寺の造像環境に極めて大きな影響を与えたと考えざるをえない。12世紀末から13世紀初頭にかけて、近江国内で確実に慶派の造像が行われたとみられるのは、石山寺多宝塔本尊木造大日如来坐像を快慶が制作したことや、作風などからの推測だが、園城寺の木造黄不動像などの作者に慶派の有力仏師が想定されるなどに止まる。造像環境という点からすれば、敏満寺は石山寺や園城寺に匹敵することになってしまうのである。そのような状況を導いたのは、ひとえに重源の敏満寺復興への参画によるのであろう。後世の編纂物によれば、敏満寺には多くの堂舎が建ち、あまたの尊像が安置されていたということになるが、現存作例の乏しさは、その姿を想像すらできないほどであり、慶派の介在がどの程度であったかは想定すらできない。現存作例からすれば、慶派のなかの小仏師級、もしくは前記した僧形坐像などを作れる技量を持っていた、以前からこの地で活動していた地方仏師との共同作業のような、そのような仏師集団の作と解せようが、いずれも本尊級の尊像が現存していないのであり、あるいはより主要な主尊級の像には有力な慶派仏師の参画も想像されるところであろう。

　以上、敏満寺に現存する古像について紹介し、簡単に総括してみた。これ以降の作例としては、紹介したいくつかの作例以外に、それほど主要なものを確認していない。近在の安養寺の木造阿弥陀如来立像にある永享11年（1439）の墨書銘に「敏満寺」とみえ、また江戸時代の銘文には、地名化したような敏満寺の記載があるに止まる。また胡宮神社の神輿庫に残される木造狛犬の台座裏面に永禄13年（1570）の年記が記されていることなどを紹介し、報告としておきたい。

[参考文献]

景山春樹　1986年　『舎利信仰』　東京美術

小林剛　1971年　『俊乗坊重源の研究』　有隣堂

斎藤望　1990年　「滋賀・多賀町の仏教彫刻―真如寺と敏満寺大日堂を中心に」佛教藝術193

滋賀県立琵琶湖文化館　1990年　『多賀信仰とその周辺』

多賀町教育委員会　1991年　『多賀町文化財調査報告書　第一集　多賀の文化財　考古・美術篇』

多賀町教育委員会　2003年　『敏満寺の謎を解く』　サンライズ出版

多賀町歴史民俗資料館　1992年　『青龍山　敏満寺と東大寺』

高梨純次　1994年　「滋賀・敏満寺大日堂銅造大日如来坐像と敏満寺の鎌倉復興」佛教藝術215

文化庁　1975年　『湖東地方の文化財』

毛利久　1987年　『仏師快慶論　増補版』　吉川弘文館

敏満寺大日堂 彫刻

番号	名称	数量	品質・形状	法量(cm)	年代	時代	指定	所在	備考
1	木造大日如来坐像	1躯	木造・古色	76.2	宝永7年(1710)	江戸時代		大日堂本尊	調書別記
2	銅造大日如来坐像	1躯	銅造・鍍金	13.7		鎌倉時代		1像厨内納入品	調書別記
3	木造地蔵菩薩半跏像	1躯	木造・古色・玉眼	51		鎌倉時代			調書別記
4	木造聖観音立像	1躯	木造・古色	97.3		平安時代			調書別記
5	木造重源上人坐像	1躯	木造・彩色・玉眼	17.5		江戸時代			
6	木造明王像	1躯	木造・彩色	30.7		江戸時代			
7	木造慈慧大師坐像	1躯	木造・彩色・玉眼	41.5		江戸時代			
8	木造不動明王坐像	1躯	木造・彩色・玉眼	46.5		江戸時代			
9	木造不動明王立像	1躯	木造・素木・玉眼	36		江戸時代			
10	木造虚空蔵菩薩坐像	1躯	木造・彩色	23		江戸時代			14と一具か
11	木造弁才天坐像	1躯	木造・彩色	21		江戸時代			
12	木造十一面観音立像	1躯	木造・彩色	20.5		江戸時代			
13	木造九曜星立像	9躯	木造・素木			江戸時代			
14	木造薬師如来坐像	1躯	木造・彩色・玉眼	23.3	文化6年(1809)か	江戸時代			10と一具か
15	木造阿弥陀如来立像	1躯	木造・古色	32		平安時代			
16	木造愛染明王坐像	1躯	木造・彩色・玉眼	60		江戸時代			
17	木造愛染明王坐像	1躯	木造・彩色	18.2		江戸時代			
18	木造不動明王二童子像	3躯	木造・古色	22 17.5 9.9		江戸時代			
19	塑造聖天像	1躯	塑造・彩色	9.8		江戸時代			
20	木造毘沙門天像	1躯	木造・彩色	16		江戸時代			
21	銅造釈迦誕生仏	1躯	木造・金泥塗	15.4	文化6年(1809)か	江戸時代			
22	木造角大師坐像	1躯	木造・彩色	14.5		江戸時代			
23	木造大日如来坐像	1躯	木造・漆箔	12.5		江戸時代			
24	木造虚空蔵菩薩坐像	1躯	木造・古色	7.5		江戸時代			
25	木造慈覚大師坐像	1躯	木造・彩色	9.9		近代			
26	木造三面大黒天像	1躯	木造・彩色	9.8		江戸時代			
27	木造妙見天像	1躯	木造・彩色	22		江戸時代			
28	木造荒神像	1躯	木造・彩色	11.8		江戸時代			
29	木造弁才天像	1躯	木造・彩色	10		江戸時代			
30	銅造如来坐像	1躯	銅造・鍍金	24.5		鎌倉時代			調書別記
31	木造僧形坐像（懸仏残欠）	1躯	木造・古色	11.3		平安〜鎌倉時代			調書別記
32	木造僧形坐像	1躯	木造・素木	29.4		鎌倉時代			調書別記
33	木造僧形坐像	1躯	木造・漆箔	21.7		室町時代			調書別記
34	木造大日如来坐像（懸仏残欠）	1躯	木造・古色	20.7		鎌倉時代			
35	木造大黒天立像	1躯	木造・彩色	15.3		江戸時代			
36	木造福神像	1躯	木造・古色	16.5		江戸時代			

37	木造不動明王像	1躯	木造・古色	11.5	江戸時代	
38	木造童子像	1躯	木造・古色	9.8	江戸時代	
39	木造荒神像	1躯	木造・古色	18.2	江戸時代	
40	銅造毘沙門天像	1躯	銅造・鍍金	11	鎌倉時代	調書別記
	胡宮神社神輿庫 彫刻					
1	木造聖観音立像	1躯	木造・古色	46.7	江戸時代	
2	木造狛犬	2躯	木造・彩色	18.3 20.8	室町時代	銘文等別記
3	木造武人像	1躯	木造・古色	20.3	江戸時代	
4	木造天神像頭部	1個	木造・古色	26.4	江戸時代	
5	木造僧形像	1躯	木造・彩色	17.5	江戸時代	
6	木造神像	3躯	木造・彩色	21.8 19.7 21.7	江戸時代	
7	木造肖像	1躯	木造・彩色	11.5	江戸時代	
8	木造弁才天立像	2躯	木造・彩色・古色	18.5 11.5	江戸時代	
9	木造天部形左腕	1本	木造・彩色	総長17.3	中世	
10	木造仏指	1本	木造・彩色	総長5.5		
11	銅造仏坐像	1躯	鋳銅・鍍金	8.8	室町時代	懸仏残欠

1 木造大日如来坐像 　　　　　　　　　　　1 木造大日如来坐像　像内墨書

1 木造大日如来坐像　底板墨書 　　　　　　2 銅造大日如来坐像

2 銅造大日如来坐像 　　　　　　　　　　　　2 銅造大日如来坐像　斜め

2 銅造大日如来坐像　側面 　　　　　　　　　2 銅造大日如来坐像　背面

2 銅造大日如来坐像　像底

2 銅造大日如来坐像　台座

3 木造地蔵菩薩半跏像

3 木造地蔵菩薩半跏像　斜め

3 木造地蔵菩薩半跏像　側面

3 木造地蔵菩薩半跏像　背面

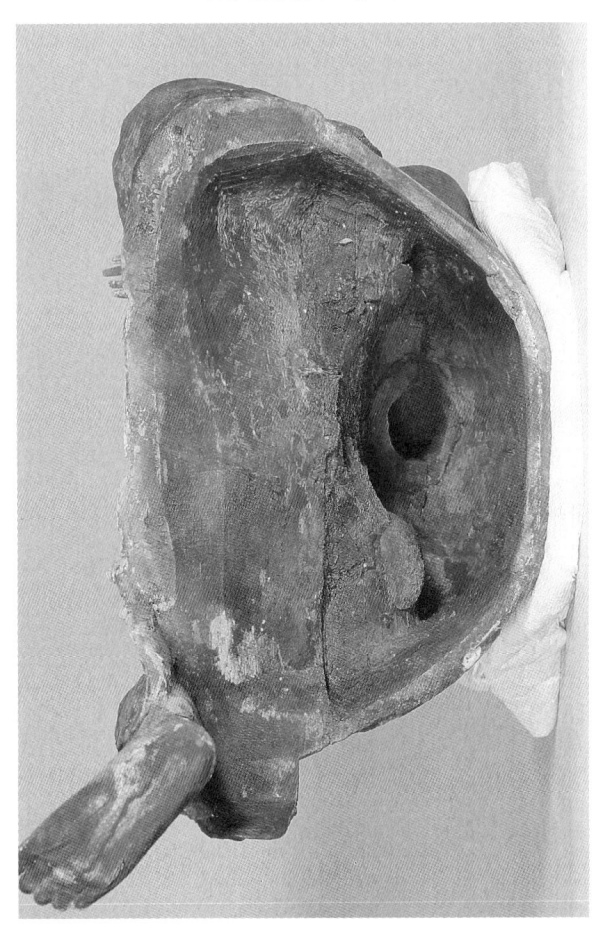

3 木造地蔵菩薩半跏像　像底

3 木造地蔵菩薩半跏像　台座内

4 木造聖観音立像  　　　　　　　　　　4 木造聖観音立像　側面

4 木造聖観音立像　背面 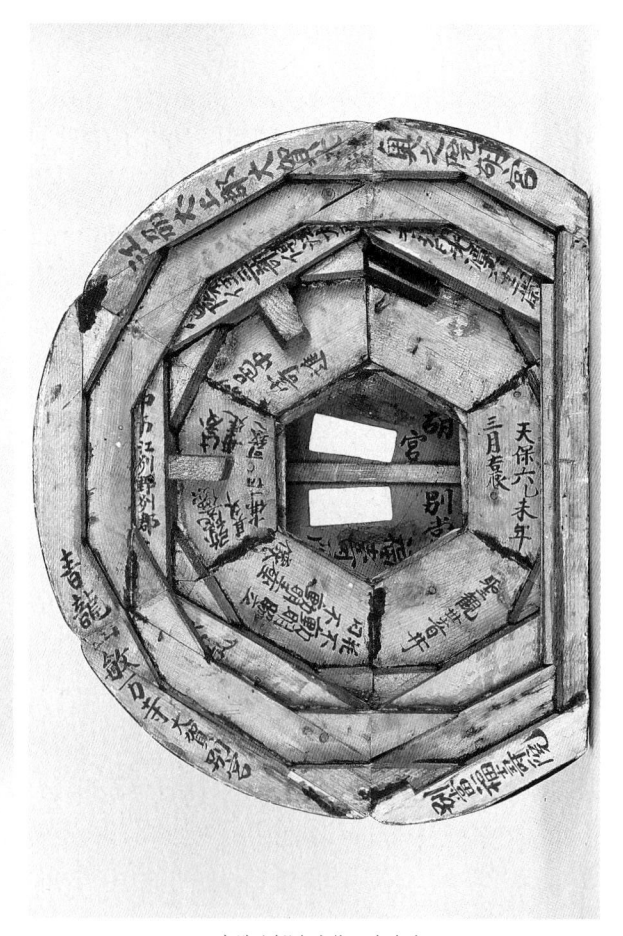　　　　　　　　4 木造聖観音立像　台座内

31 木造僧形坐像 1   　　　　　　　　　31 木造僧形坐像　側面

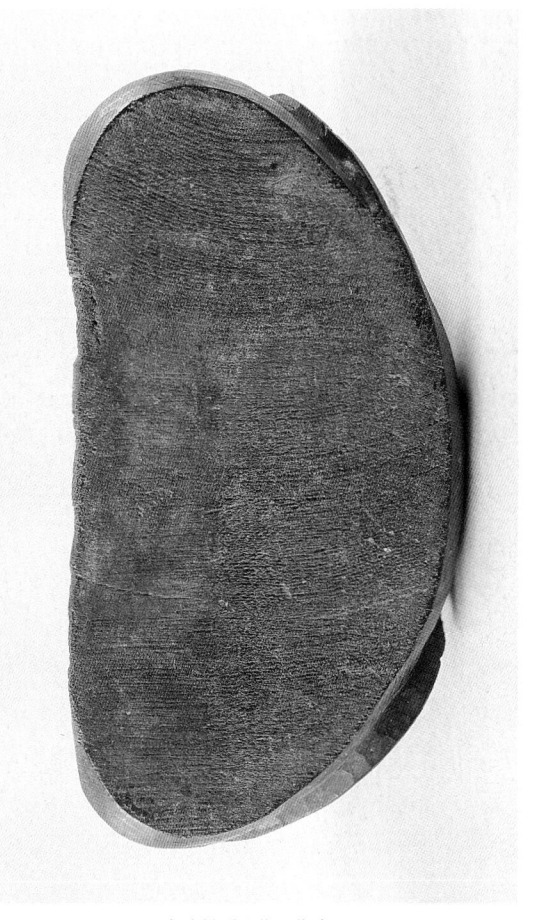

31 木造僧形坐像　背面   　　　　　　　31 木造僧形坐像　像底

32 木造僧形坐像 2 　　　　　　　　　　　　32 木造僧形坐像　側面

32 木造僧形坐像　背面 　　　　　　　　　　33 木造僧形坐像

33 木造僧形坐像　側面

33 木造僧形坐像　背面

40 銅造毘沙門天立像

40 銅造毘沙門天立像　斜め

40 銅造毘沙門天立像　側面 　　　　　　　　　　40 銅造毘沙門天立像　背面

30 銅造如来坐像 　　　　　　　　　　　　　　34 木造大日如来坐像

5．敏満寺の絵画・工芸品

滋賀県立琵琶湖文化館

土井　通弘

【絵　画】

　1．絹本著色　　虚空蔵菩薩像　　　1幅
　　　　タテ95.5×ヨコ39.6　　　室町時代

　画面中央の月輪の中に、五仏宝冠を戴いて蓮台上に結跏趺坐する虚空蔵菩薩を描く。画面上方には帝釈天の子千眼王所生の明星天子および七眷属を配し、月輪の下方には頭上に五輪塔を奉安した雨宝童子および十眷属を表している。虚空蔵菩薩は右手を与願印に結び、左手に如意宝珠を乗せた蓮華を執る求聞持法の本尊形を示すが、明星天子および雨宝童子を描き加える類例が無く、本図がいかなる図像によったかは判然としない。制作年代は室町時代に下がるとはいえ、孤本として貴重な作例である。

　2．絹本著色　　薬師三尊像　　　22幅
　　　　タテ61.4×ヨコ29.0　　　室町時代

　画面中央に左手に薬壺を執った薬師如来立像、右に老比丘形、左に聖観音像を描いた作品で、おそらく仁王会の本尊と考えられる。上下には描き表装をめぐらし、下辺には短冊形の名札を表している。近隣の西明寺（甲良町）にも同様の薬師三尊像がある。仁王会本尊の薬師三尊像の遺例は少なく、時代が下がるとはいえ、貴重な作品である。

　3．絹本著色　　天台大師像　　　1幅
　　　　タテ142.0×ヨコ67.0　　　室町時代

　本図は、中国天台宗の確立者である天台大師智顗（538〜598）を描いた作品である。右手で如意を胸前にささげ持ち、左手は像前に置かれた三本の獣足付き脇息に添える説法相の姿である。沓の表現は見られない。画面上部は四区画された色紙形を設け、中央の二区画に「天台智者大師」を二行書とする。打ち込みのある墨線で輪郭線や衣褶表現に宋元画の影響がみられ、金泥による装飾などに見るべきものがあるが、脇息などの弱々しい表現や形式化が見られ、室町時代の転写本であると思われる。

1. 絹本著色　虚空像菩薩像　1幅

2. 絹本着色　薬師三尊像　22幅のうち1幅

3. 2. 絹本着色　薬師三尊像　22幅のうち1幅

4. 絹本著色　天台大師像1幅

日本天台宗において、伝教大師最澄と共に、天台宗宗祖として信仰され、多くの作品が残されるが、本図のような法量を示すものは少なく、室町前期の貴重な作品である。

4．紙本淡彩　高宮祭礼絵巻　　　1巻
　　　タテ32.0　　　江戸時代

多賀大社の別宮である胡宮神社の祭礼の次第を描く。「近江国高宮絵巻物」の外題を付し、四月大祭の次第を詞書している。詞書に続いて祭礼の様子が描かれ、多賀大社の大御供式を終えて胡宮神社に向う御使殿一行や多賀社境内での射礼の様子、神輿が胡宮へ渡御する様などが描かれるが、装束や建物等についての彩色の書き込みなどが見られ、あるいは大祭の有職の覚として描かれたものであろうか。

その他に、江戸時代の作であるが、両界曼荼羅や真言八祖像がある。

5．紙本　高宮祭礼絵巻1巻

【工芸品】

1．重要文化財　銅製五輪塔　内ニ水晶舎利容器アリ
　　　　　　　　　底ニ建久九年十二月重源施入ノ銘アリ　　　1基
　　附　紙本墨書寄進状　　1巻
　　　　建久九年十二月十九日大和尚花押（重源）トアリ
　　　総　高　38.9

金銅製で空輪・風輪・火輪・水輪・地輪で構成される五輪塔であるが、通常は四角錐に造形される火輪が三角錐になることから、三角五輪塔と呼ばれる。各輪の表面には毛彫りで蓮華座の上に月輪を設け、五輪種子を表している。四隅に猫脚をもつ基台に地輪部を被せ蓋状にすっぽりと被せる。基台の内郭には金銅の蓮台に水晶製の舎利容器を奉安している。基台の四面には方角と各一躯の四

― 171 ―

四天王像が線刻され、舎利を守護している。基台底面には、
　　　奉施入　近江国敏満寺本堂
　　金銅五輪宝塔壱基於其中
　　奉安置仏舎利弐粒之状如件
　　　　　建久九年戊午^{戊午}十二月
　　造東大寺大和尚南無阿弥陀佛記

の陰刻がある。なお、本五輪塔には、建久九年十二月十九日付の木幡執行御房に当てた重源寄進状も共に伝来している。独特の密教観を表現した本五輪塔は、重源ゆかりの作品として著名なものであるが、重源の『南無阿弥陀佛作善集』（重文、国有）にも敏満寺施入のことが見えており、敏満寺の中世が東大寺総勧進職にあった重源とのかかわりの中で出発していくことを如実に語る資料として極めて重要な作品である。

銅製五輪塔1基

銅製五輪塔　塔底刻銘

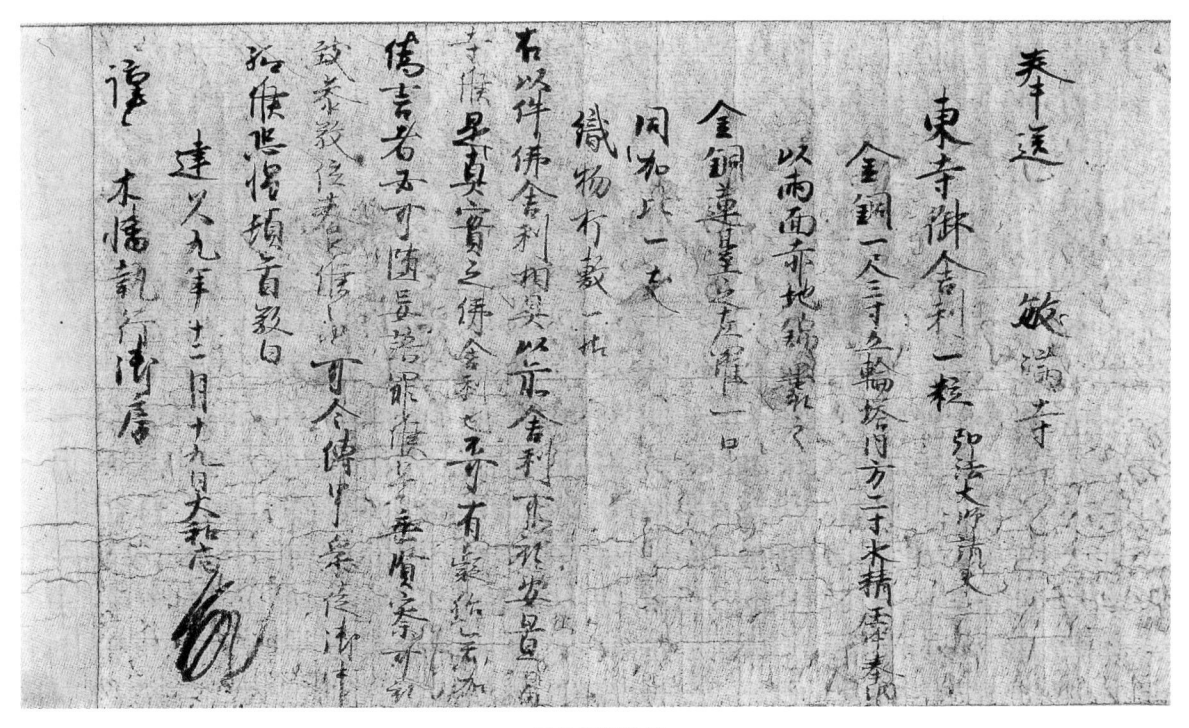

五輪塔寄進状

研究編

第2部　敏満寺中世墓地の研究

1. 石仏谷中世墳墓の構造

松澤 修

はじめに

　石仏谷中世墳墓はその全ての内容が明らかとなったものではなく、不明な点が多くあるが、今回の調査でその概略は得られたとみられる。この項ではその内容をまとめ、さらに、県内の中世墳墓の内容を猟渉し、それとの比較において当石仏谷中世墳墓の構造の特色を考察してみることとする。

石仏谷中世墳墓について

　石仏谷中世墳墓の構造はこれまでに累述してきたように様々な特徴がある。それは次の通りである。

Ⅰ 墓の形状

　墓は基本的に斜面を部分的に削平し墓域を造り、そこに蔵骨器を埋置あるいは、骨埋納坑を設けて墓とするものである。発掘調査で得られた墓の形態には4種類がある。

1．塚状墓型（Ⅰ型）

　A区1号墓がこれに当たる。塚を造ってその上部に蔵骨器を埋納する形態である。

2．平地型（Ⅱ型）

　G区の墓がこれに当たる。削平した平坦地に覆土を設け、そこに土葬墓、蔵骨器、埋納坑を設け墓とする形態で、その覆土に小礫を混ぜるものと混ぜないものとがある。

3．斜面型（Ⅲ型）

　B、C、E、F区の墓がこれに当たる。削平した平坦部から斜面部にかけて覆土を設け、壁際からの平坦部をつくりその壁際に石造物を奉斎し、その前面の斜面部に蔵骨器、骨埋納坑を埋置、設置する形で、その覆土に小礫、あるいは、微小礫を混ぜる。

4．折衷型（Ⅳ型）

　D区の墓がこれに当たる。石組みの墓域内に覆土を設け、平坦部と斜面部を造り、その崖際に石造物を奉斎し平坦面と斜面部に蔵骨器、骨埋納坑を埋置、設置する形で、その覆土に小礫を混ぜる。

　これらのうち、1の塚状型、2の平地型は当墓地の初期の墓の形態であり、以後の大半の墓地は3の斜面型に造られ、その型式が石仏谷中世墳墓の普遍的なものとなる。

Ⅱ 墓地の構造

1．墓地の区域

　その北側には敏満寺の堂舎跡とみられる平坦面が二段にわたって認められる。そのうちの下段は墓地のA区1号墓と面を同じくしている。その境部に1個、この地点から上部・東側の斜面に点々と2個の巨石を設置し境界・結界石としている。その西側は下段の堂舎との間の崖による境界である。墓域はその中央部付近で段差があり、その南側には堂舎跡とみられる平坦面があり、それによってややくい込まれる形となっている。その南側は自然の谷川があり、以南の山腹には墓や堂舎などの遺構は認められないことから、この谷川が境界となっているとみられる。その東側はD区の標高、約186メートル以上には墓跡とみられる石や石造品が認められず、境界とみられる施設は造られていないものの、その標高が東側の境と考えられる。この墓域は上部では同一の面となるが下部ではその中央に段差があり北部地域と南部地域に分けられる。

2．墓地域内の施設

　墓地域内には各墓の他に南部地域には小堂宇跡とみられる区画があり、それにつながる道跡がある。この道跡は削り残した地山上にさらに土を盛り上げて造られており、G区の周囲を巡ってその上部の小堂宇

に至り、さらにそこから斜め上方・東南方向に山を登りB区に至り、B区の上部を北側に延び小堂宇に至るものである。この南部地区の道はその下部・東側に造られている方形堂舎跡から続くものでその堂舎の南側には地山を削り残して造られた道跡がみられる。北部地区ではA区の南側に地山を削り残し、そこに段をつけた道跡がありそれはさらに山に登る形で続いているが、現時点ではどのように続いているかは不明である。他の地域の中世墓地の例からこの道跡を基幹道とすれば、そこから枝道がつけられ各墓所に分岐するものと考えられる。この北部地域にも下段の堂舎跡から続く道がつけられている。墓域の下部にはその北側に二棟ほどの堂舎と南側に方形堂舎が造られており、その両者の間に削り残して造られた道がある。この道跡はA区の南側に一直線に急な勾配で続いているが、その途中で北側に分岐しA区の下部を緩やかに登る形で墓所に取り付き、その取り付き部に方形の基壇が造られている。その形態や場所から墓所への入り口施設と考えられる。また、A区の前面・西側には石垣が築かれており、石垣とA区1号墓との間には微小礫が敷設される道があり、A区の南側、F区の下部には墓などの施設のない平坦な広場状の小地域が造られており、小堂などの施設が造られていた可能性がある。また、北方の堂舎跡、結界石との間も削り残して造られた上段に設けられた堂舎に登る道がある。

G区下部の方形堂舎はその位置・南谷の堂院のはずれにあること、方形に造られ僧侶などの起居する坊ではないことや、そこから墓所の登る道がつけられていることなどを勘案するとこの墓所のために造られた堂舎の可能性があり、葬儀に伴う祭儀、あるいは、供養などが行われていたとも考えられる。

3．墓内部の施設

蔵骨器はF区の大型甕、G区の中型甕あるいは表採された常滑甕や信楽甕などの十数例以外は小型の壺を用いており、それについては火葬場での選骨が行われたと考えられるが、実際に骨が残存していた例がないため明確ではない。蔵骨器はF区の例以外は正位で蔵骨器とほぼ同大の坑を設けて埋置されている。蓋に使われたとみられる小型の碗や鉢型の陶器も出土する。蔵骨器のほとんどは肩部以上が破壊し、失われていたり、あるいは、胴部内に落ち込んだ状態で出土する。このことから肩部以上は土に埋められずに置かれていた可能性がある。その場合、肩部以上が露出していたことは考えにくいことからその部位は石などで封鎖していた可能性がある。このことは石仏谷中世墳墓において大量の蔵骨器が表採されていることの事由にも表れていると考えられる。穿孔については出土した蔵骨器に完形もしくはそれと判るほど残っていた例が少なく、また、調査例が少ないことから判然とはしないがB区の2号蔵骨器・瀬戸灰釉花瓶にみられるのみであり、石仏谷中世墳墓では穿孔は多くは行われていなかったと考えられる。

石仏、石造品はC区、G区でその実際に使われていた形態が認められる。C区では倒れたり、抜けたりしたものがあるものの、推定では12体の石仏が隙間なく壁際に建てられている。それは壁際に石仏を立てその前面に覆土して安置したものでその他に特別な施設は設けていない。また、G区では二カ所で石仏の設置状況が認められる。G区の常滑中型甕に伴うとみられる石仏は二体が並んで立てられ、その裏側を川原石で円形に囲んで奉斎されている。また、2期に伴う石仏は上記の石仏の状況と同様で、石仏を立てその背後を川原石で円形に囲んでいる。この二例は壁際ではないものの墓の区画の背後際にあることから、同様の意識、壁際を意識して奉斎されているものと見なすことが出来る。

祭祀空間

斜面型の墓跡で、石仏や一石彫成五輪塔の建てられた前面は平坦部になっており、そこにはなんの施設も認められない。この空間がどのように必要なのかは具体的に明らかではないが、石仏などを奉斎する前面であることや蔵骨器を埋置する上面であるその位置から、祭祀空間として意識、設置されていた可能性が考えられる。

県内各地の墓地について

　県内では各地で中世墓地が調査されている。ここではそのうちの代表的な例を概観してみよう。

　大谷墳墓（蒲生郡日野町）

　大谷墳墓は日野町の中央北部の大谷丘陵と国道307号沿いの支丘陵という二つの丘陵上に造られていた。調査は工場地の造成に伴ってその北側の丘陵について行われた。調査時にはその丘陵の上部、そして北側はその工事によって既に破壊され、そこに存在したであろう墓跡に使われたとみられる蔵骨器や五輪塔などが、削平された土の中に散乱していた。しかし、丘陵の南側中段の墓跡は残されており、貴重な遺構そして遺物が検出されたのである。

　検出された遺構は谷に向かって平行に造られている。その西側の墓跡は石を組み込み積み上げたもので、平面形は長方形に造るものが多い。1号墓は中段の最上部単独で造られていた。丘陵の中腹を堀窪め、石を集めて長方形の区画とし、その内部の西側には納骨坑を造り、東側には蔵骨器を埋置しその上に五輪塔を据えたものである。2号墓は1号墓の下部に造られる。その山側を切石で区画し川原石を敷き詰めそこに蔵骨器を埋置したものである。ここで出土した瀬戸の瓶子は蔵骨器として埋置する直前にその口縁部を打ち欠いている。それはこの蔵骨器が後代の手が加わっていないにもかかわらず、その口縁部が墓の石組みの間から出土したことから判明したものである。墓前でそのような行為が行われていた一例である。3号墓は比較的大きな石でその東側、南側を区画し、その内部に納骨坑、蔵骨器を納めたもので、さらに区画の南側に長方形の張り出し部を造る。この部分に納骨施設はなく、他の例からみて五輪塔を据えていた場所であると考えられる。この3号墓と2号墓の間にはもう一基蔵骨器が据えられていたが、調査時に盗難に遭いその蔵骨器は失われている。8号墓は大型の石でその縁を区画しその内部に納骨坑を設け、さらにその南側に五輪塔を設置する。他の例では地輪が残るのがほとんどであるのに対し、ここではその上の水輪も残っており、組み合わせの一例として貴重な資料となった。この墓跡ではさらに、その下部に焼成土坑がみられ、11号墓跡と共にこの場所で火葬が行われその上に墓が築かれたことが判明した。4号墓跡は一つの墓の区画が明らかではなく、一面に川原石が敷き詰められた大きな区画の内部に蔵骨器が点々と埋置されていたものである。なかには歯を入れただけの青白磁水注も出土している。5〜7号墓跡は長方形の石積み区画を連ねて形成しているもので、その内部に蔵骨器や納骨坑を埋置、設置している。このうち6号墓跡は5、7号墓跡の間にそれらの後に造られたものである。9号墓跡は三段の土坑にそれぞれ蔵骨器を埋置し、その上部に一連の長方形の石積み区画を設け、そこに三基の（うち南側はその痕跡からそこに一基が置かれていたと推定された）五輪塔の地輪がみられたことから、五輪塔はその下部の蔵骨器に対応して据えられていたことが判明した。このうち中央の地輪に小円孔がある。また、この一連の墓跡の南側一段低い場所に9号墓跡と面を揃えて敷石し、そこに五輪塔とは異なる台石が設置されていた。石仏か、あるいはさらにこの上に五輪塔が載せられていた可能性がある。墓地の東側は石を多用せずに墓を築いている。10号墓跡は斜面を平坦に削平し、そこに蔵骨器を埋置し、その上部に扁平な石を敷き並べている。この墓跡の北側に五輪塔の地輪がみられたことから、この扁平な敷石の上部には五輪塔が設置されていたものと考えられる。11号墓跡は斜面を弧状に削り、さらにその内部を方形に二段に削平して墓地を造る。その上段には三個の蔵骨器を埋置し、下段はその半分が工事により削られていたが、そこにはあまり密ではない敷石を設け、東側と西側にそれぞれ蔵骨器を埋置していた。さらに、それぞれの蔵骨器の下には東側円形の、西側には長方形の火葬坑があり、その内部には焼土や炭がみられ、8号墓と同様にここで火葬・納骨が行われたことが判明した。この11号墓跡では六個の蔵骨器がみられたことから、おそらく削平された谷側部分にも火葬坑が存在したであろうことが推定される。これらの墓跡はその築かれている方向から

図72 日野町大谷墳墓跡Ⅲ区 平面図 断面図

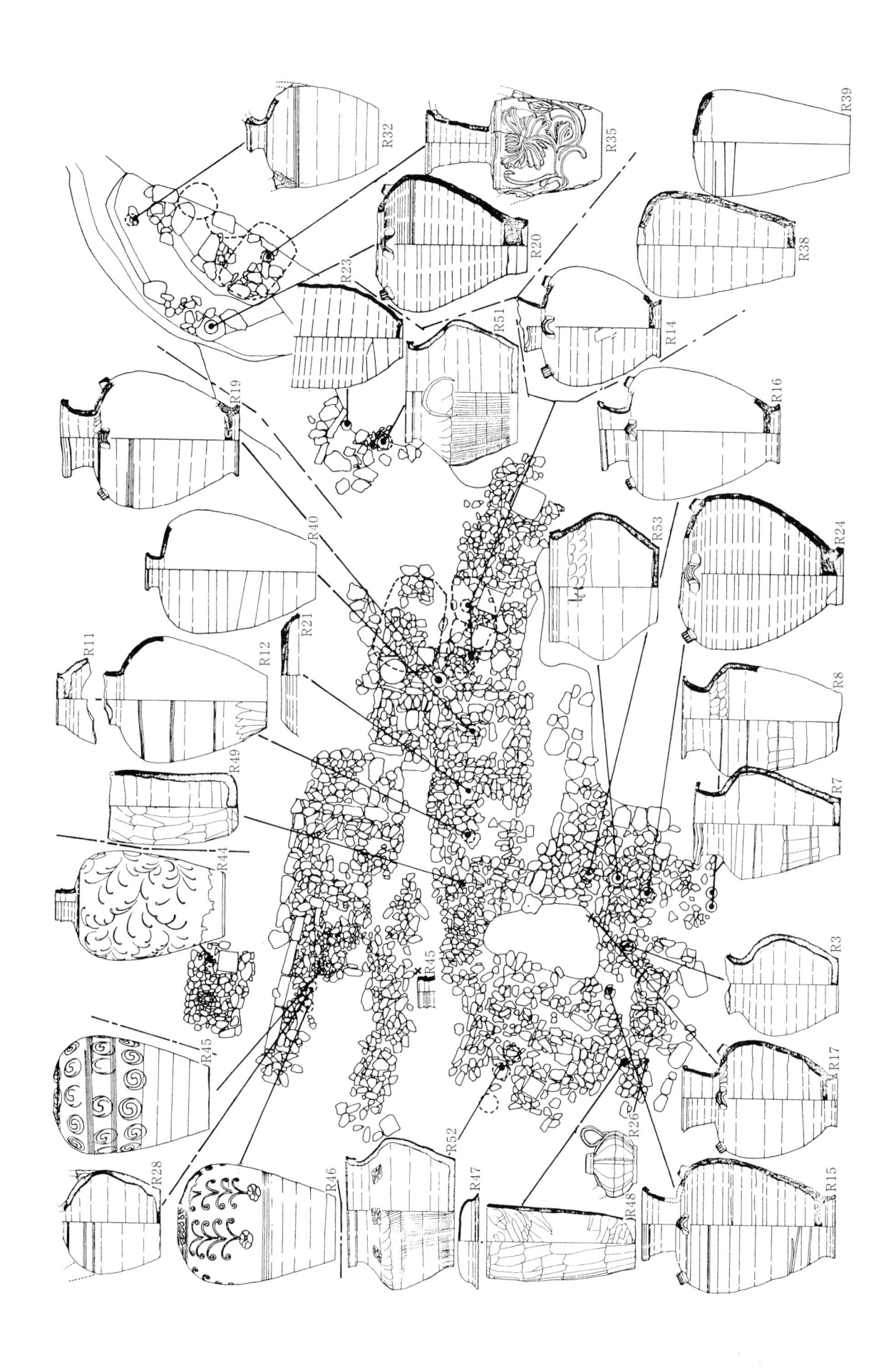

図73　日野町大谷墳墓跡Ⅲ区　蔵骨器出土位置図

― 181 ―

1～3、8号墓あとが一連のもの、4号墓あとは一つの、5～7号墓跡がまた一連の、9号墓跡は一つの、そして10、11号墓跡が一連のという形で関連づけられる。このうち1～9号墓跡は川原石を多量に使って積み上げる方法で造っており、上記のように分けても、なお同じ系列の集団の墳墓跡として捉えられる。一方、10、11号墓跡は1～9号墓跡と異なる造り方、そのお互いに共通する内容であることから1～9号墓跡の集団とは別の集団による墓跡と考えられる。この他、Ⅲ区と呼んだ以上の地域の南側にⅣ区と呼称した尾根があり、そこでも墓跡群があり、その内の一基について調査したが、そこでは常滑の中型甕が倒立した形で埋置されていた。

　この調査では以上の墓跡の他、谷を挟んだ西側の尾根、あるいは南側の尾根上には中世の館が形成されており、そこでは建物が建っていたとみられる平坦地が認められた。その西側の館跡の最上部の平坦面には積み石塚が一基認められた（図74）。この塚は一辺2,5メートルの方形に小型の川原石を20センチほどの高さにピラミッド型に積み上げて造られる。その石を取り除くと平面1,6×1,4メートル、深さ20センチの方形の掘り込みがあり、この土坑は焼けていないがその内部に焼土、炭などを含む土が充填されており、その上面には火熱を受けた龍泉窯の青磁碗が二個と、土師器碗一個、土師器小皿六個、鉄釘さらに鉄製短刀が一振り置かれていた。ここには火葬骨がみられないが、明らかに火葬に関わる埋土、遺物類であることから、火葬に際して副葬品として遺骸と共に焼いたものを集めて奉斎した詣り墓のような施設であると考えられる。その奉斎された位置、形態からみてこの館跡における最重要人物に対する塚であるとみられる。

　この墳墓跡からは多種多様な蔵骨器が出土している。それは渥美の壷、常滑の鳶口壷・三筋壷・壷・不識壷・甕、瀬戸の鉄釉三つ巴文梅瓶・鉄釉梅蕨手文瓶子・灰釉菊花文水注・灰釉草文瓶子・灰釉瓶子・灰釉しぼり腰瓶子・灰釉水注・灰釉四耳壷、越前の壷、お歯黒壷、信楽の壷・中型甕、青磁の梅瓶・碗・四耳壷、青白磁小型水注・褐釉壷、土師器の筒型容器・皿などである。このような蔵骨器のほか花崗岩製の五輪塔があり、その水輪の一部には阿弥陀如来の梵字・キリークを刻んだものや阿弥陀如来を半肉彫りしたものなどがある。他に、圭頭の板碑状の石材に阿弥陀如来を半肉彫りした石仏がある。また上述したように館跡の詣り墓からは鉄製短刀、青磁の碗、土師器の碗・小皿が出土している。これらの遺物は十二世紀後半から十四世紀後半のものであるが、その多くは使用痕があり日用品からの転用とみられ、制作・購入された時期と蔵骨器として使われた時期とには若干の齟齬があるとみられるが、ほぼ、その時期の造墓とみられる。

　大谷墳墓はこのように、その区画の中に五輪塔の施設までを含んだ規格性のある墓に、当時の一級品の蔵骨器に納めた火葬骨を埋納した火葬墓である。これを造り、あるいは葬られたのはどのような人々であっただろうか、具体的にそれを証明する資料は出土していない。しかし、墓跡と同じ丘陵を占有しそれを切り開いて造られた館跡が近縁にあることから、この館跡と深い関連があるとみられ、その館跡に付随して造られたと考えられる。このような形態の墓は在地領主のものと考えられており、本墳墓の場合も墳墓の内容からそのようにみられ、詣り墓の鉄製短刀の存在からみて武士階級の可能性が高いと考えられる。また、丘陵を占有した館や墓を持ち、一級の蔵骨器、石造品を使用することなどから、その一族は当地における最有力の武士団、おそらく当地の雄族、蒲生氏であろうと考えられる。大谷墳墓跡は蒲生氏の古い時期の墓所であったと推定される。(松澤修「滋賀県・大谷中区墓群」『歴史手帳』第14巻11号1988年)

正楽寺墳墓跡（犬上郡甲良町）

　正楽寺墳墓跡は甲良町の北東部、多賀町との境の勝楽寺山山裾に造られた墓跡である。ここには京極導誉が築いたその居城と伝えられる勝楽寺山城跡、あるいは勝楽寺がある。この勝楽寺は室町時代に大いに

焼　土
暗褐色土
地　山

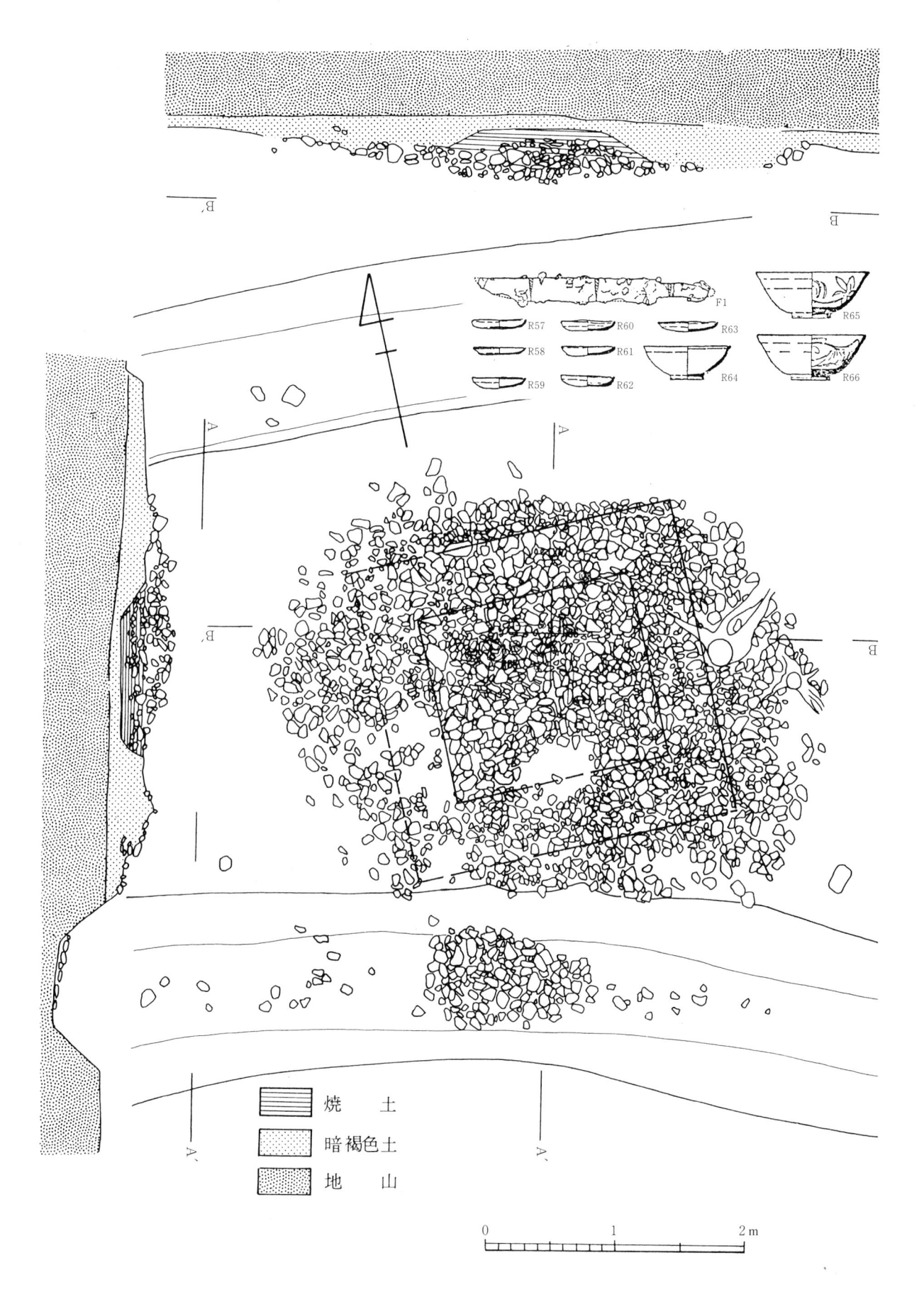

図74　大谷墳墓跡Ⅱ区積み石塚図、出土品実測図

興隆し百済寺、金剛輪寺、西明寺、敏満寺と共に湖東五山とも言うべき天台寺院であった。しかし、戦国時代には他の天台寺院と同様に織田信長に対抗し、その近江侵攻により衰退したものである。

墳墓跡は現在の集落から勝楽寺山へやや上がった尾根の上に造られていた。本来斜面である尾根を雛壇状に広く平坦に削平し、そこに墓を造っていた。調査範囲が狭いためその全貌は明らかではないが、次に記述するような墓跡が検出されている。なおこの雛壇状の平坦面をテラスと呼称して記述する。このテラスと呼ぶ平坦面は八面ある。

テラス1は遺跡の上部に造られていたものである。ここからは五基の墓跡が検出されている。1～4号墓跡はその外郭を大きな石で区画しその内部を土で盛り上げて造るもので、その下部に土坑が造られているが骨や蔵骨器などは認められなかった。このうち1、3号墓跡には一石彫成五輪塔や石仏が設置されていた。5号墓跡は石を敷き詰めて区画を造るもので、内部から埋葬に関連する遺物は検出されていない。これらの墳墓跡はその内部の土の状況から一度掘り返されている可能性があり、その結果遺物が出土しなかったことも考えられる。このテラスの上部にも平坦面があるが、そこでは墓跡は検出されていない。

テラス2はテラス1の北側に造られていた。ここからは石列で方形に区画しその内部を土で盛り上げる墓跡が一基検出されたがその北側は崩壊し規模は明らかではない。その下部からは土坑が検出されたが遺物は出土しなかった。なお、このテラス1と2の間には石列が設けられ、さらに上面が平らな巨石が据えられており、墓跡に伴う祭壇とも考えられる。

テラス3は後代の攪乱を大きく受けており、石の集中した部分はあったが墓としては明確に出来なかった。この下部に焼土や焼骨、炭化物を含む土の入る土坑が検出されている。このテラス3からテラス1に向けて登る細長い斜面、道が付けられていた。

テラス4はテラス3の北側下部にあり、その西側にテラス8につながる斜面、道が造られていた。ここでは石による区画状の遺構が確認されたが明確ではなく、墓跡であるのか判明しなかった。

テラス5はその東側半分が後世の削平を受けている。五輪塔が採集され、さらに石の集中した部分もあるが、遺構としてまとまるのは方形に近い形で石を並べその下部に土坑を設けたものである。ただ、この土坑の内部に骨などがみられないことから墓であるとの確証は得られていない。

テラス6はテラス5の北側下部に造られていた。その東側が後代の削平を受けている。このテラスには上段のそれから転落したとみられる五輪塔などの石造品が多量に出土している。ここからはほぼ方形に石を敷き詰めた遺構が確認されている。遺物は検出されていないが、その形状から墓跡と考えられた。他に五輪塔の地輪の下部から土坑跡が検出された。その内部の埋土からは骨片や木炭などがみられ、火葬骨の埋納土坑跡と考えられた。

テラス8はテラス1の下段に造られていた。ここからは、その外側を石で区画し、内部に土を盛り五輪塔や石仏を設置した墓跡が二基検出されている。そのうち9号墓跡は2×4メートルの長方形に造られ、五輪塔が十二基据えられた状態で遺存し、その南東部の地輪付近から瀬戸の灰釉瓶子（図76）が出土した。それらの下部に九基の土坑跡が検出され、内部には火葬骨が埋納されていた。この区画の北辺にやはり石による区画が造られ石仏が据えられ、その南東隅部には瀬戸の灰釉四耳壺が埋置されていた。もう一基は先の墓跡の北側にその南辺を接する形で、その方向を別にして造られ、その外側を石で区画したものであるが、石列の南と西側が崩壊し明確ではない。その内部に石仏が倒れた状態で出土した。また、その東側に小土坑が設けられている。この墓跡はテラス2の墓跡とその方向を同じくする。

出土した遺物は上述の瀬戸の灰釉四耳壺・灰釉瓶子のほか少量の美濃・瀬戸の天目茶碗、常滑の大型甕、信楽の壺、板碑型の石仏・五輪塔が34点、五輪塔の部材が140点ほどある。失われた墓跡を考慮において

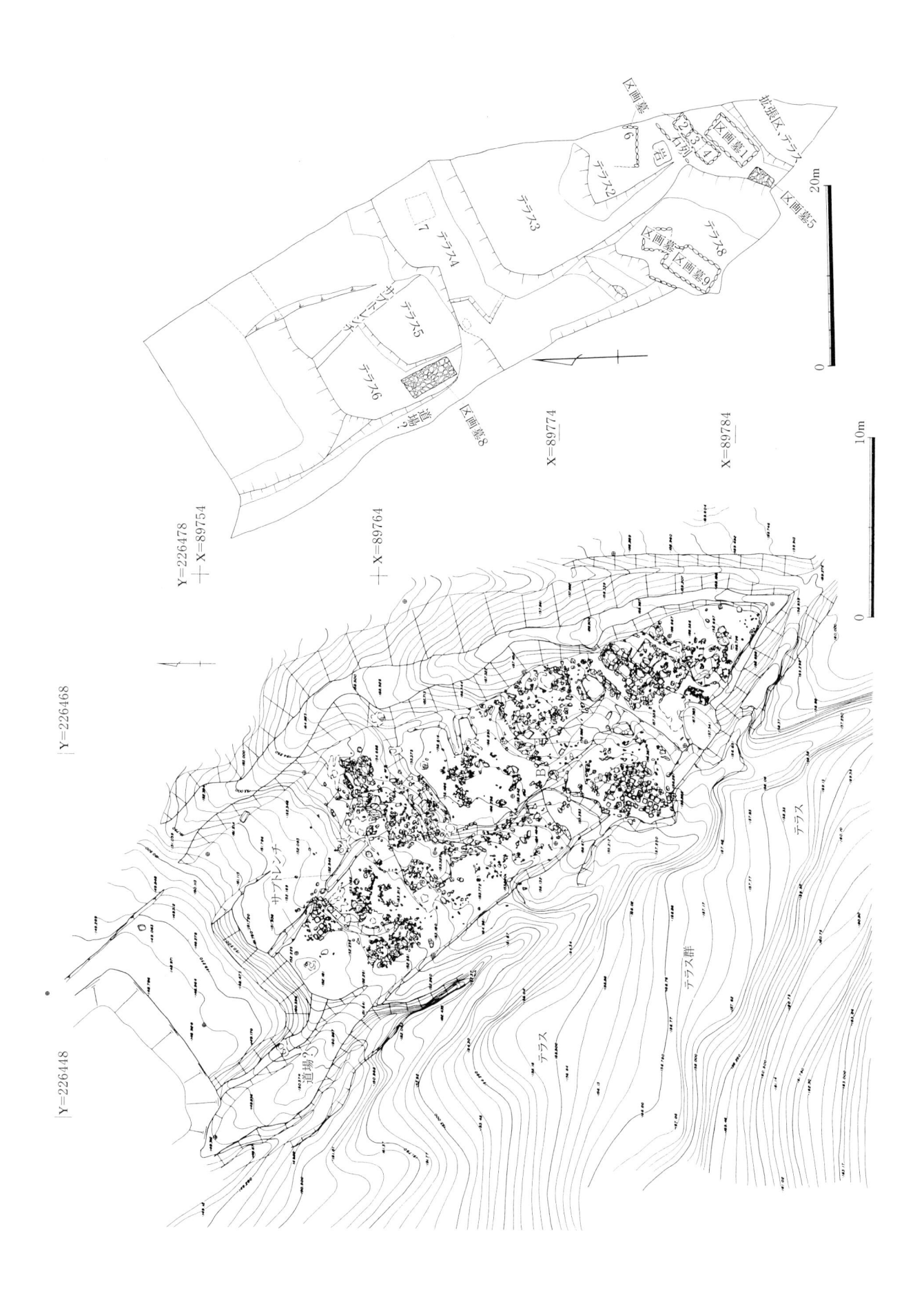

図75　正楽寺墳墓跡（同報告書に拠る）

1～4号墓跡

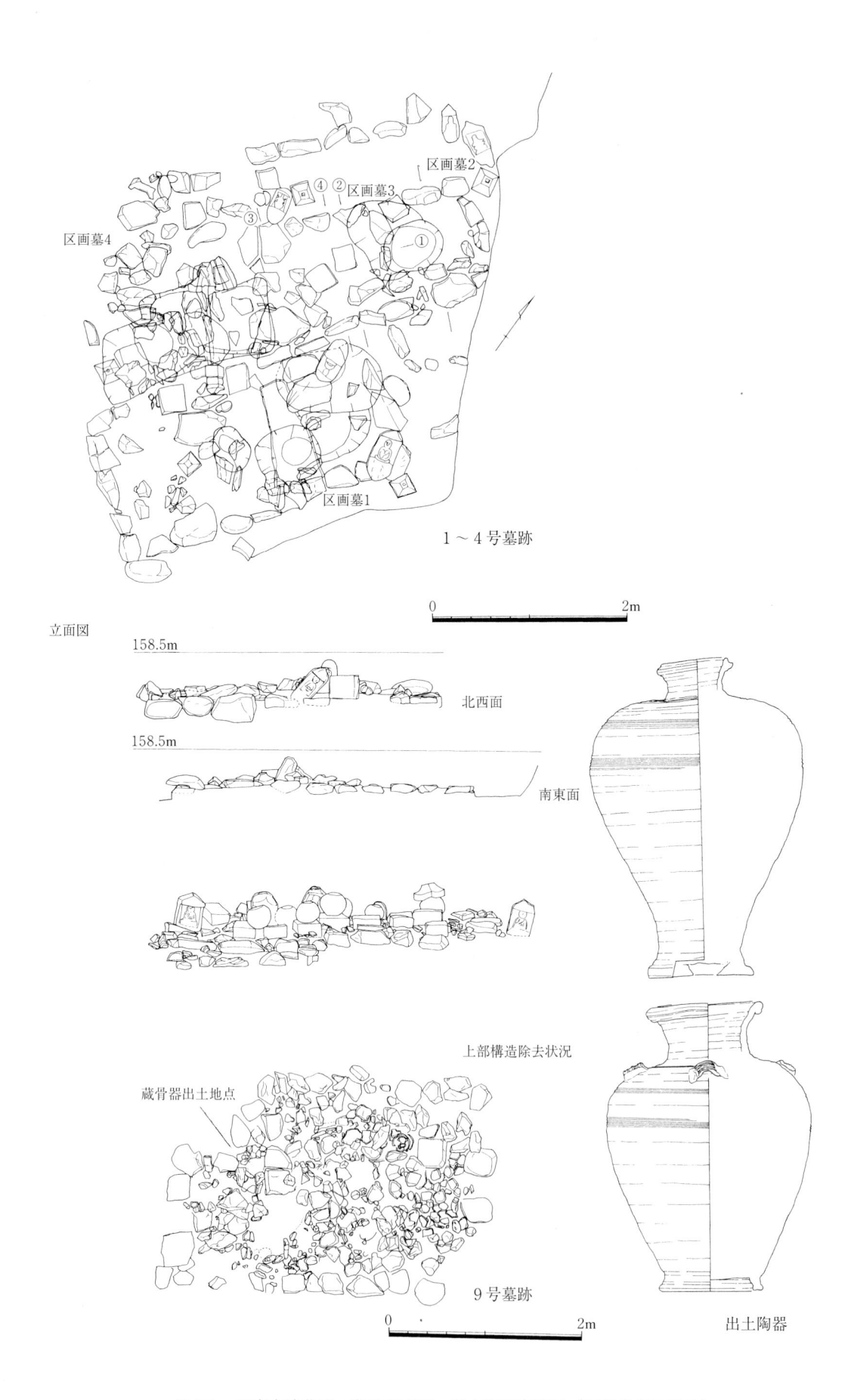

立面図
158.5m
北西面
158.5m
南東面

上部構造除去状況

蔵骨器出土地点

9号墓跡

出土陶器

図76　正楽寺墳墓跡　墓跡平面図　出土陶器実測図（同報告書に拠る）

― 186 ―

も墓跡に数点のこれらの石造品が設置されていたとみられる。

　正楽寺墳墓跡は一つの尾根を占有し、そこを雛壇状に広く平坦化し墓を造るものである。墓跡には納骨坑とみられる土坑跡はあるが蔵骨器による納骨が多くない点に特徴がある。このことは墓跡のうちに後世の再整理の跡がみられることから、その際に動かされた可能性、あるいは、盗掘されたことも考えられるが、矢張り当初から少ないとみられる。墓跡は石で外周を区画しその内部を土で盛るものが主で、そこに五輪塔や石仏を設置する形である。墓跡はやや大型のものが単独で造られるものが目立つが、2～4のように連結して造られるものもある。この点もテラス3～6のように後世の攪乱の影響があり不明な点も多い。その他、石による区画を造らず、土坑に火葬骨を入れる形の墓跡もある。この各テラスには墓道が付けられている。そのうちではテラス6の西側を通りテラス4に至るものと、テラス3からテラス1に至るものが顕著に認められる。その年代は墓跡の蔵骨器からは十三世紀から十五世紀のものであり、石造品のうち五輪塔は十五世紀後半以降、十六世紀、板碑型の石仏は十六世紀のものが大半である。墓地出土ながら墓跡に直接関係しない遺物類は十六世紀以降のものである。こうしたことから墓跡は十六世紀までのものである。従って、この墓跡は麓の勝楽寺と同様、信長の近江侵攻により衰退したと考えられる。（上垣幸徳『正楽寺遺跡－犬上郡甲良町正楽寺所在－』滋賀県教育委員会・（財）滋賀県文化財保護協会　平成9年）

上田上牧遺跡（大津市上田上牧町）

　田上地区は瀬田丘陵をはじめ、田上・信楽山地、上田上山地によって囲まれ、大戸川に沿って展開する大戸川低地にあり、上田上牧遺跡はその北東部、大戸川が平野に展開する入り口部の水田下にある（図77）。この遺跡からは中世の様々な形態の墓跡が検出されている。以下、土葬墓跡と火葬墓跡に分けて代表例を挙げ、その内容を概観してみよう。

土葬墓跡

　T2－3調査区のSX01（図79）と呼ばれる土坑跡で、長径88センチ、短径55センチ、深さ62センチの長方形に掘られていた。内部からは大小の土師器皿と鞴の羽口の破片が出土している。小型の土師器皿は土坑の底についた形で、また、大型の土師器皿と鞴の羽口はやや浮いた状態で出土している。その形態や遺物の状況からこの土坑跡は土坑墓跡と考えられている。小型の土師器皿を置き、その上に遺骸を納めさらに大型の土師器皿と鞴の羽口、石をのせて埋葬したものと考えられる。その土坑の規模から遺骸は横臥屈葬とみられる。これと同様な土坑跡がT5－2調査区のSK01（図79）、08、18などで検出されている。これらは十三世紀から十五・十六世紀の遺構である。

火葬墓跡

　T1調査区のSK04（図79）と呼ばれる土坑跡で、長径1.7メートル、短径1.1メートル、深さ18センチの胴張りの長方形に造られる。その埋土中に炭が混じることから火葬骨を埋納した火葬墓跡と考えられる遺構である。その内部から白磁の底部高台を円形に打ち欠いたものや、鉄製刀子や土師器皿片が出土している。十三世紀の遺構と考えられている。他にT2－1調査区のSX01（図79）、02と呼ばれる集石跡で、長径1.35メートル、短径0.8メートルの長方形に石を敷き詰めた例がある。この内部の石にはその表面に炭が付着し一部の石は火熱を受けていた。こうした状況から火葬墓、あるいは火葬場の可能性が考えられている。

火葬墓あるいは火葬場について

　T6調査区のSX01～11と呼ばれる土坑跡がそれで、長径1.5から0.7メートル、短径1.3メートルから0.7メートルのやや不整な長方形に掘られているものである。これらの遺構の全部ではないが、その底面や壁面の一部が火熱を受け赤変しているものが多い。この状況からこの土坑内で遺骸を火葬したものと

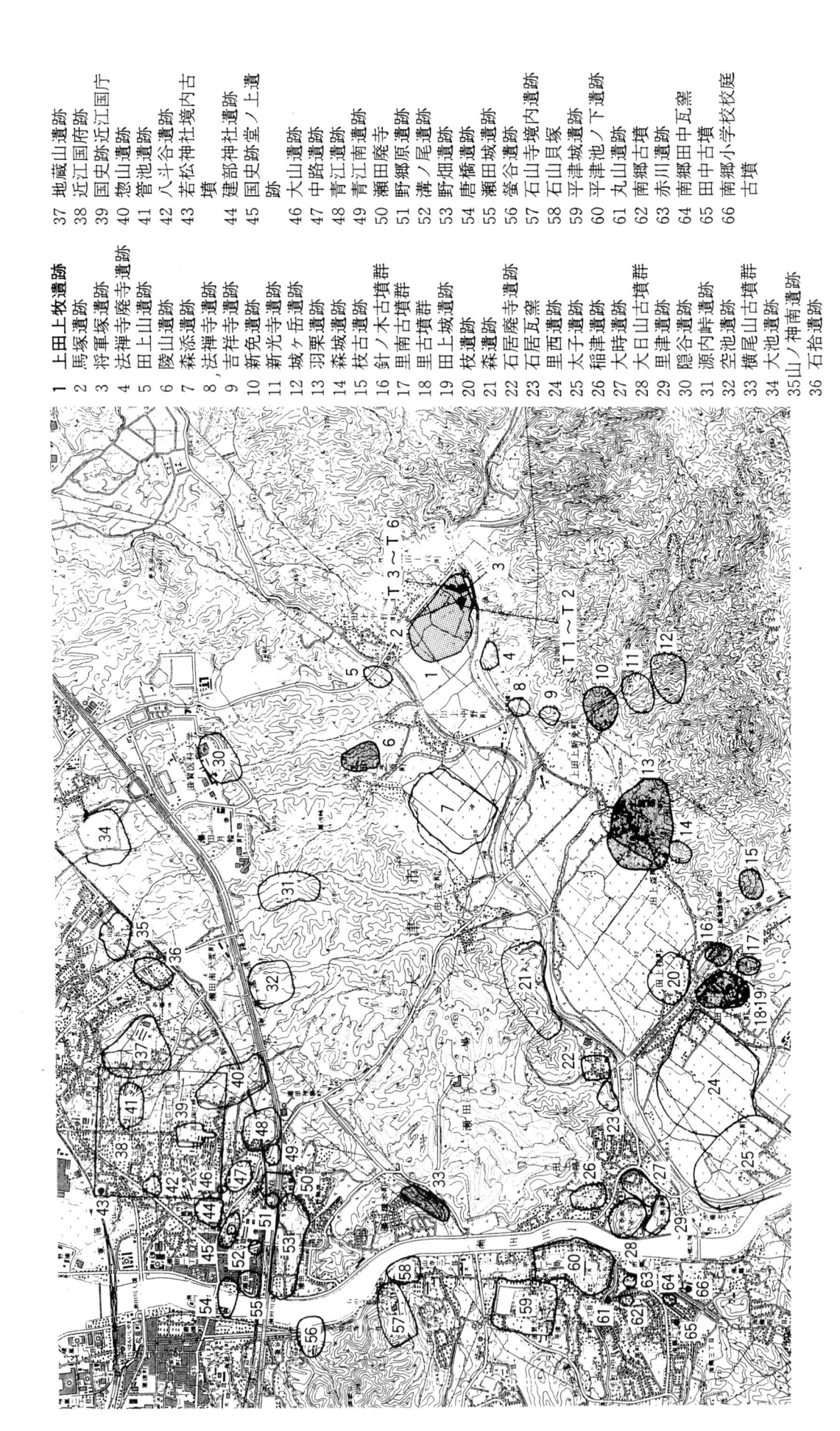

1 上田上牧遺跡	37 地蔵山遺跡
2 馬塚遺跡	38 近江国府跡
3 将軍塚廃寺遺跡	39 国史跡近江国庁跡
4 法禅寺廃寺遺跡	40 惣山遺跡
5 田上山遺跡	41 菅池遺跡
6 陵山遺跡	42 八斗合遺跡
7 森添遺跡	43 若松神社境内古墳
8 吉祥寺遺跡	44 建部神社遺跡
9 法禅寺遺跡	45 国史跡堂ノ上遺跡
10 新免遺跡	46 大山遺跡
11 新光寺遺跡	47 中路遺跡
12 坂ヶ岳遺跡	48 青江南遺跡
13 羽栗遺跡	49 瀬田南廃寺
14 森城遺跡	50 野郷原遺跡
15 枝古遺跡	51 野ノ尾遺跡
16 針ノ木古墳群	52 溝ノ尾遺跡
17 南古墳群	53 野畑遺跡
18 田上城遺跡	54 唐橋遺跡
19 里古遺跡	55 瀬田田城遺跡
20 枝遺跡	56 螢谷遺跡
21 森遺跡	57 石山寺境内遺跡
22 石居廃寺遺跡	58 石山寺貝塚
23 石居瓦窯	59 平津坂遺跡
24 里西遺跡	60 平津池ノ下遺跡
25 太子遺跡	61 丸山遺跡
26 稲津遺跡	62 南郷古墳
27 大時遺跡	63 赤川古墳
28 大日山古墳群	64 南郷田中瓦窯
29 里津古墳群	65 南郷小学校校庭古墳
30 隠合遺跡	66 田中古墳
31 源内峠遺跡	南郷南遺跡
32 空池遺跡	
33 横尾遺跡	
34 大池遺跡	
35 山ノ神南遺跡	
36 石拾遺跡	

図77 上田上牧遺跡位置図

— 188 —

図78　上田上牧遺跡遺構平面図（黒塗は火葬墓もしくは火葬場、同報告書を一部改変）

土葬墓 T2-3 SX01

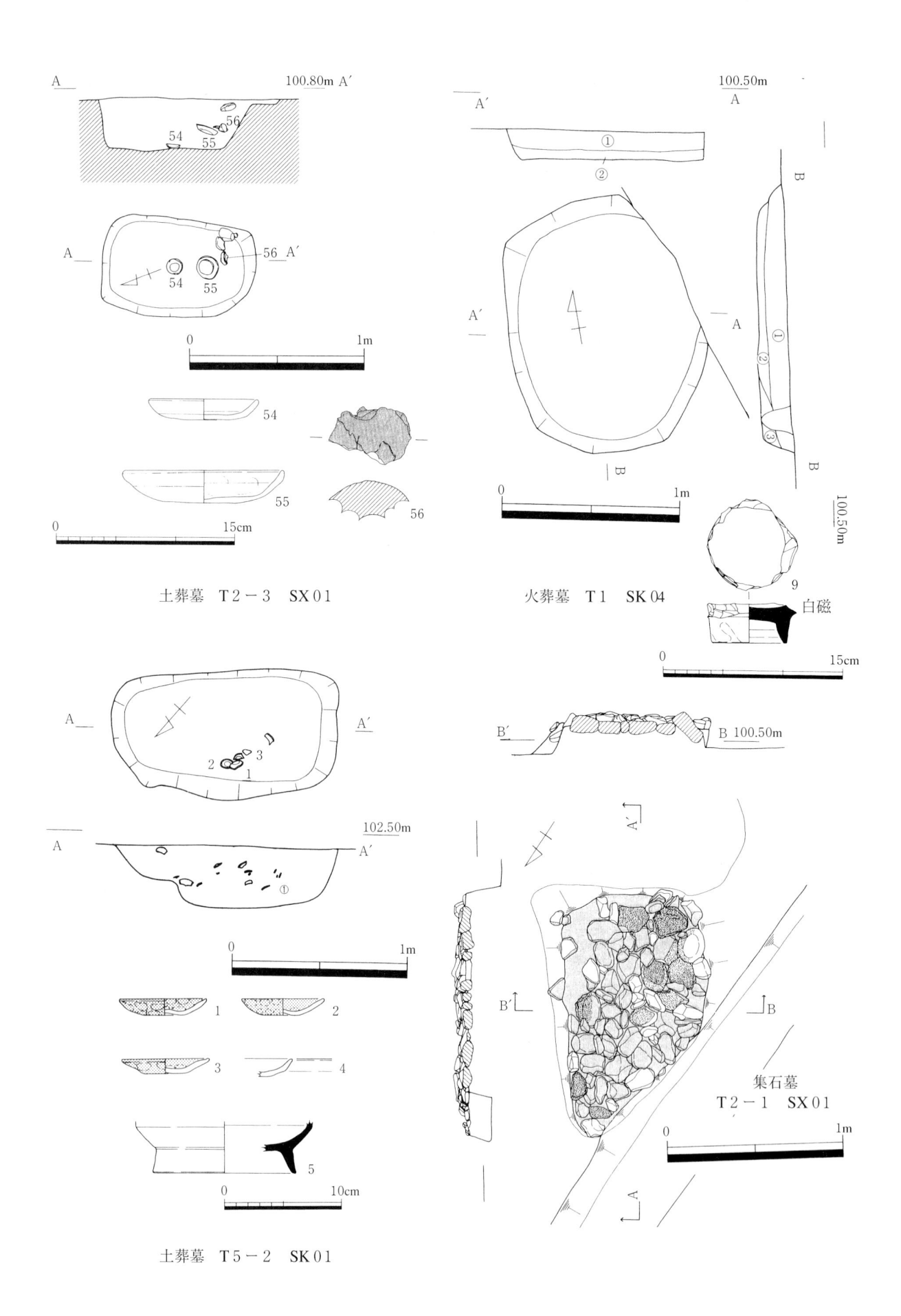

火葬墓 T1 SK04

白磁

土葬墓 T5-2 SK01

集石墓 T2-1 SX01

図79 上田上牧遺跡（同報告書に拠る）

― 190 ―

火葬場 T5 SX02

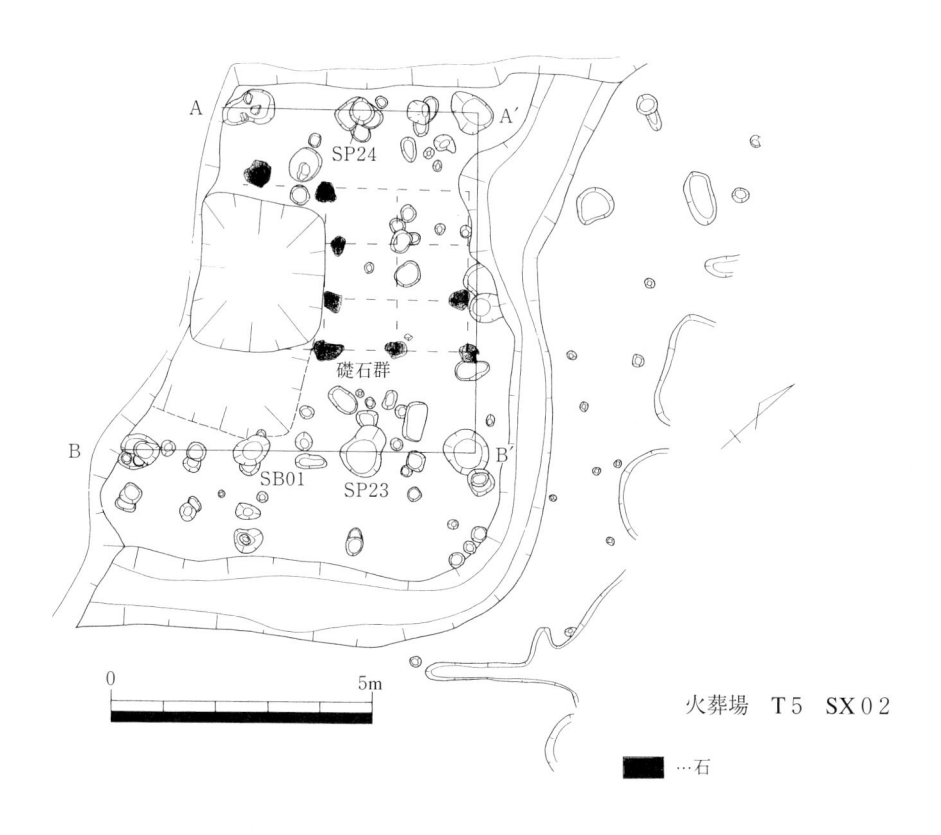

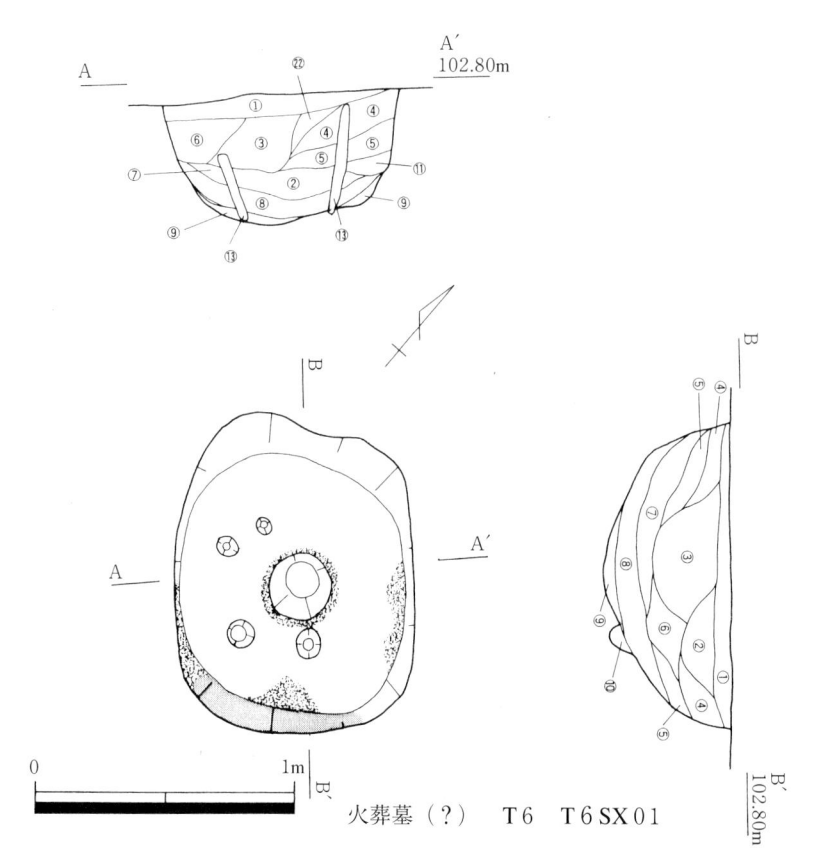

■ …石

火葬墓（？） T6 T6SX01

図80 上田上牧遺跡（同報告書に拠る）

考えられている。そしてその埋土から一端その灰を取り出し、おそらく収骨した後再びその灰を埋めたものとみられる。この火葬行為は一回だけ行われている。従って、この遺構は火葬墓あるいは火葬場の両方の可能性が考えられるのである。

火葬場について

　T5－1調査区のSX02（図80）と呼ばれる遺構である。溝跡により囲まれた内部に長径3メートル、短径2.5メートルの土坑を設け、そこで火葬を行った遺構である。この土坑跡内部の土層観察で炭と粘土が交互に堆積している状態が認められ、その様子で火葬は三回その床面を張り替えて、繰り返し行われたことが判明した。また、この火葬土坑跡の周辺にはそれより以前に造られていた礎石建ちの建物跡や掘立柱建物跡が検出され、この土坑状の火葬場以前にも別種の火葬場が存在したことが推定されている。この遺構はその出土品から十三世紀から十六世紀、中世全般を通じて営まれたものである。

　このように上田上牧遺跡では墓を造るにあたって蔵骨器を使わない墓跡が多く検出されている。その場合土坑を掘り、そこに直接遺骸を納め若干の土師器などを副葬する土葬と、副葬品を入れずに火葬骨を納める火葬墓とがある。それら以外に石組みをして蔵骨器を用いて埋葬する墓跡の存在も推定されている。（清水ひかる他『上田上牧遺跡Ⅰ－大津市上田上牧町所在－』　滋賀県教育委員会・（財）滋賀県文化財保護協会　平成10年）

　こうした土坑による埋葬跡は八日市市建部遺跡、近江八幡市後川遺跡、多賀町久徳遺跡、同木曽遺跡など県内各地で多く調査されており、中世の墳墓はこちらが主流であったことが確認されるのである。

　霊山墳墓跡（大津市坂本本町）

　霊山墳墓跡は比叡山延暦寺の横川に営まれた中世の墳墓跡である。比叡山は東塔、西塔、横川の三塔から構成されており、横川は慈覚大師円仁により開かれ、良源により復興され興隆したが、織田信長の侵攻により一時荒廃し、豊臣秀吉により再興され現在に至っている。

　墳墓跡は尾根上の独立した小丘陵に営まれている。その丘陵の南斜面にまとまって形成されている。この墳墓跡へはかっては横川から大宮川沿いに道が存在したであろうことが推定されている。遺跡の西側から入る形である。

　墳墓跡は小丘陵の南側を上下二段にわたって犬走り状に平坦地を設けて造られている。そこに蔵骨器を小土坑を掘って埋置しており、24基の墓跡が検出された（図81）。これらには外部施設はなく、五輪塔や一石五輪塔、板碑型の石仏などの石造品が多く出土することから、蔵骨器の傍ら、あるいはその上に石造品を建てていたと考えられている。また、丘陵頂部の平坦地には宝塔が建っていた可能性がある。さらに、この墳墓地の奥・東側には経塚が営まれていた（図83、写真21・22）。経塚は「冂」の字型に石列を造り、その中央部に横長の石組みを設け、その内部に経筒を納めたもので、中央部の石組みの上部には「凸」字型の台座が据えられており、その台座上にはかっては何らかの施設が存在した可能性がある。経筒は石組み内の西側にその蓋はとって立て掛けるように置かれていた。この内部の東側には大きな空間があることから、そこに別のものが置かれていた可能性がある。その他、六ヵ所土坑が検出されており、これらは墓所の再整理や木櫃などを納めた遺構などが考えられる。墓地の西側入り口付近の平坦面には墓跡がほとんど造られないことから、そこに斎場のような施設が存在していたことも考えられる。以上の施設は東側にはゆとりのある空間があるのに対し、西側では可成り詰まった状態で墓が造られており、また、西側の出土品にやや新しい時期の傾向があることや、東側奥の経塚の存在などから東から西へ向けて墓が造営された結果、西側でその空間がなくなったことを表しているものと思われる。

　遺物は蔵骨器と石造品、供献用土師器、漆器、経筒、鉄釘がある。このうち蔵骨器は信楽焼18点、常滑

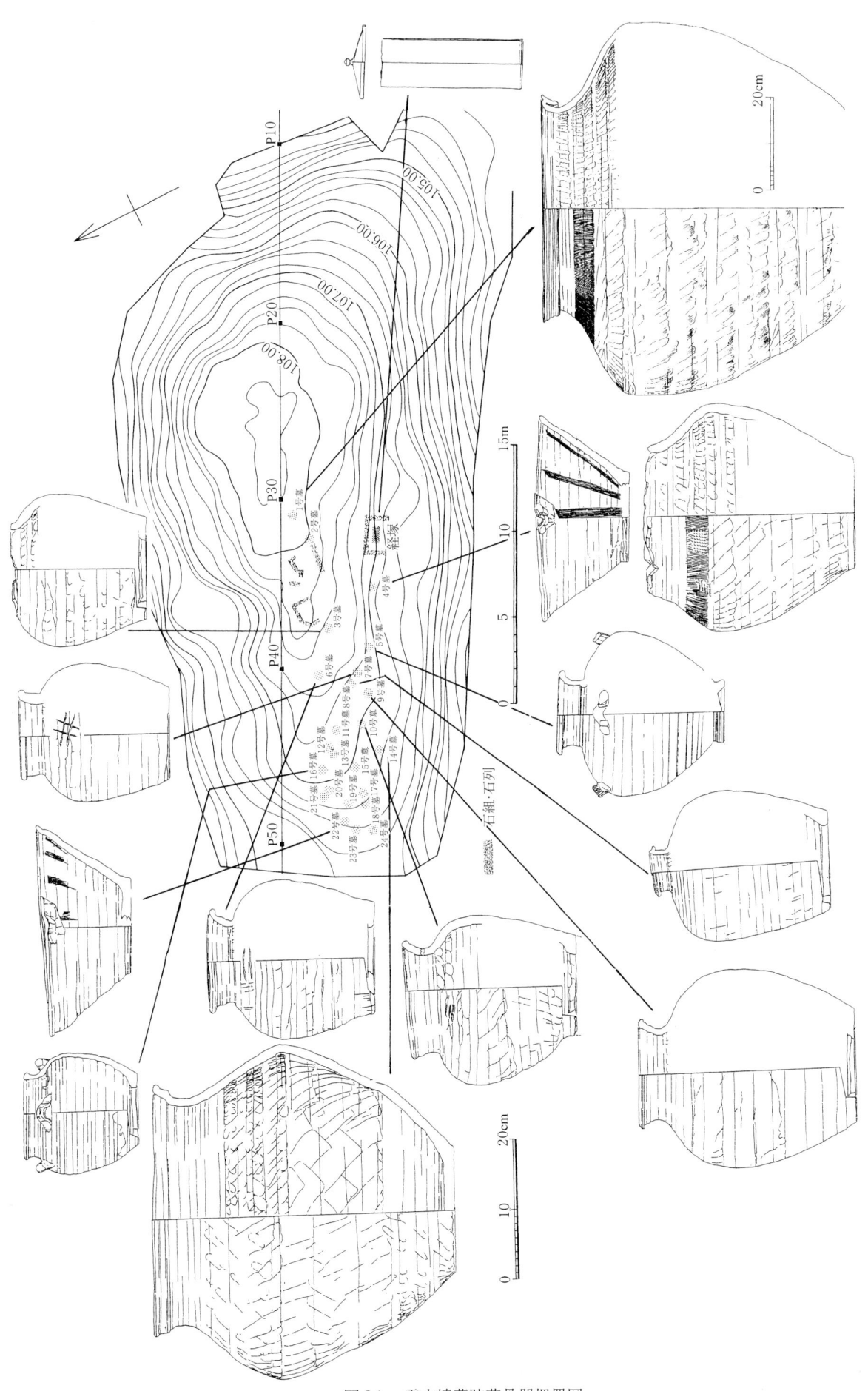

図81　霊山墳墓跡蔵骨器埋置図

− 193 −

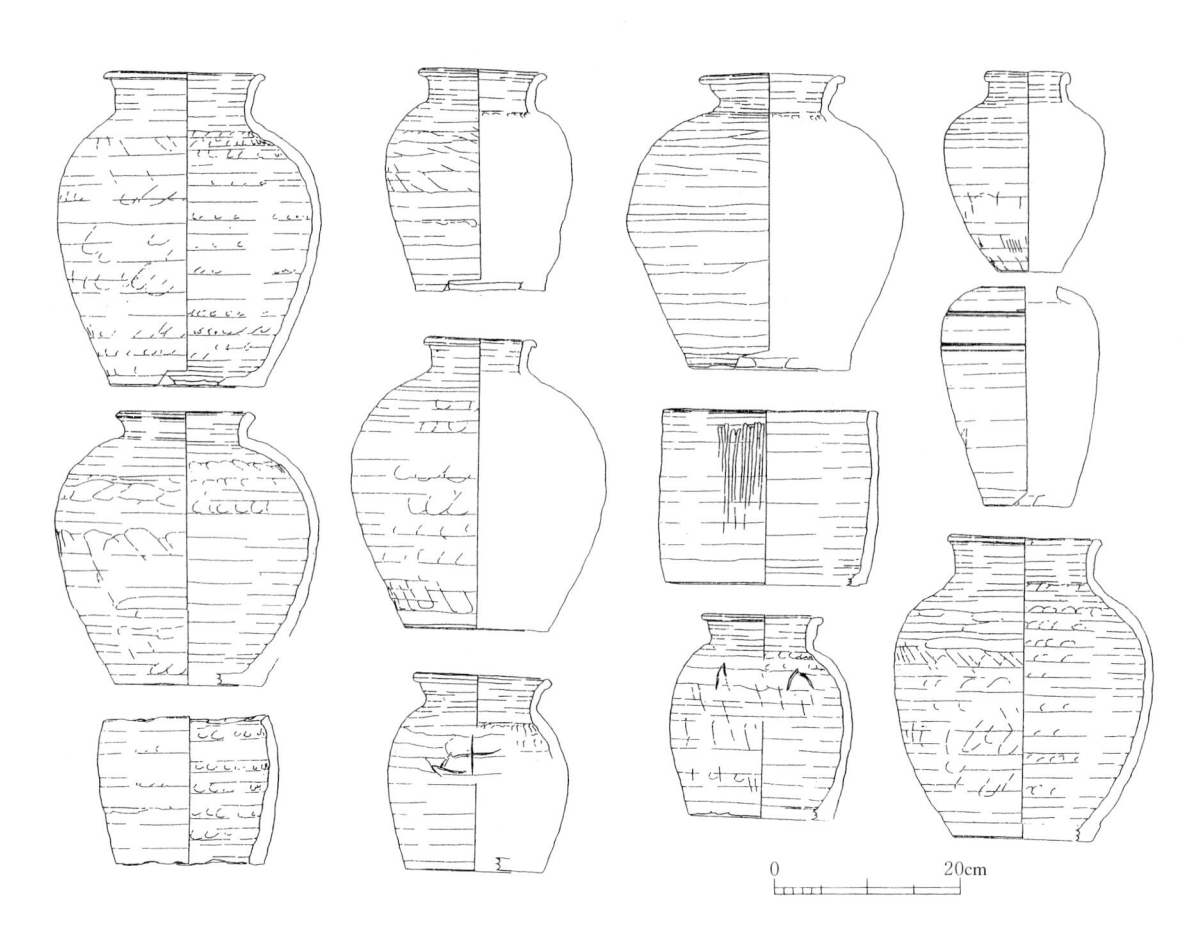

図82　霊山墳墓跡出土蔵骨器

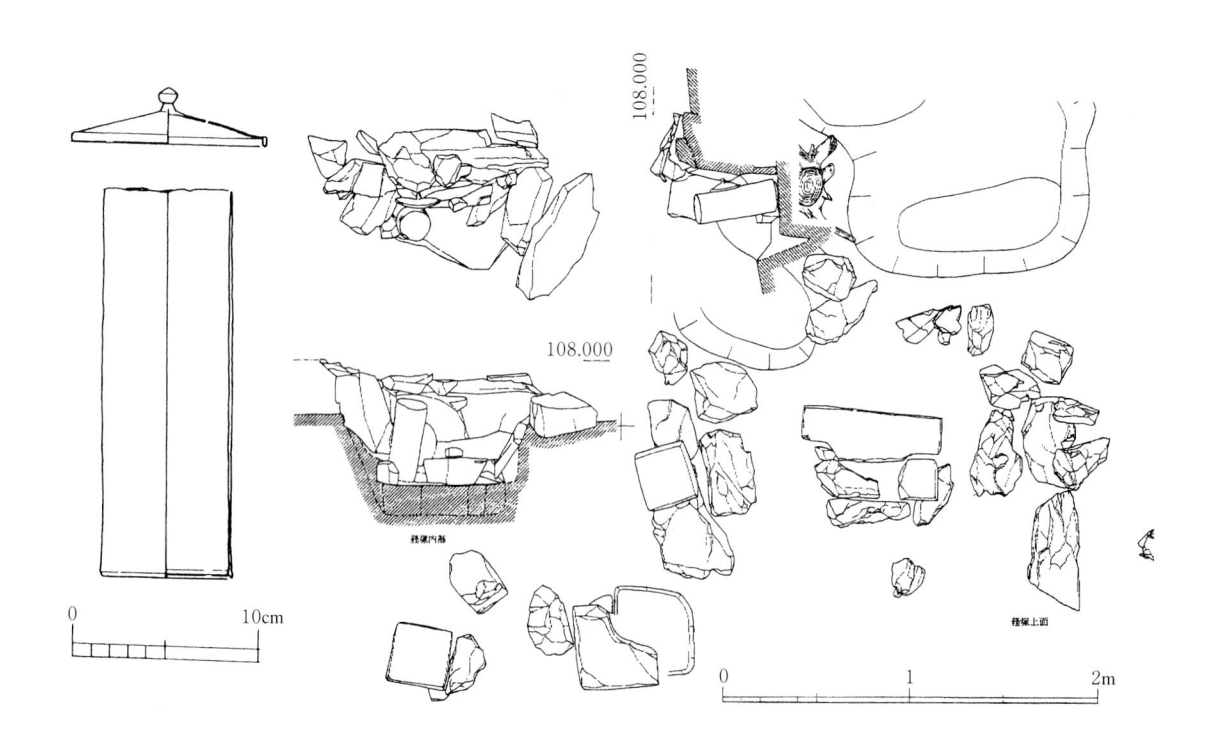

図83　霊山墳墓跡経塚平面図、出土経筒図（同報告書に拠る）

― 194 ―

写真21　霊山墳墓跡全景（西から）

写真22　霊山墳墓跡経塚内部経筒出土状況

焼4点、瀬戸焼2点、青磁1点、瓦質1点であり信楽焼が圧倒的に使われる、ひとつの産地の製品が集中的に使われるという特色がある。また、石造品では組み合わせ式の五輪塔は小型のもので、地輪は14点、一石五輪塔は約20点でその大半は地輪部の長い、木製卒塔婆の系譜につながる形のものが多いことが特色として指摘できる。(木下浩良「高野山における一石五輪塔の展開」『高野山中世石造物の実体を探る』石造物研究会2004年　同書で木下は木製卒塔婆に連なる地輪部の長い一石五輪塔はそのように呼称し、組み合わせ式五輪塔の系譜につらなるものを一石彫成五輪塔と呼ぶこと、つまりこれらは別種のものという認識を示している)　そのうちには地輪部に「　　逆修　　　　　　　　　　　　　　　□□慶大徳　」とあるものや梵字「キリーク」を刻んだものがある。板碑型の石仏、五輪塔は12点出土している。これらの遺物などからこの墳墓跡は14世紀から16世紀後半にかけての、信長の近江侵攻に至るまでの営墓であったことが判明する。(兼康保明『霊山遺跡発掘調査概要』　滋賀県教育委員会　昭和53年、松澤　修「霊山遺跡」『出土文化財資料化収納業務報告書Ⅱ』滋賀県教育委員会・滋賀県文化財保護協会　平成17年)

　霊山墳墓跡はこのようにその霊地に造られていることを含めて特色のある形態を呈示しているが、これと相対するように、一方の霊地高野山に同様の特色のある墳墓跡が調査されている。それは高野山奥院の第二灯籠堂の建設に際して行われたものである。((財) 元興寺文化財研究所『高野山発掘調査報告書』1982年)　その調査では杉の古株の付近から、規則的ではなく埋葬された蔵骨器が発掘されており、それに一石五輪塔が添える形で建てられていたものである。注目されるのはその不規則な埋葬と、使われている蔵骨器で、その大半は白磁や褐釉四耳壺で占められている点である(図84)。この二つの墳墓跡をみると、比叡山、高野山という霊場にあること。霊山では経塚、あるいは宝塔があり、奥院では堂があること。不規則に墓が築かれる。使われる蔵骨器に一方は信楽焼、一方は白磁・褐釉壺が多用される。高野山では例外ではないが、近江では多くない一石五輪塔の存在などの類似が挙げられる。また、近江においては地元とはいうものの信楽焼を蔵骨器に使う例は多くなく、この霊山におけるその多用は特筆されるものである。かような類似はおそらく偶然ではなく、そこには何らかの規範、善導するものが存在したと考えられる。奥院の例は納骨信仰によるものとも考えられており、そうしたことが一方の霊地、比叡山延暦寺においても存在したことを示している可能性があろう。

石仏谷中世墳墓

　石仏谷中世墳墓と県内の代表的な中世墳墓跡の内容を概観してみたが、ここで明かになったのは蔵骨器を用いて墓を営むのは、矢張り、ある程度経済的に余裕のある人々であり、さらにその中でも墓の規模・形態などに相異があることである。その中でも際だって特徴的なのは石仏谷中世墳墓跡におけるⅢ型、祭祀区間を持ち斜面に蔵骨器を埋置する形態の墳墓である。石仏谷中世墳墓跡では塚を築いて墓とするものや、平地に石を用いて区画を造り墓とするものがあり、それらはその中では古い段階の遺構で、全国的に他の中世墳墓跡の例に照らして類例が多くある。しかし、このⅢ型の斜面に蔵骨器を埋置する形態は現在のところ検出されておらずこの石仏谷中世墳墓の独自の形態と考えられる。石仏谷中世墳墓でこの形態の墳墓がどのような理由で営まれたかは明らかではない。今回の調査では石仏谷中世墳墓の各所に調査区を設けて検討しているが、それは遺跡全体の一割に満たないことから断定はできないものの、F区の内容からみてこの形態の墳墓はA区1号墓あるいはG区Ⅰ期などの当墳墓跡の初期の墓に続く時期、おそらく14世紀には形成されている可能性が高いとみられる。その後は一貫してこの形式の墓が造られている。敏満寺ではこの他に三カ所で墓跡が認められるが、いずれも通有の塚を築いておりこのような形態のものではない。敏満寺内においてもこの形式の墓は特異なものとみられるのである。そこには何か特殊な要件があ

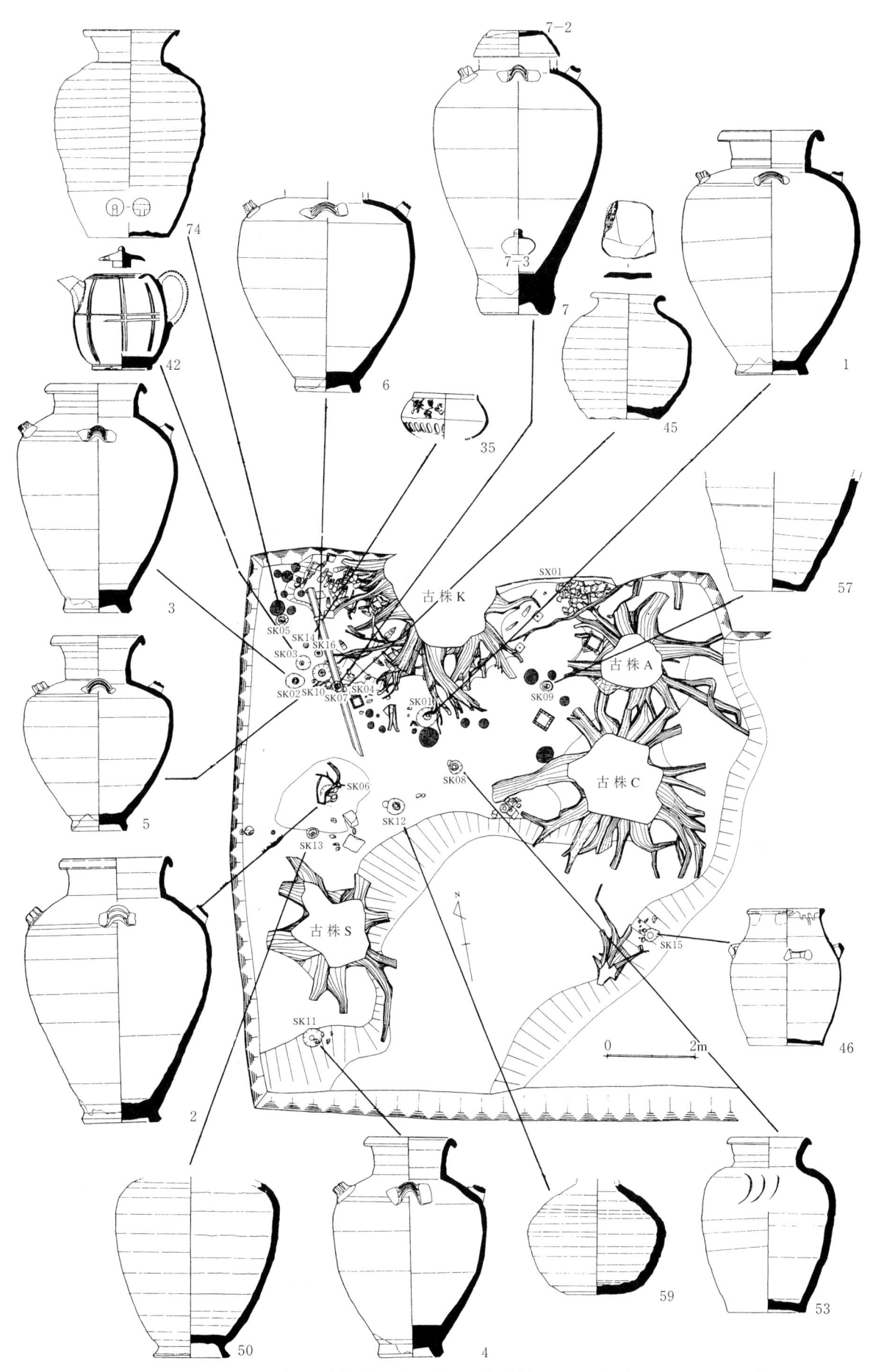

図84 高野山奥院蔵骨器埋置状況図（同報告書を一部改変）

— 197 —

るとみるべきであろう。この石仏谷中世墳墓は①南谷の堂舎群に続くその周縁に造られている。②墳墓はその堂舎と同時期に造られ始める。③それは敏満寺の終焉まで造られる。④後半には石仏を含む石造品が多量に奉斎される。⑤特異な形態の墓が造られる。⑥他の墓地のように一つの墓から次の墓へとつながるものはなく単独の墓を造り、その内部に蔵骨器を2～3基埋置する。ただ、例外的にA区1号墓やG区の墓のように営々と続いて墓が造られるものもある。⑦蔵骨器を用いる火葬墓である。⑧蔵骨器には瀬戸、常滑を多く使い、より新しい時期の墓跡に古い生産段階の蔵骨器を使用する例が多くみられる。⑨その営墓の時期は12世紀後半から16世紀後半にわたる。という内容をもつ。これらのことから、この墳墓は敏満寺に、その南谷の堂院に深く関わるものであることは推定出来よう。構造からみてある時期から特異な形態の墓を造る点から一つの纏まりのある、あるいは、それを使わせる要因が存在したものと推定される。それがなにであるのかは明確ではないが、南谷の堂院の造成時から造られることからみて、そこに在住する人々、あるいは敏満寺の門内・その丘陵上の人々が葬られたと推定する。それは敏満寺、あるいは石仏谷中世墳墓の終焉の後にこの墳墓跡の北東上部に後代・江戸時代の墓が造られている点からも、この墓跡が敏満寺につながるものであること示しているからである。

2．敏満寺石仏谷墓地群の変遷とその意味

鋤柄　俊夫

1、遺物の検討

　敏満寺石仏谷遺跡群からは、分布調査と発掘調査によって、多数の遺物が発見されている。この遺跡の中心が墓地群であるため、そのほとんどは骨蔵器として利用されたものと推定されるが、それ以外に葬送の様々な儀式に伴うもの、副葬されたもの、そして墓地群の下位で確認された複数の平坦面からの遺物については、生活品として使われた資料も存在している可能性がある。その意味でこれらの遺物群は、この遺跡が担っていた様々な役割を解明する大きな手がかりを持っている。そこでここでは、すでにおこなわれている個別報告を前提としながら、定量的な視点からそれらをまとめ、この遺跡の動態を検討することにしたい。

　なお、ここでおこなった定量的な整理は破片数を基準としており、調査の対象となった破片数は全体で1200点を数える。ただし資料の多くは時期を特定しにくい胴部が多いため、その量比は誤差を含んだデータとなっている。

（1）分布調査資料

①時期別総量の動向

　最初に遺跡の消長を知る手がかりを得るために、遺物総量の整理をおこなう。なおここでは複数の時期にまたがる資料についてはその両方の時期をカウントしている。

　12世紀代：総点数59点。全体総量の5％を占める。生産地別の比率では中国陶磁器が最も多く、次いで渥美窯系の製品、瀬戸窯系の順になっている。またこの時期の特徴として貯蔵具以外に山茶碗などの食膳具もみられる。

　13世紀代：総点数296点。全体総量の27％を占める。生産地別の比率では、常滑窯系と瀬戸窯系が最も多いが、中国製品も一定量認められる。

　14世紀代：総点数611点。全体総量の56％を占める。生産地別の比率では常滑窯系が最も多く、次いで瀬戸窯系が続く。

　15世紀代：総点数115点。全体総量の10％を占める。生産地別の比率では瀬戸窯系が最も多く、次いで常滑窯系が続く。この時期の特徴として、これまで見られなかった瓦器製品が出現する。

　16世紀代：総点数15点。全体総量の1％を占める。生産地の比率では瀬戸窯系が最も多いが、貯蔵具では瓦器の火鉢と壺が多く、瀬戸窯系は皿で貯蔵具は認められない。むしろこの時期の資料は骨蔵器より葬送儀礼に伴うものと考えた方が良いかもしれない。

　このように、時期別に見た全体量の動向では14世紀代がピークとなり、これに13・15世紀代が続く。また生産地別の動向を加えると、12世紀代は中国製磁器が主流であり、それ以後は東海諸窯の製品が支配的となる。ただし、西日本系の製品もわずかにみえ、とくに長崎県西彼杵郡大瀬戸町を原産地とされる石鍋は注目される。

　12世紀代の資料の中で中国製品が比較的多く占める理由は、その時期の国産陶器の主要生産品が常滑窯の三筋壺や渥美窯の製品に限られることも考慮される。しかし本調査区でみられる常滑窯の三筋壺の多くは圏線が単線によって描かれた製品であり、明確に12世紀代の特徴を示す資料は少ない。

また中国製磁器も詳細な時期は12世紀代後半以降で、むしろ13世紀代とみられる製品が多く、それらを総合すれば、12世紀の前半に軸をおく資料はかなり少なかったことになる。

13・14世紀代は東海諸窯の生産が活発になり、とくに東日本では広い範囲でそれらの出土頻度の多さが知られている。本遺跡も列島における地域区分としては、より東日本に近いため、遺物の動向も基本的にそれを反映しているようにみえる。

15世紀以降についても、東海系諸窯の製品については、14世紀代の状況を継ぎ、さらに数は少ないが瓦器製品が加わる。室町時代以降、瓦器製品が増加する状況は、全国的な傾向であり、これについてもその動向を反映したものと言える。ただし後述するように、この製品の器種にはこれまでみられなかったものもあるため、それ以外の理由によるものか、検討が必要である。

16世紀代の遺物はきわめて少ない。さらに先に述べたようにこの時期の資料には貯蔵具が見られないため、仮にこの遺跡が墓地として続いていたとしても、それ以前の時代の様相とはかなり違ったものになっていたことが推定される。

以上より、分布調査で得られた遺物とその破片数量からわかる本遺跡の特徴をまとめると次の通りとなる。

　a、1世紀単位で見た場合の最古の時期は12世紀、最新の時期は16世紀であるが、骨蔵器主体の墓地としては、下限を15世紀におくことが適切であろう。

　b、ピークの時期は13世紀後半から14世紀代である。

　c、生産地の推移を全体の趨勢としてみれば、12世紀が中国製、13～16世紀が東海系諸窯の製品となり、これは東日本系の遺跡に共通する特徴を示す。

②生産地別の動向

①はあくまで年代が推定できる破片についてのみの検討であった。しかし、本遺跡から出土する遺物のほとんどが貯蔵容器の胴部破片であるため、大半の資料は直接年代を特定できる特徴を持ち得ない。そこで、ここではそれらの資料を活かすために、生産地別の集計をおこない、その結果が示す流通から見たこの遺跡の性格を考えてみたい。

　a、土師器
総点数1026点。全体の38％を占める。器種は皿である。破損し易い製品により破片数が多く、瀬戸窯製品、常滑窯製品とならび全体の1／3を占めている。

　b、常滑窯系製品
総点数は863点。全体の32％を占める。器種構成は中世の常滑窯製品を代表する三筋壺・壺・甕・捏鉢の3種である。それぞれの数量は55：90：657：24で、比率は7：11：80：3である。後に捏鉢が骨蔵器の蓋に利用された可能性を述べるが、貯蔵具に対する鉢の比率は著しく低く、仮にそうであった場合でも、多くの蓋は木製品や平石などであったことになる。

本窯の製品は、陶磁器の中で最も破片数が多い。しかし、破片数は製品の大きさに依存するため、この数値をそのまま本遺跡出土遺物の中での常滑窯製品の優位性を示すものとする訳にはいかない。その点で標準的な常滑甕と瀬戸瓶子または壺の大きさを比較すると、骨蔵器に利用されることの多い常滑窯甕は瀬戸窯の壺類より大きなサイズのものとなるため、56：44という常滑窯製品と瀬戸窯製品の破片数の比率は、むしろ両者の比率にそれほどの差が無かったと考えられる状況を示しているだろう。

c、瀬戸美濃窯系製品

総点数は676点。全体の25％を占める。器種構成は四耳壺、瓶子などであり、大多数をこの2器種が占める。数量は灰釉壺335点、四耳壺135点、瓶子42点、捏鉢43点、卸皿4点、鉄釉製品71点である。灰釉壺としたものは、破片のために四耳壺か瓶子かの判定ができない資料であり、いずれにしても壺類が大半を占めている。

これら以外の製品は、山茶碗・平碗・天目茶碗・香炉・水注・蓋・折縁深皿・大平鉢などであるが数は極めてすくない。これは本遺跡の性格が墓地であり、その中でも求められた製品が火葬骨を納める貯蔵具であったことに由来するが、逆に言えば、貯蔵具以外の製品は葬送儀礼に伴うものであると言うことができ、天目茶碗や平碗・山茶碗・香炉などはその代表であろう。ただし、捏鉢は骨蔵器の蓋に利用されることが多く、それを前提とすれば、折縁深皿・大平鉢については同様に利用された可能性がある。

d、中国製品

総点数82点。全体の3％を占める。四耳壺類は全体に青みの強い製品が多く見られる。また中世後半には南方系の鉄釉壺も認められる。なお葬送儀礼にともなう青磁碗・皿も一定量認められる。

e、信楽窯系製品

総点数38点。壺および甕の胴部がみられる。

f、瓦器

総点数は24点。全体の1％を占める。生産地は釜・鍋類が近江、火鉢類は大和を中心とするものであろう。

g、渥美窯系製品

総点数は13点。器種は全て壺類である。

h、亀山窯系

総点数は9点。格子状叩きを外面に施した軟質の須恵器系製品がみられる。

i、北陸（珠洲・越前窯）系製品

総点数は5点。器種は全て壺類である。

j、東播磨系製品

総点数5点。13世紀代の捏鉢がみつかっている。この地域は東海系捏鉢が主流であるため非常に珍しい。石鍋と共に京都的な特徴を示すものと言える。

k、石鍋

1点。おおむね長崎県西彼杵郡大瀬戸町を生産地とされる滑石製の釜型製品である。13世紀から14世紀の京都市内南部において墓からの出土が知られており、骨蔵器または鍋にかかわる儀式に利用されたと考えられる。

l、瓦

総点数は6点。軒丸瓦が1点出土している。他は丸瓦および平瓦である。いずれも近世以降の所産と考えられ、墓との関係は薄いと思われる。

以上の様に、生産地別にみた場合、主要製品は土師器・常滑・瀬戸といった在地と東海系諸窯の製品でほとんどを供していたことがわかる。ただし数は少ないものの、北陸と西日本の製品も見つかっており、この遺跡の利用者が広域流通に関わっていた可能性を示している。なおこの状況については、周辺の集落遺跡との比較が必要である。

③器種別の動向

　a、貯蔵具

　壺および甕類である。言うまでもなく骨蔵器として用いられた製品である。生産地別にみると、大きく中国製・常滑・瀬戸に分けられ、総点数は1433点で、それぞれの比率は3：57：40となる。

　b、煮炊具

　鍋・釜類である。数は少ないが、瓦器製品と石製品にみられる。前述のように骨蔵器として用いられた可能性と、民俗例に見られるような、霊をしずめるための儀器として用いられた二通りの可能性がある。

　c、食膳具

　土師器皿および陶磁器の碗・皿類である。土師器皿は14・15世紀の資料を中心として1013点を数える。陶磁器類では中国製品と瀬戸美濃窯系製品がみられる。

　d、調理具

　捏鉢類である。総点数は70点。瀬戸窯系の捏鉢が最も多く、これに常滑窯系捏鉢が続く。ほかに魚住窯系・信楽窯・瓦器の捏鉢がみられる。

　e、その他

　火鉢類の総点数は18点であり、瓦器と土師器がほぼ同数みられる。

　遺跡が墓地であることを反映して、本遺跡からみつかる遺物の種類は圧倒的に貯蔵具が多い。ただし土師器皿もそれに次ぐ破片数を数えることができ、これがこの遺跡を考える際にひとつの問題となる。そこで仮に胴部の高さが35センチで胴部の最大径が40センチの常滑窯系甕と、胴部の高さが20センチで胴部の最大径が20センチの瀬戸窯系壺の表面積の合計を4000平方センチ、破片の平均的な面積を30平方センチとして、今回の調査で得られた貯蔵具の破片数の1433点をかけると、その全体の面積は43000平方センチとなり、これを上記の4000平方センチで割ると約11個体となる。

　一方土師器皿は直径が8センチで表面積は約25平方センチであるが、これを破片の平均的な面積を1平方センチとして、これに今回の調査で得られた破片数の1013点をかけると、全体の面積は1000平方センチとなり、これを上記の25平方センチで割ると約40個体となる。

　この数値の信頼性は今後の検証が必要であるが、仮に土師器皿が葬送に伴う場合または副葬品としての位置づけられるのであるならば、1基の骨蔵器に対して4枚の土師器皿が供された関係を復原することが可能となる。

　既往の調査により土壙墓の場合は1点の碗と数点の皿の組み合わせが知られており、本遺跡の場合もこういった葬送儀礼を復原する上で参考となる資料を提供するものと考える。

　また畿内における中世後半の骨蔵器には、土製の釜または鍋が利用されることも知られているが、本遺跡の場合はそれがあまり顕著ではない。これは本遺跡の被葬者のほとんどが畿内の葬風と無関係であったことを示すと考えるが、その中にあって瓦器煮炊具・魚住窯捏鉢・石鍋を利用した墓の存在は、その被葬者と畿内との関係を強く示唆するものではないだろうか。今後の調査における注意が必要である。

（2）発掘調査資料

　分布調査によって得られたデータは原位置を保っていないため、最も極端な場合は、この遺跡と直接関係の無いものも紛れている可能性がある。これに対して発掘調査によって得られたデータは、本遺跡の性格をより明確に示すものである。本遺跡の場合は、とくに墓と限定できる遺構群で構成されている

ため、発見された遺物については、骨蔵器とそれに伴う資料と断定できる。ここでは、今年度に発掘調査をおこなった7カ所の調査地点について検討をおこないたい。

①A区

13～15世紀の資料がみられる。このうち12世紀代資料は山茶碗で、明らかに骨蔵器として出土した資料は13・14世紀代の製品が多い。なお13世紀代は常滑窯甕と中国製の磁器壺が主体でこれに瀬戸窯の捏鉢と山茶碗などが加わり、14世紀代は常滑窯と瀬戸窯の貯蔵具に瀬戸の皿および土師器皿が加わる。また15世紀代は常滑窯と瀬戸窯の貯蔵具の組み合わせとなる。

ちなみに4号墓からは山茶碗が出土し、12号墓からは瀬戸窯の灰釉壺が1点と土師器皿が43点出土している。先に貯蔵具以外の資料について数量的な推定をおこなったが、本地区を例にすれば、骨蔵器を納める際に碗と皿も備えられていたことを示すケースと言える。

最も古く遡る時期は12世紀の可能性があるが、13世紀に入って整備され、その後15世紀まで連続して営まれた空間であろう。

②B区

14世紀の製品も見られるが、主体は15世紀代であり、瀬戸窯の鉄釉貯蔵具と中国南方系の壺がその特徴を示す。土師器皿も少量出土している。

③C区

常滑窯系の甕が見つかっているが詳細な時期を知る手がかりを得ていない。ただし瀬戸窯系鉄釉壺が出土しているため、14世紀後半から15世紀を中心とする時期の可能性がある。発見された遺物数量が少なく土師器皿もみられない。

④D区

常滑窯系の甕と瀬戸窯系の壺がほぼ同じ比率で出土している。瀬戸窯は四耳壺や水注もみられる。また中国南方系の壺が出土していることから15世紀に入ることは確実だろうが14世紀を主体とする空間としておきたい。土師器皿も少量出土している。

⑤E区

渥美窯と思われる製品が多く出土しており、中国製白磁四耳壺や瀬戸窯系捏鉢など13世紀を中心とする空間である。

⑥F区

中国製白磁四耳壺をはじめとして12～15世紀の資料が出土している。時期は同定できないが、常滑窯と瀬戸窯の貯蔵具がほぼ同じ比率で出土している。常滑窯三筋壺が目立ち、常滑窯と瀬戸窯の捏鉢も比較的多く出土している。

土師器皿は371点出土しており推定個体数は15点である。これに対して壺類は184しており推定個体数は最少で2個体となる。土師器皿の時期はおおむね14世紀と推定されるが、これを単純計算すれば骨蔵器1基に対してやはり数枚の土師器皿が供されていたことになる。

瀬戸鉄釉壺が存在するためこの空間が15世紀も機能していたことは確実であるが、確実に骨蔵器として出土した資料は13世紀が主体であり、中心時期は13世紀から14世紀代にあるものと考える。

⑦G区

複数の時期にわたり同じ空間に重複して14基以上の墓が発見されている。遺物は常滑窯・瀬戸窯が共に多く出土している。また年代は13世紀から15世紀まで平均してみられる。13世紀代の魚住窯捏鉢を出土した地区であり、この地区の被葬者に畿内と関係した人物のいたことが考えられる。さらに瓦

器釜や石鍋の出土もこの可能性を傍証している。また瀬戸窯天目茶碗も出土しており、全時期にわたり連続した墓地利用がされたことを示している。

なお土師器皿は357点(推定個体数16)出土しており、その出土状況は溝および包含層が中心を占める。

⑧H区（平坦面）

土師器火鉢と15世紀代の常滑窯甕に代表される。青白磁の瓶子も出土しているが、中心時期は14世紀後半以降であろう。土師器皿は出土していない。火鉢が出土しており、この場合は生活空間を意味するものになる。

⑨I区（平坦面）

中国製青磁類が多く出土している。一方で瓦器製品も出土しており、連続した利用の様子をうかがうことができる。土師器皿は出土していない。H区同様に生活空間としての火鉢が出土している。

⑩J区（平坦面）

資料は少ないが中国製の青磁壺と瀬戸窯系四耳壺は14世紀代を中心とした時期に比定される。土師器皿は出土していない。

以上より本調査区の出土遺物についてまとめれば、一元的に見える墓地および石塔の分布域の中で、13・14世紀を中心とする地区（A・D・E・F・G）と14・15世紀を中心とする地区（B・C・G）の大きく二つの地区の存在を推定することができそうである。

また平坦面地区と墓地地区の違いとして、平坦面からは土師器皿が出土せず、代わりに火鉢がみられることがわかる。

（3）本遺跡出土遺物の特徴

中世墓に関わる近年の発掘調査では、大阪府茨木市佐保に所在する粟栖山南中世墓群が代表される。しかし本遺跡の立地が湖東北部であることをふまえれば、遺物の動向と特徴は、生産地との関係で静岡県一の谷中世墓群との比較が適切である。

一の谷中世墳墓群遺跡は、静岡県磐田市に所在する中世最大規模の墓地遺跡である。実数は不明であるが、鎌倉から室町時代にかけて一千数百基にのぼる墓が造営されたとみられ、昭和59年から63年にかけておこなわれた発掘により、約15000㎡の範囲で888基にのぼる墓の詳細が明らかとなっている。

報告書によれば、造墓期間は13世紀（一部は12世紀に属するとも考えられる）から17世紀初頭にかけての約400年間におよび、遺跡の各所に塚墓・区画墓・集石墓・土壙墓などのさまざまな種類の墓が造営されていたとされる。また発掘調査がおこなわれる前の一の谷遺跡の風景は、この遺跡を代表する集石墓の存在によって、あたかも賽の河原のごとく、おびただしい数の礫がひろがっていたようであり、ある意味において本遺跡の風景と通じるものがあったとも言える。ただし後述するように、その細部においてはさまざまな相違点もみられ、その点が本遺跡の性格を考える際に重要な手がかりとなっている。

さて一の谷中世墓遺跡出土の遺物であるが、土器・陶磁器では土器（土師器の碗・皿）、陶磁器（山茶碗・山皿、中国製白磁合子・白磁四耳壺、中国製青磁皿、朝鮮製李朝刷毛目壺、国産陶器）があり、それ以外の資料では木製品（漆器椀）、鉄製品（呑口式短刀・短刀・刀子・鉄鏃・剃刃・曲刃鎌・釘）、青銅製品（和鏡・小型五輪塔・銭）、石製品（硯・五輪塔・宝篋印塔）などが出土している。

このうち陶磁器の詳細をみれば、全てが東海を生産地とするもので、渥美窯灰釉蓮弁文壺、渥美窯灰釉袈裟襷文壺、瀬戸窯灰釉四耳壺など12世紀に遡る時期の陶器壺が墳丘墓の盛土中から出土し、これらについては、該当する墳丘墓の造営時期の上限を示す資料となっている。ただし墳丘墓から出土する山

茶碗や山皿は13世紀後半を示すものがあり、この年代が墳丘墓の中心的な年代とされている。また短刀や和鏡などもこれらと共に墳丘墓から出土するようであるが、大多数の墳丘墓は供献品を持っていないとされる。

土壙墓からは山茶碗と土師器皿および鎌などの副葬品が出土し、いずれの土壙墓からも鉄釘がみられる。また出土する山茶碗は13世紀後半代とされている。

集石墓からは、骨蔵器として使用された渥美・瀬戸・常滑・白磁四耳壺が出土し、供献品として山茶碗・山皿・土師器皿・白磁碗・青磁皿および銭が出土している。壺類は渥美窯の短頸壺や瀬戸窯の灰釉四耳壺など13世紀前半の資料や、瀬戸窯の灰釉唐草文四耳壺、鉄釉花瓶などの14世紀前半までのものが多く、14世紀後半から15世紀初め頃の常滑窯製品は少ない。なお供献品は山茶碗・山皿、白磁碗、青磁皿などがみられるが数は少ない。

出土した陶磁器の変遷は生産地の動向を直接反映するものとされているが、個体数は渥美窯（34）、常滑窯（40）、瀬戸窯（96）で瀬戸窯製品が圧倒的に多く、一般の集落遺跡では瀬戸窯製品より常滑窯製品が多い場合も見られるため、北条氏との関係も含めて瀬戸窯の壺がとくに骨蔵器に求められた可能性も考えられている。

なお、土器・陶磁器類の中で最も出土量の多い資料は土師器皿（かわらけ）であり、次いで山茶碗、陶器壺類となっている。

このような一の谷中世墓遺跡の遺物状況に対して、本遺跡と最も大きな違いは土師器皿（かわらけ）の陶器製品に対する出土量の比である。先に見てきたように、一の谷中世墓遺跡は塚墓・土壙墓・集石墓などから構成される複合した社会を反映した被葬者群の墓であったと考えられている。そしてその中で土師器皿は山茶碗とあわせて土葬墓である土壙墓や塚墓に伴う供献品または副葬品と推定されており、これが一の谷中世墓遺跡における土師器皿の多さをつくりだしている。

これに対して、本遺跡の土師器皿が陶器と拮抗する出土量であることは、本遺跡には土葬墓が無く（少なく）、ほとんどが火葬墓であると考えられるところになる。これは本遺跡が一の谷中世墳墓群遺跡に対して相対的に単一な社会構成員の墓であったことを示す手がかりと言える。また石塔の数も、一の谷中世墳墓群遺跡は207点であるが、本遺跡の石塔数ははるかにこれを上回る。これも両遺跡における墓構成の違いを明確に示す例である。

ただし、本遺跡の場合も発掘調査のおこなわれた箇所は7カ所にすぎないため、見つかっていない土壙墓が無いとは言えず、実際にG区では塚墓状の周溝から土師器が出土しており、また土壙墓状の遺構も見つかっているため、調査の進展によりこの状況が変化する可能性も残されている。

なお骨蔵器として使用された製品の変遷は基本的に共通すると考えられる。ただし生産地別の数量比をみると、一の谷中世墳墓群遺跡では瀬戸窯の製品が卓越していたが、本遺跡では瀬戸窯と常滑窯がほぼ同数と推定される。周辺の集落遺跡の動向をふまえた検討が必要である。

さらに本遺跡では東海諸窯以外に関西および西日本を生産地とする製品もみられるが、これは明らかに一の谷中世墳墓群遺跡の遺物の動向と異なる。本遺跡と畿内との関わりを強く示唆するものであろう。

ところで本遺跡と一の谷中世墳墓群遺跡との違いを示すもうひとつの大きな要素に、その景観がある。一の谷中世墓遺跡は、旧東海道見付宿にあたる磐田市の北に位置し、北からのびる丘陵の南側先端に立地するが、この遺跡の墓群はその構造によって大きく2つの姿（特徴）をもっていると言われている。

ひとつは南区丘陵平坦面の墓群が示す特徴で、密集する墓が、墳丘墓の墓域に重層的に造営されている状況である。またそのあり方には、塚墓の裾を囲んで単位を形成するものや、塚墓の上面を覆うものなどがある。

もうひとつは丘陵の東斜面でみられる状況で、5～9段の階段状のテラスを等高線と平行してつくりだし、その中を5単位の集石墓群が大きく分かれて密集する分布である。

　時期は南区平坦面の塚墓が12世紀末頃の開始と考えられており、これに続くかたちで土壙墓が13世紀前半、集石墓が13世紀後半の開始と考えられている。

　ところで13～16世紀に造営されたと考えられている大阪府の栗栖山南中世墓群では、等高線に沿って雛壇形に造成された丘陵の南斜面から約600基の墓が確認され、さらにその前面に開かれた平坦地が共同火葬場として使用されたものと考えられている。また三重県の杉谷中世墓も椎谷中世墓も同様に等高線と平行する狭い幅のテラスを階段状につくりだしている。

　つまりこれらに共通する景観のひとつの特徴は、等高線に平行する狭いテラスの造営とそこに密集する墓群である。これは被葬者のどのような姿を反映したものだろうか。

　この点について山村宏氏は、南区丘陵平坦面の墓が墓域を規定して重層的に造営されているところから族的な（制度的な）集団であり、丘陵東斜面の狭いテラスに築かれた墓群は、それらが縁石を共有しているところから血縁的な集団であったと推定している。つまり一の谷中世墓遺跡の墓は、制度的な集団と血縁的な集団から構成された「都市の墓」であり、前者が中世の国府と守護所を臨む見付の在庁官人層であり、後者がその後に台頭してくる有力都市民であったものと考えられているのである。

　それではこのように整理されている墓地の景観と被葬者の関係は、本遺跡の場合どのように説明されるのであろうか。

網野善彦　1988「中世都市と「場」の問題をめぐって」『中世の都市と墳墓』日本エディタースクール出版
石井　進　1988「中世都市見付と「一の谷墓地」」『中世の都市と墳墓』日本エディタースクール出版
山村　宏　1988「一の谷中世墳墓群の発掘」『中世の都市と墳墓』日本エディタースクール出版
山崎克巳・木村弘之・伊藤美鈴・加藤恵子　1993『一の谷中世墳墓群遺跡』磐田市教育委員会

2、石仏谷墓地群および敏満寺遺跡群の検討

（1）文献から見た敏満寺遺跡群

　石仏谷遺跡の問題は、今回調査された墓地群だけの検討にとどまるものではなく、この遺跡を含んだ敏満寺遺跡群全体（ここで言う敏満寺遺跡群とは、青龍山を含み、大門池も視野に入れたものである）の中で考えなければならない。

　そこであらためて敏満寺の概要をふりかえれば、同寺は、青竜山の西麓に位置する現在の胡宮神社を中心に展開していたと推定され、伝説では聖徳太子・慈証上人・敏達天皇と、伊吹山三修上人のひとりである敏満童子などを開基としている。敏満寺遺跡の周辺は、天平勝宝3年（751）の「近江国水沼村墾田地図」（東大寺文書）にみえる水沼荘に比定されるなど古代から開発の進んだ地域であったが、敏満寺として最初に登場する記録は天治2年（1125）であって、同寺が平等院を介して園城寺の支配下に入り、「東限山路、南限薦辻越、西限鳥居下相木大道、北限寺登路」という寺域をもっていたことが伝わる。そしてこの時期から間もない建久9年（1198）には、重源が仏舎利を入れた銅製の三角五輪塔を当寺へ寄進したことで知られており、中世においては、とくに湖東の交通の要衝として、北陸および東国へ対する拠点であった可能性がある。

　その後延慶2年（1309）の太政官牒によれば、堂舎40・宝塔は数カ所あったとされ、元徳2年

(1330)の記録には新熊野十二所と並び白山権現天満天神などの社名が並ぶ。また室町時代以降は幕府とのつながりが強くなり、尊氏・直義・義持・管領などの書状をもち、文和2年(1353)には後光厳天皇の宿所にもされている。大きく発展した状況がうかがわれるかもしれない。しかし永禄3年(1560)には浅井長政に攻められ、学頭以下800人が戦死、元亀3年(1572)には織田信長と戦い廃寺となり現在にいたっている。

　現在その最終景観として胡宮神社がここにおかれているが、少なくとも平安時代後期を起源として、戦国時代まで維持され、地域の拠点として活躍したその姿はうかがうことができよう。

（2）既往の調査成果からみた敏満寺遺跡群

　本遺跡を含む敏満寺遺跡群は、すでに昭和34年から4回にのぼる発掘調査がおこなわれ、多く成果をあげている。

　昭和34年の調査では、一部に土塁を伴う礎石建物2棟と現在高速道路の下に残されている推定門跡が見つかっている。この調査で出土した主な遺物は、14世紀代の土師器皿、15世紀を中心とした常滑窯系の甕、14～15世紀の東海系擂り鉢、15世紀代の火鉢、瓦器釜・鍋および奈良時代の須恵器と平安時代の灰釉陶器、13世紀の瓦器碗と常滑窯系三筋壺もみられた。第4地点の土師器皿は14世紀代を中心とするが、それ以外は15世紀以降が中心となっている。

　昭和57年の調査では、名神高速道路の東側で谷部を中心として、平安時代の須恵器と室町時代の天目茶碗などが見つかっている。

　昭和61年の調査は、サービスエリア上り線の工事にともない約3000㎡でおこなわれた。調査区の一部から13世紀代の常滑窯系の甕が出土しているが、大半は16世紀代の遺物で、土師器皿、陶器擂鉢、中国製染め付け、石臼、茶臼、刀、釘などである。またその一角からは石組の井戸と礎石建物および最大高5mの土塁がみつかり、現在、サービスエリアの一角に、その遺構が残されている。

　平成6年度～12年度には、下り線のサービスエリアを囲む形で18000㎡におよぶ調査がおこなわれた。検出された遺構は、Ⅰ期は飛鳥・奈良時代が炭窯、平安時代が掘立柱建物、Ⅱ期は15カ所にのぼる溝などで形成された区画平坦面と掘立柱建物、土坑、埋甕および水溜施設などである。またこれらをつなぐ道も確認されている。

　Ⅱ期の遺構から出土した遺物は、土師器皿（14世紀後半～16世紀はじめ）、常滑窯系甕、信楽窯系甕、信楽および瀬戸美濃窯系擂り鉢、瀬戸美濃窯系の天目茶碗・平碗・皿、砥石、石臼、茶臼、中国製青磁・白磁などであり、中心の時期は15世紀後半～16世紀代と考えられる。

　以上、既往の調査結果をまとめると、平安時代以降で遺構が形成された痕跡は10世紀に遡る遺物があり、部分的に13世紀代と14世紀代の資料もみられる。しかしこのうち、昭和34年度の調査資料は、骨蔵器としての利用が多い三筋壺であり、昭和61年度の調査資料も、単独での出土であるため同様な可能性が考えられる。したがってこれらの状況を勘案すれば、青龍山の北側丘陵の開発は、15世紀以降でありその中心的な時期は16世紀代であったと考えられることになる。

　現在胡宮神社からサービスエリアへつながる通路の途中に、おそらく同時期の城郭跡と思われる遺構が残されており、平成6～12年度の調査では、根来寺跡などでみつかっているような甕類の埋設遺構も発見されている。これらの景観は、いずれもおそらく室町時代後期を中心とする時期であり、この時期の敏満寺は、防御的な機能ももちながら、屋敷地も立ち並ぶ城塞都市であったものと考えられる。

　それではこういった既往の調査結果に対して、今回の調査でみつかった様々な遺構と遺物はどのような意味をもつのであろうか。

(3) 石仏谷墓地群の変遷とその歴史的意味

　この遺跡からみつかった陶磁器は12世紀から16世紀まで連続して見られる。しかし定量分析の結果に表れているように、その変移は均一ではなく、量と内容にいくつかの変化期をもっていたことがわかる。

　この変化期が遺跡の変遷に反映されたものであるならば、これらの遺物は本遺跡の性格を知る上で大きな意味を持つことになる。

①石仏谷墓地群の存続期間

　この遺跡で最も古い時期の遺物は、分布調査でみつかった中国製白磁壺である。分布調査での発見であるため、元位置は不明であるが、この遺跡の前提条件が墓地群であるため、長期間にわたる使用の後に廃棄されたものが見つかったとは考えにくく、逆に当時高級品であった白磁を骨蔵器あるいは副葬品に使用したのであるならば、この白磁を包蔵していた遺構もやはり12世紀に比定できることを考えてよいだろう。

　そうであるならば、この墓地群の成立時期についても、この白磁の時期である12世紀に遡らせて考えることが可能と考えたい。ただし、詳細な時期は先に触れたように12世紀代でも後半以降に比定されるものと考える。よって確実にこの調査地点で墓地が形成されるのは12世紀後半以降となる。

　一方今回の調査で最も新しい時期の遺物は、肥前系磁器染め付けである。また、現存する石製品には明らかに近世以降に営まれたものも見られる。従って、なんらかの形で本調査区が江戸時代以降も存続したことは否めない。しかし、すでに述べたように定量的なピーク時期は15世紀までであり、16世紀にはその前代に機能していたような空間は無かったと考えて良いだろう。したがって本調査区に関して、12世紀後半を開始時期とした機能が終了する時期は15世紀となる。

②石仏墓地群の詳細地形

　今回の調査で見つかった遺構は、約1000基にのぼる墓と、その下位に設けられた複数の階段状テラスである。しかし発見される遺跡はその最終景観であるため、各種調査で得られた遺跡情報は、適切に時代毎に分解され、再構成される必要がある。その時にさまざまな遺跡情報を有意に関連づける手がかりとなるのが遺跡の詳細地形である。

　マクロ的に見れば、調査地は名高速道路多賀サービスエリアを北西に見下ろす青龍山の山麓に近い西側斜面のやや北に位置する。多賀の集落が立地する平野部と接するその最下段は、名神高速道路で削平されて存在しないが、その真西に大門池が見える点は注目される。

　一方青龍山から派生する稜線のうちで最も広い平坦面を獲得できる地区が、現在の多賀サービスエリアののる北尾根である。胡宮神社はこの尾根の最奥部にあたる青龍山の山麓におかれており、その意味で北尾根が機能していた時には、その核となる施設を置く際に最もふさわしい場所であったと言える。

　これに対して本調査区を中心とする地区は、胡宮神社のおかれた平坦面から小規模な谷によって隔てられた南の隣接地にあたる。青龍山西側山麓には、小規模な沢によって区切られた複数の緩斜面が形成されているが、大門池との関係をふまえれば、調査地の周辺は胡宮神社の平坦面に劣らない重要な場所であったと言えるかもしれない。

　さて石仏谷墓地群が意識すべき範囲は、現時点では南が石塔群の分布がとぎれる沢、東がやはり石塔群の分布がとぎれ、青龍山の傾斜が急になるあたり、西が名神高速度路、北が胡宮神社との間を区切る谷、とされている。このうち、南と北の範囲については、石塔の分布と平坦面の配置によって合理性が認められる。しかし先の視点をふまえれば、西については大門池までを有意の範囲に含める必要があるだろうし、東についても青龍山との関係を考慮すれば、当墓地群の斜面をそのまま登ると、傾斜度の変更する地点に岩盤の露出している場所があり、このモニュメントも当遺跡に対する有意の範囲とみるべきではないかと考

える。

さて、このように当遺跡に対する広義の範囲を推定することができるならば、墓地群とその周辺の詳細地形はどのように見直すことができるのであろうか。説明すべき問題は多い。例えば石塔に代表される墓地群の分布については、発掘のおこなわれたA区とF区は全く異なった立地にあるが、それは何を示すのか。墓地群の下段に雛壇状の平坦面が分布するが、それらはそれぞれどのような意味があったのか。墓地群の北で胡宮神社との間にみられる平坦面は、墓地群の下段の平坦面と同じ性格のものなのか。

これらを説明するために、最初に平坦面の分布の意味から考えていきたい。地形測量図を見て、すぐに気のつくのが、平坦面の配置にみられる2つの見方である。

ひとつの見方は、A区をほぼ中心として西に向いた凸型で左右対称の形態をとる平坦面の配置である。その場合の左右の範囲は、南が沢で北は調査区北の谷の手前を区切る現在の山道となる。この平坦面の形は、段を下降するにしたがい南側の区画が面積を減じていくものの、おおむねそれに近い詳細地形をみることができる。そしてこの場合、墓地群と平坦面との関係は、A区がその中心となって、本来その左右に平坦面があったが、南（右）側の平坦面が廃棄されることで墓地に転化して地形も変形したといった説明が可能となる。また調査区北側の谷部でみられる平坦面は、本遺跡と関係の薄いものとなる。

もうひとつは、遺跡の北の境界を北の谷の平坦面の一部までひろげる見方である。この場合、平坦面の配置は調査区北の山道からA区ののるまでの方画区域と、その左右両周辺区域の2つのゾーンに分けられ、それらによって雛壇型の平坦面群のおおむねすべてがとりこまれることになる。そしてこの場合、墓地群と平坦面との関係は、A区が本来の墓地域で、その南の石塔（墓地）はそれと異なった規範によって形成されたことになり、北の谷の平坦面は本遺跡を構成する要素となる。さらに調査区北の山道も同様な意味を帯びてくる可能性がでてくる。

どちらの見方が有意に遺跡を説明できるだろうか。ポイントは調査区北の谷にある。一見すると、確かにそれらは墓地群下段の平坦面に比べて不整形であり、共存を推定し難い観がある。しかしその最下段をみると、両者の平坦面を連続する区画線があり、また本遺跡ののる緩斜面の地形（南東から北西を軸として緩やかに下降）を考慮すれば、北の谷の平坦面と南の沢際の平坦面の形状に関連性があるとも言える。したがって、北の谷の平坦面は本遺跡を構成する要素の可能性が高いものと考え、その点において、後者の見方が本遺跡の有意な説明にふさわしいものと考える。

つまり本遺跡の原景観としての寺院は、調査区北の山道を降り、また地形にしたがって調査区南の沢沿いに北西に青龍山を降りたあたりに山門がおかれたものと推定され、その位置は現在名神高速道路の下で「門跡」と推定されている場所の近接地にあたるものと考える。また境内の中心軸は、その西の延長上に大門池があることによって調査区北の山道であると考えられ、中核となった坊舎は地形にしたがい、その右側（南）に設けられたということになる。南北に細長い平坦面を敷地とした坊舎は、北を入り口としてその最も奥である南側にやや広い空間を配し、堂宇をおいたものと考えられる。

なおA区の2段下の平坦面はほかと比べて幅が狭いが、それはここが調査区北の山道からさらに奥へ登る時の横断通路だったことを示すものと考えられ、墓地へはこの道を通り、つながっていたものと考えられる。

こういった景観を前提とした場合、本来この寺院が設けた墓地はA区とその山側であり、その北側にみられる3段の平坦面を、墓地に関わる儀式などをおこなった区画とみることができれば、A区の規模でC区の谷側とE区の高さが、それぞれ北の平坦面に対応する中核的な墓地であったものと考える。当該地区の傾斜に注目すれば、C・E区の山側は傾斜が急であり谷側は緩やかになっている。またその場合、結界

石とされている岩がそれぞれ最上段と最下段の墓地の領域を示していることになり、符合する。さらにこの景観を一の谷中世墓遺跡に対照させれば、領域を優先させている点において制度的または族的とされる南区丘陵平坦面の墓地に対応するものと考える。

　一方これに対してG区およびその南に分布する石塔と墓地については、本来の墓地とは別の空間であり、先の中核的な墓の被葬者集団とは別のラインに属した集団に関わるものとみるべきと考える。その点でG区から畿内とのつながりの強い遺物が複数出土しているが、これを説明する手がかりとも考える。

　ただし、一の谷中世墓遺跡などでみられたような、等高線と平行する狭い平坦面に造成された墓地群の景観は、本遺跡では認められない。これは本遺跡の墓地が、先の中核的な集団の規定を越えるような、まとまった集団による造営を受けなかったことを示すものであり、その点において本遺跡は「都市」あるいは「村」の墓ではなかったと推定される。

③石仏谷墓地群の歴史的意味

　これまでみてきたように、石仏谷墓地群の全体景観は、遅くとも13世紀後半頃、青龍山と大門池を強く意識した占地を前提に、雛壇型の平坦面に築かれた坊舎群とその最上段に設けられた墓地域によって復原される可能性がある。それではこのような風景は同時代の他遺跡に対してどのような問題を提起するのであろうか。

　その点について直ぐに想起されるのは、福井県勝山市の平泉寺に代表される中世後半の城塞化した山岳寺院との関係である。また中井均氏によっても、百済寺など同様な遺跡が北近江に多くみられることが指摘されている。とくに弥高寺跡の本坊跡周辺の詳細地形と石塔群の関係や京極氏館跡の御廟所周辺の景観は、本遺跡の景観と類似している点が多い。しかるに問題はこれらの遺跡がいずれも15世紀以降を中心とした時期に形成されていることである。

　これに対して本遺跡は、15世紀代の資料も存在するが、中心的な時期は13・14世紀代であり、特にA区の墓の場合は、出土遺物から該期の造営が確実である。それでは本遺跡は13世紀または14世紀に遡る山岳寺院型の景観となるのであろうか。

　参考となる遺跡が、鹿児島県金峰町に所在する観音寺とその周辺の遺跡群である。宮下貴浩氏の整理によれば、金峰山信仰の拠点寺院として大きな勢力を誇っていたのが登拝口に所在する観音寺であるが、観音寺が記録に登場するのは保延4年（1138）の記事で、比叡山末として、南北朝期は南朝方の拠点となり、嘉吉3年（1443）には島津忠国によって田布施一手ケ原に移され衰退する。したがって文献史料上では12世紀から15世紀はじめがこの寺院の時代となっているのである。

　これに対して踏査の成果をみれば、まず狭義の観音寺中心部にあたる現在の日枝神社周辺は、尾根上を利用して、道の要所となるコーナーや突き当たりなどの目立つ場所に大きな石を配し、また坊舎群を石垣で整備している。地形は、金峰山から西へ延びる丘陵の平坦面を利用したもので、規模は南北約450m、東西約80～250mとなり、この平坦面の両側は谷となっている。参道はこの丘陵平坦面の北側からほぼ中央部にかけてのび、境内に向かっている。またこの場所は「観音寺原」「唐船塚」といった字名が残り、観音寺が果たしていた役割を示唆している。

　本遺跡群と類似した景観をもつもので、その麓に流れる万ノ瀬川を含めて中世の宗教都市と言って良い事例と考える。

　また大分県国東に所在する、六郷満山の寺院にも同様の景観をみることができる。六郷山とは、国東六郷の地に平安時代から中世を通じて営まれてきた山岳仏教の寺院とその衆徒を中心とした仏教文化圏の総称と言われている。出土遺物により、奈良時代末～平安時代初期に開山があり、12世紀

以降は比叡山無動寺の末寺となって、天台宗系寺院として発展していったことがわかっている。

　その一山である岩戸寺の空間構造をみると、両側を谷に挟まれた山の斜面中央に等高線と直行する直線道が設けられ、その両側に雛壇型の平坦面を削りだしている。残存する字名を参考にみれば、直線道の下端には仁王がおかれ、中段には「中覚坊跡」、「大門坊跡」には山門と鐘楼がおかれる本堂と庫裡があり、その上段に「院主坊跡」と「一之坊跡」がおかれ、直線道の上に、「観音堂跡」と呼ばれた講堂が、さらにその上段に六所権現や薬師堂などがおかれている。なおここの場合、「坊中五輪等群」は境内の西の境界を示す小谷の西に接しておかれている。ただしこのケースにおいても、やはりその最終景観がいつ形成されたのかの検討は残る。

大分県立歴史博物館　1998　『常設展示　豊の国・おおいたの歴史と文化』

　さらに京都府宮津市に所在する成相寺も同様な例として知られる。成相寺は宮津市府中地区を見おろす成相山の山腹に立地する。寺伝によれば、慶雲元年（704）の開山で、文武天皇の勅願所と伝える。通称仙台の地にあって、阿弥陀堂・薬師堂・五重塔・三重塔など多くの堂宇を備えたが、応永7年（1400）に土砂崩れを受け倒壊、成吉越中守の一族により応永29年までに現在の場所に移ったとされる。

　文献では『梁塵秘抄』『今昔物語』『お伽草子』などに登場し、絵画資料は『慕帰絵詞』『天橋立図』『成相寺古図』（室町時代）、『八字文殊曼陀羅図』（鎌倉時代初期）などがあり、すでに平安時代終わりから修験道の霊地としてひろく知られていたことがわかる。

　確認されている遺跡は、現在の成相寺から山腹を北北東へ横断して登った位置で、成相山の山頂から東へのびた尾根が扇形に先端を分岐させた中央の谷緩斜面の平坦面（旧成相寺伽藍跡推定地）および、この地区をかこむ東西の尾根先端と背後の斜面からみつかった古墓群である。

　これらの資料が示す年代から、この場所は10～11世紀を中心として8または9世紀から14世紀代まで連続して利用され、その後一旦途切れるが16世紀後半に再び利用されたことを示している。中世後半には下がり得ない寺院遺跡である。

　山岳信仰寺院にみられる雛壇形の配置景観は、とくに北近江から北陸で多く見られる事例をもとに、最終景観が戦国期の山城と重複することから、中世後半を代表する特徴とも考えられている。しかし一方で両者の要素をもつ笠置寺では、城郭としての平坦面は稜線上でみられ、寺院としての平坦面は谷部斜面でみられるといった区別が可能とも考えられ、寺院としての斜面谷部における平坦面の成立は戦国期をさかのぼることが可能とも考えられる。これまでいわゆる雛壇型の寺院遺跡は、その成立が中世後半をさかのぼらないものと考えていたが、これらの状況は、それらがすでに南北朝期にみえ、あるいは13世紀代においても一部あった可能性を示すものである。

　本遺跡の場合も、発見されている遺物の年代から類推すれば、これらの事例と同様な可能性を考えることができ、それゆえ最終景観として現在みえる姿は中世後半の整備によるものであろうが、その最初の築造は13世紀に遡るものと考えられるのである。

　以上より、今回の調査で発見された遺物と遺跡の詳細地形の総合的な検討をおこなうと、石仏谷遺跡は、12世紀後半頃最初に築造された敏満寺の坊舎と墓地を原型とし、その後13世紀後半に大規模な造成によって整備され、寺院の変遷にしたがって拡張を続け、おそらく15世紀まで続いて営まれた結果と考えられる。

中井均　2003「戦国近江の寺院と城郭」『敏満寺の謎を解く』多賀町教育委員会
伊吹町教育委員会　2003『京極氏の城・まち・城』

（４）宗教都市から城塞都市へ

　青龍山の西斜面に位置する敏満寺石仏谷墓地群は、12世紀後半から15世紀代まで営まれた初期の敏満寺の原型であったと考えられる。それは重源が拠点とした敏満寺の最初の場所だった可能性がある。一方青龍山の北丘陵に残された遺構群は15・16世紀代を中心とする遺跡であった。中世敏満寺は大きくその前半と後半で場所を移動した可能性がある。

　これは敏満寺の歴史にとってどのような意味をもつのであろうか。大きく平安時代末〜南北朝期（中世前半）と室町時代（中世後半）に分けて、敏満寺遺跡群の構造と景観を説明してみたい。

　マクロ的に犬上川を水源とする大門池の灌漑システムを前提とすれば、この地域の農耕的な再生産原理の中心地が琵琶湖に面した一帯であったことは否定できない。

　すでに多くの先学の示すように、この地は古代において絵図に描かれた東大寺領水沼荘であり、その痕跡が大門池と周辺の条里から復原されている。したがって、この地に形成された集落も、当然この荘園に関わる形で存在することになり、荘家とそれをとりまく小村散居型の集落が、青龍山を見上げるその西方平坦面に形成されたものと推測する。

　敏満寺の起源については不明の点が多いが、石仏谷墓地群の斜面を登った大門池を見下ろす位置に、岩盤の露出している部分があり、後代の磐座信仰の存在を考慮すれば、当初はこの磐座を護る形で本寺が開かれた可能性もある。

　そもそも東大寺がこの地に荘園をおいた訳が、この磐座にあるか、あるいは北陸・東山道への交通の要衝としての意味を重視したのか（東大寺領の荘園が北陸に多いことを前提とすれば、おそらく後者が大きな因子になっていたものと思われるが）、はわからないが、そのときに整備された谷池型の溜池を活用する形で成立した荘園を前提として、結果的にその精神的な紐帯として青龍山の山麓に開かれたのが敏満寺ではなかったかと考える。

　平安時代後期には、そこを重源が北陸勧進の拠点としているため、すでにある程度の伽藍をもった寺院だった可能性がある。またこの時期においても敏満寺をめぐる再生産の環境に変化があったとは考えられないため、やはりその中心は青龍山の西麓にあったとみて良いだろう。

　さらに平安時代以降の墓が西向きを意識している事例の多いことは、すでに宇野隆夫氏も指摘している点である。ゆえに、青龍山の西麓に敏満寺があり、そこで墓地を設けた場合、やはり今回の調査地周辺がそれにふさわしい場所である可能性は高いと見て良いだろう。

　しかし問題はこのときの敏満寺と現在の石仏谷墓地群との直接の関係である。現時点でこの時の正確な敏満寺の景観を復原することは困難であり、さらに今回の調査によって明らかにされた墓地群直下の複数の平坦面が、その時のものであった可能性も低いと言わざるをえない。

　その理由は、発掘調査で明らかとなったA区の墓地の成立が、13世紀代に比定されるからである。石仏谷墓地群にかかる今回の分布調査と発掘調査の結果をもとに考えると、出土した遺物の年代において、平安時代にさかのぼる資料もあるが、それらは主体的ではなく、むしろ中心となる時期の遺物は13世紀後半から14世紀にかけてであるため、平安時代の敏満寺に対して最も関係の深い位置にある今回の調査地点ではあるが、これらの遺構群が必ずしもそれを直接示しているとは言えないのである。

　とは言え、この遺跡群における12世紀後半のとくに中国陶磁器の需要をみれば、今回の調査区の隣接地に同時期の堂舎が築かれた可能性は高く、さらに遺物の年代から推測できる今回の調査区の成立は、最も古い時期の資料を基準とするならば、12世紀代後半となるため、遺構はともかく俊乗房重源が東大寺の勧進をおこなうために滞在した敏満寺の場所は、まさにこの石仏谷墓地群そのものであった可能

性は高いと考える。

　その後、13世紀後半に今回の調査区に大きな造成がおこなわれ、中世前期の敏満寺は東日本への玄関口として発展する。東海系陶器の大量の流入はそれを如実に示すものであろう。延慶2年（1309）の太政官牒には多くの堂舎が記されている。この記事は、あるいはA地区の墓地の整備やその時期にピークを示す陶磁器の量を説明する資料になるかもしれない。

　その意味で今回の調査結果は、これまで空白であった敏満寺の宗教都市としての興隆期の姿をよみがえらせるものとして注目される。

　しかし中世後半に入る、敏満寺の中心は青龍山の北斜面に移る。その最も大きな理由は、多賀大社の存在ではなかったかと考える。室町幕府とのつながりが強くなる中、琵琶湖と北陸への交通の要衝を押さえるためには、敏満寺と多賀大社の融合が大きなポイントとなった。

　多賀大社は『古事記』に「其の伊邪那岐大神は、淡海の多賀に坐すなり」とあり、『延喜式』「神名帳」に「多何神社二座」とみえる。鎌倉時代中期頃には「犬上東西郡鎮守」となっており、「神官兼御家人」の多賀氏一族による「氏座」と、他の御家人や荘官らによる「郡座」がこれを支えた。上代にさかのぼる伝承をもつものの、実態としての中世前期の存在形態は、その影響力が郡を出ない状況であったらしい。

　しかし明応3年（1494）の本願不動院成立以降は、敏満寺の別院である般若院・成就院などとあわせてその同宿輩（坊人・勧進坊主・与力・使僧など）の活躍で、全国的な展開を果たしたとされている。本調査区の大きな転換点である15世紀末は、多賀大社にとっても重要な転機だったのである。

　このような15世紀後半以降にすすんだ敏満寺と多賀大社の融合によって、敏満寺の正面も多賀道を意識したものとなり、そこから稜線沿いに道を登ると、左右に坊舎などの家々がならび、その最も奥に敏満寺の本拠がおかれ、さらにその背後には精神的な紐帯でありランドマークとともなった青龍山が配されていたという城塞都市的な景観になったのではないだろうか。

　そう考えることができるとすれば、これは時代を生き抜くために敏満寺が選んだ、宗教都市から典型的な戦国期の寺院型城塞都市へのみごとな転身であったと言える。

3. 中世墓地としての敏満寺石仏谷墓地

白石　太一郎

1. 敏満寺石仏谷中世墓地の概要

　敏満寺石仏谷中世墓地は、近江の湖東において中世に大きな勢力を誇った敏満寺の寺域の一角に営まれた大規模な中世墓地の遺跡である。青龍山の西麓から北麓に展開した広大な寺域のうち、その南端の「南谷」の一画にあり、石仏谷という呼称にもみられるように山丘の西斜面の緩やかな傾斜地に、地表から確認されるだけでも1,700基をこえる石仏、組合五輪塔、一石五輪塔などの石塔類が、多数の河原石とともに散らばっている。その広さは南北60ｍ、東西は48ｍ、面積は2,880㎡に及ぶ。近江をはじめとする近畿地方各地の中世墓地のあり方からも、またこの遺跡の各所から火葬の蔵骨器に用いられたと想定される多数の陶磁器類やその破片が出土・採集されているところからも、この遺跡がきわめて大規模な中世墓地であることは確実である。

　墓地に所在する石塔類はいずれも比較的小型のもので、15～16世紀を中心とする組合せ五輪塔及び一石五輪塔と、おそらく16世紀を中心とすると考えられる石仏類である。また出土した陶磁器類は、鋤柄俊夫氏が前節で整理されているように、12世紀後半の中国製白磁壺を最古に、13世紀から16世紀に及ぶもので、13世紀以降には東海系の陶器が多くなる。このほか、葬送祭祀に用いられたと考えられる土師器皿なども多数出土している。

　このように、この墓地の石塔は15～16世紀頃のものを中心にするが、近世に下るものがまったくみられない。また蔵骨器や土師器にも12世紀後半から16世紀代のものはみられるが、近世に下るものはまったくみられない。このことから、この墓地は12～13世紀頃からその形成が開始され、おそらく16世紀のある段階で廃絶したものと想定することができるのである。

　平成16年度に実施された発掘調査の結果は、本書前半の調査報告編に示されているとおりで、発掘調査以前の想定どおりこの遺跡が12～13世紀から16世紀の中ごろまで存続した大規模な中世墓地であることを実証した。ただ遺跡の各所に調査区が設定されたが、発掘面積が遺跡全体の1割にも満たないため、その全体像を明らかにするには至っていない。最も広く発掘された墓域北西部のA区では、西に下がる傾斜面を南北に長く削平して平坦地を作り、そこに長さ10ｍ、幅3ｍほどの長方形の平面をもつ土壇を営み、その中に蔵骨器を一列に7基ほど並べて埋納していた。壇の周囲には河原石を並べ、上面の平坦部にも小石を敷き詰めていた。

　その他の調査区の多くでは、傾斜面を削ってできた崖ぎわに石塔類を並べ、その前面に平坦な空間を作って石で画するとともに、さらにその前面の傾斜地に蔵骨器を埋納するものが多くみられた。墓地としての利用が400年間もの長期間に渡り、後世の改変なども予想されるため、本来の墓の構造や形態については不明なところが少なくないが、発掘調査されたかぎりでは緩やかな傾斜地を削って平坦な空間を造成して祭祀空間とし、その西側下方に火葬の蔵骨器を埋納する例が多かった。

　石塔類の造立の状況についても、今回の調査だけではその本来のあり方を正確に復元するには至っていない。特に石塔類の大部分が15世紀以降のものと判断され、蔵骨器からも墓地の形成が疑いない12・13～14世紀段階の墓地の外部表象の実態の解明は、墓地全体の構造の解明とともに今後の大きな課題である。

　墓域の西側から西北側には、堂舎跡ないし火葬場跡などと推測される平坦地が数多く造成されて

おり、それらと墓地を結ぶ墓道も想定される。こうした広大な墓地全体は、時期を異にする幾つかの構成単位の複雑な集合体であることはいうまでもない。その構造は、当然この墓地を構成した集団のあり方やその時代的変遷とも関連することが想定されるが、これもまた今後の調査・研究の大きな課題とするほかない。

　発掘の結果検出された地下の遺構は、そのほとんどが火葬にともなう蔵骨器埋納壙ないし火葬骨埋納穴であり、1基だけ比較的古い段階の土葬にともなうと想定される土壙が検出されている。このことからも、この墓地が、基本的には火葬墓によって構成されていたことは疑いなさそうである。

　出土した蔵骨器の陶磁器類は、この墓地の形成時期を決定する重要な材料であるばかりでなく、この時期の窯業製品の流通の実態を考える上にもきわめて貴重な資料となるものである。蔵骨器は瀬戸窯と常滑窯をはじめとする東海諸窯の製品を中心に一部に西日本の製品をも含んでいるが、大規模な窯業地である東海地方と畿内の中間に位置する近江の地域性を雄弁に物語っている。

2．中世墓地としての敏満寺石仏谷墓地

　敏満寺石仏谷墓地については、それが中世の湖東で大きな力をもつ寺院でありまた宗教都市でもあった敏満寺それ自体との関連で捉えなければならないことはいうまでもない。文献史料からうかがえる古代・中世の敏満寺と石仏谷中世墓地との関わりについては細川涼一氏が第1部で詳しく検討されている。細川氏の指摘の中でも特にこの墓地を考える上に重要な点は、この石仏谷墓地が敏満寺のなかでも西福院を中心とする南谷に存在し、そこには極楽寺、往生寺、来迎寺、光照寺など阿弥陀を本尊として死者の極楽往生を祈願する葬送祭祀と関わる寺号をもつ寺院が多いことである。このことと石仏谷墓地の存在は、当然関連するものであろう。西福院は後堀河天皇の中宮藻壁門院（1209～33）の御願寺として建てられた敏満寺末寺であるという。

　早くに細川氏が明らかにされたように、畿内では鎌倉期の寺院の寺域の一角、あるいは奥院などに設けられた開祖などの墓所を核にして、付近の一般民衆の共同墓地である惣墓が形成される例が少なくない[1]。現在のところ、この石仏谷墓地の石塔類にはあまり大型のものはみられず、またその全体の規模からもこれを敏満寺の寺院関係者だけの墓地と考えることは困難である。近畿地方における中世墓地のあり方からみても、この墓地を地域の一般民衆の地縁的な共同墓地としての性格をもつものと想定することが出来よう。おそらく中世でもその後半期には、この中世の宗教都市「敏満寺」に結集したさまざまな職能の人びとや、さらに周辺農村の人びとの惣墓として機能していたのであろう。ただその形成については、細川氏が想定されるように、藻壁門院ないし敏満寺の高僧などの墓所の存在が契機となって惣墓が形成された可能性はきわめて大きいと思われる。

　近江の特に湖東地域では、愛知郡愛東町の百済寺と蒲生郡蒲生町の石塔寺に、それぞれ数千基を越える膨大な数の中世石塔類が所在する。それらの構成は基本的には敏満寺石仏谷中世墓地の場合と同じで、組合五輪塔、一石五輪塔、石仏類からなり、いずれも小型のものが圧倒的に多い。多賀町教育委員会の諸氏の調査によると、百済寺では組合五輪塔が3,962基(部材だけのものは、最も多く遺存する火輪の数で数えている)、一石五輪塔が298基、石仏が1,773基、宝篋印塔13基、五輪塔板碑7基の合計6,053基が引接寺境内に集められている。

　一方、石塔寺では、石仏が6,533基、組合五輪塔が4,497基(部材だけのものは、最も多く遺存する火輪の数で数えている)、一石五輪塔が960基、五輪塔形板碑15基、宝篋印塔7基の合計12,012基が、古代の百済式石塔の周辺に集められている。石塔寺の石仏には中世以降のものも

含まれているが、それらを差し引いても数千基の中世石仏があることは疑いない。また周辺2～3kmの範囲から集められたものも含まれているというが、それらもこの石塔寺に営まれた中世墓地に関わるものと捉えて大過なかろう。ともに百済寺、あるいは石塔寺に付随するきわめて大規模な中世墓地にともなうものであったと想定される。ただ石塔寺、百済寺の場合は、それらの石塔が原位置を離れ、寺域の一画に集められてしまっている。その点敏満寺石仏谷中世墓地の場合は、それが本来の墓地のほぼ原位置に残り、こうした中世の大規模な集団墓地の原景観と実態を知ることの出来る貴重な遺例であることがあらためて注目されるのである。

　こうした大規模な中世の集団墓地が、湖東地域の場合蒲生郡の石塔寺、愛知郡の百済寺、犬上郡の敏満寺と、それぞれ旧郡に一ヶ所づつ、それも中世に大きな勢力を誇った天台系の大寺院に付随して存在するところに大きな意義があろう。その意味でも敏満寺石仏谷墓地は、中世都市としての敏満寺の枠をこえた地域の民衆墓（惣墓）としての性格をももっていたのであろう。中世宗教都市としての敏満寺と周辺農村部の民衆との関わりを考える上にもこの墓地の資料的価値はきわめて大きいものがあると考えられる。

　畿内地方でも大和、河内、山城などでは、近世には複数の近世村（大字）が墓郷を形成し、共同で大規模な共同墓地としての郷墓（惣墓）を営む例が少なくない。それらは近代以降も墓地としての利用が継続しているが、その多くには現在も少なくない中世の石塔類が遺存している。このことから、畿内地域の大規模な郷墓の多くはその成立が中世に遡り、それぞれ地域の地縁的な惣墓として中世の中葉以前に成立していた可能性が大きいと考えられる[2]。近江の湖東地域の場合には、その地縁的な共同墓地の結集の核として寺院勢力が大きな役割を果たしたことは疑いなかろう。

　これら湖東の石塔寺、百済寺、敏満寺などの中世墓地は、戦国時代の武家政権の支配がこの地及ぶようになるとともに、その墓地結集の核となった寺院勢力がこれと対決して滅亡し、これらの墓地もその運命を共にする。畿内地域の中世惣墓の多くは、近世以降も墓地としての利用が継続したために中世墓地としてのあり方は不明となってしまったが、これら近江の大規模な墓地は、中世末でその利用が途絶えたため、中世墓地の実態を今にとどめることとなったのである。ただ石塔寺、百済寺の場合は、すでに石塔類が原位置を離れており、本来の墓地の正確な位置も現在のところ必ずしも明らかではない。その点敏満寺石仏谷中世墓地は、16世紀に廃絶したこの大規模な墓地がそのまま現在まで残されているのである。この点にこそこの敏満寺中世墓地の重要性が認められるのであり、近畿地方における中世の地縁的な共同墓地、すなわち中世惣墓の実態とその景観をうかがうことの出来る貴重な遺跡として、是非ともその保存をはかるべきであろう。それはまた、中世宗教都市としての敏満寺それ自体の実態やその歴史的役割を解明するためにも貴重な材料を提供するものであろう。

　註
（1）細川涼一『中世の律宗寺院と民衆』吉川弘文館、1987年。
（2）白石太一郎「中・近世の大和における墓地景観の変遷とその意味」『国立歴史民俗博物館研究報告』第112集、2004年。白石太一郎・村木二郎編『大和における中・近世墓地の調査』国立歴史民俗博物館研究報告 第111集、2004年。

総括　敏満寺遺跡石仏谷中世墓の調査・保存・活用と課題

　　　　　　　　　　　　　　　　滋賀県教育委員会事務局　文化財保護課　大沼　芳幸

　近江を歩くと、集落の中、路傍、山林の中のそこほこに苔蒸した小形の石造物の姿を見ることができる。近江の人々はこれらの石仏・石塔を全て「地蔵さん」と呼び、敬い愛して来た。発掘調査において石仏や石塔が出土する場合が多々あるが、この場合においても、単なる出土文化財という扱いを越え、いつのまにか保管場所に花が献ぜられていることもしばしばである。近江人が空気のように目にするこれら小型の石仏、石塔の多くは15～16世紀のもので、この時代、近江では石仏、石塔を用いた宗教活動が広く行なわれていたことを示している。

　今回、多賀町敏満寺遺跡内の通称石仏谷(いしぼとけだに)と呼ばれる中世墓の発掘調査を実施した。本書はその発掘調査および中世墓の母胎となった中世寺院「敏満寺」に関する報告書である。この報告書を刊行するにあたり、この遺跡の調査と保存に関わった一人として、この遺跡から得た想いを綴ってみたい。

　敏満寺遺跡石仏谷は、地元では、その地名が示すように多数の石仏、石塔が所在する場所として知られていた。しかし、それは鬱蒼とした山林の中に埋れ、容易に人の近づけるような状況ではなかった。その後、青龍山を巡る遊歩道が設置された際に、多量の石仏が出土したことを契機として、周辺の灌木の伐採を行った所、約7000㎡の範囲にわたり、ほぼ原位置を留めていると考えられる中世墓群が姿を現わした。地元敏満地区では、この遺跡の持つ価値と魅力を一早く理解し、この保存と活用の方策について、多賀町教育委員会と検討を始めたが、それは同時に盗掘という人災と灌木の伐採による遺跡表土の流出による遺跡の自然崩壊の始まりでもあった。今回の発掘調査は、この遺跡の持つ歴史的な価値を抽出すると共に、この遺跡の価値を損ねることなく未来へ維承するために、現代に生きる地域の人々が、この遺跡を積極的に活用することを目的として実施された。そして多くの成果を得ることができたことは、既に本書において報告されているところである。

　本稿では蛇足とはなるが、この遺跡の持つ価値を再確認すると共に、この遺跡への評価を基点として、近江中世遺跡理解への視点の広がりを模索すると共に、「遺跡」を保存することの意味について、あわせて考えて見たい。

敏満寺遺跡石仏谷中世墓の歴史的な意義
＊検出された遺構の客観的評価

　今回の発掘調査および、これに先立つ分布調査により確認された墓域の範囲は約7000㎡に広がり、地表面で確認される石造物の数は約1600基にもおよぶ。わずかな範囲の発掘調査ではあったが、調査により、地下より新たに姿を現した石造物も少なからずあることを考えれば、遺跡全体に包蔵されている石造物や埋葬施設の数は、おびただしい数量となる。近江の中世墓の場合、多くは、石造物を伴うため、地表面からの観察によりその所在、範囲を把握することは比較的容易である。しかし、これまでの所、残存する中世墓で、この遺跡に匹敵する規模の中世墓は県内では知られていない。この遺跡と同規模、或はそれ以上の規模の中世墓として、蒲生町石塔寺、東近江市百済寺のものがあったとされているが、これらは、既に後世の改変を受け、石造物は原位置を留めず、寺院の一画に集積されている状態となっている。また、国内に目を転じても、遺跡という性格上、地下に埋れた知られざる大規模な中世墓の存在可能性は、大いにあるものの、現在の所、地表面で視認し得る中世墓群と

しては、当遺跡が全国でも屈指の規模を持つことは疑いない。また、墓域のほぼ全体が残されていることにおいて、中世墓の全体像が把握し得る、希な遺跡であることも間違いない。

また、墓および墓域の構造においても特筆すべき状況を見い出すことができた。

まず、墓地の構造において、今回の限られた範囲の調査の中でも4つの基本形と、ここから派生する多くのバリエーションが確認されている。おそらく墓域全体では更に多くの埋葬施設の形態があると思われる。また、埋葬部の構造に関して、墓標と考えられる柱穴が見つかる等、具体的な葬送の有様までをも遺構から推測し得る事例が確認されたことも注目される。一方目を墓域全体に転じれば、墓域の結界をなす巨石が確認されていること、墓域の中に、構造の異なる複数の建造物（堂）が設置されていたことが明らかとなったこと。住居域から墓域へ、さらに墓域の中を通る墓道の存在を明らかにしたこと、さらには確証は得られなかったものの、火葬に関連すると考えられる焼土、炭化物の堆積する平坦地が確認されている。これらの調査成果は、石仏谷中世墓が、これまで殆ど知られることのなかった、中世墓およびこれをめぐる儀礼、さらには中世墓全体の空間構成までをも類推し得る遺跡であることを示している。

＊石仏谷中世墓の持つ歴史性の評価

石仏谷中世墓は、云うまでもなく、敏満寺と密接な繋がりを持つ。敏満寺の歴史、性格については既に本報告の中で、詳細に記述されているので、ここで改めて触れることはしないが、この中世墓のあり方を通して敏満寺という寺院の変遷について若干触れることとする。

石仏谷中世墓は12世紀に始まる。その後13～15世紀に最盛期を向え、16世紀に終焉する。この盛衰は、敏満寺のたどった盛衰の歴史とほぼ一致する。

石仏谷中世墓の特徴として、傑出した規模の石造物や区画を伴う墓を確認することができないことが上げられる。このことは、この墓域は、比較的等質な階層の人々により造営されたことを示している。一方、出土した蔵骨器には高価な中国製陶磁器が含まれる等、その内容（蔵骨器）は一般庶民に由来するものとは考え難く、その造墓主体として、富裕な僧や、敏満寺に関連する様々な経済活動に携わることにより、富を蓄積した都市民とも云うべき階層と考えられる。

石仏谷中世墓が最盛期を向える13世紀は、俊乗坊重源が東大寺の復興の為、敏満寺の経営に深く関与したと考えられる時期に符合する。その後15～16世紀に至り敏満寺の中心は、石仏谷の所在する南谷から北に移動し、ここに軍事的な色彩を強く加えた、商品の流通、生産により栄えた宗教都市をも云うべき景観を造り出すが、16世紀の後半に至り、浅井長政、織田信長との抗争に敗れ、敏満寺は廃寺となる。石仏谷中世墓の造営もまたこの時点で終息する。この間、敏満寺の中心は、南谷から北に移るものの、墓域は移動することなく南谷に造営され続ける。

おそらくは、宗教的聖地としての神体山である青龍山と、経済的な基盤の象徴とも云うべき水沼池（現大門池）にはさまれたこの地域は、敏満寺都市民にとって、その紐帯の場として維持し続ける必要のある有意の地であったと考えられる。出土した蔵骨器の最盛期の年代と、石造物の最盛期の年代には若干のズレが認められるが、この現象は、北に移動した都市民が、この繁栄の礎を築いた南谷の祖先への追善の意を込めて供えた石造物が少なからずあったことを予想させる。そして敏満寺が廃墟に帰した時、都市としての敏満寺も運命を共にし、当然のことながらその卓越した経済活動も終息し、敏満寺地域は近世の農村へと変貌する。この時、都市民の紐帯としての南谷の墓域は存在意義を失い、放棄され、現在までの眠りにつくことになる。

このように石仏谷中世墓の歴史は、敏満寺という寺院がたどった歴史的な変遷をそのままトレースし

たものと評価され、墓地の変遷をたどることにより、まだ解明すべきことの多い、敏満寺（ひいては、近江における中世の天台系寺院）の歴史的な変遷を補完する可能性を秘めている。

　また、このような変遷をたどった石仏谷の景観は、400年余りの歳月による侵食と崩壊は認められるものの、人為的な改変はほとんど加えられることなく、現在に伝えられて来ている。このことは、正確な発掘調査を実施することにより、中世末の墓域の景観を現代に復元することを可能とし、ここから同時代の社会生活、精神生活までをも復元する可能性を持っている。近畿各地には、中世から始まる多くの惣墓が知られているが、これらの景観はあくまでも現在の景観であり、中世の景観を留めているものではない。この点において石仏谷中世墓は、その場に立ち、中世の空気に触れることのできる遺跡として、はかりしれない価値を持つ。

＊敏満寺石仏谷中世墓を介した近江中世史への視点

　天台祖師最澄が、近江比叡山中に延暦寺を創基して以来、琵琶湖をとりまく山中には、数多くの天台系の山岳寺院が建立され、多様な宗教活動を展開して来た。これらの寺院には、湖東三山のように現在までその法燈を継承する寺院も少なからず存在するものの、その多くは歴史の荒波の中で大きく変貌し、多くは遺跡として現在に伝わっている。これらの天台系山岳寺院に対する考古学的な研究に基づく評価と、その価値の県民への還元という取り組みは、現在のところ殆ど行なわれていない。

　はからずも、今回の石仏谷中世墓の調査により、天台系山岳寺院としての敏満寺の歴史性の一端を垣間見ることができた。この成果を通して、今後、滋賀県が行う必要のある天台系山岳寺院に対する取り組みへの課題を抽出しておきたい。

①天台系山岳寺院の分布

　云うまでもなく基礎的な作業である。遺跡として周知されているもの、伝承を含め、その分布を把握し、地理的な解析を行う必要がある。

②遺構の現状把握

　現在残されている遺構の現状から看取し得る規模、構造を類型化し、遺構の特徴を把握する。

③中世墓との関係

　現状で知り得る限り、多くの山岳寺院に中世墓を伴う。その規模、構造は様々であるが、この現況を把握することにより、寺院空間における位置、中世墓の構造等の基本的資料を抽出する。

④城郭との関係

　近江の中世山岳寺院の多くは、中世末に城塞化する傾向が認められる。これは、寺院自体が寺院の権益を守る為に、自ら武装化する場合と、在地領主層が領国支配の為の正統性を顕現する為に、寺院に依拠しこれを城郭とする場合、あるいは単に軍事的な拠点として地理的な有意性の観点から、寺院を城郭とする場合等、様々な事態が考えられるが、これらは一方で「城の国」とも呼ばれる近江の中世史の把握の為には、不可欠な観点である。

⑤経済基盤に対する把握

　寺院が存続する為には、その経営基盤となる経済活動が必要となる。この把握については、東近江市百済寺の遺構に見られるような酒造や、敏満寺に見られるような染色業といった、手工業遺構を確認できる事例もあるが、多くは、考古学的なアプローチだけでは不充分であり、文献等他分野との協働が必要になる。

⑥残された文化財の把握

　多くは遺跡となってしまっている寺院ではあるが、近隣にこれらの寺院に由来する、或いは由来する

と伝えられる建物、仏像、文献を始めとする文化財が伝来している場合もある。これらを通して、住時の様様相を復元することも可能になる場合も想定されることから、これらの把握と整理に関しても他分野との協働を図りつつ行う必要がある。

今回の敏満寺石仏中世墓の調査をきっかけとして今後、滋賀県として、中世山岳寺院遺跡に対して取り組むべき課題を記したが、これらの課題に取り組むことの目的は、現在の近江人の、精神の根源を探るとともに、遺跡を通してわかってくる地域の歴史の一端を、現在に生きる地域の人々に還元することより、その地域の歴史的環境の深さを感じてもらうことに置きたい。

遺跡を守り伝えることについて

今回の敏満寺石仏谷中世墓の調査を通して、この遺跡自体の持つ価値への評価と、今回の調査を通じて改めて必要性が表出した「中世山岳寺院」の把握に関する課題を記した。これらを受け、最後に遺跡を保存することの意味について触れておきたい。

今回の調査は、中世墓というごく限られた空間の調査であったが、この理解の為には、神体山である青龍山、経済的基盤であった水沼池、そしてこれらを基に発展した寺院である敏満寺およびこの性格をよく表す、敏満寺城および、手工業都市地区といった、周辺遺跡の状況の総合的な把握が不可欠であることが、改めて確認された。

当然のことではあるが、遺跡は、個々が遺跡として完結するものではなく、これを取り巻く様々な事象と有機的に関連して存在し、その遺跡（歴史性）の正しい理解のためには、これらを総合的に把握して再構築する必要がある。そして、この理解の地域への還元は、現在、そして未来の地域の人々の生活を形成して行く上で、かけがけのない資産となることは間違いない。このためには理想とすれば、今まで幾多の星霜と開発をのがれ、奇跡的に残された遺跡の全てを現状のまま保存し、これを住時の姿に蘇らすことが必要であろう。しかし、それは望むべくもないことであり、また、必ずしも必要とされるものではない。現在の県民生活の維持と向上のためには、当然その中での取捨が行われるべきである。ただし、当然のことながら、現地で残すことのできなかった遺跡に対しては、正確な調査と的確な評価により得られた、祖先がたどった歴史の情報を地域の人々に適切に還元されなければならない。

敏満寺石仏谷中世墓に関しては、遺跡群を構成する、様々な要素が既に失なわれてしまっている。しかし、失なわれたものは、ともかくとし、幸いにも現在に残されている要素については、地域の歴史・近江の歴史、日本の歴史を理解する為に必要な遺跡の集合体として、記録保存された情報と共に再構築し、でき得る限り、現地で保存をする努力を払う必要がある。

この視点は、この遺跡に留まるものではなく、様々な遺跡に当てはまることである。例え、個々の遺跡としてはその一部しか残されていないとしても、その残された部分が、その遺跡の核心部分であり、その部分の持つ価値が有機的に他の遺跡と関連し、これらを遺跡群として捉え歴史を理解することに繋がり、そしてそれが地域の人々の現在、未来の生活の向上に関与するものであれば、それが遺跡の一部であっても、この現地での保存に向けて積極的に取り組む必要がある。失なわれた遺跡は決して元には戻らない。

遺跡が現地に実際にある場合と、単なる記録として残された場合とでは、遺跡（歴史）を地域の人々が活用する際に、決定的な違いが生じる。遺跡が現地に残されていれば、これに対する地域の人々の具体的な夢が広がり、具体的な作業を行うことが可能となる。地域の人々にとって、記録は、単なる想い出か生活から遊離した学問上の価値でしかない。或いは、それすらも感じさせる事が無いかも知れない。と

とにかく、我々は遺跡を残す努力をおこたってはいけない。ただしその遺跡が地域にとって必ず役に立つという確信の元で。

 遺跡に対し、法的な措置を構じて現地保存が可能となった場合、その遺跡は永遠に残る。例え今、その遺跡が草茫々の状態であっても、これを活用する可能性を未来に託することができる。好ましくない状態ではある。しかし、これでも良いのではないだろうか。

 また遺跡を、現在に活かす取り組みは非常に大切な行為である。しかし、永い歳月を経て、今に伝えられた遺跡に対しては、我々は、未来に託す掛け替えの無い資産を預っていることを自覚し、遺跡に対する発掘調査を初めとする取り組みに対しては、常に慎重でなければならない。

 敏満寺石仏谷中世墓の調査は、地元敏満寺地区の「この遺跡を地域に役立てたい」という想いから始まったと聞く。このような遺跡に対する想いが近江全体に広がることが、遺跡の活用を通した保存に、そして、開発に際して、やむを得ず発掘調査を行う場合であっても、「適切な記録保存の調査を行う事が必要」と感じる気運の醸成に繋がり、ひいては、開発と文化財保護の共存に繋がるものであると考える。

写真図版

図版1　調査地風景

1．調査地周辺航空写真（西から）

2．調査地遠景（北西から）

図版2　調査地風景

1．調査地より湖東平野を望む（東から）

2．調査前風景（西から）

図版3　遺構全景

1．A区全景（南から）

2．G区全景（北東から）

図版4　出土遺物

1．出土遺物集合写真

2．F区出土No.3蔵骨器と火葬骨

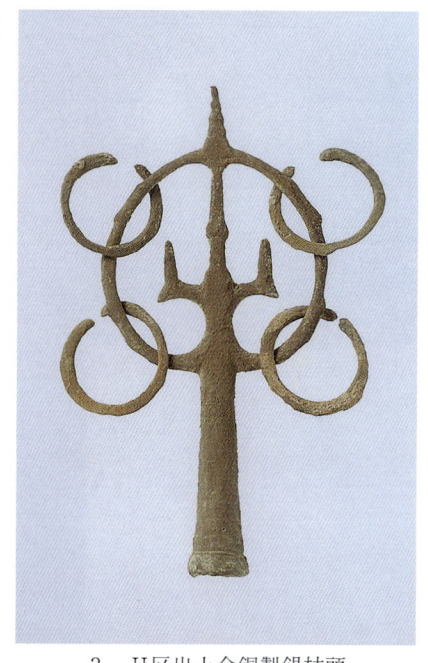

3．H区出土金銅製錫杖頭

図版5　A区・B区出土遺物

図版6　A区出土遺物

11

14

図版7　B区・C区・D区出土遺物

図版8 C区・D区・F区出土遺物

30

35

25

図版9　D区・E区出土遺物

29

31

図版10 F区出土遺物

36

38

37

33

46

49

図版11 F区出土遺物

50

No.3蔵骨器（50）の蓋

図版12　F区出土遺物

図版13　F区・G区出土遺物

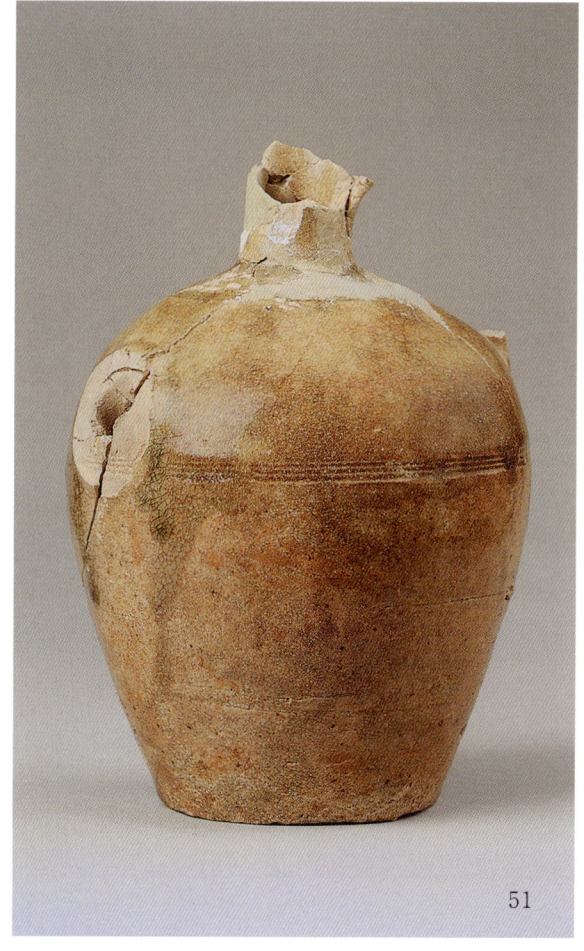

107

52

51

図版14　G区出土遺物

54

66

69

71

図版15　G区出土遺物

図版16　G区・H区出土遺物

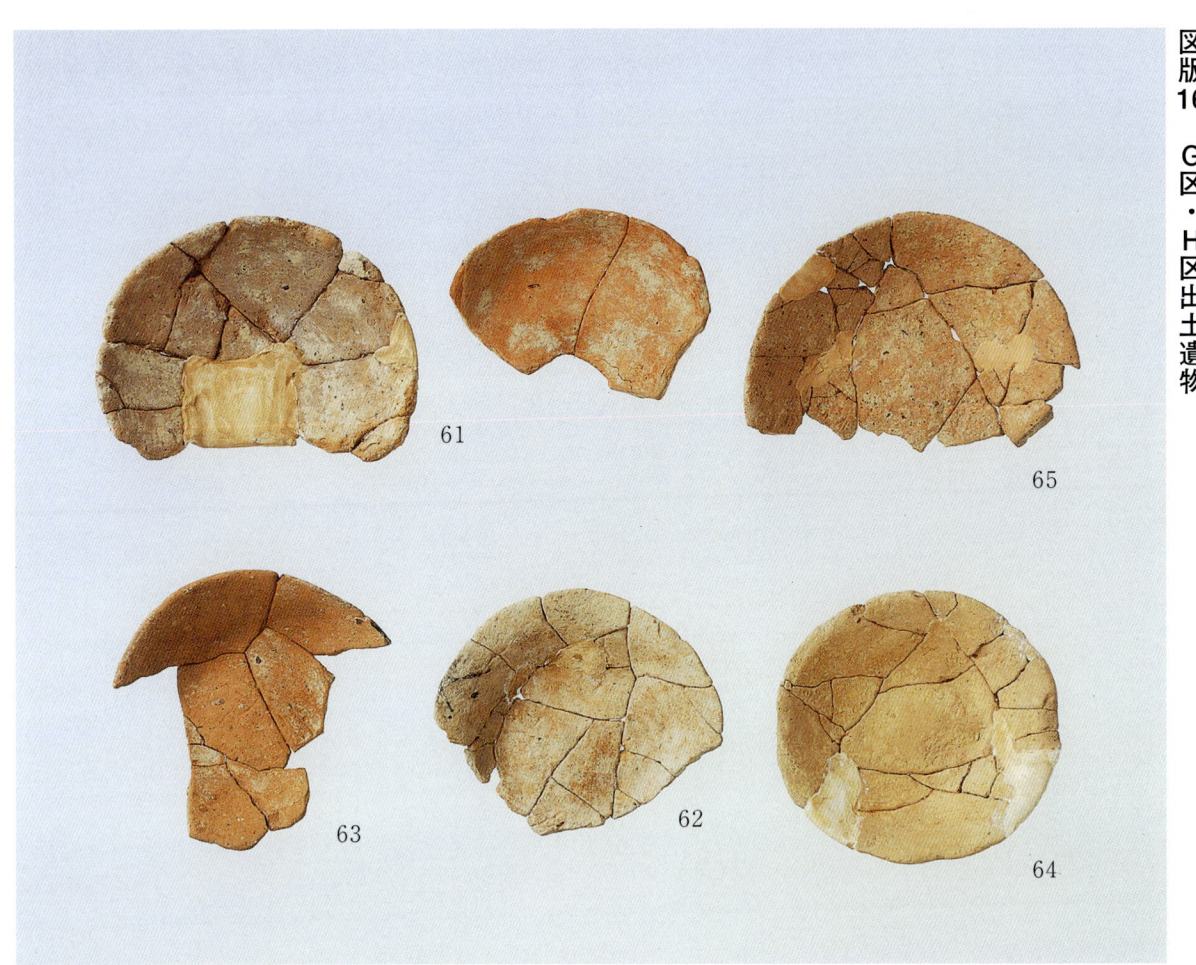

図版17　H区・I区出土遺物

75

76

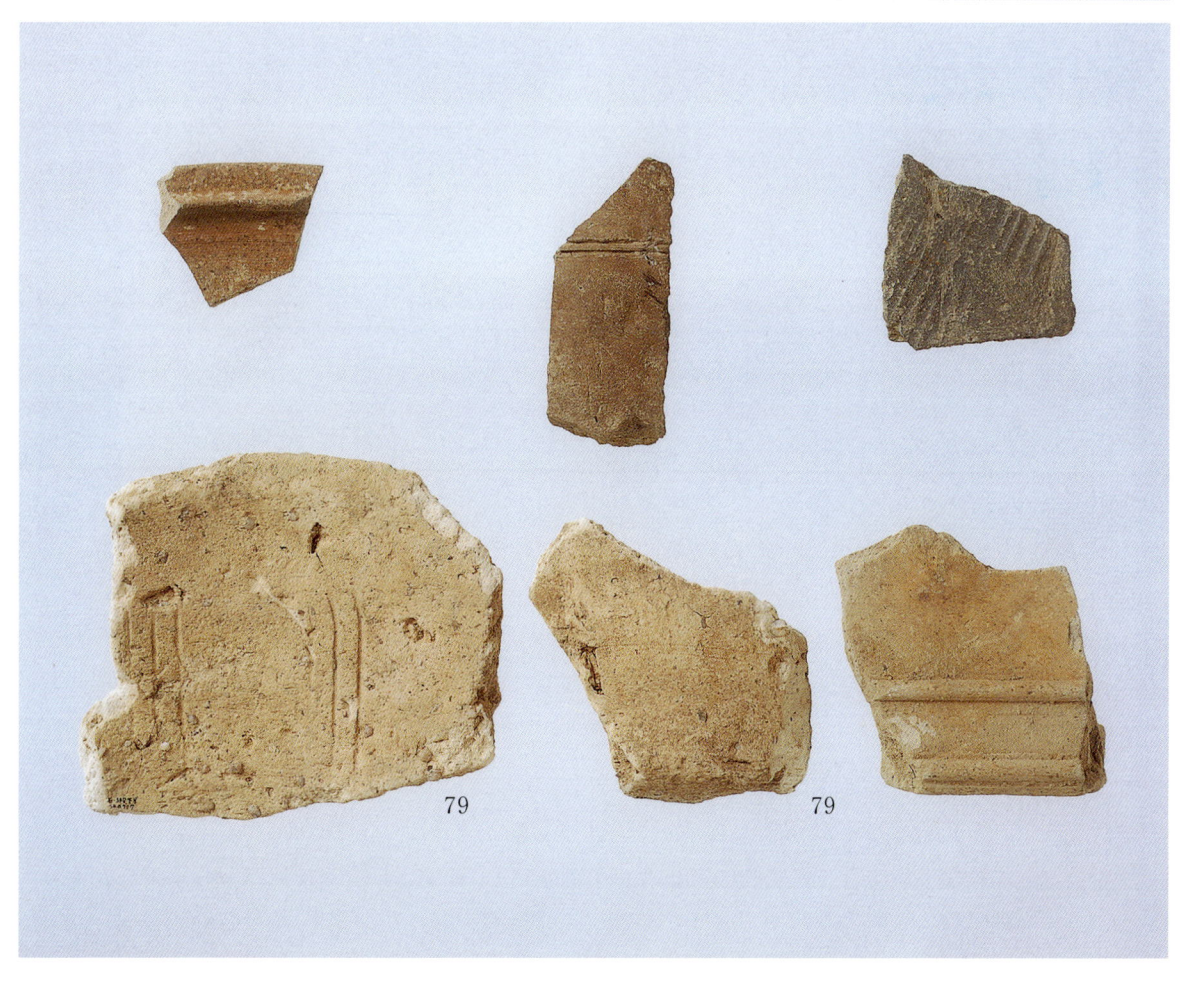

図版18 J区・テラス12出土遺物

77
78
79
79

図版19 表採遺物

111

110

114

159

166

121

図版20 表採遺物

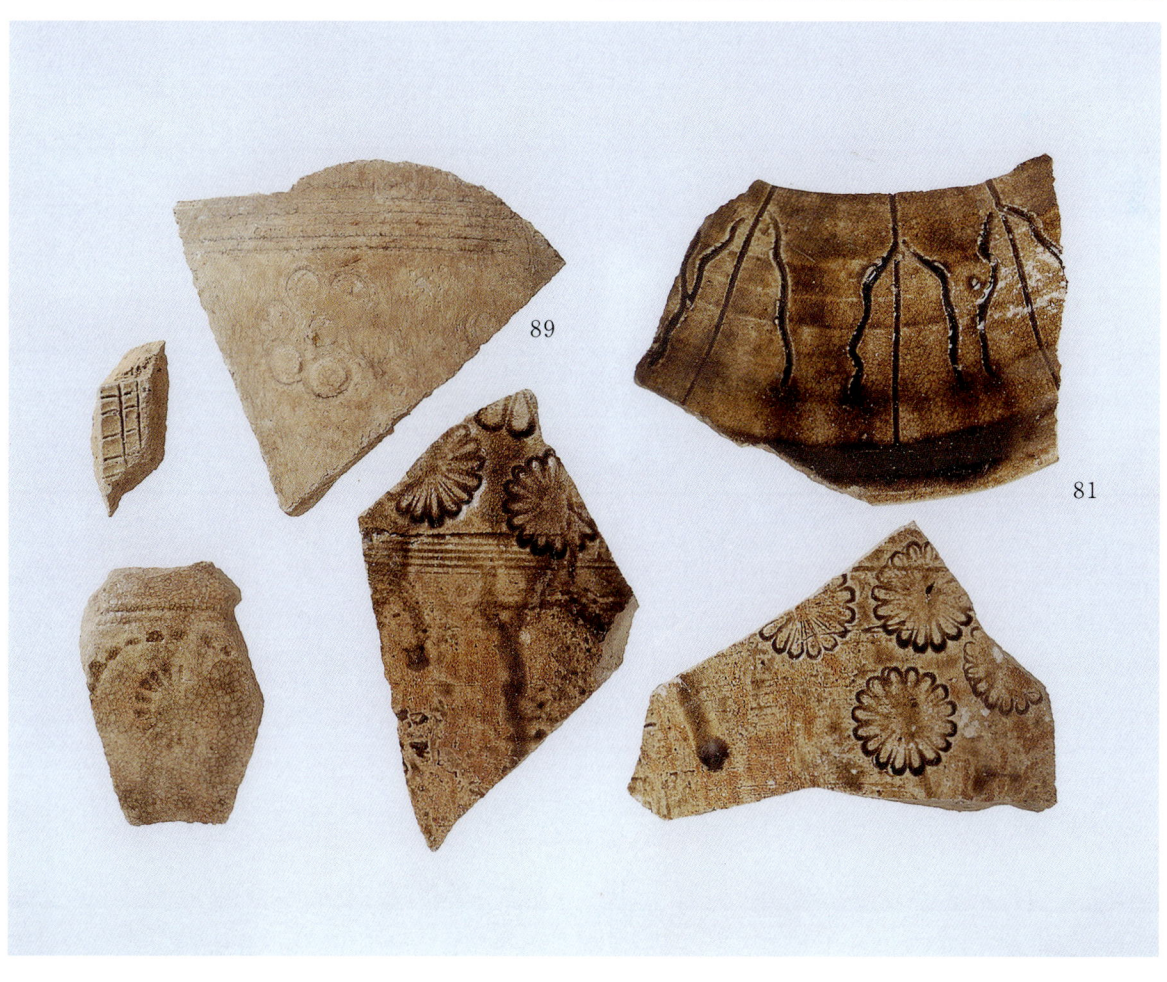

156

16

89

81

図版21 表採遺物

112

169

165

164

図版22 石造物

2526

2090

62

3251

4007

3351

図版23　石造物

3038

4

3391

888

3816

3883

図版24　調査前風景

図版25　作業風景

図版26 A区遺構

1．A区上部石材除去後（北から）

2．A区1号墓全景（北から）

図版27　A区遺構

1．A区全景（南東から）

No.1蔵骨器検出状況（西から）

No.1蔵骨器表土除去後（西から）

1号墓南東の石組墓（北から）

1号墓断面（北から）

図版28 B区遺構

1. B区全景（西から）

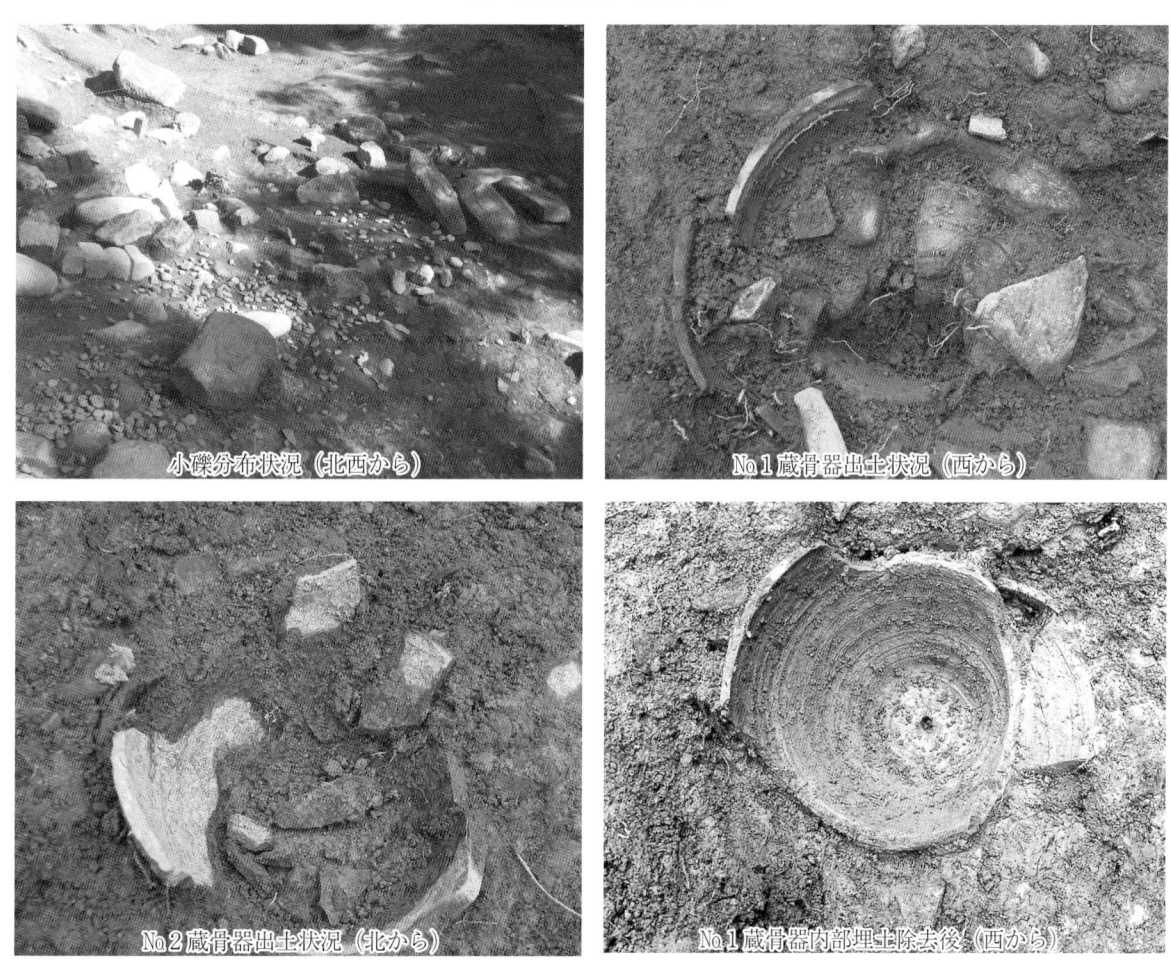

小礫分布状況（北西から）

No.1蔵骨器出土状況（西から）

No.2蔵骨器出土状況（北から）

No.1蔵骨器内部埋土除去後（西から）

図版29　C区遺構

1．C区全景（南から）

2．C区石仏出土状況（西から）

図版30 D区・E区遺構

1. D区全景（南東から）

2. E区全景（北西から）

図版31 D区遺構

石列出土状況（南から）

No.2蔵骨器出土状況（西から）

墓壙検出状況（北西から）

No.2蔵骨器内部埋土除去後（北から）

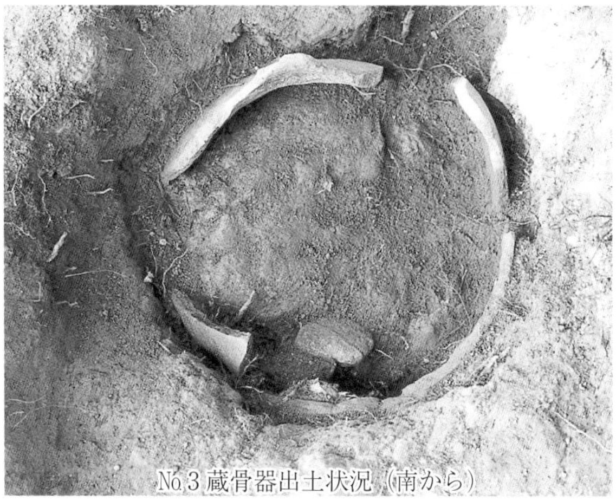

No.3蔵骨器出土状況（南から）

No.1蔵骨器出土状況（北から）

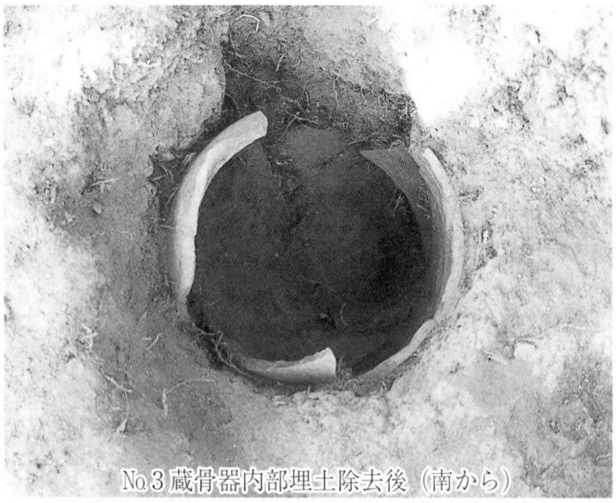

No.3蔵骨器内部埋土除去後（南から）

No.1蔵骨器内部火葬骨出土状況（北から）

図版32 F区遺構

1. F区全景（北西から）

No.1蔵骨器出土状況（北から）

No.3蔵骨器出土状況（西から）

No.2蔵骨器出土状況（東から）

No.3蔵骨器上部埋土除去後（南から）

図版33 G区遺構

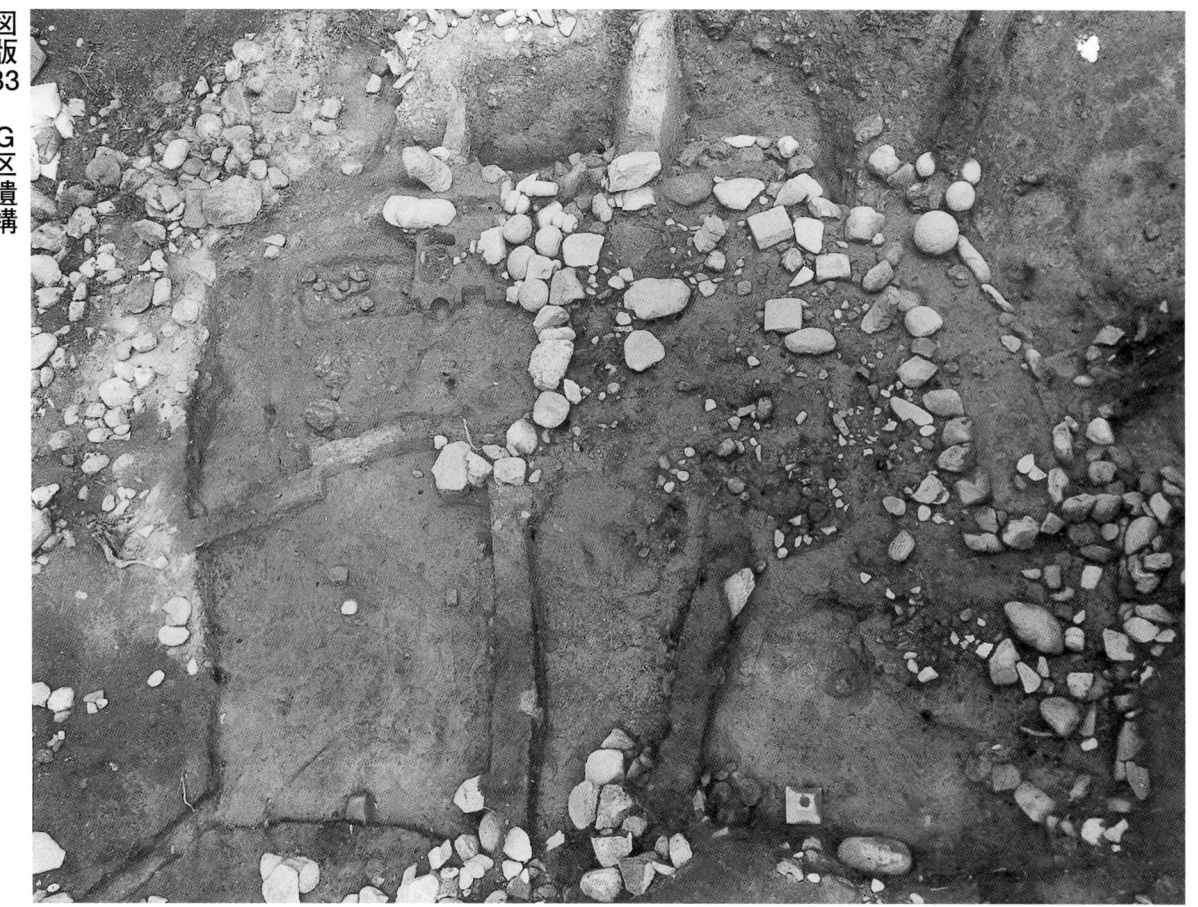

1. G区全景（南から）

2. G区全景（北東から）

図版34 G区遺構

1. 溝2全景（北から）

2. 区画2全景（西から）

図版35 G区遺構

1. 区画1全景（北から）

溝1断面（西から）

G区北側埋土断面（北から）

溝2断面（北から）

SK1・P1全景

2. 溝1・溝2・SK1・P1

図版36 G区遺構

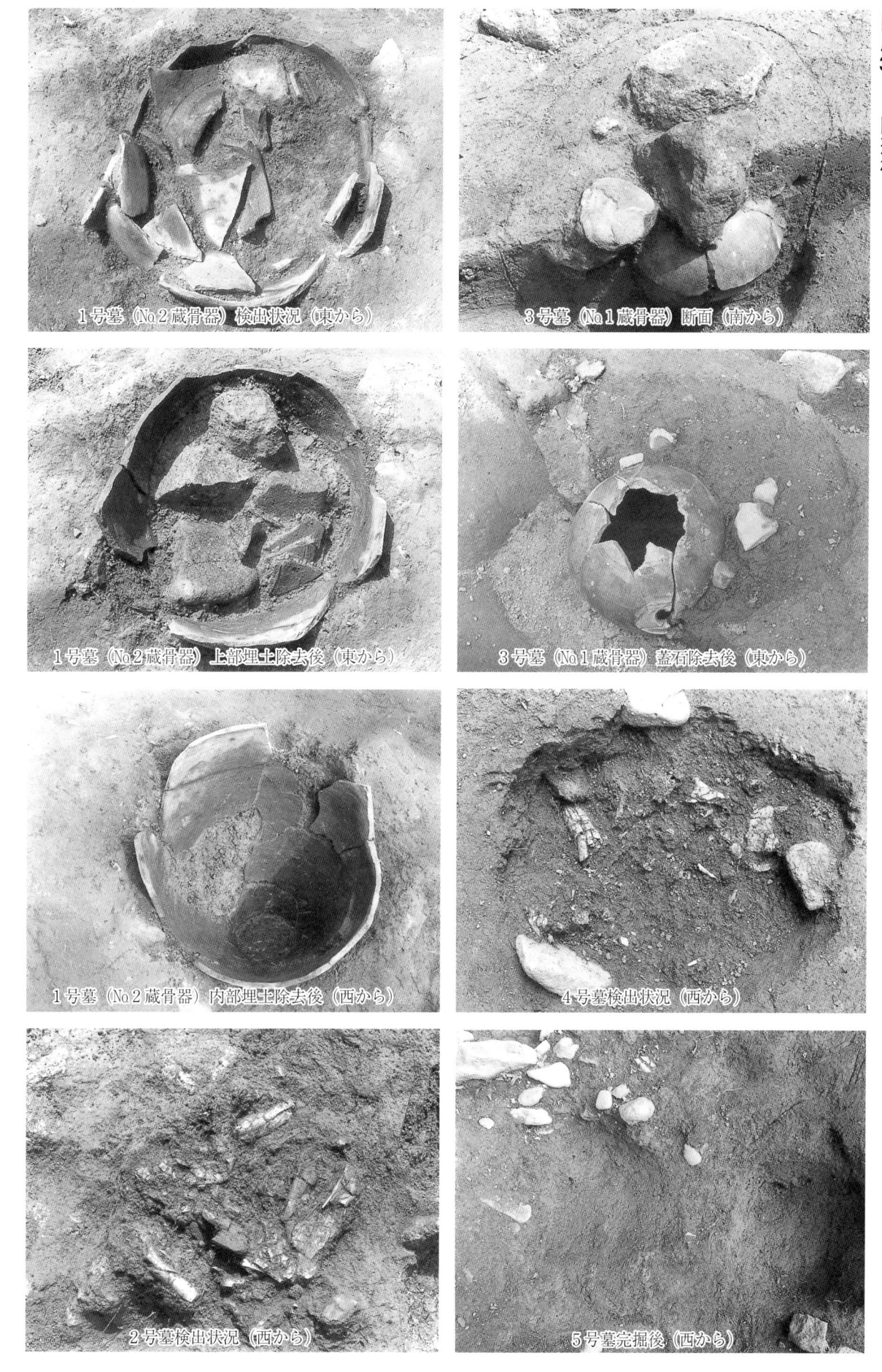

1号墓（No.2蔵骨器）検出状況（東から）

3号墓（No.1蔵骨器）断面（南から）

1号墓（No.2蔵骨器）上部埋土除去後（東から）

3号墓（No.1蔵骨器）蓋石除去後（東から）

1号墓（No.2蔵骨器）内部埋土除去後（西から）

4号墓検出状況（西から）

2号墓検出状況（西から）

5号墓完掘後（西から）

図版37　G区遺構

9号墓検出状況（西から） 　　　　14号墓検出状況（東から）

10号墓検出状況（西から） 　　　　石仏1出土状況（西から）

11号墓検出状況（東から） 　　　　石仏2・3出土状況（西から）

12号墓完掘後（西から） 　　　　区画1北西側石造物出土状況（南東から）

図版38　H区遺構

1．H区全景（北西から）

水溜跡検出状況（南から）　　　　トレンチ設定状況（南東から）

水溜跡全景（南から）　　　　錫杖頭出土状況

図版39 Ⅰ区遺構

1．Ⅰ区北側全景（南から）

2．Ⅰ-1区全景（北東から）

図版40 J区・テラス12遺構

1．J区北東側全景（北から）

2．テラス12南東側全景（南から）

執筆者 (50音順・所属は平成17年3月現在)

伊東 ひろ美 (滋賀県教育委員会)

大沼 芳幸 (滋賀県教育委員会)

音田 直記 (多賀町教育委員会)

小早川 隆 (滋賀県立大津高校)

木戸 美知留 (京都橘女子大学在学)

白石 太一郎 (奈良大学)

鋤柄 俊夫 (同志社大学)

千田 嘉博 (国立歴史民俗博物館)

高梨 純次 (滋賀県立近代美術館)

土井 通弘 (滋賀県立琵琶湖文化館)

細川 涼一 (京都橘女子大学)

松澤 修 (滋賀県文化財保護協会)

本田 洋 (多賀町教育委員会)

敏満寺遺跡石仏谷墓跡
BINMANJI ISEKI ISHIBOTOKEDANI HAKAATO

発行日　2005年6月15日　　定価は表紙に表示しています
編　者　多賀町教育委員会
発行者　岩根順子
発行所　サンライズ出版株式会社
　　　　〒522-0004　滋賀県彦根市鳥居本町655-1
　　　　TEL 0749-22-0627　FAX 0749-23-7720

©多賀町教育委員会　　印刷・製本／西濃印刷株式会社
ISBN4-88325-279-5C3021